Horn-Lehe-Lexikon

Michael Koppel

Horn-Lehe-Lexikon

Vom »29. Statut« bis »Zur schönen Aussicht«

mit 503 Abbildungen

EDITION TEMMEN

Inhalt

Einleitung	6
Zeittafel	7
29. Statut – Zur schönen Aussicht	11
Autor	264
Abbildungen	264

Linke Seite:
Die Horner Kirche mit Linde, Federzeichnung von Gerhard Wedepohl, 1929

Einleitung

Der Zusammenstellung dieses Lexikons sind jahrelange Recherchen vorausgegangen, die Auswertung der verfügbaren Literatur und neue Erkenntnisse versprechender Bestände im Bremer Staatsarchiv und in anderen Archiven. Zwei besonders wertvolle Hilfsmittel und ergiebige Quellen waren und sind die Adressbücher (ab 1884 umfassen sie auch das bremische Landgebiet) und das Online-Archiv des »Weser-Kuriers«. Darüber hinaus wurden historische Karten ausgewertet und viele Zeitzeugen befragt.

Trotz der Flut von ermittelten Einzelheiten bleiben immer noch viele »weiße Flecken« im Bild des historischen Horn-Lehes. Deshalb präsentiert dieses Buch nur einen Zwischenstand, die Recherchen gehen weiter. Auf der anderen Seite musste auch aus den vorhandenen Informationen ausgewählt werden, da nicht alles, was bekannt ist, Platz zwischen zwei Buchdeckeln erhalten kann und auch gar nicht soll. Wichtiger ist es daher, eine repräsentative Zusammenstellung vorzulegen, die alten und neuen Interessierten einen umfassenden Blick auf und hinter die Kulissen des Stadtteils bietet.

Ziel war es außerdem, nicht nur ein informatives, sondern auch ein unterhaltsames, lebendiges Werk zu schaffen, das seine Leser fesselt und neugierig macht. So entstand eine Mischung aus Nachschlagewerk und Lesebuch. Aus vielen bedeutsamen Ereignissen und Fakten sowie vielen Kleinigkeiten ernster und skurriler Art ist ein breiter bunter »Flickenteppich« entstanden, der trotz aller Lücken ein umfassendes, lebendiges Bild des Stadtteils spiegeln möchte.

Das Buch stellt im Erscheinungsjahr 2012 somit nur eine Momentaufnahme der sich schnell ändernden Zeiten dar. So verstarb während der Vorbereitung dieses Buches der bedeutende Horn-Leher Bürger Gerold Janssen, und auch im äußeren Bild des Stadtteils ergaben sich kurz vor Drucklegung durch die Abrisse der »Schildkröte«, der alten Schmiede an der Leher Heerstraße und des großen Telekom-Komplexes bei der Mühle starke Einschnitte.

Die Auswahl der mit eigenem Artikel dargestellten Personen erfolgte aus deren Bedeutung, das heißt mit ihrer konkreten Aktivität und Bekanntheit für den Stadtteil. Auf eine schematische Auswahl nach Funktionen wurde verzichtet.

Dieses Buch wäre nicht möglich gewesen ohne die Unterstützung zahlreicher Personen aus dem Stadtteil, von denen ich besonders Erwin Blindow, Dieter Mazur und Thorsten Zuttermeister für zahlreiche Fotografien sowie Gritta Barenburg für viele Gespräche und die Vermittlung von Gesprächspartnern danke. Unterstützt wurde ich auch vom Historischen Arbeitskreis des Bürgervereins Horn-Lehe, namentlich Elisabeth Klatte und Heiner Hautau, die durch ihre Recherchen im Staatsarchiv und durch Gespräche mit alteingesessenen Bauernfamilien die Arbeit bereichert haben. Dank gilt auch dem Archiv des Bürgervereins Horn-Lehe und dem Heimatarchiv des Bürgervereins Borgfeld, die bereitwillig Materialien zur Verfügung gestellt haben sowie meinem Lektor Daniel Tilgner, der mir während der Erstellung des Lexikons mit Rat und Tat zur Seite stand.

Weitere Informationen nimmt der Autor, der auch die Internetseite www.chronik-horn-lehe.de betreibt, unter der E-Mail mkoppel@t-online.de gerne entgegen.

Mit Turm nach Westen: Die erste Horner Kirche nach einem Kupferstich, nach einer 1817/18 entstandenen Zeichnung von Anton Radl

Zeittafel	
1113	Erzbischof Friedrich schließt einen Vertrag mit sechs Holländischen Siedlern zur Bewirtschaftung eines Landstücks, das bisher unangebaut, sumpfig und unnütz daliegt (→Urkunde von 1113)
1185	Die →Horner Kirche wird erstmalig als Kirche »Zum heiligen Kreuz« erwähnt. Erste Erwähnung Horns als »Horne« und Lehe als »Leda« →Urkunde von 1185
1213	Das Haus →Riensberg wird von den Stedingern zerstört
1280	Erstmalige Erwähnung des Flurstücks »Devekamp« als Dhevecamp
1299	Das Gut Schorf mit Meierhöfen wird erstmals als »Scrove« erwähnt
1380	Die Horner →Linde wird erstmalig als das »dinghe tho dem horne« erwähnt
1449	Mit dem »Diekrecht in den veer Goden« wird erstmals ein →Deichrecht geschaffen
1547	Während des Schmalkaldischen Krieges (1546/47) wird die →Horner Kirche verwüstet
17. Jh.	Erste Erwähnung des Gutes →Landruhe
18. Jh.	Erste Erwähnung des Gutes →Louisenthal als Besitz der Ratsherrenfamilie Schoene
1746	Im Dorfzentrum wird das Gebäude des heutigen Café →Goedeken erbaut
1750	Bau des Landguts →Fritze-Focke, im Auftrag des späteren Bürgermeisters Hieronymus Klugkist
1757	Gut →Rosenthal wird von Dr. Rosenkamp angelegt
1810–1813	Annexion Bremens durch Frankreich: Horn-Lehe mit Lehesterdeich zur Mairie Borgfeld vereinigt (→Franzosenzeit)
1816–1819	Ausbau der →Schwachhauser Chaussee bis nach Horn
1828–1830	Ausbau der →Lilienthaler Heerstraße
Palmsonntag 1834	Einweihung der neu errichteten →Horner Kirche

1848	Bau der →Horner Mühle durch die Familie Bremermann
1850	Ablösungsverordnung, Meier können sich in Zukunft freikaufen →Meierrecht
1865	Errichtung des Schulgebäudes an der Berckstraße (→Schulen)
1873/74	Bau von →Wätjens Schloss an der Horner Heerstraße
1873–1875	Bau des Schlosses →Kreyenhorst durch den Kaufmann Daniel Knoop
1874	Eröffnung der Eisenbahnstrecke Hamburg-Bremen (→Eisenbahn)
1876	Inbetriebnahme der →Pferdebahn zwischen Herdentor zur Vahrster Brücke
29.12.1880	Bruch des Blocklander Deiches. Das Wasser fließt bis zum Dobben (→Deichbruch, →Flutlinie Klattendiek)
1892	Eröffnung der elektrischen →Straßenbahn von der Börse am Markt bis nach Horn
4.9.1898	Eröffnung von Haus →Reddersen
23.7.1899	Gründung des TV →Eiche Horn im →St.-Pauli-Restaurant
1900	→Jan Reiners nimmt den Fahrbetrieb auf
1904	Die Stiftung →Mädchenwaisenhaus (heute: Stiftung →Alten Eichen) errichtet an der Horner Heerstraße ein neues Heim
1912	Schloss →Kreyenhorst wird abgebrochen
25.10.1920	Gründung des →Hockey Club Horn im Café Bremer (Schindler), Horner Heerstraße 32
1.4.1921	→Eingemeindung Horns in die Stadtgemeinde, das nördliche Lehe, Lehesterdeich und Oberblockland bilden die Landgemeinde Lehe
1922	Bebauung der Straße →Im Deichkamp (→Siedlung Erdsegen)
1926	Abriss von →Wätjens Schloss
1926	Gründung des →Bürgervereins Horn-Lehe
1929	Umzug der Schule an der Berckstraße in das Gebäude des →Mädchenwaisenhauses
1933	Die NSDAP erhält bei der Reichstagswahl in Horn und Lehe ca. 38 Prozent der Stimmen (reichsweiter Anteil 43 Prozent) →Nationalsozialismus, H. →Gefken wird als Gemeindevorsteher entlassen
2.7.1933	Eröffnung des →Horner Bades
1936	Fertigstellung der Blocklandautobahn (→Autobahn)
1937	Eröffnung der Holzschule am Lehester Deich (→Schulen)
5.6.1937	Eröffnung des ersten Teilbereichs des →Rhododendronparks

Bick auf das Horner Bad vom Jan-Reiners-Bahndamm in den 1950er Jahren

13.8.1940	Aufstellung der →Wisent-Plastik im Rhododendronpark
9.11.1942	Schwerster Luftangriff auf Horn mit zwölf Toten und zwölf Schwerverletzten, mehrere Häuser, darunter die Gaststätte →Schindler, werden zerstört und die Kirche schwer beschädigt
17.3.1943	Die niederdeutsche Schriftstellerin und Schauspielerin Sine →Wessels stirbt im Alter von 66 Jahren
1945	Im Februar werden mehrere jüdische Mitbürger nach Theresienstadt deportiert (→Verfolgung)
26.4.1945	Englische Truppen erreichen über Rockwinkel die Autobahnbrücke Leher Heerstraße (→Weltkriege) Wohnungen und Häuser und ganze Straßenzüge werden von US-Militärregierung beschlagnahmt (→amerikanische Besatzungszeit)
1945	Heinrich →Gefken wird wieder Gemeindevorsteher
28.4.1947	→Radio Bremen nimmt im →St.-Pauli-Restaurant das »Funktheater« in Betrieb
1948	Andrée →Bölken organisiert die erste landwirtschaftliche Ausstellung »Maschinen helfen Stadt und Land« an der Horner Mühle
13.2.1950	Die Horner Künstlerin Auguste →Papendieck stirbt im Alter von 76 Jahren
23.2.1951	Mit dem Gesetz über die Ortsämter entsteht der →Ortsamtsbereich (Stadtteil) Horn-Lehe
15.10.1951	Einweihung der →Sendeanlagen für Radio Bremen im Leher Feld
5.9.1952	Eröffnung des Lichtspielhauses →»Camera« im früheren Funktheater
1954	Letzte Fahrt der Kleinbahn →Jan Reiners, Neugründung des →Bürgervereins Horn-Lehe
1.4.1955	Der Senat ernennt Fred →Kunde zum Ortsamtsvorsteher
31.12.1955	→Ellmers Schorf brennt aus
1956	25.000 Schlittschuhläufer tummeln sich auf den Eisflächen des Blocklandes und des Leher Feldes (→Schlittschuhlaufen)
27.4.1958	Einweihung der Kirche →St. Georg
1.4.1959	Der Stadtteil →Vahr wird von Horn-Lehe abgetrennt
1960	Bebauung des →Leher Feldes, Adolf →Könsen wird zum Ortsamtsleiter gewählt
Juni 1960	Einweihung des →Ortsamtes an der Berckstraße als Kulturzentrum
19.7.1960	Der Bildhauer Ernst →Gorsemann stirbt im Alter von 74 Jahren
1963	Ausbau der →Leher Heerstraße, der Senat beschließt den Bau der →Universität Bremen im Blockland
28.7.1963	Der Unternehmer Carl Friedrich →Borgward stirbt im Alter von 72 Jahren
1964	Eröffnung der Schule an der Philipp-Reis-Straße (→Schulen)
27.2.1965	Senator a. D. Andrée →Bölken stirbt im Alter von 64 Jahren
30.10.1965	Die Lehrerin Elisabeth →Segelken stirbt im Alter von 77 Jahren
1967	Richard Boljahn stellt dem Vorstand der GEWOBA das Großprojekt →Hollerstadt vor
Juli 1967	Einweihung der Schule an der Bergiusstraße (Wilhelm-Focke-Oberschule) (→Schulen)
1968	Erste Restaurierung der →Horner Mühle
2.6.1968	Einweihung der neuen Kirche der →Andreas-Gemeinde im Leher Feld am Pfingsttag
1969	Abbruch der Wagenhallen und Werkstattgebäude der Bremer →Straßenbahn
24.6.1969	Veröffentlichung der Kaufpraktiken zur Verbreitung der Blocklandautobahn (→Baulandaffäre)
5.11.1969	Das Ausflugslokal →Ellmers Schorf wird geschlossen
1970	Das Gymnasium Horn nimmt an der Ronzelenstraße den Unterrichtsbetrieb auf (→Schulen)
1970	Durch Sandentnahme für den Bau der →Universität Bremen entsteht der →Uni-See/Stadtwaldsee
1970–1973	Bau des Ausbildungszentrums der Deutschen Bundespost an der Leher Heerstraße (→Telekom-Gelände)
22.10.1970	Eröffnung des Kaufhauses →»Lestra«
Sept. 1971	Einweihung der Schule an der Curiestraße (→Schulen)
19.10.1971	Aufnahme des Lehrbetriebs der →Universität Bremen mit 420 Studenten und 80 Hochschullehrern
22.4.1972	Einweihung des →»Wilhelm-Kaisen-Hauses« im →Rhododendronpark
29.4.1972	Die →Straßenbahnlinie 4 wird eingestellt und durch Busse ersetzt

1974	Unterrichtsbeginn am Schulzentrum Vorkampsweg (→Schulen)
1974	Abriss der →St.-Pauli-Restauration
1974	Die →Kleine Wümme wird zugeschüttet
1975	Der Autobahnzubringer Horn-Lehe wird dem Verkehr übergeben (→Autobahn)
11.9.1976	Eröffnung des Jugendfreizeitheimes Curiestraße (→Jugendhaus)
1977	Pilotstudie zur städtebaulichen Entwicklung von Horn-Lehe West (→Osthaus-Studie)
30.1.1978	Abriss Haus →Reddersen
1979	Ortsamtsleiter Adolf →Könsen tritt in den Ruhestand; Nachfolger wird Gerd →Stuchlik
Mai 1980	Eröffnung des ersten →Campingplatzes am →Uni-See/Stadtwaldsee
1981	SPD-Bürgerschaftsfraktion spricht sich für die Bebauung von →Horn-Lehe West (→Haferwende) aus
1982	Eröffnung von →»Bon Appetit« an der Leher Heerstraße/Ecke Ledaweg
1984	Der →Hanseatenclub eröffnet in der Holzschule am Lehester Deich das →Theater am Deich
1985	Das Westliche →Hollerland wird unter Naturschutz gestellt (→Naturschutzgebiete)
1985	→800 Jahre Horn mit Festumzug und Ansprachen von Hans Koschnick und Karl Carstens
1986	»Horner Schulrochade«: Verlegung der Schulzentren Ronzelenstraße und Vorkampsweg (→Schulen)
31.5.1986	Eröffnung des →Wochenmarktes an der Robert-Bunsen-Straße
1988	Gründung des →Technologieparks Bremen
1989	Ortsamtsleiter Gerd →Stuchlik verstirbt, Nachfolger wird Rüdiger →Horn
1989	→Hollerlandkompromiss: Einigung über Erhalt des →Naturschutzgebietes und Bebauung des →Hollergrundes
1990	Inbetriebnahme des Bremer →Fallturms
1998/99	Zweite Restaurierung der →Horner Mühle
23.5.1998	Eröffnung des ersten Bauabschnittes der neuen →Straßenbahn-Linie 4
10.10.1998	Einweihung der verlängerten →Straßenbahn-Linie 6 bis zur →Universität
31.1.1999	Sprengung der Radio Bremen Sendemasten im Leher Feld (→Sendeanlagen)
9.9.2000	Eröffnung des →Universum Science-Centers
21.1.2001	Feinkost →Hasch schließt seine Pforten
10.6.2001	Das →Jugendhaus Horn-Lehe brennt nach Brandstiftung ab
2002	Freigabe des Erweiterungsgeländes des →Rhododendronparks
31.8.2002	Egon →Kaselow wird nach der Schließung seines Geschäftes mit einem Straßenfest in der Wilhelm-Röntgen-Straße verabschiedet
6.6.2003	Einweihung des Science-Centers →botanika
29.6.2003	Fahrraddemonstration von 4000 Hornern mit dem Motto »Hände weg vom →Horner Bad«
2004	Verabschiedung von Ortsamtsleiter Ulrich →Mix, Nachfolger wird Wolfgang →Ahrens
22.12.2004	Das →Hollerland wird der EU als Flora-Fauna-Habitat →Naturschutzgebiet gemeldet
31.9.2005	Eröffnung des neuen →Campingplatzes am Unisee
22.6.2006	Das →Bürger-Service-Centrum Horn-Lehe wird geschlossen
25.6.2007	Die →Post-Filiale an der Leher Heerstraße schließt
25.6.2008	Eröffnung einer ALDI-Filiale an der Leher Heerstraße
2011	Die International School of Bremen nimmt den Unterrichtsbetrieb auf (→Schulen)
Dez. 2011	Die Deutsche Telekom verkauft das Gelände an der Leher Heerstraße (→Telekom-Gelände)
2012	Abriss der Gebäude auf dem →Telekom-Gelände
18.3.2012	Der Bremer Umweltschützer Gerold →Janssen stirbt im Alter von 88 Jahren
6.7.2012	Einweihung des →Sportparks Horn-Lehe
Juli 2012	»Totalsanierung« der »Schildkröte« (→Zum alten Krug)
August 2012	Abriss der alten Schmiede an der →Leher-Heerstraße

29. Statut

Bestimmung des Bremer Rates von 1391. Das 29. Statut verbot im Umkreis von einer Meile (7,5 km) die Veräußerung von Grundbesitz an Personen und Institutionen, die nicht Bürger oder Institution der Stadt Bremen waren. Es sollte die städtischen Hoheitsrechte sichern und ausweiten. Das 29. Statut führte dazu, dass auch im →Hollerland immer mehr Grundbesitz in die Hände der Bremer Bürger fiel und es nur noch wenige freie →Bauern (Erssater, Erbexen) gab. Am 23.1.1826 wurde das 29. Statut aufgehoben.

800-Jahr-Feier

Die Festlegung der 800-Jahr-Feier auf das Jahr 1985 erfolgte auf Anraten des Bremer Staatsarchivs. Grundlage ist die Übertragung der →Horner Kirche an das Ansgarii-Kapitel im Jahre 1185 (→Urkunde von 1185). Tatsächlich muss die Gemeinde schon vorher bestanden haben, darauf deutet auch der Vertrag des Erzbischofs Friedrich mit sechs holländischen Siedlern zur Bewirtschaftung eines bisher sumpfigen, unbebauten und ungenutzt daliegenden Landstücks aus dem Jahre 1109 (→Urkunde von 1106) hin. An der Jubiläumsveranstaltung in der →Horner Kirche nahmen der in der Horner Kirche konfirmierte Bundespräsident Karl →Carstens und als Schirmherr Bürgermeister Hans Koschnick teil. Zu den mehr als 40 Festveranstaltungen gehörte u.a. ein großer Festumzug an dem 70 geschmückte Wagen, Trachtengruppen, Vereine sowie Spielmanns- und Musikzüge teilnahmen. Aus Anlass des Jubiläums gaben die Kirchengemeinden, das Ortsamt und der Bürgerverein die Schrift »800 Jahre Horn-Lehe: Vom Dorf zur Vorstadt« heraus.

825-Jahr-Feier

Anlässlich des 825-jährigen Bestehens des Stadtteils fand 2010 im Sitzungssaal des →Ortsamtes eine Ausstellung mit 70 großflächigen Plakaten statt. Die Ausstellung wurde vom Historischen Arbeitskreis des →Bürgervereins und der →Chronik Horn-Lehe organisiert. Die Veranstalter gaben im Zusammenhang mit der Ausstellung auch eine Broschüre mit dem Titel »825 Jahre Horn und Lehe« heraus.

Schaufenster von Kaselow an der Leher Heerstraße
Oben: Festwagen des Beirats Horn-Lehe

ABC-Waffenfreie Zone

1984 beschloss der →Beirat Horn-Lehe mit den Stimmen der SPD und der Grünen, den Stadtteil zur ABC-Waffenfreien Zone zu erklären. Damit sollte Transporten atomarer, biologischer und chemischer Waffen durch Horn entgegengewirkt werden. Der Beirat bewilligte 1100 D-Mark für die Anfertigung der Schilder mit der Aufschrift »ABC-WAFFENFREIE ZONE«. Nach der Weigerung des Innensenators, Mittel zu bewilligen, wurden die Schilder durch Spenden finanziert und 1986 an der Stadtteilgrenze zu Borgfeld an der Lilienthaler Heerstraße und nach

Ab Lilienthaler Heerstraße: ABC-Waffenfrei

Schwachhausen an der Horner Heerstraße von Jugendlichen des →Jugendhauses an der Curiestraße montiert.

Ablöseverordnung →Meierrecht

»Bremer Wöchentliche Nachrichten«, Nr. 2, 14.1.1743: Ankündigung einer Versteigerung »bei brennender Kerze«

Abmeierung

Ursprünglich ein unbegrenztes Recht des Gutsherrn, in jeder Hinsicht frei über die Verwaltung seines Guts zu verfügen. Seit dem Ende des 16. Jh. wurde es zunehmend rechtlich konkretisiert. Meist ermöglichten erst mehrjähriger Verzug der geschuldeten Abgaben oder gravierende Pflichtverletzungen durch den Meier das Obsiegen des Grundherren vor dem zuständigen Gohgericht (→Gerichtsbarkeit). Nicht immer nahmen die Bauern die Abmeierung widerspruchslos hin.
So rotteten sich die Dorfbewohner in Oberneuland, Rockwinkel und Lehe 1798 zusammen, um, mit Hacken, Schaufeln und anderem Ackergerät bewaffnet, den Abbruch eines Bauernhauses zu verhindern. Der Senat beorderte daraufhin eine Kompanie Infanterie mit scharf geladenen Gewehren nach Oberneuland, um die Zimmer- und Mauerleute beim Abbrechen des Hauses zu decken. Die Bauern mussten die gesamten Kosten des Exekutionskommandos (ca. 650 Taler) tragen. Mit der Bauernbefreiung des 19. Jh. und dem Ende der Grundherrschaft wurde auch die Abmeierung hinfällig. Nicht ungewöhnlich war es, das Hab und Gut verschuldeter Bauern »bei brennender Kerze« zu versteigern.

Achterdiek

Der Name aus dem Plattdeutschen bedeutet hinterer (= achter) Deich (= Diek). Er wurde 1403 erstmals erwähnt (BUB IV 306). Der Achterdiek ist die am weitesten östlich verlaufende Grenzlinie des Hollerlandes. Ursprünglich wurde er als Schirmdeich im Osten der Vahrer Feldmark errichtet. Der

Der Achterdiek um 1920, links die ersten Siedlungshäuser

Name wurde auch für drei dort früher gelegene Höfe und für das Siedlungsgebiet, das dort seit den zwanziger Jahren bebaut wurde, verwendet. 1750 sind am Achterdiek zwei Kötner und ein Brinksitzer belegt, 1813 wurden 22 Einwohner gezählt.

Achterstraße

Die Achterstraße ist parallel zur →Vorstraße gelegen. Sie bildete früher die südliche Grenze der Leher Feldmark. Ursprünglich verlief sie im Westen von den Wurten des Dorfes Hemme bis zum →Achterdiek. Von den Höfen an der Vorstraße und der →Leher Heerstraße aus gesehen, lag sie »achtern« (hinten). Der Teil zwischen Herzogenkamp und heutigem Stadtwald hieß im Volksmund auch Lerchenstieg. Der

östliche Teil wurde nach dem Ausbau als →Berckstraße benannt, von der nach dem Bau der Eisenbahnstrecke der →Schorf abgetrennt wurde. Die Achterstraße sollte bereits 1934 bis zur →Marienbrücke zu einer »breiten Kunststraße« ausgebaut werden. Im Zweiten Weltkrieg befand sich an der Einmündung der Universitätsallee eine →Flak-Stellung. 1956 wurde der Teil zwischen Kuhgraben und Hemmstraße in →Wetterungsweg umbenannt.
Nach dem Ausbau der Universitätsallee wurde der parallel zu ihr verlaufende Teil für den Kfz-Verkehr gesperrt. An der Achterstraße befanden sich früher das Bremer →Rechenzentrum und das →Lager Achterstraße.

Adressbücher
Seit 1790 herausgegebenes Verzeichnis der Mitglieder des Rats, der Geistlichkeit, der Elterleute, Gelehrten, Kaufleute, Krämer und Fabrikanten, später aller Einwohner der Stadt Bremen. Ab 1884 umfassen Adressbücher auch die Bewohner des Landgebiets, aufgegliedert nach den Ortsteilen Horn, Lehe und Vahr. Ab 1908 wurde eine Sortierung nach Straßen und Hausnummern eingeführt.

AE (american enclave)
→Amerikanische Besatzungszeit

Ahrens, Wolfgang
Ortsamtsleiter, *19.6.1948 Bremen
Am 1.4.1964 trat Ahrens in den bremischen öffentlichen Dienst ein. Seit 1980 war er als Marktmeister zuständig für Freimarkt, Osterwiese, Weihnachtsmarkt und die anderen Märkte der Stadt. Außerdem leitete er den Außendienst der Gewerbe- und Lebensmittelüberwachung. 2001 wurde er stellvertretender Ortsamtsleiter in Horn-Lehe. Nach dem Ausscheiden von Ulrich →Mix wählte ihn der Beirat 2004 zum Ortsamtsleiter. In seiner Freizeit betreibt Ahrens Ausdauersport aller Art.

Albertz, Heinrich
Pastor, Bürgermeister von Berlin, *22.1.1915 Breslau, †18.5.1993 Bremen
Heinrich Albertz wurde als Sohn eines Hofpredigers und Konsistorialrates geboren.

Nach dem Theologiestudium wurde Albertz Mitglied der Bekennenden Kirche und in der NS-Zeit mehrmals verhaftet. 1946 trat er in die SPD ein. Er betätigte sich als »Flüchtlingspfarrer«, war 1949–65 Bundesvorsitzender der Arbeiterwohlfahrt (AWO) und 1948–55 niedersächsischer Minister verschiedener Ressorts.
1959 wurde er vom Berliner Regierenden Bürgermeister Willy Brandt zum Chef der Senatskanzlei ernannt und 1966 vom Abgeordnetenhaus von Berlin zum Regierenden Bürgermeister gewählt. Im September 1967 übernahm Albertz die Verantwortung für die tödlichen Polizeischüsse auf den Studenten Benno Ohnesorg und trat zurück. 1970–79 war er in Berlin-Zehlendorf wieder als Pastor tätig. 1975 stellte er sich während der »Lorenz-Entführung« als Geisel zur Verfügung. Albertz engagierte sich in der Friedensbewegung der 1980er Jahre und wirkte aktiv an gewaltfreien Blockadeaktionen mit. 1988 wurde er mit dem Kultur- und Friedenspreis der Villa Ichon in Bremen ausgezeichnet.
Albertz lebte seit 1986 mit seiner Ehefrau im Altenheim Haus Riensberg. Er ist auf dem Horner Friedhof begraben.

Alfken
Gaststätte an der Leher Heerstraße. Sie wurde geführt von Heinrich Alfken sen. (1887–1963). Nach seinem Tod übernahm sein Sohn Heinrich (1915–81) die Gaststätte. Er heiratete Gerda →Kähne, die in dem gegenüberliegenden Eckhaus wohnte. Die Gaststätte wurde als »Brittas Corner« weitergeführt und später in »The Green Mile« umbenannt.

Achterstraße Richtung Stadtwald, im Volksmund »Lerchenstieg« genannt

Heinrich Albertz

Wolfgang Ahrens

Die älteste Aufnahme des Radfahrvereins »All Heil Schorf«, um 1909

All Heil Schorf
Radfahrverein, 1902 von Otto Riechers, Fritz Hornburg, Albert Behnemann (→Deutsche Eiche), Bernd Schumacher, Bernhard →Hasch und anderen in Dockens Lokal (→Ellmers Schorf) gegründet. Vereinsziel war die »Pflege des Radsports durch Touren, Renn-, Kunst- und Reigenfahren« sowie Radball. Bis zum Ersten Weltkrieg war das Vereinslokal Ellmers Schorf, anschließend übte man im Saal der →St.-Pauli-Restauration. Zwischen 1934 und 1938 zog der Verein nach Oberneuland in die Gaststätte Jürgens Holz. Nach dem Ende der NS-Zeit wurde der Verein 1948 in der Gaststätte Lönnecker (→Im Krug zum Grünen Kranze) wieder gegründet und nennt sich heute RV »All-Heil« Schorf-Oberneuland.

Allmers, Robert
Automobilfabrikant, Schriftsteller und Zeitungsverleger, *10.3.1872 Absen, Kreis Wesermarsch, †27.1.1951 Alken an der Mosel, wh. Horner Heerstraße 11/13
Allmers gründete 1905 gemeinsam mit August Sporkhorst die Hansa-Automobil GmbH, die bis 1930 in Varel Automobile herstellte. 1914 fusionierten die Hansa Automobilwerke mit der Norddeutschen Automobil- und Motoren AG (NAMAG) in Bremen zur Hansa-Lloyd-Werke AG. Die von Allmers produzierten Hansa-Automobile verfügten bereits über eine Linkslenkung, die sich in Deutschland durchsetzte. Allmers erwarb 1921 das ehemalige Landgut →Fritze-Focke an der →Horner Heerstraße. 1926 wurde er zum Präsidenten des Reichsverbandes der Deutschen Automobilindustrie (RDA) berufen und hielt sich ab 1931 fast nur noch in Berlin auf. Er setzte sich unter anderem für eine geregelte Bewertung gebrauchter Kraftfahrzeuge ein. Dies führte 1931 zur Gründung der Deutschen Automobil Treuhand GmbH (die DAT gibt auch heute noch Empfehlungen für Gebrauchtwagenpreise). Die Hansa-Lloyd-Werke wurden 1929 von Carl F. W.→Borgward und Wilhelm Tecklenborg übernommen.

Allmers-Park
Der Allmers-Park bildet heute den Eingangsbereich des →Rhododendronparks an der →Horner Heerstraße, er war Teil des ehemaligen Landgutes →Fritze-Focke, der 1936 von der Stadt angekauft wurde.

Alten Eichen
a) Straße
Ringstraße auf dem Gelände des ehemaligen Landgutes Alten Eichen (→Wätjens Schloss). Die Straße wurde lt. Senatsbeschluss vom 23.1.1925 angelegt und in den 1930er Jahren bebaut.
b) Stiftung
Die Stiftung Alten Eichen ging aus der Stiftung →Mädchenwaisenhaus hervor. Die Stiftung entstand aus dem 1599, durch

Robert Allmers

Namenswandel der Stiftung Alten Eichen:	
1599–1811	Stiftung Rotes Waisenhaus
1811–1817	Alle drei Waisenhäuser (Rotes, Blaues, St. Petri) sind auf Anordnung der Franzosen vereint
1817–1877	Stiftung Reformiertes Waisenhaus
1877–1953	Stiftung Mädchenwaisenhaus
1953–1993	Stiftung Kinderheim Alten Eichen, Heim für Jungen und Mädchen der Stiftung Mädchenwaisenhaus
seit 1993	Stiftung Alten Eichen von 1596

Alten- und Pflegeeinrichtungen in Horn-Lehe		
Einrichtung	Adresse	Eröffnung
→Bremer Heimstiftung (gegründet 1954)		
• Stiftungsdorf Hollergrund	Hollergrund 61	1995
• Stiftungsresidenz Marcusallee	Marcusallee 39	1975
• Stiftungsresidenz Luisental	Brucknerstraße 15	1976
• Stiftungsresidenz Riensberg	Riekestraße 2	1982
→Johanniterhaus Bremen	Seiffertstraße 95	1972
→Haus Margarete v. Post	Joseph-Ressel-Straße 2	1967
Haus Sonnenbogen	Luisental 5	2009
SENATOR Pflegezentrum	Marcusallee 2	2011

eine bedeutende Schenkung des Neapolitaners Tarquinius Molignanus, gegründeten und nach der Farbe der Trachten der Waisenkinder benannten Roten Waisenhaus. Die Stiftung finanzierte sich vor allem durch private Wohltätigkeit. Die im 18. Jh. eingeführte Kälberverlosung stieß auf großes Interesse in der Bevölkerung und wird noch heute durchgeführt. Nach 1945 wurden auch Jungen und Kinder aus Schausteller- und Binnenschifferfamilien aufgenommen. 1963 erwarb die Stiftung das Gelände und die Villa des Bremer Kaufmanns →Vassmer auf dem Grundstück Horner Heerstraße 2.

Alten- und Plegeheime
In Horn-Lehe gibt es acht Altenheime, die auch den Bedarf der umliegenden Stadtteile abdecken (siehe Übersicht oben).

Althorner Imbiss
Imbiss an der→Berckstraße in nachgebautem Fachwerkgebäude. Das Gebäude wurde um 1985 für den Bau der →Sparkasse abgerissen.

Am Brahmkamp
Der Brahmkamp wurde gemäß Senatsbeschluss vom 19.9.1905 angelegt und nach dem ehem. Flurnamen (Brahm = Ginster, Kamp=Feld) benannt. Der Brahmkamp war eine der ersten Straßen im Ortsteil Lehe, die eine geschlossene Wohnbebauung erhielten.
1981 wurde die Straße zur Einbahnstraße und mit Pflanzkübeln aus Eisenbahnschwellen verkehrsberuhigt. Dieses führte in den Folgejahren zu erheblichen Auseinandersetzungen zwischen verfeindeten Nachbarn.
Im Brahmkamp wohnte der Musiker Willi →Kuntze. Für Walter →Perlstein wurde ein →Stolperstein verlegt.

Am Herzogenkamp
Die seit 1900 bebaute Straße entstand mit der Anlage der →Eisenbahn. Das Gelände gehörte der Familie Ryneberg, die es im 14. Jh. an die Ratsfamile Brand verkaufte. Am Herzogenkamp lagen die →Jan-Reiners-Bahnstation mit der Gaststätte →Zur schönen Aussicht und die →Schweinemastanstalt von J. →Barre. Prominenter Anwohner am Herzogenkamp war der Reeder H. →Parchmann.

Am Lehester Deich
Straße auf dem mutmaßlich ältesten Deich des Hollerlandes an der am weitesten nach Norden vorgeschobenen Grenze des Hollerlandes. In der Karte von Johann

Am Brahmkamp: Postkarte, um 1910, mit Haus Reddersen (links)

Daniel Heinbach aus dem Jahre 1748 wurde er als »Der Grüne Weg« bezeichnet. Nördlich des Lehester Deiches fließt das →Holler Fleet, das die Grenze des Stadtteils nach Borgfeld bildet.

Am Rickmers Park
Straße, die 1949/50 vom Aufbauwerk der Körperbeschädigten und Hinterbliebenen auf dem durch die →Autobahn abgetrennten Gelände des →Rickmers Park erbaut wurde. Die alten Teiche des Parks wurden zur Einebnung des Geländes mit Schutt verfüllt. Der Bau der Siedlungshäuser wurde durch Genossenschaftsanteile und staatliche Darlehen finanziert. Die Anteile wurden zum Teil durch eigenen Arbeitseinsatz der späteren Bewohner in ihrer Freizeit erbracht. Die Arbeitseinsätze, zu denen Werkzeug mitzubringen war, fanden auch direkt bei den Baufirmen statt. Die beim Bau der Häuser verwendeten »Plötnersteine« (Hohlraumsteine) wurden aus zerkleinertem Trümmerschutt bei der Firma Plötner in der Düsternstraße gefertigt.

Am See
Straße im Bereich der →Marcusallee, 1913 nach dem Gewässer aus dem ehemaligen →Rickmers Park benannt. Am See stand das →Bolivar-Denkmal.

Amerikanische Besatzungszeit
Zwei Wochen nach dem Einmarsch der Engländer wurde Bremen am 8.5.1945 Amerikanische Enklave. Die amerikanischen Besatzer beschlagnahmten in den wenig zerstörten und repräsentativen Stadtteilen Schwachhausen und Horn-Lehe Straßenzüge und Häuser. (Die Einwohner hatten ihnen den Ausspruch angehängt: »Schwachhausen woll'n wir schonen, denn da woll'n wir selber wohnen.«) Die höheren Dienstgrade wohnten in den Villen im Bereich der →Marcusallee, die unteren Dienstgrade in vielen Einzelhäusern, vor allem in der →Ronzelenstraße, die komplett gesperrt wurde. In der →Elsa-Brändström-Straße wurden nachrückende weibliche Verwaltungsbeschäftigte einquartiert. Die deutschen Bewohner wurden in die nicht besetzten Häuser umgesiedelt. Öffentliche Gebäude und Gaststätten wurden von den Amerikanern für die Infrastruktur beschlagnahmt. Das Café →Goedeken wurde zur Mannschaftskantine und zum Jugendheim (→German Youth Activity Program). →Vahlsing's Café wurde für Mannschaftsgrade mit Musikangeboten und Boxveranstaltungen genutzt. In der Marcusallee wurde in der Villa →Koenenkamp der »Storck-Club« für die Offiziere eingerichtet. Auf dem Dach des →St.-Pauli-Restaurants wehte das Sternenbanner; das Gebäude wurde zunächst als Warenlager und Verkaufsstelle genutzt, bevor →Radio Bremen darin den Sendesaal einrichtete. An der Ecke Marcusallee/Horner Heerstraße wurden Truthähne gehalten, und zahlreiche Horner Kinder verdienten sich beim Kegel-Aufstellen oder auf dem Golfplatz in der Vahr Dollar oder Zigaretten. Auch Erwachsene arbeiteten für die Amerikaner, versorgten die Heizungen, reinigten die Häuser und wuschen die Kleidung. Erst nach der Währungsreform 1948 verlor die Dollar- und Zigarettenwährung ihre Bedeutung. Bis Anfang der 1950er Jahre wurden die Häuser nach und nach an die Bevölkerung zurückgegeben, und ab Juli 1956 kehrte auch das alte HB-Kürzel auf die Nummernschilder Bremer Kraftfahrzeuge zurück, wo seit 1945 »AE« (American Enclave) gestanden hatte.

Amerikanisches Personalwohnheim
Die zwei Wohnhäuser an der →Marcusallee 2 wurden 1953/54 für das Personal des amerikanischen Generalkonsulats von den

Ortskennung AE für American Enclave auf dem Nummernschild: Werner Hasch mit Familie und seinem Borgward Hansa

Modern: Das amerikanische Personalwohnheim an der Marcusallee, um 1955

Architekten Skidmore, Owings & Merril errichtet. In den 1960er Jahren war in den Gebäuden das Universitätsbauamt untergebracht. 1970 zog die Geschäftsstelle des Gründungssenats der →Universität Bremen ein, anschließend erhielt die Arbeiterwohlfahrt die Gebäude in Erbbaurecht. Die AWO nutzte die Gebäude als Unterkunft für Flüchtlinge und als Frauenhaus. 2009 wurde der Gebäudekomplex von der Senator-Senioreneinrichtungen GmbH Lübeck erworben. Das Unternehmen errichtete einen zusätzlichen Neubau und sanierte die seit 2009 unter Denkmalschutz stehenden Gebäude. 2011 wurde das »SENATOR Pflegezentrum Marcusallee« eröffnet.

Andreas-Gemeinde
1962 begann die Vorbereitung zur Gründung einer eigenständigen Kirchengemeinde für die Einwohner im Neubaugebiet Leher Feld. Der vorläufige Kirchenvorstand, gebildet von interessierten und engagierten Einwohnern, befasste sich mit der Pastorenwahl sowie der Planung eines Kirchenneubaus und eines Gemeindezentrums. Die neue Gemeinde wurde zunächst von Pastor Rudolf Hempel aus der Gemeinde Horn II betreut (→Horner Kirchengemeinde). 1964 erhielt die Gemeinde ihre Selbstständigkeit. Der erste Gottesdienst fand am 28.6.1964 am Ende der Werner-von-Siemens-Straße in einer provisorischen hölzernen Schwedenkirche statt. Am 8.11.1964 wurde Pastor Hermann →Molkewehrum in sein Amt als Gemeindepastor eingeführt. Nach der Fertigstellung der nach den Plänen des Architekten O. Ahlers 1965 gebauten Kirche wurden Kirche und Gemeindezentrum Pfingsten 1968 im Rahmen eines Fest-

Amtszeit	Name
1964	Rudolf Hempel
1964–1990	Hermann →Molkewehrum
1966–1973	Günther Ruholl (Vikar, Pastor)
1973–2000	Gerhard Hechtenberg
seit 1990	Martin →Warnecke

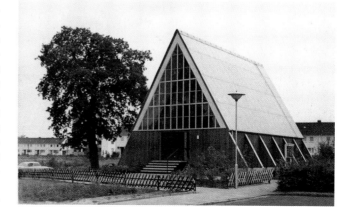

Die »Schwedenkirche« war die Vorgängerin der heutigen Kirche der Andreas-Gemeinde

Wenig Verkehr: Leher Heerstraße 27 mit Falkenapotheke, 1950er Jahre

gottesdienstes eingeweiht und eröffnet. Im Jahr 1966 gab sich die Gemeinde den Namen »Evangelische Andreas-Gemeinde in Bremen«.

Apollon-Stiftung

Die Apollon-Stiftung wurde 1996 von der Bremerin Helga Pfeiffer zur Förderung der Kunst mit einem Kapital von 60.000 D-Mark gegründet. Die Stiftung entwickelte und unterstützte Projekte mit einem innovativen Charakter, die verschiedene Bereiche, Richtungen oder Manifestationen der Kunst miteinander verbanden. Ein Schwerpunkt der Arbeit sollte in der internationalen Kulturbegegnung und Völkerverständigung liegen. Die Apollon-Stiftung trat mit verschiedenen Konzerten an die Öffentlichkeit. 2003 eröffnete Bürgermeister Henning Scherf eine Ausstellung, die das Projekt Poesie&Musik – Brasilianische Klänge: »Stimmen der grünen Hölle – Entzaubertes Amazonien« begleitete. Mit dem Projekt wurde die Stiftung assoziiertes Mitglied des internationalen Musikrats der UNESCO.

Die Stiftung wurde von den brasilianischen Künstlern Renato Mismetti und Maximiliano de Brito geleitet. Sie hatte ihren Sitz in der im Jahre 2000 von der Stiftung erworbenen Villa an der →Horner Heerstraße 23. 2008 stellte die Stiftung einen Insolvenzantrag, das Gebäude wurde an einen Bauunternehmer veräußert und steht seitdem leer.

Apotheken

Die älteste Horner Apotheke ist die Falken-Apotheke. Sie wurde 1928 von Heinrich Hippen an der Falkenstraße gegründet und 1944 bei einem Luftangriff zerstört. Am 1.12.1946 eröffnete Hippen im Alter von 71 Jahren in einem umgebauten Laden des Klempnermeisters →Hasch an der →Leher Heerstraße die erste Horner Apotheke. Nach seinem Tod 1955 übernahm Werner Suhr die Nachfolge, zunächst als Pächter. 1964 wurde das Gebäude für die Verbreiterung der Leher Heerstraße abgerissen. Nach einjährigem Ausweichquartier zog die Falken-Apotheke in den Neubau an der Leher Heerstraße 27, 1983 wurde sie von Dr. Christiane Rogge übernommen, und seit 2002 ist Silvia Freiwald Chefin der Falken-Apotheke. Die Markus-Apotheke wurde am 21.10.1963 von Edith Brandt an der Wilhelm-Röntgen-Straße gegründet, im Oktober 1983 trat Dr. Hans-Dieter Just als Pächter in die Apotheke ein und eröffnete sie nach

Baugebiet Wilhelm-Röntgen-Straße: Bauschild für Markus-Apotheke, um 1962

Abriss der Ladenzeile in der Wilhelm-Röntgen-Straße 4 im Eingangsbereich des dort errichteten Supermarktgebäudes 1989 als Eigentümer neu. Die seit Mitte der 1960er Jahre in der Kopernikusstraße 63 bestehende Hollerland-Apotheke gehört heute Susan Plietker, die auch die Kaisen-Apotheke an der Borgfelder Heerstraße führt. 1976 eröffnete Rainer Köhler im Ärztehaus an der Horner Heerstraße 35 die Horner Apotheke und übergab sie 2006 seinem Sohn Sebastian. Die Edison-Apotheke im Leher Feld Nord wurde 2003 geschlossen, hier befindet sich jetzt das Fahrradgeschäft Schallich.

Auf der Wachsbleiche
1950 benannt nach dem ehemaligen Gut →Wachsbleiche an der →Vorstraße. Die Nachkriegsbauten wurden teilweise im Schüttverfahren aus zerkleinerten Trümmerteilen erstellt. In der Straße wohnten Bremens langjähriger Bausenator Emil →Theil und der spätere ehemalige Bürgermeister Klaus Wedemeier.

Auguste-Papendieck-Preis
Benannt nach der Töpferin Auguste →Papendieck. Der mit 6000 Euro dotierte Preis wird ausgelobt für die Förderung des Kunsthandwerks und seit 1976 im Zwei-Jahres-Rhythmus von der Sparkasse Bremen vergeben. Vorläufer war der von der Bremer Landesbank vergebene »Kunsthandwerkerpreis Bremen«.

Aumund-Hof (Bölken-Hof)
Der Hof an der Leher Heerstraße 113 (Lehe 33) gehörte im Jahre 1884 dem Landmann Hinrich Aumund und wurde 1923 von Andrée →Bölken übernommen. Einschließlich Pachtland bewirtschaftete Bölken ca. 125 Hektar landwirtschaftliche Fläche. Er erweiterte den Hof um zahlreiche Wirtschaftsgebäude, die er vor allem zum Aufbau eines Vorzugsmilchbetriebes nutzte, und betrieb darüber hinaus Pferde- und in geringerem Umfang Schweinezucht und -mast sowie Obst- und Gemüseanbau. Bölken erwarb auch den angrenzenden Brandinghof und das Landhaus →Louisenthal. Nach seinem Tod wurde das nunmehr allgemein Bölken-Hof genannte An-

Aumund-/Bölkenhof, um 1920

wesen an eine Wohnungsbaugesellschaft verkauft und 1968 größtenteils abgerissen. Auf dem Grundstück am ehemaligen Horner Kreisel wurde ein markantes Hochhaus errichtet.

Autobahn
Die Blocklandautobahn A 27 wurde als »Reichsautobahn« bereits während der Weimarer Republik geplant. In der NS-Zeit wurde das Autobahnnetz als wesentlicher Faktor der Arbeitsbeschaffung ausgebaut.
Am 25.11.1933 wurde mit dem Bau der Autobahn in Bremen begonnen. Die ursprünglich geplante Route der Blocklandautobahn führte entlang dem Stadtwald,

Bau der Autobahnbrücke über die Leher Heerstraße, um 1935

parallel zur →Achterstraße, über den Bauernhof →Klatte auf dem Riensberg und durch den heutigen →Rhododendronpark in Richtung Achterdiek. Diese Planung hätte das Zentrum Horns zerstört und stieß auf den Widerstand der Bevölkerung. Der damalige Vorsitzende des →Bürgervereins Johann →Barre setzte mit seiner Intervention bei den Bremer Behörden und der Reichsregierung eine Änderung der Planung unter Umgehung des Horner Ortszentrums durch.

Um die Autobahn kreuzungsfrei zu halten, wurden die bestehenden Bahnlinien (→Eisenbahn, →Jan-Reiners-Kleinbahn) auf einen erhöhten Bahndamm verlegt. Im Zentrum Horns wurde der beschrankte Bahnübergang durch eine Brücke ersetzt und im Hollerland die Jan-Reiners-Brücke zur Überquerung der neuen Autobahntrasse errichtet.

Zur Überquerung der →Lilienthaler und der →Leher Heerstraße wurden der Autobahndamm aufgeschüttet und zwei Autobahnbrücken gebaut.

Bis in die 1950er Jahre konnte die Autobahn zu Fuß oder mit dem Fahrrad gefahrlos überquert werden; Horner Zeitzeugen berichteten, dass zur Winterszeit die Schlittschuhläufer auf dem Weg zu den Eisflächen des Blocklandes von der Polizei über die Autobahn geleitet wurden. Eine in den 1950er Jahren geplante Autobahnauffahrt an der Kreuzung Lilienthaler/Leher Heerstraße wurde nicht umgesetzt. 1969 erfolgten die Verbreiterung der Autobahn und die Vorbereitung des Autobahnzubringers Horn-Lehe. 1972 stimmte der Beirat dem Bebauungsplan für den Zubringer zu, und 1975 wurden der Nordzubringer Horn-Lehe und drei Jahre später der Südzubringer fertiggestellt. 1980 erfolgten die Umbenennungen des Nordzubringers in Autobahnzubringer Horn-Lehe und des Südzubringers in Autobahnzubringer Universität. Am Autobahnzubringer Horn-Lehe befinden sich der →Pappelwald und das Gewerbegebiet →Horn-Lehe West.

Autobusse →Buslinien, →BVG

Autofreies Wohnen
Das Projekt »Wohnen ohne eigenes Auto« war ein deutschlandweit einmaliges Projekt, das auch in der überregionalen Presse einschließlich des »Spiegels« Beachtung fand.

Das Projekt sollte von der Europäischen Union, mit dem Schwerpunkt »car free cities«, für die Dauer von drei Jahren mit 50 Prozent der Modernisierungskosten gefördert werden. Mitinitiator des Projektes war der Bremer Stadtsoziologe Thomas Krämer-Badoni.

Das Modellprojekt wurde 1992 zwischen dem Senator für Bau und Umwelt und der GEWOBA abgestimmt. Im Rahmen des Projektes sollten 250 Wohneinheiten auf einem 2,6 ha großen Gelände im →Hollergrund errichtet werden. Das Wohngebiet sollte nur über eine Ringstraße erreichbar sein. Im Innenbereich sollten die öffentlichen Erschließungswege als Fußgängerzone ausgewiesen werden. Weitere Wege sollten als private Wohnwege hergestellt werden. Voraussetzung für die Teilnahme an dem Projekt war der Verzicht der BewohnerInnen auf die Nutzung eines eigenen Autos. 1993 schlossen sich die Interessenten zum Verein »Autofreies Wohnen« zusammen. Die Projektarchitekten Gitter und Hamacher (Darmstadt) entwarfen einen Plan für 220 Wohneinheiten. Unter den mehreren Hundert Interessenten fanden sich nur wenige ernsthafte Käufer, sodass das Projekt nicht umgesetzt werden konnte.

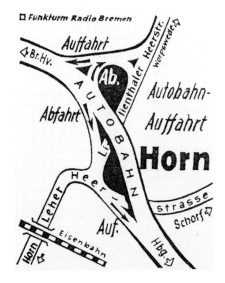

Diese Planung erregte die Gemüter: Skizze des Autobahnverlaufs durch Horn, aus: »Unser Horn«, Zeitschrift des Bürgervereins Horn-Lehe, Jg. 6, Dez. 1960

B

Bäcker

Der erste Bäcker, der sich in Horn niederließ, war Johann August Hapke. Er bat 1824 um Conzession einer Bäckerei zum Horn im Hause Bernbusch (später →Goedeken) unweit der Kirche. Er begründete seinen Antrag damit, dass es in Horn bisher keine Bäckerei gäbe und die Einwohner ihr Brot aus der Stadt oder Oberneuland beziehen müssten.

1840 stellte ein Bäcker namens Hoormann einen Antrag zur Genehmigung des Betriebs einer Grobbäckerei auf dem Grundstück seines Schwiegervaters Klatte, 200 Fuß vor der Brücke des Vahrer Fleets an der Horner Chaussee gelegen. Der Bäcker Hapke erhob erfolglos Einspruch, weil er gegen diese Konkurrenz nicht bestehen könne. 1842 stellte Hoormann einen weiteren Antrag, diesmal zum Betrieb einer Weißbäckerei neben seiner bisherigen Grobbäckerei. Der Antrag wurde durch die Landgutbesitzer Delius, Meier, Fritze, Oelrichs und Dr. Kulenkampff unterstützt. Erneut setzte sich Hapke zur Wehr und war diesmal erfolgreich: Der Antrag wurde vom Senat abgelehnt. 1843 musste Hapke seinen Betrieb an den Bäcker Heinrich Gödecken verkaufen. Gödecken gab die Bäckerei auf und verlegte sich auf den Betrieb einer Gaststätte. Die Bäckerei verpachtete er 1891 an Ede Garrels Eggen. Eggen bezog 1899 ein eigenes Geschäft an der Leher Heerstraße 56. 1912 musste er den Betrieb aufgeben. 1920 eröffnete Johann →Hasch in dem Gebäude ein Kolonialwarengeschäft.

Eine weitere Bäckerei entstand um die Jahrhundertwende im →Schorf. 1896 erhielt Carl Philipp Barenburg, verheiratet mit Caroline Winnenbrock (Schorf 32), von seinem Vater ein Stück Land, auf dem er das Haus Schorf 48 baute und eine Bäckerei eröffnete. Mit Pferd und Wagen belieferte er seine Kundschaft in Oberneuland, Horn und in der Vahr. Er heiratete seine Cousine Caroline Winnenbrock, deren Eltern ebenfalls eine Hofstelle im Schorf hatten.

Bäckerei Ilsemann Im Brahmkamp, 1920er Jahre

Sein Sohn Philipp Barenburg übernahm die Bäckerei 1937. Er fuhr das Brot mit einem →Borgward Blitz-Karren aus. Im Kriege wurde er zum S.H.D. (Sicherheits- und Hilfsdienst) einberufen. Er musste sich abends um 22 Uhr in der Neustadt zur Bereitschaft einfinden. Morgens um 4 Uhr war er wieder in seiner Backstube. Vom Kriegsdienst wurde er wegen »Versorgung der Bevölkerung« freigestellt. Als lebensnotwendiger Betrieb konnte er einen als Fremdarbeiter zwangsverpflichteten italienischen Bäckergesellen beschäftigen.

Brotpapier der Bäckerei Barenburg, Schorf 48

Der Zug nach Hamburg fährt vorbei. In Horn hielt nur die Jan-Reiners-Bahn hinter dem Gebäude, in dem heute die Pizzeria Roma zu Hause ist. Foto vor 1936

Er hatte das Privileg, in der Bäckerei zu wohnen, durfte aber keinen weiteren Kontakt zur deutschen Bevölkerung pflegen. Ein besonderer Dienst am Kunden war es, Äpfel, die Kinder zur Herbstzeit brachten, mit einem Hefeteig zu umhüllen und ihn fertig gebacken für einen Groschen wieder zurückzugeben. Vor den Weihnachtstagen wurde der Backofen nicht nur mit Brot, sondern auch mit Gänsen und Enten beschickt, die dann an den Festtagen zusätzlich an die Kunden ausgeliefert werden mussten. Trotz der nächtlichen Arbeitszeit ließ es sich Barenburg nicht nehmen, mit anderen Horner Geschäftsleuten im Café Goedeken, bei den →Eichhörnchen zu kegeln. 1969 ging der Besitzer in den Ruhestand und gab das Geschäft auf. 1911 eröffnete der Bäckermeister Christian →Ilsemann in der Straße Am →Brahmkamp eine weitere Bäckerei. Sie wurde von seinem Schwiegersohn Karl Bahr übernommen und wird als Familienbetrieb heute in vierter Generation vom verschwägerten Peer Ruchel betrieben.

Bahnhof Horn
Beim Bau der →Eisenbahn war für Horn keine Station geplant worden. Anfang der 1920er Jahre schlug die Bürgerschaft erfolglos die Einrichtung einer »Haltestelle-Horn« vor. Die Forderung wurde 1936 vom →Bürgerverein wieder aufgegriffen, konnte aber nicht durchgesetzt werden. Zur besseren Anbindung des →Technologieparks wurde die Forderung 2011/12 vom Verein →Technologiepark Uni Bremen e.V. erneut thematisiert.

Bandelstraße
Die Bandelstraße wurde lt. Senatsbeschluss vom 21.11.1935 während der NS-Zeit angelegt, sie wurde benannt nach dem Bildhauer Ernst Joseph von Bandel, dem Schöpfer des Hermann-Denkmals. In der Bandelstraße lebte der Spinnendoktor →Roewer, und am Ende der Straße wohnt der ehemalige Direktor des →Rhododendronparks →Heft.

Barenburg, Bauernhof
Die Familie Barenburg war eine alte Bauernfamilie, die vom Gut Schorf bemeiert war. Sie hatte am Schorf 50 (Lehe 49, Berckstraße 138) einen Bauernhof. Nachzuweisen sind die folgenden Besit-

Strohdachhaus des Holzhändlers Hillmann an der Bandelstraße, 1981 abgebrannt

zer: Johann Barenborg (1718–1796) war Hofmeyer zum Schorf. Sein Sohn Hermann Barenborg (1755–1828) war Achtelbaumann, er heiratete Gretje →Bremermann zum Schorf. Carl Philipp Barenborg (1797–1855) war neuer Stellwirt und Meier. Carl Philipp Barenborg (geb. 1846) war Landmann zum Schorf. Er schenkte seinem gleichnamigen Sohn – der allerdings das niederdeutsche »o« mit einem hochdeutschen »a« tauschte – ein Stück Land (heute Schorf 48), auf dem er eine →Bäckerei eröffnete.

Der Hof wurde zuletzt, nach einer grundlegenden Renovierung und Instandsetzung, bis zum Abriss Mitte der 1990er Jahre, von dem in die Familie eingeheirateten RWE-Direktor Wilhelm Grönemeier, einem Onkel des Musikers Herbert Grönemeier, bewohnt.

Barre
Horner Kaufmannsfamilie
Johann H. Barre betrieb einen Futtermittelhandel in der Langenstraße 54. Er wohnte seit 1903 am Herzogenkamp und betrieb dort seit 1907 eine →Schweinemastanstalt. Barre gehörte zu den Gründern des →Bürgervereins; er war bis zu der Auflösung des Vereins in der NS-Zeit der erste Vorsitzende.
Sein Sohn Herbert Barre war während der NS-Zeit NSDAP-Ortsgruppenvorsitzender und wirkte nach der Neugründung 1954 aktiv im Bürgerverein mit.

Bauern
Die Bewohner des Landgebietes wurden eingeteilt nach der Größe und Art ihres Besitzes. In der ersten Klasse befanden sich die Bauern (Bauleute, Voll-, Halb-, Viertelbauern), in der zweiten Klasse die →Kötner (auch Köthner), in der dritten die →Brinksitzer oder Neubauern und →Häuslinge. Nach der Einteilung richteten sich alle Abgaben, wie Kirch-, Schul- und Deichlasten. Eine Bauernstelle (Vollbauer) bestand aus 72 Tagewerken=144 Morgen Land. Aus der Mitte der Vollbauern wurden vornehmlich die Deichgrafen, Baumeister und Landgeschworenen gewählt.
Die Bauern waren nach der Ablösung des →Hollerrechts durch das →Meierrecht in der Regel abhängig von den Grundbesitzern. Einen besonderen Status hatten die Erbexen, die als freie Bauern ohne Abhängigkeit von Grundherren waren und eigenes Land besaßen.

Postkarte mit Barenburgs Strohdachhaus, dargestellt von Gerhard Wedepohl 1929

Bauernhöfe
Bis in das 20. Jh. hinein prägten die Bauernhöfe den Charakter Horn-Lehes. Sie lagen auf dem →Riensberg, an der →Vorstraße, entlang der →Leher Heerstraße sowie am Schorf, am Achterdiek und am →Lehester Deich. Zu den großen Höfen gehörten ausgedehnte Ländereien, die als lang gestreckte Streifenfluren das Landschaftsbild des →Hollerlandes bestimmten. Von den größeren Höfen sind im Zentrum Horns nur noch der →Lange- und

Herbert Barre

Bauernhöfe in Horn-Lehe

Lage	Name	Besitzer/Hof-Name	errichtet	besteht noch	Verweise
Achterdiek 29 (Vahr 84)	Meier	Meier, Rotermund Pächter	vor 1884		
Achterdiek 49 (Vahr Achterdiek 85)	Windenbrock	Winnenbrock/wechselnde Besitzer	1871	x	
Leher Heerstraße 97 (Lehe 38)	→Wedermann	Rogge bis 1889, verh. Schnakenberg bis 1922, verh Wedermann	vor 1884	x	
Leher Heerstraße 100 Lehe 12 (heute Im Leher Felde 10)	→Dreßler	durchgehend Dreßler	vor 1884	x	→Dreßler, Carsten
Leher Heerstraße 107 (Lehe 35)	→Senator-Bölken-Hof	Michaelis, ab 1884 wechselnd, ab 1914 Branding, nach 1945 Bölken anschließend →Traue	1831		→Traue
Leher Heerstraße 113 (Lehe 33)	→Aumund-Hof	ab 1925 →Bölken	unbek.		→Bölken. Andrée
Leher Heerstraße 117 (Lehe 32)	Lerbs	Asendorf bis 1911, wechselnd, 1920-25 auch →Bölken, ab 1930 Lerbs und →Scherrer	1665, nach Brand 1939 neu		
Leher Heerstraße 121 (Lehe 31)	Müller	durchgängig Müller	vor 1884		→Johanniterhaus Bremen
Leher Heerstraße 167	Klüver	1898 Köppe/Klüver	1898	x	
Leher Heerstraße 170 (Lehe 14 a)	→Depken	ab 1894 bis 1908 Klatte	Ende 19 Jh.		
Leher Heerstraße 184 (Lehe 14/18)	→Schönauen-Hof	Steffens, ab 1911 Seeger, ab 1948 Staunau	vor 1884		
Leher Heerstraße 186 (Lehe 14)	→Charlottenhof	1884 Behrens, ab 1927 Plate, ab 1932 Mackensen, um 1950 verh. Naumann	vor 1884		
Leher Heerstraße 192 (Nernststraße) (Lehe 20)	→Bremermann	durchgängig Bremermann	1784		
Lehester Deich 63 (Lehe Lehesterdeich 7)	Marks	durchgängig Marks	vor 1884	x	
Lehester Deich 64	Hunholt Baumschule		1910		
Lehester Deich 73 (Lehe Lehesterdeich 11)	Rogge	ab 1894 auch Huthoff und wechselnde Bewohner	vor 1884	x	
Lehester Deich 79 (Lehe Lehesterdeich 12)	Gartelmann/Hilken	bis 1907 Hilken, Gartelmann, ab 1922 Gartelmann/Hilken	vor 1884	x	
Lehester Deich 83 (Lehe Lehesterdeich 14)	Hilken	bis 1923 Osmers	vor 1884		
Lehester Deich 85 (Lehe Lehesterdeich 15)	Wohlers	1884 auch Reiners	vor 1884		
Lehester Deich 93 (Lehe Lehesterdeich 17)	Bremermann	bis 1891 Hilken	vor 1884		
Lehester Deich 99 (Lehe Lehesterdeich 18)	Bahrenburg/Wohlers/Früchtnicht	bis 1895 Barenburg, ab 1896 Wolters, verh. Früchtnicht	vor 1884		

Lehester Deich 107 (Lehe Lehesterdeich 20)	Marks	Fesenfeld, wechselnd, bis 1920 Winters, bis 1935 Welge	vor 1884	x
Lehester Deich 127 (Lehe Lehesterdeich 24)	Gartelmann	bis 1895 Schlobohm	vor 1884	x
Lehester Deich 141 (Lehe Lehesterdeich 25)	Schumacher	bis 1910 auch Schomaker	vor 1884	x
Lehester Deich 159 (vormals Oberblockland)	Marks	Behrens bis 1894, Marks, verh. Fahrenholz, verh. Stein	vor 1884	x
Luisental 33	Behrens in der Leh	durchgehend Behrens in der Leh	vor 1884	
Riensberger Straße 71 (Horn 16)	Sanders, H.	ab 1915 Schumacher, Kfm; 1921 Ordemann, 1935 Meyer, Lehrerin,	vor 1884	
Riensberger Straße 73 (Horn 16 a)	Sanders J.	ab 1952 Johann Kaemena	vor 1884	
Riensberger Straße 83 (Horn 13)	Kaemena, H. W.	durchgehend Kaemena	vor 1884	
Riensberger Straße 91 (Horn 12), heute Riekestraße 6	→Klatte	Otten, Sanders, Späh	1821	x
Riensberger Straße 107 (Horn 14 und 11)	→Lange	durchgehend Lange, jetzt verh. Ziep	vor 1884	x
Schorf 50 (Lehe 49, Berckstraße 138)	→Barenburg		vor 1884	→Bäckereien
Vorstraße 4	→Kaemena		vor 1884	x →Kämena, Lür; Wessels, Sine
Vorstraße 14	→Meier	Döhle	vor 1884	
Vorstraße 20 (Lehe 5)	→Wachsbleiche	Oelrichs, Braasch	vor 1884	→Oelrichs, C. J.
Vorstraße 30 (Lehe 6)	→Töbelmann	Stuke	vor 1884	
Vorstraße 34	→Nothroth	Garms	vor 1884	
Vorstraße 87	→Erasmi	Erasmi bis 1970er Jahre	1912	x

der Bauernhof →Klatte auf dem →Riensberg, der Bauernhof →Kaemena an der Vorstraße und der Bauernhof →Wedermann an der Leher Heerstraße erhalten. Auch am Lehester Deich bestehen noch einige der alten Höfe. Sie werden landwirtschaftlich nicht mehr genutzt.

Baulandaffäre
Am 24. Juni 1969 veröffentlichte der »Weser-Kurier« einen Artikel über die Verbreiterung der Bundesautobahn A 27 im Blockland. Die Zeitung übte Kritik an nicht zu rechtfertigenden Provisionszahlungen, die der Grundstücksmakler Lohmann beim Kauf von Liegenschaften im Auftrag der Stadt erhalten haben sollte. Lohmann war eng befreundet mit dem mächtigen Richard Boljahn (1912–1992), der zugleich Vorsitzender der Bremer SPD-Fraktion, des DGB-Ortsvereins und des Aufsichtsrats der GEWOBA war. Unter dem Druck der Öffentlichkeit und aus der

Erhalten: Bauernhof Stein am Lehester Deich

Verteilung der Sitze im Beirat Horn-Lehe von 1955 bis 2015

Wahl-periode	\multicolumn{15}{c}{Sitze}

Wahlperiode	1	2	3	4	5	6	7	8	9	10	11	12	13	14	15
1955–1959	CDU	CDU	DP	DP	FDP	FDP	SPD	SPD	SPD	SPD	SPD				
1959–1963	CDU	CDU	DP	DP	FDP	SPD	SPD	SPD	SPD	SPD	SPD				
1963–1967	CDU	CDU	CDU	CDU	CDU	DP	FDP	SPD	SPD	SPD	SPD	SPD	SPD		
1967–1971	CDU	CDU	CDU	CDU	CDU	FDP	FDP	NPD	SPD	SPD	SPD	SPD	SPD		
1971–1975	CDU	CDU	CDU	CDU	CDU	CDU	FDP	SPD	SPD	SPD	SPD	SPD	SPD	SPD	SPD
1975–1979	CDU	CDU	CDU	CDU	CDU	CDU	FDP	FDP	FDP	SPD	SPD	SPD	SPD	SPD	SPD
1979–1983	CDU	CDU	CDU	CDU	CDU	CDU	CDU	Grüne	SPD	SPD	SPD	SPD	SPD	SPD	SPD
1983–1987	CDU	CDU	CDU	CDU	CDU	CDU	CDU	Grüne	SPD	SPD	SPD	SPD	SPD	SPD	SPD
1987–1991	CDU	CDU	CDU	CDU	CDU	FDP	FDP	FDP	Grüne	SPD	SPD	SPD	SPD	SPD	SPD
1991–1995	CDU	CDU	CDU	CDU	CDU	FDP	FDP	Grüne	Grüne	parteilos	SPD	SPD	SPD	SPD	
1995–1999	AfB	AfB	CDU	CDU	CDU	CDU	CDU	FDP	Grüne	Grüne	Grüne	SPD	SPD	SPD	
1999–2003	CDU	CDU	CDU	CDU	CDU	CDU	FDP	Grüne	Grüne	SPD	SPD	SPD	SPD		
2003–2007	CDU	CDU	CDU	CDU	CDU	FDP	Grüne	Grüne	Grüne	Schill	SPD	SPD	SPD	SPD	
2007–2011	BIW	CDU	CDU	CDU	CDU	CDU	FDP	Grüne	Grüne	Grüne	LINKE	SPD	SPD	SPD	SPD
2011–2015	BIW	CDU	CDU	CDU	CDU	FDP	Grüne	Grüne	Grüne	Grüne	LINKE	SPD	SPD	SPD	SPD

AfB: Arbeit für Bremen – BIW: Bürger in Wut – CDU: Christlich Demokratische Union – DP: Deutsche Partei – FDP: Freie Demokratische Partei – Grüne: Bündnis 90/Die Grünen – Linke: Die Linke – NPD: Nationaldemokratische Partei Deutschlands – Schill: Schill-Partei – SPD: Sozialdemokratische Partei Deutschlands

Karikatur aus einer Wahlzeitung der Deutschen Partei: König Richard Boljahn mit devoten Höflingen der mitregierenden Koalitionsparteien CDU und FDP

eigenen Partei legte Boljahn am 7.7.1969 vorübergehend alle Parteiämter nieder.
Am 9.7.1969 beschloss die Bürgerschaft einen Untersuchungsausschuss zur Untersuchung der Grundstücksgeschäfte im →Hollerland einzusetzen.
Im August 1970 wurden die Ergebnisse vorgelegt: Die SPD- und CDU-Mitglieder konnten sich nicht auf einen gemeinsamen Abschlussbericht einigen und legten zwei abweichend lautende Papiere vor, in denen sie mit unterschiedlichen Gewichtungen heftige Kritik an Boljahn und weiteren Politikern übten.
Im Verlauf der Baulandaffäre trat der Senator für das Bauwesen, Wilhelm Blase, zurück, es wurden Strafverfahren gegen Rechtsanwälte, Notare und Makler wegen des Verdachts auf Untreue und Betrug eingeleitet, und die SPD drohte Boljahn mit Fraktionsausschluss. Infolge der Baulandaffäre wurde Boljahn von seiner Partei nicht mehr für die Bürgerschaftswahl 1971 nominiert und trat in den Folgejahren von seinen weiteren Ämtern zurück. Nachfolger von Wilhelm Blase wurde Stefan →Seifriz.

BEGO
Bremer Goldschlägerei Wilh. Herbst GmbH & Co.
1890 von Wilhelm Herbst gegründete Firma zur Herstellung von Blattgold zum Plombieren, von Amalgamen und von zahnärztlichen Instrumenten. Die BEGO siedelte sich 1994 im →Technologiepark an, 2010 wurde als neue Produktionsstätte die Gläserne Fabrik eingeweiht. Das mittelständische Unternehmen produziert und vertreibt Metalllegierungen und zahnmedizinische Geräte; es zählt heute zu den weltweit führenden Unternehmen im Bereich der Dentaltechnik.

Beirat
In der Bremer Stadtgemeinde werden seit 1946 Beiräte zur Wahrnehmung der örtlichen Angelegenheiten gewählt. Der Beirat ist ein Verwaltungsorgan im Stadtteil. Er hat eingeschränkte Entscheidungsmöglichkeiten und verfügt über eigene Haushaltsmittel für stadtteilbezogene Maßnahmen. Der Beirat hat das Recht, sich über die Angelegenheiten des Stadtteils informieren zu lassen, darüber zu beraten und gegenüber den Behörden Stellung zu nehmen.
Die Zahl der Beiratsmitglieder richtet sich nach der Zahl der Einwohner im Ortsamtsbereich. Aktuell hat der Beirat Horn-Lehe 15 Mitglieder.
Bis 1995 ergab sich die Sitzverteilung in den Beiräten nach den Stimmanteilen, die im Beiratsbezirk für Parteien und Wählervereinigungen, die an der Bürgerschaftswahl teilnahmen, abgegeben wurden. Seit 1995 wurden die Beiräte mit einer gesonderten Stimme direkt gewählt. Nach der Wahlrechtsreform können die Beiratskandidaten seit 2011 persönlich gewählt werden.
Wahlberechtigt sind alle Deutschen sowie Unionsbürger, die im Beiratsbereich das Mindestwahlalter von 16 Jahren erreicht haben.
Als Beiratsmitglied wählbar sind alle Wahlberechtigten, die das 18. Lebensjahr vollendet haben und im Beiratsbereich wohnen. Rechtsgrundlage für die Aufgaben und Rechte der Beiräte ist das Ortsgesetz über Beiräte und Ortsämter.

Berckstraße
Die Berckstraße ist aus dem östlichen Teil der →Achterstraße entstanden. Sie stand den größten Teil des Jahres unter Wasser und wurde auch Wasserstraße genannt. 1794 wurde sie auf Initiative des Landherren und Senators Hermann Berck (1740–1816) erhöht und trockengelegt. Der

Die Berckstraße um 1911, rechts die Kleine Wümme

Johann Berg

erhöhte Teil erhielt zunächst den Namen »Am neuen Wege« und wurde später in Berckstraße umbenannt. Nach dem Bau der Autobahn erhielt der abgetrennte Teil den Namen →Schorf.
Christian Abraham Heineken schreibt in seiner Chronik 1794 über den Ausbau der Berckstraße:
»Dagegen aber kam im Hollerlande die bis dahin höchst schwierig gehaltene Erhöhung der Achterstraße zustande. Fast das ganze Jahr stand sie wegen der daran herfließenden Kleinen Wümme, so unter Wasser, dass dieses oft weit über die Achsen der durchfahrenden Wagen lief, bis sie sich, sowie sie dem Rüten näher kam, allmählich erhöhte. Viele wünschten diesen öffentlichen Weg zu jeder Jahreszeit in fahrbarem Stande zu sehen, denn die verbesserte Vorstraße [= Leher Heerstraße] hatte zwar etwas Angenehmes, verlängerte jedoch den Weg und nötigte zu dem Gebrauch eines Privatweges [= Döhlendamm], der nur für ein Weggeld offenstand. Jedes Mal traten aber bei dem Vorschlag einer Erhöhung der Achterstraße mancherlei Bedenklichkeiten ein, sogar die Furcht vor Durchbrüchen derselben bei Überschwemmungen. Jetzt griff Senator Berck dieses Werk eifrig an, gab dem zackigen Ufer der Kleinen Wümme eine geradere Richtung, ließ an der anderen Seite breite Gräben aufschießen, mit der dadurch gewonnenen Erde den Weg 4-5 Fuß [= 1-1,5 m] auffahren, und beide Ufer mit italienischen Pappeln einfassen, wodurch diese ehemalige Wasserstraße sich in eine angenehme Allee verwandelte.«

Berg, Johann
Gartenarchitekt, Leiter des →Rhododendronparks, *1.3.1902 in Apenrade, †7.11.1967 Flensburg
Der Kapitänssohn Johann Berg begann 1925 eine Gärtnerausbildung und studierte anschließend Garten- und Landschaftsbau in Berlin und kam nach Bremen. 1936-67 leitete er den Rhododendronpark und den →Botanischen Garten. Sein Nachfolger war Lothar →Heft. Berg war Mitglied im Vorstand der Deutschen Rhododendron-Gesellschaft und nach der NS-Zeit kurzzeitig Leiter des Gartenbauamtes.

Bergfeld, Georg Daniel/Nanni/ Annie/Marie
In Horn bis in die 1960er Jahre ansässige Unternehmerfamilie. Georg Daniel Bergfeld (1833-1902) war Miteigentümer der 1829 von seinem Vater Ludwig Bergfeld und Gottfried Koch gegründeten Silberwarenmanufaktur Koch und Bergfeld. Seine Witwe Nanni, geb. Lenz (1846-1932), zog mit ihrem Sohn Rudolf

Georg Daniel Bergfeld mit seiner Fau Nanni und den Kindern Annie (ganz links), Marie (sitzend auf dem Tisch) und Rudolf (zweiter von rechts)

(→Bergfeld, Rudolf) 1914 in das Haus an der →Horner Heerstraße 23 (→Apollon Stiftung), seine Tochter Annie zog mit ihrem Mann, dem Kaufmann Emil Rittter, 1908 in die →Leher Heerstraße 101. Tochter Marie (1881-1951) heiratete den Kaufmann Johannes Vassmer und zog mit ihm 1907 in die →Horner Chaussee 21.

Bergfeld, Rudolf
Gartenarchitekt *1883 Bremen, †1943, Horner Heerstraße 23 (1914), Tietjenstraße 97 (Haus zur Kastanie) und Riensberger Straße 104
Neben Christian Roselius, Friedrich Gildemeister und Bernd Kuhlwein ist Rudolf Bergfeld einer der bekanntesten Gartenarchitekten Bremens. Drei Jahre arbeitete er bei Roselius, ehe er sich 1911 als Gartenarchitekt selbstständig machte. Er veröffentlichte zahlreiche Artikel mit eigenen Zeichnungen – jedoch blieb offenbar kein von ihm geschaffener Garten länger erhalten. In Bremen ist nur sein eigenes Grundstück in Horn bekannt. Seine Arbeiten zeigten üppig umrankte Bögen über Gartenwegen, Laubengänge, buchseingefasste Beete, Hecken und Laubwände mit hohen Bogenfenstern. Bergfeld war ein Anhänger von Willy Langes Ideen über Naturgärten. In verschiedenen Veröffentlichungen setzte sich Bergfeld mit dem Thema »natürliche Formen und/oder architektonische, künstliche Formen in Gärten« auseinander.

Bevölkerung
Bis in die Mitte des 19. Jh. waren Horn, Lehe und Lehesterdeich nur dünn besiedelt. Die Einwohnerzahlen änderten sich nur geringfügig, eine einheitliche Statistik gab es noch nicht.
1639 wurden in Lehe und Schorf neun Bauleute und vier Kötner mit ihren Familien gezählt, in Horn waren es vier Bauleute und fünf Kötner.
1750 lebten in Lehe fünf Bauleute und vier Kötner, in Horn fünf Bauleute, ein Kötner und ein Brinksitzer und in Lehesterdeich sieben Kötner und 14 Brinksitzer.
1813: Horn 190 Einwohner, Lehe 300 Einwohner, Lehesterdeich 151 Einwohner

Rudolf Bergfeld

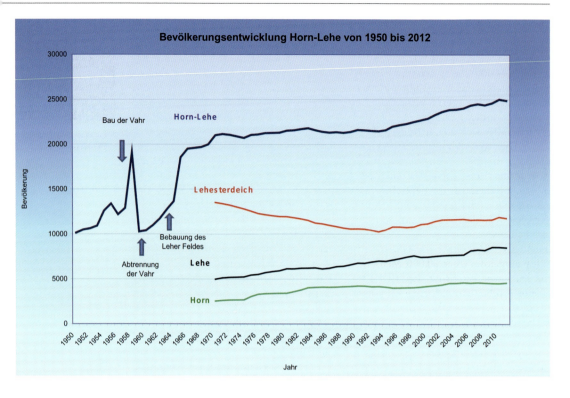

1843: Horn 34 Häuser und 231 Einwohner, Lehe 66 Häuser und 417 Einwohner 1855: Horn 396 Einwohner, Lehe 530 Einwohner, Lehester Deich 155 Einwohner. 1905 wurden für das gesamte Hollerland 3487 Einwohner gezählt, 1939 waren es 2164 Einwohner.

Erst mit der Verbesserung der Verkehrsbeziehungen zwischen den Landgemeinden stieg die Bevölkerungszahl durch den Bau der Siedlungen nennenswert an.
Nach dem Zweiten Weltkrieg wuchs die Horn-Leher Bevölkerung durch den Bau der Großsiedlungen in der →Vahr, dem →Leher Feld und dem →Vorkampsweg rapide an.

Biebow, Hans
*Kaufmann, Leiter der deutschen Verwaltung des Ghettos Litzmannstadt in Lódz, *18.12.1902 Bremen, †durch Exekution 24.4.1947 Lódz (Polen), Luisental 26 (→Zehnlinden)*
Hans Biebow war Sohn eines Bremer Versicherungsdirektors. Als Diplom-Kaufmann gründete er eine eigene Kaffeeimportgesellschaft, in der er 1939 insgesamt 250 Mitarbeiter beschäftigte. 1937 war er in die NSDAP eingetreten.
Biebow hatte gute Beziehungen zum Chef des Sicherheitsdienstes, Reinhard Heydrich. 1940 wurde er von Heydrich zum Leiter der »Ernährungs- und Wirtschaftsstelle Ghetto« ernannt und war Vorgesetz-

Täter und Opfer: Hans Biebow (links) im Ghetto Lódz

ter der mehr als 200 Mitarbeiter starken deutschen Ghetto-Verwaltung in Lódz. Anfang 1942 wurden mit Wissen von Biebow über 44.000 Ghettoinsassen in das Vernichtungslager Chelmno (Kulmhof), etwa 55 km von Lódz entfernt, verschleppt. Im Mai 1942 wurden 10.915 Juden ermordet. 1943 befanden sich im Ghetto 85.884 Personen. Die arbeitsfähige Ghetto-Bevölkerung war in einen Zwangsarbeitsprozess eingegliedert. Die Lagerinsassen produzierten vor allem für die deutsche Wehrmacht, aber auch für private Firmen und Textilhändler, u.a. Neckermann, Karstadt und Leineweber.

Im August 1944 wurde das Ghetto endgültig aufgelöst. Über 60.000 Menschen wurden nach Auschwitz deportiert. Im Ghetto verblieb ein jüdisches »Aufräumkommando«, dessen Liquidierung von der russischen Armee verhindert wurde.

Nach dem Krieg tauchte Biebow unter, wurde aber von einem ehemaligen Ghetto-Insassen entdeckt und nach Polen ausgeliefert. Biebow wurde in Lódz vor Gericht gestellt und zum Tod durch Erschießung verurteilt. Unter dem Internet-Link http://www.britishpathe.com/video/war-crimes-trial ist ein Filmausschnitt über die Verhandlung gegen Biebow zu sehen.

Bierhalle Heinrich Köppe

Alte Gaststätte mit Garten an der Ecke Vor- und Leher Heerstraße. Später Heinrich Martens Schankwirtschaft, zuletzt wurde sie von Heinrich Rathjen unter dem Namen Horner Bürgerstuben geführt. Die Gaststätte war bis in die 1970er Jahre ein beliebter Treffpunkt der Horner Bürger, insbesondere aus dem Vorstraßengebiet. Das Gebäude wurde zusammen mit dem Feinkostgeschäft →Hasch 2002 abgerissen.

BITZ

Gründerzentrum für technologie-orientierte Unternehmen im →Technologiepark. Mit dem ersten Bauabschnitt des Bremer Innovations- und Technologiezentrums wurde 1986 die Keimzelle des Technologieparks um die →Universität Bremen gelegt. 1988 erfolgte die Eröffnung des zweiten Bauabschnitts, 1991–2004 die Eröffnung der Fahrenheithäuser I–III. In unmittelbarer Universitätsnähe bietet das BITZ, mit ca. 16.000 m² flexibel gestaltbaren Büro- und Hallenflächen für Unternehmensgründungen im Bereich zukunftsorientierter Technologie und/oder Dienstleistung, eine optimale Voraussetzung für die Zusammenarbeit mit universitären Forschungsinstituten.

Block, Hermann

Vorsitzender des Bürgervereins, Stadtteilpolitiker, *23.12.1929, †5.12.2000, Ledaweg 68

Der Tischlermeister Hermann Block wohnte an verschiedenen Adressen in Horn-Lehe. Er war Mitglied der SPD und vertrat seine Partei über mehrere Jahre im

Hans Biebow während des Prozesses in Polen

Hermann Block

Bierhalle Heinrich Köppe, um die Jahrhundertwende, mit Schlachterei Osmers

Beirat. 1985 wurde er als Vorsitzender des →Bürgervereins der Nachfolger von Heinz →Weihusen.

Blocklandautobahn →Autobahn

Bolivar-Denkmal
Das Denkmal wurde am 24.7.1934 zum 150. Geburtstag von Simon Bolivar an der →Marcusallee (→Am See) eingeweiht. Die vom Bremer Bildhauer v. Wachold angefertigte Marmorbüste stand auf einem viereckigen Kalksteinsockel. 1960 wurde das stark verwitterte Marmordenkmal durch eine von der venezolanischen Regierung gestiftete neue Bronzebüste ersetzt. An der feierlichen Enthüllung nahmen der venezolanische Botschafter und Bürgermeister Wilhelm Kaisen teil. Mitte der 1980er Jahre befand sich das Denkmal erneut in einem verwahrlosten Zustand und wurde entfernt. Die Marmorbüste befindet sich seit 1982 im Gobelinzimmer des Rathauses. Die Bronzebüste wurde restauriert und im Juli 2012 an der Enrique-Schmidt-Straße im Gelände der →Universität wieder aufgestellt.
Der ehemalige Standort des Denkmals ist heute noch an der Erhebung am Seerosenteich an der Marcusallee zu erkennen.

Heute an der Universität: Bolivar-Denkmal von L. F. Rizzi, um 1960

Andrée Bölken

Bölken, Andrée
*Landwirt, Kaufmann, Senator, *25.7.1901 Bremen, †27.2.1965 Bremen, Leher Heerstraße 113*
Andrée Bölken war ausgebildeter Landwirt. Er studierte an der Universität Göttingen und an der Landwirtschaftlichen Hochschule in Bonn. 1923 machte er sich auf dem →Aumund-Hof selbstständig. Unter Zunahme von Pachtland bewirtschaftete Bölken ca. 125 ha landwirtschaftliche Fläche. Mit zwei Milchkühen gründete er einen kleinen Vorzugsmilchbetrieb, den er im Laufe von 40 Jahren zu einem Großbetrieb mit 100 Oldenburger Herdbuchkühen ausweitete. Die von ihm produzierte Vorzugsmilch war bald nicht nur in Horn, sondern in der ganzen Stadt als »Bölken Milch« bekannt. An mehreren Stellen in der Stadt errichtete er Verkaufskioske, an denen er Milchmixgetränke verkaufte.
Während des Zweiten Weltkrieges wurde die Milch rationiert, und es war allgemein verboten, Milch frei abzugeben. Bölken wurde beschuldigt, gegen das Abgabeverbot verstoßen zu haben. Er erhielt einen Ordnungsstrafbescheid, der jedoch zurückgenommen wurde, weil die beanstandete Menge in keinem Verhältnis zu der von seinen 93 Milchkühen erzeugten Menge von 360.000 Litern stand. 1944 wurde Bölken von der Gestapo abgeholt und inhaftiert, weil auf seinem Hof arbeitende →Fremdarbeiter ausländische Radiosender gehört haben sollten. Bölken wurde wieder freigelassen, die Fremdarbeiter zu einer Zuchthausstrafe verurteilt. Nach einem misslungenen Attentat auf den Kampfkommandanten von Bremen, Fritz Becker, versteckte Bölken 1945 Karl Bollmeyer, den Präses der Handelskammer. Vor dem Einmarsch britischer Truppen im April 1945 beseitigte Andrée Bölken mit seinem Nachbarn Ernst →Gorsemann und Bollmeyer eine Barrikade unter der Autobahnbrücke.
Nach Kriegsende wurde Bölken 1945 zum Vorsitzenden der Kreisbauernschaft Bremen bestellt und behielt den Vorsitz bis 1960. Aufgrund seiner umfassenden Kenntnisse ernannte ihn Wilhelm Kaisen 1945 zum Senator (»Halbsenator«, der als Selbstständiger seine Tätigkeit weiter ausübte) für Ernährung und Landwirtschaft. Als parteiloser wurde er 1946 nicht wieder als Senator nominiert; er trat der CDU bei und war 1947-51 Mitglied der Bremischen Bürgerschaft.
1948 organisierte Bölken die erste landwirtschaftliche Ausstellung in Bremen. Sie fand neben der →Horner Mühle, auf dem früheren →Telekom-Gelände, statt. Er gründete

Auslieferungsfahrzeuge in den 50er Jahren; Joghurt-Etikett

Andrée Bölken mit Bundespräsident Heinrich Lübke und Wilhelm Kaisen

Das Bon Appétit an der Leher Heerstraße / Ecke Ledaweg, 1996

die »Bölken Messe- und Ausstellungsgesellschaft mbH«, die in den Folgejahren die landwirtschaftliche Ausstellung zunächst hinter dem Park-Hotel und anschließend auf der Bürgerweide durchführte.
1952 erwarb Bölken das Landgut →Louisenthal an der Leher Heerstraße 105, in dem er ein Hotel einrichtete, das er bis zu seinem Tode führte. Auch mit einer Tankstelle vor dem Landhaus versuchte er sich. Eine von ihm ebenfalls betriebene Pferdezucht gab er 1964 auf und ließ die Pferde in einer Auktion auf seinem Hof versteigern.
Bölken starb 1965 kinderlos. Seine Frau Anna (1904–1988) gab die Landwirtschaft auf, führte das Hotel weiter. Die →Senator-Bölken-Straße trägt seinen Namen.

Bölken-Hof →Aumund-Hof

Bon Appétit
Die »Croquerie« Bon Appétit wurde im August 1982 von Andreas Beckmann an der Leher Heerstraße 64/66, Ecke Ledaweg eröffnet. Aufsehen erregte Andreas Beckmann im Stadtteil nicht nur durch seine kross gebackenen Croques mit Auflage und leckerer Sauce, sondern auch durch sein frankophiles Äußeres und durch seine über 650 Sprüche, die er im Laufe von 16 Jahren gut sichtbar in der Kurve an dem Ladengeschäft platzierte. 1991 verkaufte er das Geschäft an einen Nachfolger, seine Zweizeiler produzierte er aber weiter bis zum Abriss des Gebäudes 1998. Dort wurde im Anschluss das »Horner Tor« mit

Friedrich Borchers

Carl F. W. Borgward

Borchers, Friedrich
Ortsamtsvorsteher, Filialleiter der »Brema« an der Leher Heerstraße, Im Deichkamp 29
Friedrich Borchers war 1947–54 Ortsamtsleiter. Vor der Übernahme des Amtes war er Filialleiter der Verbrauchergenossenschaft Bremen im Haus an der Leher Heerstraße 68. Seine Tochter heiratete einen französischen Fremdarbeiter aus dem →Lager Achterstraße und zog mit ihm nach Frankreich.

Borgward, Carl Friedrich Wilhelm
Ingenieur und Unternehmer, *10.11.1890 Altona bei Hamburg, †28.7.1963 Bremen, Horner Heerstraße 1/13
C. F. W. Borgward war Sohn eines Kohlenhändlers und studierte nach einer Schlosserlehre Maschinenbau.
1919 trat er als Teilhaber in die Firma Bremer Reifenindustrie GmbH ein. Nach dem Ausscheiden des Miteigentümers nannte sich die Firma Bremer Kühlerfabrik Borgward & Co. Mit Firmensitz in der Bremer Neustadt entwickelte Borgward den Blitzkarren, als Lieferdreirad, und das Nachfolgemodell Goliath. Ende der 1920er Jahre war jedes vierte Nutzfahrzeug im Deutschen Reich ein Goliath-Kleinlieferwagen. Nach dem Eintritt des Bremer Kaufmanns Wilhelm Tecklenborg kauften Borgward und Tecklenborg 1928 die Bremer Karosseriefabrik Bremen-Hastedt und verlegten das Unternehmen dorthin.
Zwischen 1929 und 1931 erwarben Borgward und Tecklenborg die Aktienmehrheit an der von Robert →Allmers geführten Hansa-Lloyd-Werke A.G., in der sie die Mittel- und Oberklassenfahrzeuge Hansa 1100, 1700 und 2300 bauten.
1936 expandierte Borgward weiter und kaufte ein 223.000 m² großes Grundstück in Bremen-Sebaldsbrück auf. 1937 trennte er sich von seinen Teilhabern, wurde Parteimitglied und zum Wehrwirtschaftsführer ernannt. Im September 1938 eröffnete er das neue Pkw-Werk in Bremen-Sebaldsbrück, das dann aber in die Rüstungsproduktion einbezogen wurde. 1944 stellten Kriegsgefangene und Zwangsarbeiter in seinen Produktionsstätten einen großen Anteil der Beschäftigten.
Nach Kriegsende wurde Borgward interniert und durfte anschließend seine Werke nicht betreten; sein Vermögen stand unter Aufsicht, und er durfte nur einfache Arbeiten annehmen (so war er eine Zeit lang Bauhilfsarbeiter). 1948 endete sein Entnazifizierungsverfahren mit der Einstufung als »Mitläufer«.
1949 stellte Borgward den Hansa 1500 und ein Jahr später den Lloyd-Kleinwagen mit Zweitaktmotor und kunstlederbezogener

Schappschuss aus dem Obergeschoss des Borgward'schen Hauses an der Horner Heerstraße: Monika Borgward fotografierte ihre sich verabschiedenden Eltern, um 1960

Sperrholzkarosserie auf Holzrahmen vor, der im Volksmund bald »Leukoplastbomber« genannt wurde.
Sein größter Erfolg war die 1954 entwickelte Borgward Isabella, bei der Carl F.W. Borgward das Design wie bei allen anderen Modellen bis ins Detail mitbestimmte. 1959 wurde das neue Kompakt-Modell Lloyd Arabella auf den Markt gebracht. Eine knappe Kapitaldecke, aufwendige Firmenstrukturen, eine Vielfalt von Modellreihen, teure Entwicklungen - wie den mit Wilhelm →Focke entwickelten Hubschrauber Kolibri und den Oberklassewagen P 100 mit Luftfederung - führten 1960 in die Krise. Qualitätsmängel bei der Arabella ließen im Laufe des Jahres 1960 den Absatz weiter sinken, zusätzlich ging der Pkw-Export besonders in die USA wegen der veränderten Einfuhrbestimmungen rapide zurück.
1961 zog der Bremer Senat eine Bürgschaftserklärung über zehn Millionen D-Mark zurück. Um den Konkurs zu umgehen, übereignete Borgward dem Land Bremen seine Produktionsstätten. Glücklose und unprofessionelle Verkaufs- und Sanierungsmaßnahmen des Wirtschaftsprüfers, der ab 1960 Aufsichtsratsvorsitzender beim Konkurrenten BMW war, endeten im Herbst des Jahres 1961 mit dem Konkurs der Borgward-Gruppe. Die noch knapp 18.000 Bremer Arbeitsplätze in Borgwards Werken gingen verloren, und die einzelnen Teile des ehemaligen Konzerns wurden verkauft.
1952 hatte Borgward das Landgut →Fritze-Focke an der Horner Heerstraße gekauft. Borgward ließ das Haus vom Architekten Rudolf Lodders und den Garten von Bernd →Kuhlwein umgestalten. Die Räume wurden mit Einbaumöbeln - Sofas, Bücherregalen und Wandschränken und einer kleinen intimen Bar - ausgestattet. Das Familienleben lief nach einem genauen Zeitplan ab, war aber frei von »Geschäftsthemen«. Gäste wurden nach dem Geschmack des Hausherren statt mit einem kalten Buffet gern mit einem kräftigen Eintopf bewirtet, den er selbst den Gästen mit einer Suppenkelle aus blanken Kupferkesseln austeilte (Erinnerungen seiner Tochter Monica).

1955 feierte er an der Horner Heerstraße seinen 65. Geburtstag, an dem ihm durch Bürgermeister Wilhelm Kaisen das große Bundesverdienstkreuz verliehen wurde. Unter den unzähligen Geburtstags-Souvenirs befand sich als besondere Attraktion ein restaurierter Lloyd-Veteran aus dem Jahre 1908, mit dem Borgward-Lehrlinge den Geburtstagskorso anführten, der auf der Fahrt von Sebaldsbrück bis zur Stadtmitte in Horn vor staunendem Publikum einen Zwischenstopp einlegte.
Anlässlich seines 70. Geburtstages wurde Borgward das große Bundesverdienstkreuz mit Stern verliehen.
Nach dem Konkurs der Borgward-Werke wurde das Haus von der Familie Borgward weiter bewohnt. C. F. W. Borgward starb 1963 in seinem Schlafzimmer in Horn. Seine Witwe, Kinder und Enkel wohnten bis 2003 in dem Haus.
Borgward war zweimal verheiratet. Nach der Scheidung von seiner ersten Frau heiratete er 1935 Elisabeth Rühl (1909–2000), aus der ersten Ehe stammte der älteste Sohn Kurt, aus der zweiten die Söhne Peter (1937–1989) und Claus (1938–1999) sowie die Tochter Monica (*1941), die in Bremen wohnen blieb und dem Stadtteil weiterhin verbunden ist.

botanika
Science-Center im Rhododendronpark
Nach den Diskussionen und Planungen um den Bau des →»Rhodariums« wurde 2001 eine alternative kleinere Variante, die »botanika«, geplant und gebaut. Die Einrichtung wurde im →Rhododendronpark als EXPO-2000-Projekt nach Beendigung der EXPO am 6.6.2003 mit Schaugewächshäusern und einem 800 m² großen interaktiven Entdeckerzentrum eröffnet. Die neue Anlage besteht aus dem alten »Wilhelm-Kaisen-Gewächshaus« und dem »Mende Haus« sowie dem neuen 2400 m² umfassenden neuen Gewächshaus-Komplex. Die übrigen Gewächshäuser wurden für den Neubau abgerissen. Das neu errichtete Entdeckerzentrum enthält vielseitige Exponate, an denen Naturvorgänge anschaulich nachvollzogen werden können. In den Schaugewächshäusern werden nicht winterharte Rhododendren aus den

Blick auf den Haupteingang der botanika

Himalayaregionen und dem malaiischen Archipel (Borneo und Neuguinea) ausgestellt. Neben der in Mitteleuropa größten Sammlung an Vireya-Rhododendron enthalten die Schauhäuser kulturelle Original-Exponate wie Kultpfähle asiatischer Ur-Völker, buddhistische Gebetsmühlen, eine Mani-Mauer und die größte liegende Buddha-Statue außerhalb Asiens.

Das Entdeckerzentrum wird von der »botanika GmbH« betrieben. An der Finanzierung der 17,8 Millionen Euro teuren Anlage beteiligte sich das Bundesamt für Naturschutz mit Fördermitteln.

Das Projekt stand von Anfang an unter einem hohen Erwartungsdruck. Von den für die Wirtschaftlichkeit jährlich notwendigen und prognostizierten 200.000 Besuchern kam nur ein Bruchteil. Entsprechend blieben die Einnahmen deutlich hinter den Erwartungen zurück. So musste die botanika um ihre Existenz kämpfen und immer wieder mit staatlichen Zuschüssen unterstützt werden. 2008 wurde Bernd Linke als neuer Leiter eingestellt. Auch er konnte der Aufgabe, die Wirtschaftlichkeit durch Steigerung der Attraktivität und Erhöhung der Besucherzahlen zu verbessern, nicht gerecht werden. Nach dem erfolglosen Versuch über ein »Interessensbekundungsverfahren« private Investoren für eine privatwirtschaftliche Fortsetzung der botanika zu finden, wurde in Anlehnung an die Stiftung Rhododendronpark eine weitere Stiftung zur Fortführung der botanika gegründet, die die Zukunft der Einrichtung langfristig sichern soll. Das derzeitige Stiftungskapital, 1,5 Millionen Euro aus privaten Spenden und drei Millionen Euro aus dem Haushalt des Landes, reicht für die wirtschaftliche Unabhängigkeit bisher nicht aus. Hierzu ist die Erhöhung des Stiftungskapitals auf zehn Millionen Euro notwendig. Im Zusammenhang mit der durch die Finanzierungsschwierigkeiten aufgeworfenen Diskussion um den Rückbau der botanika gründete sich der →Verein zur Förderung der Artenvielfalt. 2011 wurde die botanika um ein Bildungszentrum, die »Grüne Schule«, erweitert.

Botanischer Garten
Der erste Bremer Botanische Garten entstand 1905 auf einem 4,2 ha großen Grundstück am Osterdeich. Die Anlage wurde von dem als »Petroleumkönig« bekannten Bremer Mäzen Franz Ernst Schütte, dem Bruder Carl →Schüttes, gestiftet. Die Leitung des Botanischen Gartens übernahmen 1905 Dr. Georg Bitter und Ernst Nußbaumer. 1937 lief der Unterhaltungs-Vertrag zwischen der Stadt und Franz Schütte aus. Statt den Botanischen Garten am Osterdeich alleine fortzuführen und zu unterhalten, entschloss sich die Stadt Bremen, den Botanischen Garten nach Horn zu verlegen und vom Geheimrat →Allmers eine 16,4 ha große Parkfläche an der Horner Heerstraße anzukaufen. Auf der direkt an den →Allmers-Park grenzenden Fläche plante die →Deutsche Rhododendron Gesellschaft die Anlage des →Rhododendronparks. Der Umzug der Pflanzen begann 1937, im Frühjahr 1938 befanden sich bereits 4000 Stück im neuen Garten. Während des Krieges gerieten die Arbeiten ins Stocken. Die Gärtner wurden auf den Friedhöfen eingesetzt, und auf den Parkflächen wurde bis in die Nachkriegszeit Obst und Gemüse angebaut.
Ab 1947 modifizierte der Gartenbaudirektor Erich Ahlers die Pläne für einen neuen Botanischen Garten. Im Frühjahr 1949 begannen in Arbeitsbeschaffungsmaßnahmen beschäftigte »Notstandsarbeiter«, die

Der bis 1937/38 am Osterdeich bestehende alte Botanische Garten

acht Abteilungen des Botanischen Gartens wieder aufzubauen.
Heute bildet der Botanische Garten mit dem Rhododendronpark eine organisatorische Einheit. In ihm wachsen ca. 6000 unterschiedliche Pflanzenarten. Neben einer geografischen Abteilung ist sein Schwerpunkt die heimische Flora Norddeutschlands mit ca. 1000 Arten, die ca. 50 Prozent der Pflanzenwelt aus Niedersachsen und Bremen betragen. Auch der Nutz- und Heilpflanzengarten, der Heidegarten und der alpine Steingarten gehören zum Botanischen Garten.
Die Anordnung der Pflanzen geht zurück auf den Pionier der Pflanzensoziologie Prof. Dr. Reinhold Tüxen, der in den Jahren 1936/37 und 1949–51 pflanzensoziologische Gesellschaften von Wald und Wiesen anlegte.

Brahmkamp →Am Brahmkamp

Bremen – Schlüssel zur Welt →Wisent

Bremer Heimstiftung
Am 22.4.1953 beschloss der Senat, alle stadtbremischen Seniorenheime in einer gemeinnützigen Stiftung zusammenzufassen. Die Stiftung wurde 1954 mit dem Namen Bremer Heimstiftung gegründet. Ein Startkapital in Höhe von 20.000 D-Mark und fünf Einrichtungen mit knapp 500 Plätzen, darunter das Landhaus Horn an der →Schwachhauser Heerstraße und das Haus →Marcusallee, bildeten den Grundstock der neuen Stiftung.
Das Haupthaus, Stiftungsresidenz Marcusallee 39 (→Uhde Villa), wurde 1928 errichtet. Seit 1951 wurde es als Altenheim genutzt. In der Marcusallee 39 befindet sich seit 1978 auch die Verwaltung der Bremer Heimstiftung.
Die Bremer Heimstiftung verfügt heute über drei weitere Seniorenheime in Horn-Lehe. 1976 wurde die Stiftungsresidenz →Luisental in der Brucknerstraße 15 eröffnet. Es folgten 1982 die Stiftungsresidenz →Riensberg in der Riekestraße 2 und 1995 das Stiftungsdorf im →Hollergrund 61.

Haupthaus der Bremer Heimstiftung in der Marcusallee 39

BVG-Omnibus Mitte der 1920er Jahre vor der Horner Kirche

Bremer Vorortbahnen GmbH (BVG)

Die 1909 gegründete Studiengesellschaft für Vorortbahnen wurde 1914 in Bremer Vorortbahnen GmbH umbenannt. Als Tochtergesellschaft der Bremer Straßenbahn AG betrieb sie die Buslinien in den Vororten. Die ersten →Buslinien führten von der Endhaltestelle Horn (→Lestra) nach Oberneuland und Borgfeld/Lilienthal. 1953 wurde die BVG von der Bremer Straßenbahn AG übernommen.

Bremermann, Hof

Der Hof Bremermann an der Leher Heerstraße 192 (Lehe 20) gehörte zu den Höfen des Landguts →Schorf. Der Hof lag an der Ostseite der heutigen Nernststraße. Er wurde 1784 von Hinrich Bremermann und seiner Frau Gebke, geborene Döhle, neu errichtet, nachdem das alte Anwesen durch Blitzschlag zerstört worden war. Nach erfolgloser Käufersuche wurde das Fachwerkhaus 2003 abgerissen.

Bremermann/Café Hoyer, Gaststätte und Bootshaus

1926 wurde das →Wassersportheim Bremermann mit Bootshäusern und einer Gaststätte am Südende des →Kuhgrabens gebaut, an der Ecke zur heutigen Universitätsallee. 1975 erwarb die Stadt das Gelände für die Universität. Drei Jahre später übernahm Familie Hoyer die Gastronomie von den Bremermanns und betrieb ihr Café mit großer Sonnenterrasse bis 1988. Dann wurde der Bau abgerissen, die Stadt plante später an gleicher Stelle einen →japanischen Garten.

Bridgeclub Bremer Schlüssel

Der Bridgeclub Bremer Schlüssel entstand aus der Bridgegruppe Bremen 3, die bereits seit 1978 Mitglied im Deutschen Bridgeverband war. 1991 wurde der Verein in das Vereinsregister eingetragen, im Jahr darauf erfolgte die Anmietung eigener Räume im Gewerbegebiet →Horn-Lehe West. Gegenwärtig hat der Verein ca. 180 Mitglieder.

Bridgeclub Bremer Schlüssel

Kaffeehaus und Wassersportheim Bremermann, um 1930

Brinksitzer (auch Neubauern oder Anbauer)
Der Begriff Brink steht für die Grenze eines Gebietes. An den Grenzen der Siedlungsgebiete befanden sich häufig kleinste Flurstücke, die Brinksitzern zur Bewirtschaftung überlassen wurden. Brinksitzer gehörten zur 3. Klasse der →Höfeordnung; sie arbeiteten wie →Häuslinge oft auch als Handwerker oder Tagelöhner.

Britsch, Erika
Verfolgte Jüdin, *11.11.1904 in Norden, Ostfriesland, †10.3.1963 in Bremen, Tietjenstraße 75
Erika Britsch war jüdischer Herkunft und mit ihrem Mann Walter Britsch in »Mischehe« verheiratet, gemeinsam hatten sie eine 1934 geborene Tochter.
Die Familie lebte zunächst unbehelligt in der →Tietjenstraße. Bilder zeigen ihre Tochter auf einem Kinderfest gemeinsam mit einem Mädchen aus der Nachbarschaft in BDM-Uniform.
Im Mai 1944 wurde Walter Britsch zur »Organisation Todt« einberufen, einer nach militärischem Vorbild organisierten Bautruppe, in der Militärinternierte, »Jüdisch Versippte«, Zigeuner und andere »Wehrunwürdige« Zwangsarbeit leisten mussten. Die Zwangsarbeiter wurden zum Bau des »West«- und des »Atlantikwalls«, zum Bau von U-Bootstützpunkten und Abschussrampen für die V1- bzw. V2-Raketen sowie zum Ausbau von Luftschutzanlagen eingesetzt.
Im Januar 1945 erhielt Erika Britsch zusammen mit 88 Bremer »Halbjuden« vom »Vertrauensmann der Juden« in Bremen, Karl »Israel« Buck, die Mitteilung, dass sie von der geheimen Staatspolizei für den Transport zum »Arbeitseinsatz« im Lager Theresienstadt vorgesehen sei. Die Zuteilungen auf den Lebensmittelmarken durfte sie nicht über das »normale Maß« hinaus in Anspruch nehmen. Ihre Tochter hatte sie auf Anweisung bei Nachbarn untergebracht. Am 8.2. erfolgte die Mitteilung, dass der Transporttermin auf den 14. um 3 Uhr morgens festgesetzt worden ist. Die Verladung sollte auf dem Güterbahnhof Bremen, Verladerampe (Breitenweg/Düsternstraße), erfolgen. Die Transportteilnehmer wurden angewiesen, auch bei Fliegeralarm pünktlich zu erscheinen; Verstöße würden streng geahndet werden. Den Deportierten wurde empfohlen, Kochsalz, Stearinkerzen, Taschenlampen und Verpflegung für wenigstens sechs Tage mitzunehmen.
Ein damals 14-jähriger Zeitzeuge berichtete über die Geschehnisse bei der Abfahrt dieses Transportes vom 14.2. (Nr. VI/10-215), er habe die ganze Situation zunächst noch als relativ harmlos hingenommen, bis er seine Mutter mitten in der Nacht zum Güterbahnhof begleitete. Als er sah, wie die Menschen dort in Empfang genommen wurden, spürte er schlagartig das Fürchterliche, tief Bedrohliche der Situation. Ohne irgendeine Auskunft wurden die Menschen aufgefordert, in die nur mit Stroh ausgelegten Waggons zu steigen.
Der Transport über Halle, Leipzig und Gera bis nach Theresienstadt dauerte zehn Tage. Ein anderer Zeitzeuge berichtet über die Ankunft und die Situation in Theresienstadt: »Kaum vorstellbare drastische Szenen spielten sich ab, wenn die völlig desorientierten deutschen und österreichischen Juden mit ihrem fünfzig Kilogramm schweren Gepäck, in das sie oft Sachen eingepackt hatten, die für das Lagerleben auf geradezu groteske Weise unbrauchbar waren, auf dem Bahnhof von Bauschowitz ausstiegen und die zweieinhalb Kilometer nach Theresienstadt zu Fuß zurücklegen mussten. Dort wurden sie in Kasematten oder auf Dachböden untergebracht; zum Essen bekamen sie etwas Kaffee-Ersatz und eine Scheibe Brot. Die

Ausweispapier von Erika Britsch, links gut zu erkennen, das »J« für Jude

Mutig: Zwei Blätter des Wochenkalenders 1945, in den Erika Britsch heimlich Tagebuchnotizen eintrug

Ernüchterung war grauenvoll. Viele brachen psychisch und physisch zusammen.« Mehr als 6000 Menschen vegetierten auf Dachböden und in dunklen, ungenügend gelüfteten Kasematten. Auf einen Theresienstädter Häftling entfiel nur 1,6 m² Fläche zum Schlafen und zum Leben.
Am Sonntag, den 25.2., einen Tag nach der Ankunft, musste sich Erika Britsch auf dem »Arbeitsamt« melden. Die Transportnummer wurde zur »einzigen Kenn-Nummer«, die sie in Theresienstadt verwenden durfte. Für ihr mitgebrachtes Geld erhielt sie geldscheinähnliche »Gutscheine« im Wert von Kronen, die nur im Ghetto Gül-

tigkeit hatten. Am 27. begann der Einsatz in der »Glimmerproduktion«. Der »Lohn« für ihre Arbeitsleistung wurde ihr auf einem »Sparbuch« mit einem »gesperrten Guthaben« gutgeschrieben.
Auf kleinen Kalender-Wochenzetteln notierte sie am 18.4. »Ernüchterung«, am 20.4. »K.Z. angekommen grauenhaft«, am 4.5. »Räumung der Glimmerbaracken«, am 6.5. »Wieder eine Ernüchterung/28 Tote im Lastwagen [...] Elendstransport aus dem KZ, viele Tote« und am 11.5. »ausgerückt«. Nach 29 Tagen notierte sie am Sonnabend den 9.6. ihre Ankunft beim »Secret Service Verden«.

Brockmann, Konrad

Einzelhandelskaufmann, Inhaber des gleichnamigen Bekleidungsgeschäftes, *22.9.1906 in Voxtrup Krs. Osnabrück, †4.1.1988 in Bremen

Konrad Brockmann war 1928–49 bei der Firma Gebrüder Leffers als Einkäufer beschäftigt. Nach der Währungsreform eröffnete er am 1.10.1949 an der Leher Heerstraße 59c ein 24 m² großes Ladengeschäft, in dem er Wäsche, Weißwaren, Strumpf- und Kurzwaren verkaufte. 1955 bezog er ein eigenes Haus an der Leher Heerstraße 55 mit 70 m² Verkaufsfläche. 1972 übernahmen sein Sohn Günter und seine Ehefrau Renate das Geschäft. Sie erweiterten die Verkaufsfläche und richteten das Warensortiment auf Oberbekleidung aus. 1985 wurde das Herrensortiment in ein eigenständiges Fachgeschäft an der

Das erste Ladengeschäft Konrad Brockmanns an der Leher Heerstraße 59c, Anfang der 50er Jahre

Leher Heerstraße 67 ausgegliedert. Günter Brockmann setzte sich in der WIR-Initiative (→Horn ist offen) für den Erhalt der Horner Einzelhandelsgeschäfte ein. Nach der Übergabe an seine Tochter wurde »das« Horner Modehaus 2009 geschlossen.

Brusesteg
Der Brusesteg war eine kleine malerische Holzbrücke über das →Vahrster Fleet auf dem →Riensberg. Unter dem Brusesteg befand sich ein kleiner Stau, über den das Wasser »brauste«: plattdeutsch »bruste«.

Bücherei, Volksbücherei, Stadtteilbibliothek, Buch Horn
1939 wurde eine Dorfbücherei im Gemeindebüro der Landgemeinde Lehesterdeich an der Lilienthaler Heerstraße 142a eröffnet. Der erste Bestand umfasste 650 Bücher. 1953 wurde die Bücherei an die →Horner Heerstraße 16 verlegt und war seit 1956 im →Teehaus an der →Marcusallee untergebracht. Am 1.11.1960 wurde sie mit 11.000 Bänden im fertiggestellten →Ortsamt neu eröffnet. Die Bibliothek wurde 1956–66 von Magdalene Stüwe geleitet, ihr folgte Marga Schumm. Der Standort wurde 1987 aufgegeben. 1972 wurde eine Jugendbücherei im Gymnasium Horn an der →Ronzelenstraße eröffnet. Sie übernahm 1987 den Bestand der Stadtteilbibliothek und wurde 1997 geschlossen. Den Buchbestand übernahm der 1997 gegründete Förderverein Bibliothek Horn-Lehe e.V. Der Verein führte die Bibliothek in den Räumen des Gymnasiums Vorkampsweg unter dem Namen Buch Horn fort.

Bundesautobahn →Autobahn

Bunker
Während des Zweiten Weltkriegs wurden in Horn-Lehe Luftschutzanlagen für die Bevölkerung errichtet. Häufig hatten sie einen lang gestreckten z-förmigen Grundriss, und nur die obere Gebäudehälfte ragte aus dem Erdreich. Wegen zu geringer Stärke der Betonwände und -decken waren sie eher als Splitterschutz anzusehen. Weder →Fremdarbeiter noch jüdische Einwohner durften die Räume nutzen. Neben diesen öffentlichen Schutzräumen errichteten viele Privatleute in ihren Gärten Schutzanlagen, von denen einige noch erhalten sind. Sie mussten auf Anweisung der Militärregierung 1947 in einen nicht mehr militärisch nutzbaren Zustand gebracht werden.
Die öffentlichen Bunkeranlagen wurden nach Kriegsende gesprengt und abgerissen, die letzte für den Bau der Augenklinik Ecke Ledaweg/Leher Heerstraße.

Kriegsalltag: Weihnachten im Bunker (Tietjenstraße)

Öffentliche Bunkeranlagen in Horn-Lehe	
Straße	**Lage**
Vorstraße	Hof Kaemena, heute Reihenhäuser Am Anfang der Straße
Nedderland	Heute Reihenhäuser (Ortsteil Oberneuland)
Berckstraße	Heute Reihenhäuser
Ledaweg	heute Horner Tor/Augenklinik
Lilienthaler Heerstraße	gegenüber der »Roten Siedlung«
Tietjenstraße	heute Mehrfamilienhäuser am Helmer
Leher Heerstraße	heute Studentenwohnheim

Straßenmalerei als Element des Widerstandes

Veranstaltungsplakat für »Die Hollerlandaustellung« im Mai/Juni 1999 in der Unteren Rathaushalle und Blick auf eine Litfaßsäule in der Ausstellung (rechts)

Bürgerinitiative für die Erhaltung des Hollerlandes

Als Bausenator Stefan →Seifriz 1977 die Planungen zur Bebauung des →Hollerlandes mit der Vorlage der →Osthaus-Studie wieder aufnahm, gründeten die Umweltschützer Gerold →Janssen, Friedrich Bode und Dieter Stratmann die »Bürgerinitiative zur Abwehr der Hollerstadt«. Ihr Ziel war der Erhalt des Hollerlandes als einmaliger norddeutscher Kulturlandschaft mit schützenswerten Pflanzen und Tieren. Sie betrieben Öffentlichkeits- und Lobbyarbeit und rüttelten die Öffentlichkeit mit publikumswirksamen Aktionen immer wieder auf.

Die BI ließ schützenswerte Flora und Fauna von Professoren der Bremer Uni kartieren, sammelte Unterschriften und organisierte eine »Hollerlandausstellung« in der Unteren Rathaushalle. Die BI legte einen gemalten »Naturlehrpfad« mit Sprüchen wie »hier kurvte die Mosaikjungfer« oder »hier leuchtete das Nachtpfauenauge« auf den Wegen um das Hollerland an.

Als Antwort auf die Osthausstudie erstellten sie eine Studie mit dem Titel »Hände weg vom Hollerland«. Der Titel wurde zugleich zum Motto der Bürgerinitiative. Nachdem der vom Bausenator Bernd Meyer beauftragte Aachener Landschaftsökologe Wolfram Pflug in seinem Gutachten vorschlug, 270 ha des Hollerlandes unter Naturschutz zu stellen und nur den Bereich Horn-Lehe West zu bebauen, benannte sich die Bürgerinitiative 1981 in »Bürgerinitiative für die Erhaltung des Hollerlandes« um und wehrte sich auch gegen die Bebauung des Biotopes →Uni-Ost. Die Bürgerinitiative erhielt 1986 von der Umweltsenatorin Eva-Maria Lemke den Umweltschutzpreis und initiierte im selben Jahr mit dem BUND für die anstehenden Deichamtswahlen die Gründung der »Naturschutzliste«. Die Liste errang unter dem Motto »Deichschutz ja – Naturzerstörung nein!« auf Anhieb die Mehrheit der Sitze im Deichamt. Im Oktober 1989 einigten sich der Bausenator und die Umweltschützer auf den →Hollerland-Kompromiss.

Nach der Bürgerschaftswahl im Mai 2003 wandte sich die Bürgerinitiative mit der Parole »Hände weg vom →Horner Bad und vom Hollerland« gegen die von der Koalition geplante Teilbebauung des Hollerlandes und die Schließung des von einer Solequelle aus dem Hollerland gespeisten Horner Bades. Die Bürgerinitiative rief zu einer Fahrrad-Demonstration rund um das Naturschutzgebiet mit anschließender Protestkundgebung auf. Über 3000 Einwohner folgten mit Fahrrädern, auf Inlinern oder zu Fuß mit Transparenten, Fahnen und Luftballons dem Aufruf. Ende 2003 wurde das Hollerland nach über 25-jähriger Auseinandersetzung end-

gültig unter den Schutz der europäischen Fauna-Flora-Habitat-Richtlinie gestellt. Seitdem ruhen die Aktivitäten der Bürgerinitiative.

Bürgermeister
Die stimmberechtigten Landleute der einzelnen Dörfer des Hollerlandes wählten den Buermeester oder Bauermeister, der die Gemeindeangelegenheiten regelte. Mit der Einführung der Landgemeinden wurde in jeder Landgemeinde ein →Gemeindevorsteher gewählt. Nach dem Zweiten Weltkrieg übernahmen die Ortsamtsleiter diese Funktionen.

Bürger-Service-Center (BSC)
2003 wurde das BSC, als Nachfolger des 1998 eröffneten Bürgeramtes Horn-Lehe, mit 29 Dienstleistungszweigen eröffnet; im BSC konnten vor Ort Melde-, Wohngeld- und KFZ-Angelegenheiten in Anspruch genommen werden. 2006 wurden die Dienste trotz des Widerstandes des →Beirats in der Pelzerstraße und an der Stresemannstraße zentralisiert und das BSC Horn-Lehe geschlossen.

Bürgerverein Horn-Lehe
Nach der Eingemeindung des Stadtteils in die Stadtgemeinde Bremen wurde im Café →Goedeken am 5.10.1926 von 83 Horn-Leher Einwohnern der Bürgerverein Horn-Lehe gegründet. Die versammelten Bürger wollten nach der Eingemeindung des Stadtteils und dem Wegfall der Gemeindeverwaltung eine Organisation schaffen, die die lokalen Interessen der Bürger überparteilich gegenüber dem Senat und der Bürgerschaft vertreten sollte. Erster Vorsitzender war bis zum Verbot durch die Nationalsozialisten der Kaufmann Johann Hermann →Barre.

Der Bürgerverein setzte sich 1934 erfolgreich für eine alternative Linienführung der Reichsautobahn (→Autobahn) ein und forderte die Einrichtung eines Reichsbahn-Haltepunktes in Horn. 1938 wurde der Verein aufgefordert, den Eintrag im Vereinsregister zu löschen. Dem kam der Verein nicht nach, ließ aber alle Vereinsaktivitäten ruhen. 1954 wurden die Aktivitäten wieder aufgenommen. Auf der ersten Sitzung wurde Heinz Weihusen zum Vorsitzenden gewählt. In der Nachkriegszeit erwarb sich der Bürgerverein vor allem große Verdienste um den Erhalt und die Restaurierung der Horner Mühle. In den sechziger Jahren wurden 100.000 D-Mark gesammelt. Unter Mitwirkung des Bürgervereins wurde auch der →Förderverein zum Erhalt der Mühle gegründet. Nach dem ersten, 1996 vom Förderverein ausgerichteten Mühlenfest wurde das Fest vom Bürgerverein im Zwei-Jahres-Rhythmus ausgerichtet. Der Bürgerverein setzte sich 2005 mit einer Demonstration nachdrücklich für den unentgeltlichen Zugang zum →Rhododendronpark ein.

Der Bürgerverein bildete zu verschiedenen Themen Arbeitskreise. 2010 wurde der Historische Arbeitskreis gegründet, der die Ausstellung →825 Jahre Horn und Lehe organisierte. 2011 konnte das →Stadtteilarchiv des Bürgervereins öffentlich zugängliche Räume beziehen.

Buslinien
Bremens erste private Buslinie wurde 1907 von Horn nach Borgfeld eröffnet, hatte aber nicht lange Bestand. Den dauerhaften Betrieb organisierten erst die →Bremer Vorortbahnen GmbH (BVG) und die Bremer Straßenbahn AG.
Am 21.10.1924 wurde die erste Omnibusline Horn–Oberneuland eröffnet und 1925 nach

Ehemaliger »Hollerlandstein« am Jan-Reiners-Weg

Geschlossen: Das Bürger-Service-Center 2006

Die Vorsitzenden des Bürgervereins Horn-Lehe		
Name	von	bis
Johann →Barre	1926	1938
Heinz →Weihusen	1954	1985
Hermann →Block	1985	1998
Heinz →Uhlich	1998	2000
Dieter →Gerdes	2000	2010
Reinhard →Jarré	seit 2010	

Osterholz-Tenever verlängert. 1926 folgte die Eröffnung der Strecke Horn–Borgfeld. 1929 übernahm die BVG die Strecke Horn–Lilienthal, die vorher vom Unternehmer Kahrs betrieben wurde. Nach 1933 entstanden weitere Omnibuslinien. 1936 erfolgte ein erster Einsatz eines dampfbetriebenen Omnibusses auf der Strecke Horn–Oberneuland.

Nach 1945 endeten die Buslinien A, B und C auf dem Betriebsgelände der BSAG. Vorübergehend wurden Pritschenwagen mit Holzbänken eingesetzt, die dampfbetrieben mit Holz befeuert wurden. Verkehrsprobleme in der Berckstraße führten 1967 zur Verlegung der Bushaltestelle vor die Horner Kirche. Nach der Einstellung der ersten Straßenbahnlinie 4 wurden alle öffentlichen Verkehrsverbindungen mit Bussen bedient. Die Straßenbahnstrecke der Linie 4 wurde von den 30er und 33er Bussen übernommen.

Butendiek →Hollerstadt

C

Café Hoyer →Bremermann/Café Hoyer, Gaststätte und Bootshaus

Camera
Am 5.9.1952 eröffnete der Findorffer J.H. Rhode im ehemaligen Funktheater von Radio Bremen an der →Horner Heerstraße 31 das Lichtspieltheater »Camera« mit dem Film »Der große Caruso«. Durch den Siegeszug des Fernsehens begann in den 1960er Jahren das große »Kinosterben«, und 1964 lief auch in der »Camera« die letzte Vorstellung.

Campingplatz
a) alter Campingplatz
Im Mai 1980 wurde der 4,4 ha große Bremer Campingplatz am →Uni-See eröffnet. Nach jahrzehntelanger Suche war er auf dem Flurstück »Die Straßenkämpe« im Winkel zwischen dem Kuhgrabenweg und der damaligen Norderschließungsstraße (Hochschulring) mit einem Kostenaufwand von 2,7 Millionen D-Mark errichtet worden. Initiiert wurde der Bau vom damaligen Bausenator Stefan →Seifriz, zugleich Vorsitzender des Vereins »Campingplatz Bremen e.V.«. Betreiber war der ADAC. Der Platz umfasste 100 befestigte Stellplätze mit Stromanschluss, einem Waschhaus, einer Küche, einem Schnellimbiss und einem »Tante-Emma-Laden«. Bereits im ersten Jahr wurde der Campingplatz mit über 14.000 Übernachtungen gut angenommen. Mehrfach erhielt er für seine Ausstattung, seine Lage und seinen Service von Testern Bestnoten.

Nach der Schließung und dem Bau des neuen Campingplatzes (s.u.) besetzten ortsansässige Dauercamper den alten Dauercampingplatz und gründeten den Verein »Freunde und Dauercamper auf dem Naturcampingplatz Bremen e. V«. Vorsitzender des Camper-Vereins war der ehemalige Bausenator Konrad →Kunick. 2008 schlossen die Camper einen unbefristeten Pachtvertrag ab. Trotzdem müssen sich die Dauercamper weiter gegen Umnutzungen durch den Bau von Bus-Parkplätzen für das Universum oder den Bau des →City-Resorts wehren
b) neuer Campingplatz
2001 wurde das Gebiet zwischen NSG Am Stadtwaldsee (→Naturschutzgebiete) und Kuhgraben bis zum Wetterungsweg als Erweiterungsfläche für den →Technologiepark ausgewiesen. Um die Planung umzusetzen, wurde westlich des bisherigen Campingplatzes zwischen →Uni-See und NSG Am Stadtwaldsee

Eröffnungsanzeige der Camera im »Weser-Kurier« am 4. September 1952 und Blick auf das 1964 geschlossene Lichtspieltheater, am rechten Rand die Horner Kirche

ein neuer Platz geplant. In einer 2002 vorgelegten Machbarkeitsstudie wurde zur Realisierung der Wirtschaftlichkeit eine Erhöhung der Stellplätze auf 250, bei einer geringfügigen Erweiterung der Gesamtfläche, empfohlen. 2004 wurden die Waldflächen trotz Protesten aus der Bevölkerung und unter Polizeischutz für den Bau des neuen Campingplatzes gerodet, im Herbst 2005 öffnete der neue Campingplatz seine Pforten. Die Verlagerung des Campingplatzes kostete 5,7 Millionen Euro. Seit 2006 besteht das Campingplatz-Restaurant »Olivers«.

Carl, Friedrich
Oberfinanzpräsident, *1.7.1876 Straßburg, †Dez.1968 Bremen, Marcusallee 43
Dr. Carl trat 1904 als Gerichtsassessor in die Direktion der Verwaltung der Zölle und indirekten Steuern in Elsass-Lothringen ein. Er erstrebte eine einheitliche Reichszollverwaltung zur Stärkung der Reichsgewalt und zur Förderung des wirtschaftlichen und staatlichen Lebens.
Nach Ende des Ersten Weltkriegs wurde Carl Referent für die finanziellen Bestimmungen einer neuen Verfassung und setzte bei den Verhandlungen der Nationalversammlung zur Weimarer Verfassung durch, dass die Zölle und Verbrauchssteuern durch Reichsbehörden zu verwalten sind. Am 1.10.1919 wurde er Präsident des Landesfinanzamtes Unterweser in Bremen.
1940 veröffentlichte Carl eine Denkschrift zur Rationalisierung der Staatsverwaltung, die die Unabhängigkeit der Finanzverwaltung von örtlichen und provinziellen Einflüssen wirtschaftlicher und politischer Art thematisierte. Dies erregte den Unwillen des Staatssekretärs im Reichsfinanzministerium und führte dazu, dass Dr. Carl auf Druck der Parteileitung zum Jahresende 1941 in den Ruhestand versetzt wurde.
Um der Beamtenschaft in Bremen gute und preiswerte Wohnungen zu sichern, hatte Carl die Beamten-Baugesellschaft Bremen ins Leben gerufen und war von 1929-41 Aufsichtsratsvorsitzender.
Carls Sohn »Frieder« war der Spielkamerad des Nachbarsjungen Peter →Weiss.

Carstens, Karl →Fraedrich, Friedrich Gustav

Cassel, Carl Philipp
Reeder, Kaufmann und Konsul, *1.4.1742 (1744) Magdeburg, †25.2.1807 Bremen
Cassel brach eine Ausbildung am Bremer Pädagogikum ab und fuhr mit elf Jahren zur See. Im Dienst der Holländisch-Ostindischen Compagnie arbeitete er als Matrose, Steuermann und Kapitän. 1777 gründete er zusammen mit A. Traub die Firma Cassel & Traub. Anfang der 1780er Jahre leitete er die ersten indischen und ostasiatischen Fahrten Bremer Schiffe in

Friedrich Carl

Protestbanner zur Erhaltung des alten Campingplatzes am Eingangstor und handfester Polizeieinsatz bei den Rodungsarbeiten für den neuen Campingplatz

Carl Philipp Cassel

die Wege. Cassel gründete 1798 die erste bremische Navigationsschule und war seit 1795 Kaiserlicher Konsul in Bremen. Sein Stadthaus lag an der Obernstraße, sein »Haus →Landruhe« als Landsitz am Schorf. Er war ein Theaterliebhaber und bewunderte vor allem die Darstellerinnen – angeblich soll Cassel hinter den Kulissen des Theaters verstorben sein. 1965 wurde die Konsul-Cassel-Straße nach ihm benannt.

Charlottenhof

Der Charlottenhof an der →Leher Heerstraße 186 (In der Lehe 19) gehörte 1884 der Familie Behrens.

In den 1930er Jahren erwarb Konrad Mackensen, ein Bruder des Kunstmalers Fritz Mackensen, den Hof. Er war verheiratet mit Luise Charlotte Mackensen, die als geb. Wilkens der Familie entstammte, die in Hemelingen eine große Silberwarenfabrik führte. Nach dem Tode ihres Mannes renovierte sie den Hof und richtete dort eine Rosen- und Baumschule ein, die ihre Tochter Gertrud Naumann bis zur 1960 erfolgten Übergabe an ihren Sohn Peter weiterbetrieb.

Ende der 1970er Jahre erwarb eine Baugesellschaft den Charlottenhof und errichtete auf dem Grundstück eine Wohnanlage.

Chausseen →Heerstraßen

Chronik Horn-Lehe (www.chronik-horn-lehe.de)

Die Chronik Horn-Lehe ist eine Internetchronik über die Geschichte des Stadtteils. Sie wurde 2005 von Michael Koppel ins Netz gestellt und seither beständig weiterentwickelt und erweitert.

City Resort

2010 plante ein Projektteam aus einem Architekturbüro und einer Vermögensverwaltungsgesellschaft den Bau eines »City Resort Bremen« auf dem Gelände des alten →Camping-Platzes am →Uni-See. Bestandteil der Planung war der Bau eines Hotels mit 220 Betten, einer zentralen Gastronomie mit 120 Plätzen, einem Spiel- und Unterhaltungsbereich sowie einer luxuriösen Sauna-, Sport- und Wellnesslandschaft. Auf dem restlichen Gelände sollten Ferienhäuser und Appartements mit 600 Betten in ökologisch gestalteten Erd- und Baumhäusern entstehen. Der Wirtschaftssenator unterstützte das Projekt im Rahmen des Tourismuskonzeptes Land Bremen, das Finanzressort erhoffte sich einen Verkaufserlös von fünf Millionen Euro. Die Realisierung des Projektes wurde wegen der Bedeutung des Naherholungsgebietes an enge Kriterien gebunden, woraufhin das Projektteam 2012 seine Planungsaktivitäten einstellte.

Club zur Vahr

1905 gegründeter Golf-, Hockey- und Tennisverein. Ein großer Teil des Geländes liegt auf dem Gebiet des alten →Rickmers Park und gehört zum Ortsamtsbereich Horn-Lehe.

Cordes, Hermann

*Biologe, Konrektor und Professor an der Universität Bremen, *18.4.1931 Bremen*

Cordes promovierte zum Dr. rer. nat. mit einer Dissertation über das Blockland und setzte sich später sehr für den Schutz der Borgfelder Wümmewiesen und des →Hollerlandes ein, wo er die von Küstenflora bewachsene Binnensalzstelle an der Pannlake entdeckte. Cordes ist Gründungsmitglied des →Vereins zur Förderung der Artenvielfalt in botanika, Botanischem Garten und Rhododendronpark.

Curiestraße

Benannt nach Pierre C. (1859–1906) und seiner Frau Marie (1867–1934), beide Physiker, die 1898 das Radium entdeckten und 1903 den Nobelpreis für Physik erhielten. An der Marie-Curie-Straße liegen eine Grundschule und das →Jugendhaus Horn-Lehe.

Hermann Cordes

Logo der Internetchronik Horn-Lehe

D

Dehning, Gustav

Pädagoge, Oberschulrat, Förderer der Volksbildung, *22.6.1882 Wrohm in Dithmarschen, †4.11.1970 Bremen, Vorstraße 21

Gustav Dehning studierte Philosophie, Geschichte, deutsche und skandinavische Sprachen. Er stand den Deutschnationalen nahe. 1912 kam er nach Bremen, um am Lehrerseminar Grundschullehrer auszubilden. 1927 wurde er zum Oberschulrat (OSR) ernannt. 1928/29 kaufte er das Haus an der →Vorstraße 21.

Während seiner Amtszeit setzte er sich für die Einführung der Gansberg-Fibel, den Erhalt der Schullandheime und den Ausbau der Frauenfachschulen ein. Auch führte er als OSR die plattdeutsche Sprache in den Unterricht ein.

1933 wurde er Mitglied der NSDAP und Ortsgruppenamtsleiter der Nationalen Volkswohlfahrt. 1945 musste er aufgrund seiner politischen Zugehörigkeit zu diesen Organisationen sein Amt aufgeben.

Dehning machte sich um die Volksbildung und die Förderung der plattdeutschen Sprache verdient. 1919 gründete er zusammen mit Richard von Hoff, Freiherr von Rössing, Hans →Pfeiffer und Ernst Müller-Scheeßel die Bremer Volkshochschule. 1923 wurden auf seine Anregung 1000 plattdeutsche Auswanderer nach Deutschland eingeladen, was ihm den Namen »Plattdeutscher Columbus« einbrachte.

Dehning war Gründungsmitglied der Niederdeutschen Bühne, 2. Vorsitzender des Plattdütschen Vereens und später Ehrenvorsitzender. Als Mitglied des Plattdütschen Krings wurde ihm zum 80. Geburtstag die höchste Auszeichnung, die des Raatmannes, verliehen.

Er stand in Gedankenaustausch mit dem Hamburger Theaterleiter Dr. Ohnesorg sowie den Schriftstellern Rudolf Kienau und Georg Droste. 1953–60 war er Vorsitzender des Goethebundes Bremen.

Aufgrund seines vielfältigen Engagements nannte man ihn auch den »Spiritus Rector« des niederdeutschen Kulturlebens in Bremen. In Sprachkursen, Dichterlesungen und Veröffentlichungen förderte er die plattdeutsche Literatur, pflegte die norddeutschen Mundarten und unterstützte das Plattdeutsche Laienspiel.

1960 wurde er Ehrenmitglied des Bürgervereins. Die Ehrung durch einen Horner Straßennamen blieb ihm verwehrt; 1972 wurde die Nößlerstraße gegenüber seinem alten Wohnhaus, entgegen einem Beiratsvotum, nicht mit seinem Namen versehen. 1975 wurde der Gustav-Dehning-Preis des Senders Radio Bremen für niederdeutsche Vorleser ausgelobt.

Zwei seiner Söhne wohnen noch heute in Horn-Lehe, einer bewohnt weiterhin das elterliche Haus an der Vorstraße.

Gustav Dehning

Wohnhaus Dehning an der Vorstraße

Deichbruch

Menschen und Tiere Horn-Lehes waren stets von Überschwemmungen das Landes bedroht. Immer wieder brachen die Deiche und vernichteten die Existenzgrundlage vieler Einwohner. Im 19. Jh. brachen die Wümmedeiche 1830, 1841, 1845, 1855 und 1880. Beim letzten Deichbruch kurz vor der Jahreswende 1881 floss das Wasser bis an den Dobben in Schwachhausen. Die →Pferdebahn musste ihren Betrieb einstellen, die Pferde wurden aus den Ställen an der Horner Chaussee nach Schwachhausen evakuiert. Die Hebamme musste im Boot zu Gödeckens gerudert werden, um Beta Gödecken von ihrer Tochter Margarethe zu entbinden.

Bruch des Blocklander Deiches 1880, Zeichnung von Johann Georg Walte

Der ehemalige Senator Thalenhorst berichtet in seinem Buch »Bremen Binnen un Buten« von dem Unglück: »Es war der 29. Dezember 1880. Der Sturm fegte über den Blocklander Deich. Sturmflut, Eisversetzungen auf der Weser! Die Wellen schlugen im Takt mit unerhörter Kraft gegen die Deichkappe, Spritzer gingen darüber hinweg. ›Du kannst nich mehr tom Nahber, dat sünn tweehunnert Meter. Föhlst du nich, dat de Bodden all bewt? Denk an Fro un Kinner!‹ Diese Worte richtete der alte Sinning an den seit Jahren bekannten Hausierer, der in den Häusern des Blocklandes seine Waren verkauft hatte. Der aber wollte nach Bremen zurück und ließ sich nicht halten. Seinen Kasten auf dem Rücken lief er, so schnell es ihm die Last erlaubte, dem Nachbarhause zu. Der Boden des Deiches schien ihm schon in Bewegung zu geraten. Als er hinter sich blickte, sah er, wie eine mächtige Wassermasse sich ins Blockland ergoss. Er kam an die Lilienthaler Chaussee, schon hier reichte ihm das Wasser bis an die Knöchel. Unter Anspannung aller Kräfte arbeitete er sich in der ständig steigenden Wasserflut vorwärts, von den Bäumen der Chaussee geleitet. Bis zur Hüfte ging ihm das kalte Wasser. Endlich erreichte er völlig erschöpft Horn, das wie eine Insel aus der Überschwemmung sich abhob. Damit aber war seiner Weiterreise ein Ende gesetzt, denn zwischen Horn und der Stadt breitete sich eine unübersehbare Wasserfläche aus.«

Noch heute erinnern →Flutlinien im →Klattendiek und am →Achterdiek 71 an das denkwürdige Ereignis.

Deiche

Die ersten Siedler siedelten auf Wurten oder Warften, die ihnen Sicherheit vor den Fluten der Wümme und Weser boten. Im 11. Jh. wurde um Bremen mit dem Bau von Deichen begonnen, eine planmäßige Eindeichung erfolgte aber wahrscheinlich erst in der zweiten Hälfte des 12. Jh. Der Bau der Deiche zum Schutz vor Hochwasser und zur Entwässerung des Landes ist das große Verdienst vieler Generationen, die die Deichlinie nach und nach erhöht und erweitert haben. →Deichbrüche bedrohten immer wieder das Leben und die Lebensgrundlagen der Einwohner. Zum Schutz der Gemeinschaft war zunächst jeder Einzelne für die Gewährleistung der Deichsicherheit verantwortlich. Ein spezielles →Deichrecht regelte die Rechte und Pflichten der Bewohner. Heute sorgt der →Deichverband für die Deichunterhaltung.

Deichkamp →Im Deichkamp, →Siedlung Erdsegen

Deichrecht

Mit dem 1449 erlassenen »Diekrecht in den veer Goden« wurden besondere Geschworene und in jedem der vier →Gohe ein Deichgraf gewählt. Das Deichrecht bestimmte, dass jeder Landmann oder Landbesitzer seine Deichstrecke in einem »schaubaren« (= nachprüfbar ordnungsgemäßen) Zustand zu halten habe. Nach der allgemeinen Deichordnung von 1473 war jeder Besitzer eines Grundstücks hinter dem Deich dienstpflichtig und hatte durch Hand- wie Spanndienste sowie durch Geldbeiträge an den Deichen mitzuarbeiten. Jeder, der am Deich arbeitete, musste sich eines ehrbaren Wandels befleißigen. Niemand durfte, solange am Deich gearbeitet wurde, fluchen oder lästerliche Reden führen. Den Deichpflichten konnte sich niemand entziehen. Auch zur Instandhaltung der

Weserdeiche wurden die Dorfschaften verpflichtet. Auch nach dem Bruch des Hastedter Deiches im Jahre 1830 mussten die Bewohner des Landgebiets Hand- und Spanndienste leisten. Die Einwohner von Horn und Lehe mittwochs von 7 Uhr morgens bis 7 Uhr abends. Beim Bruch eines Deiches im →Hollerland war der Verantwortliche gemäß →Spatenrecht zur Wiederherstellung des Deiches verpflichtet.

Deichverband am rechten Weserufer
Der »Bremische Deichverband am rechten Weserufer« ist heute eine Körperschaft des öffentlichen Rechts zur Deichunterhaltung, 1977 wurde das Verwaltungs- und Betriebsgebäude des Deichverbands am Lehester Deich 149 in Höhe des Kreuzdeichs errichtet.
Die Deichverbände für die linke und die rechte Weserseite sind 1850 gebildet worden. Jeder dieser Deichverbände hatte einen Deichhauptmann, einen Deichinspektor, einen Deichrentmeister (Rechnungsführer) und Deichgeschworene, die von den einzelnen Dörfern delegiert wurden. 1940 entstand aus der Vereinigung von 27 selbstständigen Verbänden der Bremische Deichverband am rechten Weserufer. Ihm gehören ca. 85.000 Grundstückseigentümer an, das Verbandsgebiet ist etwa 22.000 ha groß. Zu den vom Deichverband betreuten Gebieten gehören auch das Holler- und Blockland.
Der Deichverband ist zuständig für den Deichschutz, den Schutz vor Hochwasser und die Be- und Entwässerung am rechten Weserufer. Neben der Unterhaltung des Lehesterdeiches, der Fleete und Gräben des Ortsamtsbereiches gehören hierzu auch der Unterhalt der Schleuse und des Schöpfwerks Kuhsiel.
Der Hochwasserschutz und die Regulierung der Wasserstände geschehen weiterhin nach der alten Losung:
Woter is Segen, Woter is not/Lot us den Segen, wohr us vor Not.
Die Organe des Verbandes sind das Deichamt, mit 31 gewählten Vertretern, und der vom Deichamt gewählte fünfköpfige Vorstand. Der Vorsitzende des Vorstandes ist der Deichhauptmann.
Die 31 Mitglieder des Deichamtes werden in Wahlkreisen nach dem Mehrheitswahlrecht gewählt. In Horn-Lehe werden in den Wahlkreisen Lehesterdeich und Horn/Lehe zwei Mitglieder gewählt.
Bis 1986 Jahre wurden die Vertreter des Deichamtes von den Grundstückseigentümern ohne Alternativvorschlag in einer Friedenswahl gewählt. 1986 stellte sich mit der von Gerold →Janssen initiierten, ökologisch orientierten »Bremer Deichschutzliste« erstmals eine zweite Liste zur Wahl und setzte sich auf Anhieb in 21 Wahlkreisen durch. Zum neuen Deichhauptmann wurde Gerold Janssen gewählt. Der heutige Deichhauptmann ist der Biologe und Umweltwissenschaftler Michael Schirmer aus Borgfeld.

Deliusweg
Von 1915 an bebaute Straße auf dem ehemaligen Gelände des →Rickmers Park, benannt nach dem aus einer Bremer Kaufmannsfamilie stammenden Philologen und Anglisten Nikolaus Delius (1813–1888), der als Shakespeareforscher bekannt wurde.

Denkmalgeschützte Gebäude in Horn-Lehe					
Adresse	Bezeichnung, Art	Weitere Verweise	Architekten	Baujahr	Denkmalschutz
Alten Eichen 15	Haus Janssen, Wohnhaus		Runge, Alfred & Scotland, Eduard	1933	1993
Am Rüten 2 und 4	Gut →Landruhe mit Hofmeierhaus und Menkepark, Landgut, Wohn-, Herren- und Sommerhaus		Deetjen, Joachim Andreas	um 1795	1973

Adresse	Bezeichnung, Art	Weitere Verweise	Architekten	Baujahr	Denkmalschutz
Horner Heerstraße 7	Haus Meier, Wohn- u. Landhaus	→Oelze, →Thewes	Basselmann, H.	1869	1999
Horner Heerstraße 11	Landgut →Fritze-Focke & Haus Borgward, Wohnhaus und Landgut	→Allmers, Fritze, Focke, →Borgward	Poppe, Johann Georg	1750	1973
Horner Heerstraße 30	→Horner Kirche		Weyhe, Wilhelm	1823/24	1973
→Kohlmannstraße 1, 2, 3, 4, 6 und 8 (2 Objekte)	Wohnanlage Kohlmannstraße, Wohnhaus, Bürohaus und Wohnanlage		Säume, Max & Hafemann, Guenther	1954-1956	1995
Leher Heerstraße 16	Haus Bätjer, Wohn- und Landhaus	Bosse (→Tischlereien)	Wagner, Hugo	1904	1996
Leher Heerstraße 98	Horner →Mühle, Windmühle	Laue, Kaemena		1848	1973
Leher Heerstraße 105	Landhaus →Louisenthal, Wohn- und Landhaus	Gröning, →Lindemann, Möller, →Bölken, →Traue		um 1868	1973
Leher Heerstraße 194	Villa →Leupold, Wohnhaus und Villa	Leupold, →Martens	Poppe, Johann Georg	1872	1980
Marcusallee 1A	→Teehaus, Gartenhaus		Polzin, Jacob Ephraim	nach 1828	1973
Marcusallee 9	Villa Schütte, Wohnhaus und Villa		Wellermann, Friedrich & Froelich, Paul	1914/15	1998
Marcusallee 11	Landhaus Krages, Wohn- und Landhaus		Haering, Hans	1924/25	1997
Marcusallee 38	Villa →Koenenkamp, Wohnhaus und Villa	Koenenkamp, Storck-Club (Amerik. Besatzung), Sonder→schule	Abbehusen, August & Blendermann, Otto	1914/15	1999
Marcusallee 2 und 4	Wohnanlage des Amerikanischen Generalkonsulats, Block A und Block B →amerikanisches Personalwohnheim		Skidmore, Owings & Merrill	1953/54	2009

Denkmalschutz

Seit 1973 wurden In Horn-Lehe bislang 15 Objekte unter Denkmalschutz gestellt. Das älteste ist das Landgut →Fritze-Focke aus der Mitte des 18. Jh., das jüngste die Mitte der 50er Jahre gebaute Wohnanlage →Kohlmannstraße.

Depken, Bauernhof

Der Hof Depken an der →Leher Heerstraße 170 (In der Lehe 14a) ist ein Hof aus dem 19. Jh., der erstmalig 1894 mit dem Besitzer Hermann Klatte im Adressbuch aufgeführt wurde. Die hinter dem Hof gelegenen landwirtschaftlichen Flächen erstreckten sich

Der Hof Depken, Leher Heerstraße 170. Aufnahme von 1964, im Hintergrund die Hochhäuser der Vahr und im Vordergrund Reihenhäuser an der Robert-Bunsen-Straße

bis zum Lehester Deich. Der Hof wurde im Jahr 1908 von Lüder Depken, zweitgeborener Sohn des Bauern Johann Depken (1837–1909) aus Schwachhausen, erworben. Die Bauernfamilie Depken hat ihre Wurzeln in Hastedt, sie wurden Mitte des 19. Jh. in Schwachhausen ansässig, der Hof befand sich an der Schwachhauser Chaussee zwischen der heutigen Kirchbach- und Buchenstraße, gegenüber dem Vogtshof der Familie →Wedermann. Lüder Depkens ältester Sohn, Johann Depken (*18.8.1902, †3.12.1983), übernahm den Hof. Er widmete sich intensiv der Pferdezucht und gehörte in den frühen 1930er Jahren zu den erfolgreichsten Halbblutzüchtern Deutschlands. Bis 1935 trainierte er die Pferde selbst und ritt zumeist auch die Rennen als Jockey. Depken gewann zahlreiche Preise, darunter mehrmals das hannoversche Zuchtrennen. Mit der Wohnbebauung des →Leher Feldes wurden die dort gelegenen landwirtschaftlichen Flächen verkauft. Auf der verbliebenen Restfläche betrieb Johann Depken die Pferdezucht bis zu seinem Tode im Jahr 1983 weiter. Im Jahr 1989 wurde auch der Resthof abgerissen und die Flächen mit Wohnungen bebaut. Sein Sohn Fritz Depken errichtete dort das Hotel Landgut Horn; sein Bruder Lür Depken führt nach Übernahme eines Hofes in Nordenham die landwirtschaftliche Tradition der Familie fort.

Deutsche Eiche

Die Gaststätte Deutsche Eiche wurde 1907 von dem Gastwirt Albert Behnemann (1880–1959), der auch Gründungsmitglied des Radfahrvereins →All Heil Schorf war, eröffnet. Die Gaststätte wurde von seinem

Zur deutschen Eiche: Behnemanns Restaurant

Sohn Walter (1910–2001) übernommen; seine Tochter Johanne (»Hanni«) bediente dort. Bis 1940 betrieben die Behnemanns im Dachgeschoss des Hauses eine Zigarrenfabrik. Während der Inflationszeit – so berichteten Zeitzeugen – tauschten die Bediensteten das Trinkgeld sofort in Zigarren um, um es vor dem rapiden Wertverfall zu schützen. 1959 wurde die Gaststätte an Werner →Traue verkauft, der mit seiner Familie die Gaststätte zum »Hotel Deutsche Eiche« ausbaute.

Deutsche Rhododendron-Gesellschaft e.V. (DRG)

Die Deutsche Rhododendron-Gesellschaft wurde 1935 im Bremer Rathaus gegründet. Initiator der Gründung war unter anderem der spätere Direktor des →Rhododronparks Richard Homann. Der Verein setzte sich für den Bau des Rhododendronparks in Bremen ein, der zeitweise auch als »Park der Deutschen Rhododendron-Gesellschaft« bezeichnet wurde. Zu den Gründungsmitgliedern gehörte auch Wilhelm →Koenenkamp.

Devekamp

1280 erstmals als Dhevecampes (Diebescamp oder auch tiefer Kamp) erwähnt (UB I 395, 414, 530). Nahe dem Devekamp befand sich die Richtstätte →Uppe Angst. Die Straße wurde Anfang der 1960er Jahre angelegt; 1962 entstanden die ersten Häuser.

Dingstätte →Gerichtsstätte vor der →Horner Kirche

Displaced Persons (DP's)

DP's war nach 1945 eine Bezeichnung für Zivilpersonen, die während des Zweiten Weltkriegs nach Deutschland gebracht worden waren. Sie wurden betreut von der Internationalen Flüchtlingsorganisation UNRA, die nach Kriegsende an der Leher Heerstraße 16 (Landhaus Bätjer, Bosse-Villa) ein Büro hatte.

Dittrich, Anna Elisabeth

*6.8.1899 in Barskamp, †Bremen, Riensberger Straße 58

Anna Elisabeth Dittrich war die Tochter des Superintendenten Julius Albrecht Johannes Dittrich (*1850) und der Irmgard Sophie Elisabeth Borchers (*1860).
Sie besuchte das Oberlyzeum Kippenberg und verließ das Lehrerinnenseminar im März 1920 mit dem Zeugnis der Lehrbefähigung. Bis 1928 war sie an verschiedenen Privatschulen tätig. Danach arbeitete sie zwei Jahre als Hilfslehrerin in Bremen und wurde im Oktober 1930

Logo der Deutschen Rhododendron-Gesellschaft e.V.

Einleitung des Dienststrafverfahrens gegen Anna Dittrich vom 18. März 1942

an der Volksschule Talstraße »unwiderruflich angestellt«.
1934 trat Anna Dittrich der von Pastor Greiffenhagen geführten Bekenntnisgemeinde St. Stephani Süd bei. Zusammen mit ihrer in der Nachbarschaft wohnenden früheren Lehrerin Magdalene →Thimme verschaffte sie der zur Gemeinde gehörenden Familie Abraham, die wegen ihrer jüdischen Herkunft zur Deportation anstand, warme Kleidung.
Für ihr Engagement wurde ihr 1941 vom Regierenden Bürgermeister Heinrich Böhmcker die Strafversetzung ins Ghetto Lódz angedroht. 1942 wurde gegen sie ein Dienststrafverfahren eingeleitet; in dessen Folge sie am 18.3.1942 zunächst aus dem Schuldienst entlassen wurde, nach einer Revision unter gekürzten Bezügen aber weiter unterrichten durfte.

Döhlendamm
Vormals Bezeichnung eines Teils der →Leher Heerstraße zwischen →Berck- und →Vorstraße. Der ursprüngliche Döhlendamm wurde 1770 als Privatstraße von dem Bauern Dirk Döhle, der seinen Hof an der Ecke Riensberger Straße (ehemals Achterstraße)/Leher Heerstraße hatte, errichtet. Der Bremer Bürgermeister Heineken schreibt über diesen klugen und einträglichen Einfall:
»Die erste dieser Arbeiten, die Nutzen und Vergnügen zugleich verschaffte, war die wohlberechnete Privatunternehmung eines bloßen Landmannes. Dirk Döhle, ein Pflugkötner in Lehe, hatte auf seinem Lande einen Privatweg, welcher, der zweiten Horner Brücke (über die Kleine Wümme) gegenüber, von der Achterstraße bis an die Vorstraße führt. Mit Hilfe der benachbarten Dorfbewohner, die ohne diesen Weg durch das oft hohe Wasser der Achterstraße oder über den noch unergründlicheren Helmer fahren mußten, ließ er jenem die erforderliche Höhe geben, dann aber mit einem Straßenpflaster belegen und erhielt für seine Auslagen und die Unterhaltungskosten die Erlaubnis, für jedes Pferd, mit dem man über denselben nach der Stadt reiten oder fahren würde, sich einen halben Groten Weggeld bezahlen zu lassen. Bloß diejenigen Dorfschaften blieben davon befreit, die bei der Erhöhung Hilfe geleistet hatten. So entstand in dem Jahre 1770 der sogenannte Döhlendamm, dem Reitenden und Fahrenden so angenehm wie seinem Besitzer höchst einträglich.«
Heute führt eine kleine Straße parallel zur Leher Heerstraße in Erinnerung an den alten Döhlendamm diesen Namen.

Domeyer
Die Firma Albert Dietrich Domeyer wurde am 4.8.1919 in der Osterfeuerbergstraße 1 als Handelsfirma gegründet. In enger Zusammenarbeit mit dem Dräger-Werk in Lübeck arbeitete das Unternehmen zunächst auf dem Gebiet des Atemschutzes, der Taucherei und des Vertriebs von autogenen Schweiß- und Schneidegeräten. Später entwickelte sich der Betrieb zu einer Spezial- Ausrüstungsfirma für den Brandschutz. Im Zweiten Weltkrieg befasste sich die Firma Albert Diedrich Domeyer vor allem mit den Problemen des zivilen Luftschutzes. Das Geschäftshaus an der Osterfeuerbergstraße wurde im Krieg zerstört. Nach Kriegsende erwarb das Unternehmen von der Familie Ritter (→Bergfeld) die Villa an der Leher Heerstraße 101 und richtete dort das Büro und Lager ein. Auf dem weitläufigen Gelände entstanden später auch neue Betriebsanlagen.
Ende der 1960er Jahre gab die Firma den Standort in Horn-Lehe auf. Anfang der 1970er Jahre wurde das 7000 m² große Grundstück von der Bremer Bau-Union mit einer Wohnanlage in »Hügel-Häusern« bebaut.
Heute hat die Firma Domeyer ihre Geschäftsräume in der Überseestadt. Das Lieferprogramm umfasst die komplette Ausrüstung von Feuerwehren, Rettungs- und Hilfsdiensten sowie die brandschutz- und sicherheitstechnische Ausrüstung von Betrieben und Schiffen.

Dose →Photo-Dose

Dreßler, Bauernhof
Alter Bauernhof Im Leher Felde 10 (ehemals Leher Heerstraße 100), heute im Nebenerwerb von Hans Dreßler bewirtschaftet, der zugleich das Baugeschäft seines Vaters Heinrich weiterführt.

Bauernhof Dreßler, Leher Heerstraße 100, jetzt Lilienthaler Heerstraße 60

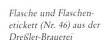

Flasche und Flaschenetikett (Nr. 46) aus der Dreßler-Brauerei

Dreßler, Carsten

Brauereibesitzer, *31.1.1843 Bremen-Horn, †19.7.1929 Bremen, Leher Heerstraße 100 (heute Im Leher Felde 10)

Carsten Dreßler wollte den väterlichen Bauernhof nicht übernehmen. Er ging 1864 nach Bremen, um sich in der Brauerei von Johann Wilhelm Bergmann das Geld für die Überfahrt in die Vereinigten Staaten zu verdienen. Es gibt eine Anekdote, wie ihm das Startkapital für die Gründung seiner eigenen Brauerei in den Schoß fiel: »Und der Müllerssohn begann Fässer zu rollen und Bier zu den Kunden zu kutschieren. Manchmal trank er auch welches. So auch eines schönen Tages, als man in der Gastwirtschaft zusammensaß und sich am Gerstensaft freute. Und dann stand plötzlich Fieke Peymann an dem Tisch, eine stadtbekannte Wahrsagerin. Auch Carsten Dreßler wollte – nur mal so zum Spaß, versteht sich – einen Blick hinter den Vorhang werfen, der die Zukunft verbarg und – vor Schreck hätte es ihn beinahe vom Hocker geschlagen: Wohlstand und einen Gewinn in der Lotterie weissagte Fieke Peymann ihm. Und bald darauf hatte Carsten Dreßler tatsächlich 1000 Taler Gold in der Lotterie gewonnen. Wieder schnürte er sein Bündel und zog in die Faulenstraße, wo er begann, fortan sein eigenes Bier zu brauen.« (»Weser-Kurier«, 15.6.1973)

1870 kaufte er ein Haus in der Faulenstraße, und am 21.4.1871 braute er darin das erste Bier. Es verkaufte sich gut, sodass er bald Produktion und Vertrieb erweitern konnte. Mit einem Pferd begonnen, besaß er 1877 bereits fünf Zugtiere für sein Fuhrwerk. Die Gewinne verwandte Dreßler zum Erwerb moderner Maschinen und den Ankauf mehrerer Nachbarhäuser. 1883 begann er mit dem Vertrieb eines nach englischem Rezept gebrauten Porters. Dreßler kaufte die Brauereien H. Bremermann und Johann Brüning sowie die Hansa-Brauerei J. H. Könekamp. Der Umsatz stieg von 8000 hl im Jahr 1900 auf über 40.000 hl im Jahr 1914. 1922 wurde das Unternehmen umbenannt in Germania-Brauerei C. Dreßler. Durch die Ausfuhr hellen Bieres konnte Dreßler in der Nachkriegs- und Inflationszeit bestehen. 1928, ein Jahr vor dem Tod des Firmengründers, betrug die Jahresproduktion 107.000 hl. Dreßler blieb bis in das hohe Alter der Leiter seines Unternehmens. Sein Sohn leitete das Unternehmen bis 1934, anschließend übernahmen die Enkel Hans Carsten (1907–1968, Marcusallee 15) und der Dipl. Br.-Ing. Carsten (1913–2003, Leher Heerstraße 166) die Firma. Nach dem Krieg bauten die Vettern die Germania-Brauerei wieder auf. 1975 erfolgte eine Übernahme des Unternehmens durch die Holsten-Brauerei Hamburg und 1979 die Auflösung.

In erster Ehe war Carsten Dreßler verheiratet mit Adelheid Docken, der Tochter des Landmannes und Wirtes zum Schorf, Hermann Docken.

Am 7.1.1969 beschloss der Senat, einer Straße im Ortsteil Arsten den Namen »Carsten-Dreßler-Straße« zu geben.

E

Eiche Horn, Turnverein

Der Turnverein Eiche Horn wurde 1899 auf Initiative von Dietrich →Weihusen, Diedrich Reiners und Christian Döhle gegründet. Auf der Gründungsversammlung, die am 23. Juli 1899 im →St.-Pauli-Restaurant stattfand, wurde der Gemeindevorsteher Friedrich Kaemena zum Vorsitzenden gewählt; dem ersten Vorstand gehörten im Weiteren Fritz Meister als Turnwart, Diedrich Weihusen als Schriftwart, Christian Döhle als Kassenwart und Diedrich Reiners als Gerätewart an. Die Satzung wurde von einer Kommission erarbeitet, der Johann Bremermann, Philipp Neuhaus, Martin Weihusen und Johann Neuhaus angehörten. Am 5. September 1899 wurde die erste Turnstunde im Großen Saal des St.-Pauli-Restaurants durchgeführt. 1901 wurden die Übungsstunden in einen Schuppen verlegt, der früher von der Bremer →Pferdebahn als Stall genutzt wurde. 1904 starb Friedrich Kaemena, sein Nachfolger wurde Wilhelm Probst. 1912 wurde von Winnenbrooks Erben ein Platz für Leichtathletik und Ballspiele an der Berckstraße gemietet. 1913 kündigte die Straßenbahn die Nutzung des ehemaligen Pferdestalles. Die Turnübungen wurden daraufhin in das Café Schorf (→Ellmers Schorf) verlegt. 1914 wurde Dietrich Weihusen zum Vorsitzenden gewählt. Mit Kriegsbeginn traten viele Mitglieder den Wehrdienst an. Als sportliche Disziplinen wurden »Handgranatenweitwurf« und »Eilbotenlauf« eingeführt. Von einem auf 6000 Mark angesammelten Fonds für den Aufbau einer Turnhalle wurde eine Kriegsanleihe gezeichnet, die nicht zurückgezahlt wurde. In den Wintermonaten wurde der Turnbetrieb wegen Kohle-, Gas- und Beleuchtungsmangel vorübergehend eingestellt. 16 Vereinsmitglieder starben im Ersten Weltkrieg. Ihnen zu Ehren wurde auf der Vereinswiese 1921 ein Gedenkstein errichtet. Unter den gefallenen Vereinsmitgliedern befand sich auch der Rechtsanwalt Dr. Carl August Fritze; der dem Turnverein eine Wiese zur Anlage eines »öffentlichen Spielplatzes, der den Namen →›Fritzewiese‹ führen wird«, vermachte. Im April 1919 wurde die Satzung zur Gründung einer »Damenabteilung« geändert; damit stand der Verein auch »unbescholtenen Damen«, die das 14. Lebensjahr vollendet hatten, zur »körperlichen und sittlichen Kräftigung« offen. Während der Inflation stiegen die Vereinsbeiträge in Stufen von 100 auf 10.000 Mark. Um eine ständige Neufestsetzung zu umgehen und eine täglich aktualisierte Höhe des Vereinsbeitrages zu erhalten, wurde am 1.9.1923 der Vereinsbeitrag in Höhe der Kosten einer Straßenbahnfahrt am Tage der Zahlung festgelegt. Ab 1929 konnte der Verein die Turnhalle der →Schule an der Horner Heerstraße nutzen. 1932 erschien auf Initiative von Heinz →Weihusen die erste Vereinszeitschrift. 1933 nahmen die Nationalsozialisten gra-

Logo des TV Eiche Horn und die »Turnbude« auf der Fritzewiese, um 1925, links die Kleine Wümme

Faustballmannschaft aus dem Jahr 1926, noch mit Posthorn auf dem Trikot, v.l. Hermann Ernst, Heinz Weihusen, Jonni Rosebrock, Diedrich Warnken, August Bruns, Christel Kasten

vierenden Einfluss auf die Sportvereine. Der nach dem Tode seines Bruders zum Vorsitzenden gewählte Martin Weihusen erklärte seinen Rücktritt. Neuer »Vereinsführer« wurde Johann Rosebrock, seine Nachfolger wurden 1937 Heinz Weihusen und ab 1941 Hermann Dörrenberg. Während des Krieges wurde der Sportbetrieb immer mehr eingeschränkt, die Turnhalle wurde von der Hitlerjugend genutzt. 1942 wurde auf dem Schulgelände ein Gefechtsstand der Flakuntergruppe Vahr eingerichtet, und auf der Fritzewiese weideten die Pferde der Wehrmacht.

Nach der Kapitulation 1945 verbot die Militärregierung sämtliche Turn- und Sportvereine, das Spielfeld und die Laufbahn wurden von den Anwohnern umgegraben und zum Gemüseanbau genutzt. Auf dem hinteren Teil der Fritzewiese richteten die in Horn stationierten Amerikaner ein Baseballfeld ein. Am 2.3.1946 fand die Neugründung des Turnvereins bei Fredi Grobbrügge in der Gaststätte →Zum Horner Bad statt; neuer Vorsitzender wurde Erwin Mertlich. 1949 wurde die Fußballjugend gegründet. 1951 wurde als neues Vereinsheim die Lüning Baracke (→Lüning-Häuser) errichtet, die 1968 durch ein neues Vereinsheim ersetzt wurde. 1980 wurden die Räumlichkeiten des Vereins durch eine vereinseigene Sport- und Spielhalle sowie 1994 durch ein »Fitness- und Gesundheitszentrum«

Vorsitzende des TV Eiche Horn	
von bis	Vorsitzende
1899–1904	Friedrich →Kaemena
1905–1913	Wilhelm Probst
1914–1929	Diedrich →Weihusen
1930–1932	Martin →Weihusen
1933–1936	Johann →Rosebrock
1937–1940	Heinz →Weihusen
1941–1945	Hermann Dörrenberg
1946–1966	Erwin Mertlich
1967–1969	Günther Schröder
1970–1972	Erich Steding
1973–1981	Heinz →Weihusen
1981–1988	Werner Meineke
1989–1992	Hanfried Boehncke
1993–1997	Reinhard →Jarré
1998–2001	Elfriede Heidkamp
2001–dato	Bodo Schröder

mit Fitness-Studio, Gymnastikraum und Sauna ergänzt. Seit 1975 zählt der Verein ca. 3500 Mitglieder.

Eichhörnchen

Kegelgruppe des TV Eiche Horn; sie bestand überwiegend aus Horner Geschäftsleuten, die auf der Kegelbahn des Café →Goedeken kegelten. Die Eichhörnchen wurden nach dem Zweiten Weltkrieg gegründet und bestanden bis in die 1990er Jahre.

Kegelgruppe: Die Eichhörnchen v.l: Rodenbeck, Walsemann (Wäscherei Vorstraße) ; K. Brockmann, Hermann Wicke Feinkost, Wortmann, H. Speckmann Zigarren, A. Kohl (Tischler) , P. Barenburg (Bäckerei), NN (Dachdecker a.d. Buchenstr.), vorne Kamke, Ratjen (Horner Büergerstuben)

Eicke, Frieda Auguste
Malerin, *3.4.1893 Bremen, †26.6.1979 ebd., Leher Heerstraße 76
Frieda Eicke war die zweite Tochter von Caroline Friederike Luise Eicke, geb. Danielsmeyer, und des späteren Hotelbesitzers Heinrich Wilhelm Eicke (1892–1967, Hotel Alberti, Bahnhofstraße, Bremen). Um 1909 kauften ihre Eltern von dem Landmann Hinrich Barenburg den Hof Lehe 10 und ließen ihn zu einem Landhaus umbauen. Mit den Produkten der verbliebenen Landwirtschaft versorgten sie die Küche des Hotels. Frieda Eicke begann ihre künstlerische Ausbildung in Düsseldorf und setzte sie in Bremen (1916–18) und Leipzig (1918–21) fort.

Letzte Hinweise auf ihre künstlerische Tätigkeit sind Eintragungen auf der Schülerliste in der Maloberklasse von Paul →Perks an der Kunstgewerbeschule Bremen aus dem Jahre 1930. Die einzigen bekannten Veröffentlichungen waren drei Illustrationen in der »Deutschen Frauenzeitung« von 1920/21.

Ab etwa 1940 übernahm sie die Verwaltung und Bewirtschaftung des Horner Familienbesitzes an der Leher Heerstraße 76 und pflegte die Eltern bis zu deren Tode. Die Zeit nach dem Zweiten Weltkrieg verbrachte sie mit ihrer Schwester Louise (1896–1984). 1970 wurde von den Schwestern die Geschwister Eicke Stiftung zur Förderung der Ausbildung von Psychagogen und Kinderanalytikern ins Leben gerufen.

Den Nachlass von Frieda Eicke fand die Schauspielerin Ernestine Zielke auf dem Boden der von ihr gemieteten Wohnung im Landgut Eicke. Sie säuberte die Leinwände und rettete das Werk Frieda Eickes vor dem Verfall sowie der möglichen Vernichtung.

In dem Haus befanden sich seit den 1980er Jahren bis 2009 das China-Restaurant China Palace und bis 2011 das griechische Restaurant Arkadia, 2012 eröffnete ein internationales Restaurant mit dem Namen Cavana.

Eingemeindung
Am 1.4.1921 wurden Horn, Lehe und die Vahr gemeinsam mit anderen Landgebieten in das Bremer Stadtgebiet eingemeindet. Lehesterdeich blieb Landgemeinde; die Grenze zwischen dem Stadtgebiet und der Landgemeinde verlief in der Mitte von Vor- und Leher Heerstraße. 1923 wurde ein kleines Gebiet am Achterdiek südlich der damaligen Reichsbahn angeschlossen.

Eisenbahn
1868 erhielt die Köln-Mindener Eisenbahn-Gesellschaft die Berechtigung, die Bahnstrecke von Osnabrück nach Hamburg anzulegen. Für den Bau der Teilstrecke Hamburg–Bremen mussten die Horner Bauern einen Teil ihrer Ländereien abgeben. Die Trasse durch die Landgemeinde zerteilte den Ortskern. Bahnübergänge wurden an der →Achterstraße, der →Leher Heerstraße, dem →Achterdiek und an der →Berckstraße eingerichtet. Der alte →Helmer (in Höhe der heutigen Weyerbergstraße) als Verbindung zwischen Riensberger Straße und Vorstraße verlor seine Bedeutung. Am 1.6.1874 fuhr der erste Dampfzug in Richtung Hamburg. Der zunächst geplante →Bahnhof Horn wurde nicht realisiert.

Eickes Haus an der Leher Heerstraße

Frieda Auguste Eicke (Selbstporträt)

Bahnübergang an der Leher Heerstraße vom Herzogenkamp aus gesehen, um 1935, das Auto fährt stadteinwärts

Überprüfung der Tragfähigkeit der neuen Eisenbahnbrücke, im Olympiajahr 1936

An der Ecke Leher Heerstraße/Luisental wurde ein beschrankter Bahnübergang mit einem Bahnwärterhaus gebaut. Hier versahen die Bahnwärter Güssefeld und Osmers bis 1936 abwechselnd ihre Zwölf-Stunden-Dienste.

1935 wurde der Eisenbahndamm erhöht, damit die Züge kreuzungsfrei die zukünftige →Autobahn überqueren konnten. Während der Bauzeit des Eisenbahndamms mussten die Anwohner der Berckstraße und der nördlichen Riensberger Straße einen Teil ihrer Gärten für ein Behelfsgleis abgeben. Im November 1935 wurde mit dem Bau der Eisenbahnbrücke über die Leher Heerstraße begonnen. Der Block Horn wurde abgerissen und die Blockstelle in das Luisental verlegt.

1936 wurde die Tragfähigkeit der Brücke erfolgreich getestet und anschließend freigegeben. 1968 wurde die Strecke elektrifiziert, 1981 die Bahnunterführung Achterdiek fertiggestellt und 1988 der Bahnübergang Achterstraße mit einer ferngesteuerten, vollautomatischen und videoüberwachten Schranke ausgerüstet. Schaltung und Kontrolle erfolgen seither von der zentralen Steuerungsstelle im Bahnhof Oberneuland aus. 1989 wurden der Block Horn am Luisental und das Schrankenwärterhäuschen an der Achterstraße abgerissen.

2008 stellte die Deutsche Bahn AG die geplanten Lärmschutzmaßnahmen aus dem Bundesprogramm zur Lärmsanierung an bestehenden Schienenwegen vor; nach Protesten aus der Bevölkerung wurde auch der östliche Teil des Luisentals und der Berckstraße in die Planung aufgenommen. 2010 wurde die Lärmschutzwand fertiggestellt.

Eiswette

Die Eiswette wurde am 12.1.1829 bei Andreas →Schürmann zum Horn gegründet, wie das älteste Protokollbuch verzeichnet:

»Da es eine löbliche Sitte ist, wichtige Begebenheiten nieder zu schreiben, um sie so der Mit- und Nachwelt aufzubewahren, so ist beliebt worden, die früheren und künftigen Protocolle unserer sogenannten Eiswette hier einzutragen, um sie so der Vergessenheit zu entreißen. Schon am 8. November 1828 wurde unter einigen Freunden, wegen des Zufrierens der Weser, eine Wette gemacht, deren Gegenstand, ein vaterländischer brauner Kohl mit Zubehör, am 12. Januar 1829 bei Schürmann zum Horn verzehrt wurde.«

Eiswette im Gasthaus Schürmann (koloriertes Bild aus dem Protokollbuch der Eiswette)

»Beim Becherklange wurden daselbst obige Wette erneuert und darüber folgendes Protocoll aufgenommen. – Anno 1829, Januar 12, wurde bei Schürmann zum Horn folgende Wette beschloßen: Die Weser oberhalb der großen Brücke bis hinauf zum Punkendeich oder wenigstens der größte Teil dieses Flußgebietes, soll im Laufe des nächsten Winters, bis spätestens 4. Januar morgens vor Sonnenaufgang zugefroren oder zum Stehen gekommen sein. Der Gegenstand der Wette ist ein brauner Kohl mit Zubehör, ohne Getränke, welche von sämtlichen Theilnehmern zu bezahlen sind. [...] Die Verlierenden haben übrigens das Vorrecht der ersten Bitte für die zunächst zu erneuernde Wette.«

Auch die folgenden Eiswettfeiern fanden bis auf wenige Ausnahmen bis 1850 bei Andreas Schürmann zum Horn statt.

Ellmers, Gustav
Kaufmann, Journalist und Gastronom, *1874 in Bremen, †1953 ebd., Leher Heerstraße 223

Ellmers hatte schon als junger Mann Interesse an Altertums- und Heimatkunde. 1922 erwarb er das vormals von Gerhard Docken geführte Wirtshaus an der Leher Heerstraße 223. Er sammelte alte Haushaltseinrichtungen und -geräte, mit denen er das Gasthaus zum Heimatmuseum ausbaute, indem er die Räume des alten Bauernhauses mit alten Bauernmöbeln, Truhen, Standuhren, wertvollen Zinntellern, antikem Hausgerät, Bildern und Stichen ausstattete.

Ellmers Schorf
Ellmers Schorf an der Leher Heerstraße 223 war eine Ausflugsgaststätte mit Saal-

Gustav Ellmers

Ellmers Kaffeehaus Schorf, Postkarte 1920er Jahre

bewirtschaftung in einem Bauernhaus aus dem Jahre 1600.

Im Juni 1833 erhielt der Bremer Senat ein Gesuch für den Ausschank von Wein und Kaffee sowie die Genehmigung zur Aufführung unterhaltsamer Musik in einem viel besuchten Haus. Es hieß in diesem Schreiben: »Johann Dohle zum Schorff besitzt eine an der Straße zu Oberneuland liegende Meierstelle, gerade an dem Punkte, wo der in der Regel einförmige Charakter der baumlosen Ebene unserer Gegend das holzreiche romantische Ansehen gewinnt, welches dem Dorfe Oberneuland einen so großen Reiz gewährt. Gruppen hoher Eichen umgeben die Wohnung des Bittstellers, auch hat er einen jungen Eichenhain gepflanzt. Diese Vorzüge und günstige Lage machen begreiflicherweise die Wohnung des Bittstellers zu einem der gesuchtesten Sammelplätze solcher Städter, welche das gewöhnliche Wirtshaustreiben scheuen und geräuschlose und anständige Erholung suchen.«

Wortreich wird in der Eingabe weiter geschildert, wie sich seit langer Zeit »Städter der mittleren Klasse« an den Festtagen vergnügen, »indem sie zugleich tanzen und sich am Genusse der einfachen Produkte der Landwirtschaft erlaben, welche einen so großen Reiz auf den verwöhnten Gaumen des Städters ausüben.«

Doch der Senat verweigerte die Lizenz zum Ausschank und die Genehmigung unterhaltsamer Musik.

Am 23.5.1851 stimmt der Senat einem erneuten Gesuch mit der Auflage zu, dass für diese Lizenz jährlich um St. Martini 2 1/2 Taler an die Generalskasse zu entrichten seien.

70 Jahre später ging das Haus mit dem Reithdach und dem großen Garten in das Eigentum Conrad Gustav →Ellmers über. Er wandelte das Ausflugslokal in ein Heimatmuseum mit Kaffeehaus, Konzert- und Gartenlokal um.

Auch nach 1945 erfreute sich die Gaststätte großer Beliebtheit mit Großveranstaltungen. So beging der Bremer Künstlerbund sein Künstlerfest »Barcarole« in Ellmers Schorf. Am 31.12.1955 brannte das Haus während einer Silvesterfeier aus, alle Anwesenden kamen mit dem Schrecken davon. Das abgebrannte Strohdach wurde durch ein Ziegeldach ersetzt.

Pfingsten 1968 wurde »Ellmers Kaffeehaus« wiederum von einem Feuer heimgesucht. Beinahe die Hälfte des alten Zinngeschirrs schmolz in den Flammen, der Rest wurde eine Beute von Dieben.

Am 5.11.1969 gingen im großen Tanzsaal zum letzten Mal die Lichter an, bevor das Traditionshaus der Spitzhacke zum Opfer fiel.

Elsa-Brändström-Straße
Laut Senatsbeschluss von 27.9.1934 angelegt und benannt nach Elsa Brändström (1888–1948), die sich als Delegierte des

Bau der Elsa-Brändström Straße, 1935

Hermann Erasmi sen. mit seinem Milchfuhrwerk, 1930er Jahre

schwedischen Roten Kreuzes für deutsche Soldaten in russischer Kriegsgefangschaft einsetzte (»Engel von Sibirien«).

Die Straße wurde um 1935 mit einheitlichen Einfamilienhäusern bebaut, von denen die meisten nach dem Krieg für das Woman Army Corps geräumt werden mussten. Die Bewohner schrieben über mehrere Jahre Protestbriefe an die Besatzungsverwaltung und das Wohnungsamt. Der amerikanische Militärgouverneur verglich die vehemente Protestwelle der Anwohner 1948 mit einem »Kreuzzug«.

Erasmi, Nebenerwerbshof

Hermann Erasmi senior (1880–1962) arbeitete bei der Bremer Straßenbahn als Wagenführer und baute 1912 an der Vorstraße 87 ein Haus mit Stall und Scheune. Zunächst arbeitete er weiter bei der Straßenbahn, schaffte sich aber Schafe und Ziegen an, kaufte Land zu und begann eine Milchwirtschaft. Den Verkauf von Vorzugsmilch musste er wegen einer Maul- und Klauenseuche 1938 einstellen. In den Folgejahren bewirtschaftete Erasmi senior den Hof gemeinsam mit seinem Sohn Hermann Erasmi junior (1909–1996), der den Hof 1961 übernahm.

1971 wurde die Landwirtschaft eingestellt. Das Hofgebäude am Ende der Straße wird heute als Wohnhaus genutzt, auf dem ehemaligen Grünland verläuft heute die Spittaler Straße.

Ernst-Grohne-Weg

Der Ernst-Grohne-Weg bildet die Grenze Horn-Lehes zu Schwachhausen und ist benannt nach dem Bremer Volkskundler und Vorgeschichtsforscher und Direktor des Focke-Museums Ernst Grohne (1888–1957).

»Schwere Wolken ziehen über die goldenen Wogen der jetzt fruchttragenden Felder. Es ist Erntezeit, und mit scharfen Messern greift die Mähmaschine in die vollen Fluten: Das letzte Getreide, der Hafer, wird eingeholt. Ein leises Ahnen des kommenden Herbstes zieht über die Felder, die nun bald kahl und verlassen daliegen werden.« Bildunterschrift zu einem 1951 in den »Bremer Nachrichten« erschienenen Bild von Hermann Erasmi sen.

Fallturm

Der Fallturm ist ein 146 Meter hohes Forschungsgebäude im →Technologiepark für Experimente unter kurzzeitiger Schwerelosigkeit. Kern der Anlage ist die 123 Meter hohe Fallröhre. In bis zu täglich drei Kurzzeitexperimenten fallen darin Versuchskapseln aus 110 Meter Höhe mit einer Geschwindigkeit von 167 km/h in 4,74 Sekunden in die Tiefe. Während dieser Zeit herrscht in den Kapseln Schwerelosigkeit. Der Fallturm gehört zum Zentrum für angewandte Raumfahrttechnologie (ZARM) an der →Universität Bremen. Der Rohbau wurde von April 1988 bis April 1989 errichtet, die Inbetriebnahme erfolgte 1990. Durch den Einbau einer Katapultanlage im Jahre 2004 konnte die Dauer der Schwerelosigkeit auf fast zehn Sekunden verlängert werden.

In der gläsernen Spitze des Fallturms befindet sich ein Versammlungsraum, in dem bis zu 14 Personen bei günstigem Wetter die freie Sicht bis Bremerhaven genießen können. Bei schlechtem Wetter müssen Besucher dagegen »seetüchtig« und schwindelfrei sein, weil der Fallturm in dieser Höhe bis zu zehn Zentimeter in beide Richtungen schwankt. Seit 1992 wird der Fallturm auch als Ort der Kunst genutzt. Im Katapultkeller befinden sich Wandbilder und Stahlreliefs des Künstlers R. A. Penk.

Aufgrund der guten experimentellen Auslastung wurde 2010 der Bau eines zweiten, etwas kleineren Fallturmes angekündigt.

Feldhauser Straße

Benannt nach dem bei Lilienthal gelegenen Dorf Feldhausen. Sie war die erste Straße, die im Leher Feld bebaut wurde. Anfang der 1950er Jahre entstanden an der Seite zur Lilienthaler Heerstraße →Lüning-Häuser in Fertigbauweise.

1955 wurden an der Seite zum Leher Feld vier Einzel- und fünf Doppelhäuser für »Planungsverdrängte« als Siedlerstellen errichtet. Die auch mit Selbsthilfe erstellten Häuser gingen nach drei Jahren in das Eigentum der Bewohner über.

Feuerwehr

Die »Freiwillige Feuerwehr Lehesterdeich« wurde am 6.6.1936 von Paul Busch, Johann Garbade, Diedrich Gartelmann, Heinrich Gartelmann, Philipp Gartelmann, Wilhelm Gartelmann, Jacob Marks, Albert Schumacher und Hermann Schütte aus Oberblockland und Lehesterdeich im Beisein des Lehesterdeicher Bürgermeisters Kruse gegründet.

Die bestehende Pflichtfeuerwehr mit 96 Brandmännern wurde aufgelöst. Als erster Feuerwehrhauptmann wurde Wilhelm Gartelmann, Oberblockland 12, gewählt. Das Spritzenhaus lag zunächst in Oberblockland Nr. 4. Die ersten Einsätze erfolgten mit einer pferdegezogenen Handdruckspritze. Als Mannschafts- und Gerätewagen diente ein umgebauter Pkw. Kurz nach der Gründung der Feuerwehr wurde die Handspritze durch eine Magirus-Motorspritze ergänzt. Der Feueralarm wurde per Fahrrad und Blashorn verbreitet, später wurden die Feuerwehrmänner über den Fernsprecher in der ehemaligen →Jan-Reiners-Gaststätte alarmiert.

Kunst im Katapultkeller - Stahlrelief von R.A. Penk und daneben: Kurz vor der Fertigstellung des Fallturms wird am 14.8.1989 die Spitze aufgesetzt

Das Alte Spritzenhaus Am Lehester Deich 135

1937 wurde ein neues »Spritzenhaus« Am Lehester Deich 135 für mehrere Fahrzeuge gebaut. 1974 erhielt die Wehr einen neuen Standort Am Lehester Deich 139 B mit drei Fahrzeugstellplätzen.

1973 wurde die Freiwillige Feuerwehr in den Katastrophenschutz eingegliedert. Die Mannschaftsstärke wurde auf 28 Feuerwehrmänner angehoben und der Fuhrpark ausgeweitet. 1983 wurde eine Jugendfeuerwehr gegründet.

Die Feuerwehr Lehesterdeich fuhr unter anderem Einsätze zu Bränden in der Gaststätte →Kuhsiel, der Gaststätte →Jan Reiners, einem mehrtägigen Heidebrand in der Lüneburger Heide, einem Großbrand in der →Universität, einem Brand in der Turnhalle der Schule an der Philipp-Reis-Straße, einem mehrtägigen Großbrand im Kohlekraftwerk Bremen-Hastedt, einem Lagerhallenbrand im Industriehafen und zu Baumwollbränden in den stadtbremischen Häfen.

Bei der Sturmflut 1961, diversen Hochwassern und Unwettern sowie nach Sturmschäden im gesamten Stadtgebiet leistete die Freiwillige Feuerwehr Hilfe. Seit einigen Jahren unterstützt die Wehr in trockenen Sommermonaten auch regelmäßig die Bewässerung von Grünanlagen und Bäumen auf öffentlichem Grund.

Nach einem Starkregen am 4.8.2011 fuhr die Wehr mit allen Fahrzeugen in 16 Stunden 43 Einsätze.

Seit 1977 erfreut das jährliche am Ostersonnabend von der Freiwilligen Feuerwehr ausgerichtete Osterfeuer an der Ecke Jan-Reiners-Weg/Lehester Deich die Bevölkerung Horn-Lehes.

Zurzeit beträgt die Stärke 42 Feuerwehrmänner und zwei Feuerwehrfrauen. In der Jugendfeuerwehr versahen im Jahr 2012 insgesamt 26 Jugendliche ihren Dienst.

Finckh, Ulrich
*Pastor an der Horner Kirche, Vorsitzender der Zentralstelle der Kriegsdienstverweigerer, *4.9.1927 Heilbronn, Riemstraße*
Ulrich Finckh war zunächst Gemeindepfarrer in Wiesbaden-Biebrich, Mettenheim und Studentenpfarrer in Hamburg gewesen, bevor er 1970 das Pfarramt an der Horner Kirche antrat. Bis 1991 war er Pastor in der Kirchengemeinde Horn II. Außerhalb der Gemeinde engagierte sich Finckh intensiv für die Rechte von Kriegsdienstverweigerern. 1971 war er Mitbegründer und erster Vorsitzender des »Sozialen Friedensdienstes Bremen e. V.«, der als Trägerverein Zivildienstleistende beschäftigte. 1971–2003 war er auch Vorsitzender der »Zentralstelle für Recht und Schutz der Kriegsdienstverweigerer« und 1971–78 Geschäftsführer der »evangelischen Arbeitsgemeinschaft zur Betreuung der Kriegsdienstverweigerer«. Er stellte die Gewissensprüfung infrage und setzte sich

Ulrich Finckh

für die freie Wahl der Dienstpflichtigen zwischen Wehr- und Ersatzdienst ein.
Finckh war auch Mitbegründer der Gustav-Heinemann-Initiative für Menschenrechte und Frieden e.V. Daneben war er publizistisch tätig und verfasste auch zwei Bücher. Ulrich Finckh ist verheiratet mit Elisabeth Finckh, der langjährigen SPD-Fraktionsvorsitzenden im Beirat Horn.

Die »Fischhalle Horn« an der Leher Heerstraße / Ecke Luisental. Wie auf diesem Bild gut zu sehen, lag das Gebäude vor dem Bau der Eisenbahnunterführung 1936 noch ebenerdig

Fischhalle Horn
Die Fischhalle Horn wurde 1930 an der Leher Heerstraße 9 in dem 1913 errichteten Gebäude von Oskar Steenbock und seiner Frau Elisabeth eröffnet. Nach dem Tode des Gründers wurde das Geschäft von seiner Ehefrau und später von seiner Tochter Else (verh. Gerdes) bis 1976 weitergeführt. Es bestand noch bis Ende der 1990er Jahre als Fischgeschäft unter anderer Leitung weiter. Im Keller befand sich eine Räucherkammer, die Fässer mit Heringen standen im Garten hinter dem Haus. Seit der Absenkung der Leher Heerstraße im Zuge des Baus der Eisenbahnbrücke (→Eisenbahn) ist das eigentlich ebenerdig entworfene Haus über eine Treppe zu erreichen.
Bis 2011 befand sich in dem ehemaligen Verkaufsraum die ÖVB-Agentur Imme Nullmeyer.

Fitger, Arthur Heinrich Wilhelm
*Maler und Dichter, *4.10.1840 Delmenhorst, †28.6.1909 Bremen, Schwachhauser Heerstraße 367*
Arthur Fitger studierte 1858–61 vor allem bei Moritz von Schwind an der Akademie zu München. Nach Auslandsaufenthalten wohnte er seit 1869 in Bremen. 1890 baute er auf dem Gelände des befreundeten Kaufmanns Wilhelm →Rickmers ein Wohnhaus mit Atelier.
Fitger erstellte großflächige Wandmalereien mit vielfach fantastischen Motiven, in Bremen unter anderem für die Rembertikirche, das Haus Seefahrt, das Reichspostgebäude und die Neue Börse. 1875 wurde ihm die Ausschmückung des Ratskellers mit Wandgemälden übertragen.
Er erhielt auch Aufträge aus wohlhabenden Bremer Privathäusern und musste sich bald Malgehilfen nehmen, um der Vielzahl der Aufträge nachkommen zu können. Scherzhaft bemerkte er dazu, dass er mit den Gehilfen »Kilometer Frieskompositionen, Hektare Plafondbilder, Hunderte allegorischer Gestalten und Tausende von Putten« geschaffen habe.
Um 1900 beherrschte Arthur Fitger als »lokaler Malerfürst« die Bremer Kunstszene und wirkte als Vorsitzender des Kunstvereins mit seinen öffentlichen Kritiken stark auf den hanseatischen Kunstgeschmack ein. Harsche Kritik übte er an Kunsthallendirektor Gustav Pauli, als dieser 1899 eine Ausstellung mit Werken von Paula Becker plante. Er leitete damit

Arthur Fitger

Eigenwilliges Porträt eines eigenwilligen Künstlers: Arthur Fitger in seinem Wohnhaus in der Schwachhauser Heerstraße

Bodenfläche nach Art der tatsächlichen Nutzung in Horn-Lehe 2011

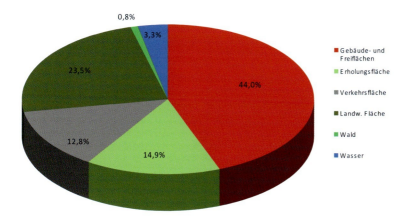

Bodenfläche nach Art der tatsächlichen Nutzung aufgeteilt nach Ortsteilen 2011

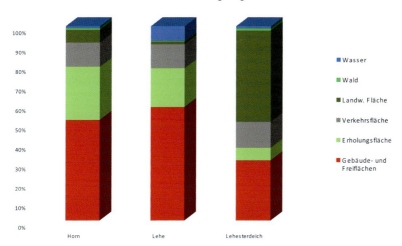

den Bremer Künstlerstreit ein, in dem sich die ihm verbundenen konservativen Bremer gegen den Ankauf impressionistischer Kunst durch die Kunsthalle wendeten.

Fitger betätigte sich auch schreibend. Seine Schauspiele Adalbert von Bremen, Die Hexe und Von Gottes Gnaden wurden häufig aufgeführt, und er verfasste auch Gedichte.

Sein Grab liegt auf dem Riensberger Friedhof; in Bremen und Delmenhorst erinnern Straßennamen an den Künstler. Das Wohnhaus wurde 1961 durch einen Brand zerstört.

Fläche
Die Fläche Horn-Lehes beträgt 1405,7 ha, das sind 4,42 % der Fläche der Stadt Bremen. Die Fläche teilt sich auf in die Ortsteile Horn: 271,2 ha, Lehe 472,1 ha und Lehesterdeich 662,4 ha.

Flak-Stellungen
In Horn-Lehe gab es während des Zweiten Weltkriegs mehrere Flak-Stellungen, u.a. auf dem Dach der Horner Grundschule, an der →Achterstraße, am →Lehester Deich und im →Leher Feld im Bereich der heutigen Kopernikusstraße. Von den Flak-Stellungen aus sollten die alliierten

Scheinwerfer der Flakstellung Achterstraße, um 1940

Fliegerangriffe auf die Bahnstrecke und das Stadtgebiet abgewehrt werden.

Fleetinsel →Hollergrund

Das FlorAtrium aus der Luft betrachtet

FlorAtrium
Das FlorAtrium ist ein Schulungs- und Verwaltungszentrum der Bremer Kleingartenvereine beim Lehr- und Versuchsgarten an der Johann-Walte-Straße.
Die Planungen begannen 1997, an der Finanzierung beteiligte sich die Stadt Bremen mit 1,2 Millionen Euro. Dafür verzichteten die Bremer Kleingartenvereine auf 293 Ersatzparzellen, die das Land nach dem Bundeskleingartengesetz für die Ausweitung der Gewerbegebiete am Flughafen und am →Technologiepark-Süd in bestehende Parzellengebiete hätte zur Verfügung stellen müssen.
Der »Freikauf« war unter den Parzellisten nicht unumstritten und führte zum Rücktritt des Ehrenvorsitzenden des Landesverbandes der Bremer Gartenfreunde, Johann Dreyer. Schwierigkeiten beim Bau – der Bauunternehmer beantragte die Insolvenz – und in der Finanzierung verzögerten die Fertigstellung. Nach fast fünf Jahren Bauzeit wurde das Gebäude im September 2003 eingeweiht.
Das FlorAtrium bietet Veranstaltungen zu Themen rund um den Garten (Bodenpflege, Kompostierung, Dachbegrünung, Anlage von Feucht- und Trockenbiotopen, Wildbienen, Obst- u. Gemüsekunde usw.) sowie zu allgemeinen ökologischen und umweltrelevanten Themen an. Über das Kleingartenwesen hinaus werden Kontakte zu Schulen und Kindergärten, öffentlichen und anderen Institutionen, wie den Recyclinghöfen, der Kompostierung Nord, dem BUND, dem NABU und der Kinderfarm, gepflegt.

Flutlinie
Flutlinien markieren die Höhe der Wasserstände, die durch extreme Fluthöhen oder Deichbrüche entstehen. In Horn-Lehe belegen zwei Flutlinien am ehemaligen Rickmer'schen Parkwächtergebäude am →Achterdiek und im →Klattendiek den Wasserstand nach dem →Deichbruch von 1880/81.

Focke, Henrich
*Flugzeugkonstrukteur und Hubschrauberpionier, *8.10.1890 Bremen, †25.2.1979 ebd., Elsa-Brändström-Straße 45*
Henrich Focke war der Sohn von Johann Focke (1848–1922), Syndicus des Bremer Senats und Begründer des Focke-Museums, und seiner Frau Louise. Fockes Schulleistungen in Mathematik waren zunächst mäßig. Trotzdem begann er 1908 ein Maschinenbaustudium in Hannover. 1914 meldete er sich als Kriegsfreiwilliger und wurde im Frühjahr 1915 durch Unterstützung eines Freundes zur Fliegertruppe versetzt. 1920 konnte er sein Studium abschließen.

Henrich Focke

Henrich Focke war bis ins hohe Alter von der Fliegerei fasziniert; von 1908 bis 1921 baute er mit Georg Wulf und anderen mehrere Flugzeuge und gründete gemeinsam mit Wulf und Werner Naumann 1924 die Bremer Flugzeugwerke, aus denen im gleichen Jahr die Focke-Wulf AG hervorging. Bis 1933 entstanden etwa 140 Flugzeuge, darunter die A 19 Ente (auch »Focke-Ente« genannt), an deren Bau auch Fockes flugbegeisterter älterer Bruder Wilhelm (→Focke, Wilhelm) beteiligt war. Mit einem der beiden gebauten Exemplare verunglückte sein Partner Georg Wulf 1927 tödlich.

Nach der Fusion der Focke-Wulf AG mit den Albatros Flugzeugwerken im Jahre 1931 begann Focke auch auf dem Gebiet der Hubschrauber zu arbeiten. Er erhielt 1931 vom Senat den Professorentitel und hielt in der Folgezeit Vorlesungen an der Technischen Lehranstalt in Bremen. 1933 musste Focke aus der Leitung der Focke-Wulf AG ausscheiden, durfte aber den Bau von Drehflüglern weiter verfolgen. Als Ergebnis konnte 1934 in Bremen der erste leistungsfähige Hubschrauber, der FW 61, erstmals abheben. Die Leitung der Focke-Wulf AG sah darin keine Entwicklungsmöglichkeiten, worauf Focke sich aus der Firma zurückzog.

1937 gründete er zusammen mit Kunstflugweltmeister Gerd Achgelis die Firma Focke-Achgelis, die 1944 mit der Weser-Flugzeugbau GmbH fusionierte.

Nach dem Zweiten Weltkrieg war Focke 1945–48 als Kriegsgefangener in Frankreich zwangsverpflichtet und gründete anschließend in Bremen ein Ingenieurbüro. Da der Flugzeugbau von den Alliierten in Deutschland untersagt war, übertrug er seine Erfahrungen aus dem Flugzeugbau auf Schiffe, Boote und Bauwerke. 1949 baute Focke in der →Elsa-Brändström-Straße sein Wohnhaus als erstes Fertighaus nach der Bauweise von Professor Willy Messerschmitt. 1952–56 war er in Brasilien mit der Entwicklung und dem Bau des Leichthubschraubers »Kolibri« beschäftigt und setzte dies in Bremen bei den →Borgward Automobilwerken fort. Nach dem Konkurs der Firma Borgward im Jahre 1961 musste die Weiterentwicklung des »Kolibri« abgebrochen werden. Bis 1965 war Focke als beratender Ingenieur bei den Vereinigten Flugtechnischen Werken (VFW) in Bremen und bei der Deutschen Forschungs- und Versuchsanstalt für Luft- und Raumfahrt tätig.

Schon Ende der 1950er Jahre hatte Focke in Bremen begonnen, einen Windkanal einzurichten, um darin die Flugeigenschaften von Hubschraubern zu erforschen und zu verbessern.

Der in einem kleinen Hinterhofgebäude in der Bahnhofsvorstadt stark verfallene Focke-Windkanal wurde 1997 wiederentdeckt und vom Verein »Focke Windkanal« liebevoll als Museum eingerichtet (Deutscher Denkmalpreis 2005). 2012 kündigte die Tochter Fockes dem Verein das Nutzungsrecht wegen unüberbrückbarer Differenzen auf.

Henrich Fockes Grab liegt auf dem Riensberger Friedhof, sein Haus in der Elsa-Brändström-Straße wird heute von seinem Sohn Ingo bewohnt.

Bericht aus dem »Weser Kurier« vom 27.10.1949 über Henrich Fockes »Messerschmidt Leichtbauhaus« an der Elsa-Brändström-Straße

Vom Horner Bad bis zum Ortsamt: Menschenkette zum Erhalt des Horner Bades

Focke, Wilhelm Heinrich
Maler, Erfinder, *3.7.1878 Bremen, †15.12.1974 ebd.
Wilhelm Focke war der ältere Bruder von Henrich Focke.
Wilhelm Focke studierte an verschiedenen Kunstakademien. Während seines Aufenthalts in München hatte er sich dem MTV 1879 München angeschlossen; er setzte sich für den Austritt der Fußballer aus dem MTV und damit für die 1900 erfolgte Gründung des FC Bayern München ein.
Seine erste große Kunstausstellung mit Pferdebildern aus dem Berliner Tiergarten hatte er um 1909 durch Vermittlung von Max Liebermann. Nach dem Ersten Weltkrieg unterrichtete er bis 1929 an der Bremer Kunstgewerbeschule Akt-, Tier- und Landschaftsmalerei. In dieser Zeit widmete er sich seinen vielen Erfindungen. Er experimentierte mit Strandseglern auf Juist und Eisseglern im Block- und →Hollerland.
Ab 1930 arbeitete Focke als freier Künstler, seit 2009 erinnert die »Wilhelm Focke-Oberschule« an Henrich Fockes lange vergessenen Bruder.

Förderverein »Unser Horner Bad«
Der Förderverein »Unser Horner Bad« ging 2003 aus der »Bürgerinitiative zur Rettung des →Horner Bades« hervor.
Die Bürgerinitiative wurde unter dem Motto »Horn-Lehe darf nicht baden gehen« von 200 Mitgliedern im Juni 2003 in der Aula des Schulzentrums Vorkampsweg gegründet. Zum 70. Geburtstag des Horner Bades am 2.7. bildeten 1000 Bürger unter der Devise »Happy Birthday Horner Bad« eine Menschenkette vom Bad zum →Ortsamt Horn-Lehe und legten für kurze Zeit unter den Augen der wachsamen Polizei den Verkehr auf der Kreuzung Leher Heerstraße/Berckstraße lahm.
Zur Entwicklung von Alternativen forderte die Bürgerinitiative die Aussetzung des Schließungsbeschlusses und die Öffnung des Bades in der Saison 2004. Konzeptionell lehnte die Bürgerinitiative die Verkleinerung des Bades als »Tod auf Raten« ab und forderte die Stadt auf, das Bad attraktiver zu machen, um mehr Besucher zu gewinnen. Um das Potenzial des Horner Bades auszuloten, führte die Bürgerinitiative in Zusammenarbeit mit der Bremer Bäder GmbH vielfältige Veranstaltungen – vom Kinderfest und Zeltlager über Rock-Veranstaltungen und Open-Air-Kino bis zum Volleyballturnier – durch.
Im Dezember 2004 schlossen sich die Freunde des Horner Bades zum Förderverein zusammen, gleichzeitig wurde die Bürgerinitiative aufgelöst. Zweck des Fördervereins wurde die Förderung des Sports durch »Erhaltung des in Bremen einzigartigen Solebades«.
Die Zahl der Mitglieder stieg in kurzer Zeit auf 200. Zum ersten Vorsitzenden wurde Reinhard →Jarré gewählt. Der Verein beteiligte sich finanziell an der Neugestaltung des Vorplatzes, dem Kauf der Badeinsel und der Wasserrutsche, der Festschrift »75 Jahre Horner Bad« und des Sonnensegels über dem Kleinkinderbereich, beteiligte sich aktiv an Kinderveranstaltungen, organisierte Mondscheinschwimmen und Kino-Veranstaltungen sowie die Fotoausstellung »75 Jahre Horner Bad«.

Logo des Fördervereins »Unser Horner Bad«

Förderverein zum Erhalt der Horner Mühle
Der »Förderverein zur Erhaltung der Horner Mühle« wurde nach dem dritten Sturmschaden an der →Horner Mühle am 23.1.1995 gegründet. Ziel des »Zweckvereins« war es, steuerlich absetzbare Spenden für die Rettung und Restaurierung der Mühle zu sammeln, um die vom Landesamt für Denkmalpflege kalkulierten Kosten abzudecken. Schirmherr war der damalige Bürgerschaftspräsident Reinhard →Metz. Dem ersten geschäftsführenden

Trinkbar für einen guten Zweck: Mühlensekt und links das Mühlenfest 1996 mit der Mühle (noch mit Notdach) im Hintergrund

Vorstand gehörten der Bürgervereinsvorsitzende Hermann →Block, der CDU-Bürgerschaftsabgeordnete Dieter →Gerdes und der Jurist Heinz Uhlich an.

In den Folgejahren begleitete der Verein die Restaurierung der Mühle und unterstützte Aktionen, die der Instandsetzung der Mühle dienten. In den Geschäften wurden Sammelbüchsen aufgestellt, Horner Geschäftsläute kreierten »Mühlenwein« und »Mühlensekt«, eine - illegale - Lotterie erbrachte 2000 D-Mark. 1996/99 veranstaltete der Förderverein an der Horner Mühle Mühlenfeste, deren Wiederholungen seither vom →Bürgerverein organisiert werden.

Auf diese Weise sammelte der Verein mehr als 180.000 D-Mark Spenden, die gemeinsam mit Beiratsmitteln, Mitteln aus der Denkmalpflege und der Stiftung Wohnliche Stadt ausreichten, die Sanierungsarbeiten erfolgreich abzuschließen. Nach Abschluss der Sanierungsarbeiten wurde der Verein aufgelöst.

Fraedrich, Friedrich Gustav

Pastor an der →Horner Kirche, *11.1.1879 Bremen, †20.9.1966 Immenstadt i. Allgäu, Berckstraße 27

Gustav Fraedrich kam 1879 in der Bremer Neustadt als Sohn des Pfarrers Daniel Fraedrich zur Welt.

Im Ersten Weltkrieg war er bis zu seiner Verwundung als Wehrmachtspfarrer in Polen tätig und bewarb sich 1918 auf Bitten von Freunden nach Bremen, wo ihn die Horner Gemeinde als Seelsorger wählte. Mit seiner Frau Charlotte und seinen Töchtern Maria (gesch. Bücking, verh. →Krüger) und Eva (verh. Schatz) sowie seinen Söhnen Wolfgang und Werner bezog er das Pfarrhaus an der →Berckstraße. Dort wurde auch der jüngste Sohn Willehart geboren.

Die Gemeinde bestand damals aus über 16.000 Seelen. Fraedrich musste in Horn, Sebaldsbrück, der Vahr, Lehesterdeich und Oberblockland Konfirmandenunterricht halten und auch für Haus-Taufen und Haus-Trauungen – zunächst noch mit dem Rad – weite Entfernungen zurücklegen. Er verstand es, mit den einfachen Leuten seiner sozial sehr verschiedenartig zusammengesetzten Gemeinde Kontakt zu halten, sprach aber auch die Gebildeten seiner Gemeinde an. Neben den Predigten in der Gemeinde, zu denen auch Hörer aus der Stadt kamen, hielt er Vortragsreihen über kirchliche und kulturelle Themen.

Die heranwachsende Jugend sammelte er in Lesekreisen, veranstaltete mit ihnen Theateraufführungen im Konfirmandensaal an der Berckstraße und unternahm mit den Jugendlichen Wanderfahrten zu Fuß, auf Rädern oder in Booten.

Er betonte gegenüber der Jugend stets sein Menschen bildendes Interesse: »Ich will euch zu gebildeten Menschen machen, was sonst mit euch geschieht, muss ich dem Himmel überlassen.« Durch seine allseitige Zuwendung und seine vielfachen Aktivitäten legte er vielleicht ja auch den Grundstein für die Wanderleidenschaft des bekanntesten Kopfes des Konfirmandenjahrgangs 1929, Karl Carstens (1914–1992), der als Bundespräsident 1979–1984 die Bundesrepublik mit Rucksack und Wanderstock durchwanderte.

Fraedrich stand um sechs Uhr auf und arbeitete bis in die Nacht hinein. Erholung suchte und fand er in der Natur, bei der Arbeit im großen Pfarrgarten, der sich mit mehr als 100 Obstbäumen hinter dem Pfarrhaus entlang der Berckstraße erstreck-

Gustav Fraedrich

Pastor Fraedrich mit Frau und Kindern beim Paddeln auf der Kleinen Wümme in einem Boot namens »Drachelchen«

te. Zeitzeugen berichteten, dass er sich auf dem Weg von der Gartenarbeit zum Pfarrhaus, bekleidet mit Gummistiefeln, selbst redend auf seine Predigten vorbereitet hatte. Fraedrich stand dem Nationalsozialismus nach eigenen Worten »besorgt und misstrauisch« gegenüber. Gegen den nationalsozialistischen Führer der Deutschen Christen, Bischof Weidemann, opponierte er in vorsichtiger Weise. Zusammen mit anderen liberalen und orthodoxen Geistlichen unterstützte er den »Aufruf bremischer Pastoren«, die sich gegen eine nach nationalsozialistischen Parteiprinzipien organisierte Reichskirche aussprachen, gleichzeitig jedoch die »Regierung der nationalen Erhebung« bejahten. In einer Aufschlüsselung der Geheimen Staatspolizei wurde Fraedrich mit sieben anderen Pastoren als »neutral« eingestuft. Während Fraedrich gewöhnlich nur unpolitische Predigten hielt, erklärte er nach dem Novemberpogrom, dass die Plünderung der jüdischen Läden und die Zerstörung der Synagogen nicht, wie behauptet, eine spontane Regung der deutschen Volksseele, sondern eine organisierte Aktion der Nationalsozialisten gewesen sei. Er rechnete mit seiner Verhaftung und hatte unter dem Talar vorsorglich warme Kleidung angezogen, blieb aber unangefochten. Als er die überfüllte Kirche verlassen hatte, war ein prominentes Mitglied der Gemeinde aufgestanden und hatte ausgerufen: »Wir wollen uns unseren Pastor erhalten und wollen darum heute nichts gehört haben!«

Nach dem Ende des Zweiten Weltkrieges, in dem seine drei Söhne und ein Schwiegersohn getötet worden waren, musste die verbliebene Großfamilie im Pfarrhaus zusammenrücken. Neben den zwölf Familienmitgliedern, die sich um den Esstisch scharten, waren im oberen Stockwerk drei Familien untergebracht, die ihre Wohnungen durch Bombenangriffe verloren hatten.

Nach seiner Emeritierung im Jahre 1948 zog er nach Immenstadt im Allgäu, wo er sich schon 1936 ein Haus gekauft hatte.

Franke, Walter
*Senator und Bürgermeister, Bundesvorsitzender des Sozialverbandes Deutschland, *20.11.1926 Salzgitter, Auf den Hornstücken*
Franke war der Sohn eines Schulrektors. Im Krieg wurde er schwer verwundet und erst 1947 aus der Kriegsgefangenschaft entlassen. 1951 schloss er das Studium ab und wurde 1955 zum Dr. jur. promoviert. 1957 wurde er Leiter der Rechtsabteilung beim DGB in Bremen. 1960–65 war er Geschäftsführer und Justiziar der Arbeiterkammer Bremen. Nach 1971 hielt Franke Vorlesungen an der Universität Bremen. 1963–75 war er Mitglied der Bremischen Bürgerschaft und wurde 1971 zunächst stellvertretender und anschließend Vorsitzender der SPD-Fraktion. 1975 wurde er als Senator für Arbeit, Soziales, Jugend und Sport in den Senat berufen und war stellvertretender Präsident des Senats und Bürgermeister. Ab 1979 sollte Franke sowohl das Wirtschafts- als auch das Arbeitsressort übernehmen. Er lehnte diese Ämterzusammenfassung ab und verzichtete auf eine Mitgliedschaft im Senat. Nach seiner Senatorenzeit war er ab 1979 wieder für die Arbeitnehmerkammer tätig. Franke war Landesvorsitzender und Mitglied des Bundespräsidiums des Reichsbundes der Kriegsopfer, Behinderten, Sozialrentner und Hinterbliebenen (ab 1999 Sozialverband Deutschland). 1990–97 war er Bundesvorsitzender des Reichsbundes. Weiterhin war er lange Zeit Vorsitzender des Deutsch-Arabischen Clubs in Bremen und seit den 1980er Jahren bis etwa 2002 Honorarkonsul in Bremen für Marokko.

Franzosenzeit
Vom 10.12.1810 bis 15.10.1813 war Bremen Teil Frankreichs und gehörte zum Napoleonischen Kaiserreich. Das »Département Wesermündungen« wurde in die Arrondissements Bremen und Bremerlehe eingeteilt, Bremen wurde wiederum in die Kantone Stadt und Landgebiet unterteilt. Das Landgebiet wurde in fünf Mairien unterteilt, darin gehörten Horn und Lehesterdeich zur Mairie Borgfeld. Die Mairien erhielten eine neue Gemeindeverfassung, die ihnen eine eigene Rechnungsführung mit Vermögen und Schulden zugestand. Für die bemeierten Landleute wurde die Gutsherrschaft aufgehoben.
Während der Franzosenzeit waren in Horn zahlreiche Soldaten, Offiziere sowie Tiere einquartiert. Von allen Bewohnern wurde →Kontribution erhoben. Ein →Vollbauer hatte einen Taler, ein →Halbbauer 36 Grote, ein →Kötner 18 bzw. zwölf Grote und ein →Brinksitzer sechs Grote zu zahlen. Die Einnahmen wurden unter den mit Einquartierungen belegten Einwohnern verteilt oder für Hafer verwendet, der nach der Zahl der untergebrachten Tiere verteilt wurde. Außerdem kam es mehrfach zu Requirierungen.
Nach dem Abzug der Franzosen wurde die französische Kommunalverwaltung wieder aufgehoben, die ehemaligen Gemeindevorsteher wurden am 6.11.1813 aufgefordert, ihre Geschäfte wieder aufzunehmen. Am 7.6.1814 wurden auch die Munizipalräte ihres Amtes enthoben und die →Landgeschworenen erneut eingesetzt, auch die Gutsherrschaft wurde wieder eingeführt.

Freiwillige Feuerwehr Lehesterdeich
→Feuerwehr

Freizeitheim Curiestraße
→Jugendhaus Horn-Lehe

Fremdarbeiter
Sammelbegriff für die während des Zweiten Weltkriegs nach Deutschland gekommenen zivilen Arbeitskräfte, die keine Kriegs- und Strafgefangenen waren. Zu den zunächst freiwillig aus Polen nach Deutschland gekommenen Fremdarbeitern kamen im Verlauf des Krieges zunehmend zwangsweise in den besetzten Gebieten rekrutierte Arbeitskräfte. Kontakt zur deutschen Bevölkerung war ihnen untersagt. Sie durften öffentliche Verkehrsmittel nur in gesonderten Zügen für den Arbeitsweg nutzen, Schutzräume nicht aufsuchen und nur in besonders konzessionierten Gastwirtschaften verkehren. Trotz der Verbote gab es zahlreiche Kontakte zwischen Fremdarbeitern und Deutschen, auch im →Lager Achterstraße. Nach Kriegsende heiratete eine Hornerin einen französischen Fremdarbeiter und zog mit ihm nach Frankreich, während eine andere Hornerin nach ihrer Eheschließung mit einem ehemaligen russischen Fremdarbeiter viele Jahre in Horn lebte.

Billette zur Einquartierung französischer Truppen bei Frau Dr. Löning

Kontakt verboten: Bremer Zeitung vom 12.4.1944

Feind ist Feind!
Jeder deutsche Volksgenosse, der ohne Erlaubnis mit Kriegsgefangenen Verbindung aufnimmt, wird nach den Kriegsgesetzen bestraft. Darunter fällt auch der Ankauf von Spielzeug bzw. Eintausch gegen Lebensmittel (Brotmarken usw.) oder die geschenkweise Annahme irgendwelcher Gegenstände aus dem Besitz von Kriegsgefangenen.

Deutscher Würde und deutschem Selbstbewußtsein entspricht daher nur eine Grundbedingung: Schweigende Ruhe und gelassener Stolz. Der Feind ist Feind! Er verdient daher weder Mitleid noch Haß. Jede Anbiederung, Vertrauensseligkeit und verbotene Hilfsleistung ist Volksverrat!

Willy Frensdorff

Frensdorff, Hans Martin Wilhelm (»Willy«)
*Ingenieur, Verfolgter, *4.3.1881 Hamburg, †Sept 1947 Shanghai, Weyerbergstraße 1 (später 3)*

Willy Frensdorff war Sohn jüdischer Eltern. Vor seiner Hochzeit trat er zum evangelischen Glauben über, galt aber in der NS-Zeit gemäß den »Nürnberger Gesetzen« seiner Herkunft wegen offiziell als Jude. Frensdorff wurde im Ersten Weltkrieg mit dem Eisernen Kreuz ausgezeichnet. Von 1920 bis November 1938 war er bei der A.G. »Weser« als Oberingenieur beschäftigt. 1937/38 bezog er ein neu errichtetes Haus in der Weyerbergstraße, das im Grundbuch bereits auf den Namen seiner Frau Melitta eingetragen war.

1935 wurde der A.G. »Weser« der Stammbaum der Familie Frensdorff zugespielt. Generaldirektor Franz Stapelfeld schützte ihn, und 1937 blieb eine weitere Denunziation ohne Folgen. Noch Anfang 1939 hoffte er auf der Grundlage seiner beruflichen Qualifikation und Stellung auf eine Ausnahmeregelung und dachte nicht daran, Deutschland zu verlassen. Er wandte sich über Stapelfeld an Hermann Göring, um als »Reserve-Jude« aufgrund der Personalengpässe auf der A.G. »Weser« bleiben zu können. Das Gesuch wurde negativ beschieden.

Während der Pogromnacht am 9. November 1938 befand sich Frensdorff auf einer Probefahrt eines NDL-Frachters. Nach seiner Rückkehr wurde er am Abend des nächsten Tages verhaftet. Zusammen mit den anderen inhaftierten Juden wurde er in das Konzentrationslager Sachsenhausen verbracht. Dank der Fürsprache und der Beziehungen von Stapelfeld wurde Frensdorff nach wenigen Wochen freigelassen, durfte aber nicht mehr auf der Werft arbeiten.

Im Januar 1939 wurde der jüdische Vorname »Israel« in seinen Pass eingetragen. In den Folgemonaten erkundigte er sich nach Ausreisemöglichkeiten nach Asien und Südamerika. Im Mai suchte er mit seinem Bruder die Lloyd-Passageabteilung auf und erhielt mit Unterstützung von Kapitän Hashagen die knappen Tickets für sich, seine Familie und die Familie seines Bruders. Am 10. Juli 1939 bestiegen die Familien Frensdorff in Bremerhaven die »Scharnhorst« in Richtung Genua. Dort verließen Frau und Tochter das Schiff; am 10. August erreichte W. Frensdorff Shanghai.

Nach Abschluss der Ausbildung ihrer Tochter vermietete Melitta Frensdorff das Haus in der Weyerbergstraße. Sie fuhr mit der Transsibirischen Eisenbahn und einem Japanischen Schiff nach Shanghai. Melitta Frensdorff konnte sich in der neuen Umgebung nicht eingewöhnen und kehrte nach sechs Wochen nach Deutschland zurück. Als die Japaner in Shanghai das Ghetto Hongkew für Staatenlose einrichteten, musste Frensdorff mit Tochter und Schwiegersohn ins Ghetto ziehen. Bis zur Kapitulation und Auflösung des Ghettos starben zehn Prozent der Einwohner an Unterernährung, Krankheiten, Seuchen, Hunger und Selbstmord, insgesamt waren es 1700 Menschen. Willy Frensdorff überlebte und starb im September 1947, ohne seine Frau wiedergesehen zu haben.

Freunde der Uniwildnis, Verein der
Der Verein wurde 1989 zur Förderung des Natur- und Landschaftsschutzes, insbesondere der →Uniwildnis gegründet. Aufgabe des Vereins ist es unter anderem, das Gebiet der Uniwildnis als naturbelassenes Naherholungsgelände für Mensch und Tier zu erhalten und zu pflegen. 1993

Rettet die Uniwildnis: Demonstration anlässlich der Rodungen für den neuen Campingplatz

hat der Verein mit der Stadtgemeinde einen Nutzungsvertrag über das Gebiet der Uniwildnis abgeschlossen. Zu den Mitgliedern zählen viele Hundebesitzer, die ihre Haustiere auf dem Gelände frei laufen lassen können.

Friedrich I.
Erzbischof, †29.1.1123
Friedrich I. war 1104–23 Bremer Erzbischof und trieb den inneren Landesausbau seines Bistums voran. In der →Urkunde von 1106 (1113) überließ er holländischen Siedlern das heutige Hollerland zur Kultivierung.

Fritze-Focke, Landgut
Das Landhaus wurde 1750 vom späteren Bürgermeister Dr. Hieronymus Klugkist (1711–73 an der Horner Heerstraße 11/13) errichtet. Es befand sich an der Stirnseite des von Wasserläufen durchzogenen Landguts, das sich mit einer Länge von fast zwei Kilometern von der Horner Heerstraße bis zum Achterdiek erstreckte. An der Südseite des Gutes zog sich ein breiter, mit alten Bäumen bestandener Weg entlang, der als »Die Allee« oder »Klugkisten-Damm« bezeichnet wurde. Klugkist vererbte das Landgut seinem Sohn Daniel (1748–1814), der mit 26 Jahren in den Senat gewählt worden war und später ebenfalls Bürgermeister wurde. Er hatte am 22.12.1810 die schwere Aufgabe, der Bürgerschaft mitzuteilen, dass Bremen dem französischen Kaiserreich einverleibt wurde.
Nach seinem Tod wurde das Landgut von Heinrich Uhlhorn erworben, der es 1819 an den Kaufmann Hermann Focke (1766–1824) verkaufte. Focke ließ es 1819/20 vom damaligen Stadt-, Bau- und Rats-Zimmermeister Johann Georg Poppe umbauen.
Nach dem Tod von Hermann Focke ging der Besitz an seine Tochter Elisabeth über, die den Kaufmann und Eltermann Carl Wilhelm Fritze (1791–1842) heiratete. Bis zum Tod ihres Enkels, des Rechtsanwalts Dr. Carl Fritze (1872–1915), blieb das Landgut im Besitz der Familie.
1921 erwarb der Geheime Kommerzienrat und Hansa-Lloyd-Direktor Dr. Robert Anton Hinrich →Allmers das Haus, der es 1921 nach Plänen von Rudolf Alexander Schröder umbauen ließ und es liebevoll »Lindenwerth« nannte. Seine Tochter bewohnte das Haus weiter, zusammen mit ihrem Schwager, dem Kaufmann August Georg Nebelthau. 1936 wurde ein Großteil des Parks an den Bremer Staat verkauft und Teil des →Rhododendronparks. Der Parkteil trägt weiterhin den Namen →Allmers-Park.
1938 erwarb August Georg Nebelthau das Landhaus. Während der Besatzungszeit war es beschlagnahmt und von den Amerika-

Logo des Vereins »Freunde der Uniwildnis«

Herrschaftlich: Landgut Fritze-Focke in den 1930er Jahren

nern bewohnt: Im Juni 1952 wurde es – Ironie der Geschichte – ebenso wie Allmers, Automobilwerk von Carl F.W. →Borgward erworben, der es 1952/53 vom Architekten Rudolf Lodders umbauen ließ. Der Garten wurde vom Horner Garten- und Landschaftsarchitekten Bernd →Kuhlwein umgestaltet, die alten Bäume blieben erhalten. Nach Borgwards Tod lebten seine Witwe und seine Kinder bis 2003 in dem Haus. 2003 wurde es verkauft; das Inventar im Jahr darauf versteigert. Der neue Besitzer baute es zu einem Geschäftshaus um und errichtete am Ende des Grundstücks ein eigenes Landhaus. Seit 1973 steht das Gebäude unter Denkmalschutz.

Fritzewiese
Die Fritzewiese ist eine Sportanlage am Ende der Berckstraße, die von den Vereinen →Eiche Horn und →Hockey Club Horn genutzt wird.

Die »Fritzewiese« geht auf das Vermächtnis des Rechtsanwalts Dr. Carl August Fritze (→Fritze-Focke, Landgut), Mitglied im TV Eiche Horn, zurück. Der im Ersten Weltkrieg getötete Fritze vermachte die gegenüber seinem Landhaus auf der anderen Seite der →Horner Heerstraße gelegene Wiese (Kochskamp) der Stadt Bremen zur Anlage eines »öffentlichen Spielplatzes, der den Namen ›Fritzewiese‹ führen wird«. 1919 einigten sich die Stadt Bremen und Fritzes Erben, das im Vermächtnis bestimmte Grundstück zu verkaufen und mit dem Erlös eine Fläche an der Berckstraße zu kaufen, die sich im Besitz des Kaufmanns Heinrich August Bünemann und der Kirchengemeinde befand. Zur Anlage des Spiel- und Sportplatzes wurde ein weiteres Grundstück der Erben des Landmannes F.C. Winnenbrock erworben. Auf der Fritzewiese befinden sich →Gedenksteine als Ehrenmale für die in den Weltkriegen getöteten Vereinsmitglieder.

G

Galetzka, Lebensmittel-Discount
Ende der 1950er Jahre eröffnete der Einzelhandelskaufmann Wilhelm Galetzka im →Ledaweg das erste Lebensmittel-Feinkostgeschäft mit Selbstbedienung. In der →Heinrich-Gefken-Straße unterhielt er eine Filiale, die er nach der Schließung des Geschäftes im Ledaweg bis zur Umwandlung der Mietwohnungen in Eigentumswohnungen betrieb.
Galetzka kannte die Bewohner der umliegenden Häuser persönlich und war auf ihre sozialen Probleme eingestellt. In seinem Geschäft war es immer noch möglich, Kredit zu bekommen und »Anschreiben« zu lassen. Dafür war es ratsam, in den mitunter nur schwach beleuchteten Gängen die Mindesthaltbarkeitsdaten genau zu studieren. Das Warenangebot war nicht sehr übersichtlich – und in der Tiefkühltruhe mitunter gefrorener Joghurt zu finden.

Fritzewiese mit Eiche und Gedenkstein: Erweiterung des Geländes, 1927; unten: Hockeyspiel in den 1950er Jahren

Hier konnte noch angeschrieben werden: Lebensmittel-Discount Galetzka, 1983

Garten der Menschenrechte
Der im →Rhododendronpark gelegene Garten der Menschenrechte ist Teil des von der belgischen Künstlerin Françoise Schein initiierten weltweiten Projektes IN-SCRIRE – die Menschenrechte schreiben. In Bremen wurde das Projekt von der Bremer Soziologin Witha Winter von Gregory (Elsa-Brändström-Straße) umgesetzt.
Der Garten der Menschenrechte besteht aus einer Vielzahl von Bronzebändern entlang der Wege des Rhododendronparks, die den Text der 30 Artikel der UN-Menschenrechtskonvention enthalten.
2003 wurde das durch verschiedene Sponsoren, unter anderen dem →Beirat Horn-Lehe, finanzierte Projekt der 3000 Buchstaben eingeweiht. Unter dem Motto »Die Menschenrechte bringen den Park zum Klingen« finden im Sommer alljährlich ein Kulturmitmachmarkt mit musikalischen Klängen aus Südamerika, Afrika oder Asien sowie Lesungen zum Thema Menschenrechte statt. Im Zusammenhang mit ihrem Projekt erhielt Witha Winter von Gregory 2011 den Kiwanis-Preis des Kiwanis Clubs Bremen verliehen.

Gärtnereien
In Horn und Lehe gab es zahlreiche Gärtnereien und Baumschulen. Hierzu gehörten der →Charlottenhof, die Gärtnereien Feller an der Lilienthaler Heerstraße (heute Hollergrund), Kossack (Damenz) in der Bandelstraße, Kropp im Luisental 3, Lindemann am jetzigen Helmer, Martens (Thöle) in der Berckstraße, →Scherrer an der Leher Heerstraße 117 (später auch an der heutigen Gartenallee und in Oberneuland), Tietjen am Herzogenkamp 3 und die Baumschule Hunhold im Leher Feld.

Gaststätten
Seit der Mitte des 19. Jahrhunderts lockten Restaurationen und Kaffeegärten die Stadtbevölkerung ins dörfliche Horn. Angezogen wurden die Besucher nicht nur von Speis und Trank, sondern auch von Tanzlustbarkeiten und Kegelbahnen unter freiem Himmel.
Kleinere Gaststätten entlang der damaligen »Chaussee« (Horner →Heerstraße) wurden vor allem von den Gemüse- und Torfbauern aufgesucht. Auf ihrem Weg

Gaststätten, Cafés und Restaurationen in Horn-Lehe		
Name	**Alternative Namen**	**Anschrift**
→Althorner Imbiss		Berckstraße 6
→Alfken	Brittas Corner, Green Line	Leher Heerstraße 191
Bahnhof Jan Reiners		Am Lehester Deich 111
→Bierhalle Heinrich Köppe	Horner Bürgerstuben Martens, Rathjen	Leher Heerstraße 60
Cafe →Goedeken	Goedeken`s Restauration	Berckstraße 4 (Lehe 39)
Café Hoyer	Café →Bremermann	Kuhgraben 1
→Deutsche Eiche	Hotel Deutsche Eiche (→Traue)	Lilienthaler Heerstraße 180
→Ellmers Schorf	Docken	Leher Heerstraße 223
Gaststätte →Schindler	Schriefer/Bremermann/	Horner Heerstraße 32
Haus am Walde		Kuhgrabenweg 2
→Haus Wieseneck	Zum Platzhirsch	Kuhgrabenweg 30
Hotel Horner Eiche	(→Deutsche Eiche, →Traue)	Im Hollergrund 1
Hotel Landgut Horn	(→Depken)	Leher Heerstraße 140
Hotel Landhaus →Louisenthal		Leher Heerstraße 105
→Im Krug zum Grünen Kranze	Karl Lönnecker	Schorf 26, vorm. Berckstraße 110/112
→Jan-Reiners Gaststätte		Am Lehester Deich 109
→Kaffeehaus Achterdiek	Caféhaus Bergen	Achterdiek 55
→Kuhsiel	(→Wedermann)	Oberblockland 2
→La Campagne	Hotel zur Vahr	Schwachhauser Heerstraße 178
→Oibibio	OiNiNiO, OiLiLiO	Vorstraße 95
→Rhododendronpark-Cafe	bloom	Deliusweg 40
→Senator Bölken Hof	Bölken-Hof (→Bölken, →Traue)	Leher Heerstraße 107
→St. Pauli Restauration		Horner Heerstraße 31
→Vahlsings Café	Café Horn, Schnaars Café, Hapke, Galeria, Bestial	Schwachhauser Heerstraße 280
→Zum alten Krug	Schorse Lange, Schildkröte, Palmyra; Diavoletto	Am Lehester Deich 81
→Zum Horner Bad	Journal, Matisse	Vorstraße 79
→Zur scharfen Ecke	Clemens →Laube	Leher Heerstraße 109
→Zur Schönen Aussicht	Zur Guten Aussicht, Oldekopp, Balkan Grill, Pizzeria Roma	Am Herzogenkamp 32

aus dem Umland in die Stadt und zurück machten sie hier Rast und wärmten sich auf.

Die Gaststätten im Dorfkern um die Kirche herum waren zugleich Zentren des Horner gesellschaftlichen Lebens. Dort wurden die Horner Sportvereine gegründet, trafen sich Sangesbrüder und Laienspieler. Beim Glas Bier tagten die Vereinsvorstände sowie das Lehrerkollegium der alten Horner Schule. Im Saal der →St.-Pauli-Restauration trafen sich in Ermangelung anderer Übungsräume Turner und Radfahrer; hier fanden auch die jährlichen Kommersabende der Horner Vereine statt.

Nach dem Zweiten Weltkrieg trafen sich in den Lokalen wieder die Vereine, auch Parteien und der Beirat tagten reihum in den verschiedenen Horner und Leher Gaststätten.

Dem Wandel der gesellschaftlichen Gewohnheiten konnten sich nicht alle Gaststätten anpassen. Insbesondere die großen Restaurationen litten unter der Verbreitung des Fernsehens und der Tanzmusik aus der Konserve und mussten schließen.

Gedenksteine

Auf der →Fritzewiese wurde am 24. Juli 1921 ein Gedenkstein für die im Ersten Weltkrieg getöteten Vereinsmitglieder eingeweiht. 1961 wurden zwei weitere Findlinge mit den Namen der im Zweiten Weltkrieg getöteten 16 Vereinsmitglieder aufgestellt. Am Volkstrauertag findet an den Steinen eine Kranzniederlegung statt.

Gefken, Heinrich

Langjähriger →Gemeindevorsteher, *26.8.1872 in Bremen, †31.3.1955 ebd., Lilienthaler Heerstraße 180

Heinrich Gefken kam aus Seehausen nach Horn, war von Beruf Maurer und wohnte zunächst im Schorf. Nachdem sein Haus abgebrannt war, fand er Unterkunft in einer Mansarde der Gaststätte →Deutsche Eiche, bis er sein eigenes Haus an der Lilienthaler Heerstraße 180 beziehen konnte. Heinrich Gefken arbeitete als Angestellter beim Wohnungsbauamt, wirkte im kommunalen Kreisausschuss mit, bis er 1921 ehrenamtlicher Gemeindevorsteher der Landgemeinde Lehesterdeich wurde. Nach der Machtergreifung durch die Nationalsozialisten wurde er als aktiver Sozialdemokrat auf der Grundlage des »Gesetzes zum Schutze von Volk und Staat und zur Wiederherstellung der öffentlichen Sicherheit und Ordnung« am 17.3.1933 zunächst beurlaubt und dann im Auftrag des damaligen →Landherren Erich Vagts entlassen.

Wenige Tage nach Kriegsende wurde Heinrich Gefken von der Alliierten Militärregierung wieder als Gemeindevorsteher eingesetzt. Die Ernennungsurkunde erhielt er am 31.5.1945. Sie war wiederum von Erich Vagts unterschrieben, der von der Militärregierung Anfang des Monats zum kommissarischen Bürgermeister Bremens ernannt worden war. Heinrich Gefken hatte das Amt, aus dem er auf eigenen Wunsch im Alter von 75 Jahren ausschied, bis zum 31.5.1947 inne.

Gemeindehäuser →Horner Kirchengemeinde

Gemeindevorsteher

Die Landgemeinden hatten Gemeindevorsteher, die die Aufgaben eines Bürgermeisters wahrnahmen und auch als Beigeordnete bezeichnet wurden. Im heutigen Beiratsbereich gab es Gemeindevorsteher für die ehemaligen Landgemeinden Horn, Lehe (Lehesterdeich) und Vahr. Nach der Eingemeindung Horns im Jahre 1921 gab es nur noch in der Landgemeinde Lehesterdeich einen Gemeindevorsteher

Gedenksteine auf der Fritzewiese

Gemeindevorsteher und Bezirksbürgermeister bis 1945	
Horn und Lehe	
bis 1889	Johann Sanders (Riensberger Straße 81)
1889–1905	Friedrich Kaemena (Horner Heerstraße 23)
1905–1921	Heinrich Kaemena (Sebaldsbrück)
Lehesterdeich	
1921–1933	Heinrich Gefken (Lilienthaler Heerstraße)
17./18.3.1933	Fritz Meister (Lilienthaler Heerstraße 92) kommissarisch
20.3.1933–1936	August Nordmann (Leher Heerstraße 88)
1936–1939	August Kruse
1939–1945	Heinrich Lenz (Vorstraße 21e)

Heinrich Gefken

Gera, Gere, Geeren, Gherden

Horner Flurbezeichnung in der →Urkunde von 1185. Abgeleitet von Ecke, Spitze, bezeichnet »gere« im Mittelhochdeutschen ein spitzwinkliges Feldstück. Über

Auf der linken Seite: Glücksbringer vor der Theke: Café Goedeken mit Karsten Wilmink in den 1960er Jahren

seine Lage gibt es unterschiedliche Auffassungen: Die Gere lag entweder zwischen →Berckstraße und →Leher Heerstraße oder an der →Vorstraße im Bereich der →Wachsbleiche. Nach der Flurbezeichnung wurde die Gerastraße benannt.

Gerdes, Dieter,
Bürgerschaftsmitglied, Beiratssprecher, *25.5.1942 in Augustfehn, Kreis Ammerland, Senator-Bölken-Straße
Dieter Gerdes zog 1978 nach Horn-Lehe. Von seiner 1981 erfolgten Nachwahl an gehörte er bis 1995 dem →Beirat Horn-Lehe an, seit 1991 als dessen Sprecher. 1995–99 war er Mitglied der Bremischen Bürgerschaft und 2000–10 Vorsitzender des Bürgervereins Horn-Lehe. Seit 2008 ist Gerdes, der zusammen mit Heinz Uhlich auch den →Förderverein zur Erhaltung der Horner Mühle ins Leben rief, Vorsitzender des →Vereins der Freunde des Rhododendronparks.

Dieter Gerdes

Gerichtsbarkeit
Den ersten Siedlern wurde eine eigene Gerichtsbarkeit für ihre weltlichen Auseinandersetzungen zugestanden (→Urkunde von 1106). Nicht von ihnen selbst zu klärende Streitigkeiten konnten sie dem Erzbischof zu Gehör bringen. Mit dem wachsenden Einfluss des Rates wurde die Gerichtsbarkeit im Landgebiet den Gohgerichten übertragen; den Vorsitz führte hier zunächst ein gewählter →Gohgräfe. Die Zuständigkeit umfasste anfangs die hohe und niedere Gerichtsbarkeit in Straf- und Zivilsachen. Unter bremischer Herrschaft bestimmte der Rat die Einsetzung des Gohgräfen, zog alle Fälle der Halsgerichtsbarkeit an sich und wurde zur Berufungsinstanz für Urteile in den ländlichen Gerichten.

Gerichtsstätte
Hinter der →Horner Kirche befand sich unter der 800 Jahre alten →Linde die Dingstätte, an der der →Gohgräfe Gericht hielt. 1380 wurde die →Gerichtsstätte als »dinghe tho dem horne« erstmalig erwähnt (UB III 565). Eine Richtstätte befand sich auch an der heutigen Straße →Uppe Angst.

Johann Heinrich Gödeken und Anne Christina Gödeken, geb. Niemann

German Youth Activity Programm (GYA)
Das GYA war ein Freizeitangebot der amerikanischen Besatzer vor allem für Jungen im Alter von zehn bis 18 Jahren mit Sportangeboten, Diskussionsrunden und Tanzabenden. Ein GYA-Heim befand sich im Café →Goedeken, in dem sich der mit Genehmigung der Besatzungsmacht vom Enkel des Gemeindevorstehers Gefken gegründete »Astoria-Club« traf.

Gete, Gethe, Ghete
Die Gete war ein Fluss von der Pauliner Marsch zur →Kleinen Wümme; sie wurde 1167 zum ersten Mal erwähnt (BUBI 51), 1349 (BUBII 423) wird beim Dorfe Horn ein Grundstück zwischen dem Landwehre genannten Graben und dem Wassergraben Gete genannt.
Die Gete verließ die Weser nördlich der Pauliner Marsch und floss in geschlängeltem Verlauf nördlich nach Horn. Nach Schließung des Weserdeichs und Abdeichung der Kleinen Wümme bei Dammsiel versumpfte sie zu einem Abzugsgraben.
In der Karte des Dorfes Horn von Heineken (s. S. 86/87) verlief sie entlang der Schwachhauser Heerstraße, hinter den Höfen auf dem Riensberg Richtung Achterstraße. Die Gete ist heute völlig verschwunden. Lediglich die »Getkuhle«, ein kleiner Teich im Kleingartenverein »Im stillen Frieden« zwischen Friedrich-Karl-Straße und Kirchbachstraße, erinnert noch an den alten Flusslauf.

Goedeken (Up'm Horn)
Ursprüngliches Meier-Anwesen von Dr. jur. Hieronymus Klugkist (1778–1851), Berckstraße 4 (Lehe 39). 1835 erhielt Johann August Hapke das →Meierrecht. Er besaß eine Bäckerei-»Conzession« und eröffnete eine Grobbäckerei. 1843 kaufte Johann Heinrich Gädeken (Gödecken) die Bäckerei und das Grundstück mit zwei Wohnhäusern, Garten, Hof und »Zubehör«. Für den Kaufpreis von 3000 Reichstalern in Gold bürgte sein Schwiegervater, der Grobbäcker J.C. Niemann. Die Zahlung erfolgte an den Obergerichtsanwalt D.J. Klugkist, der vom Verkäufer Hapke bevollmäch-

tigt war, den Kaufpreis zur »Abtragung der Hapkeschen Schulden zu verwenden, und den Rest so lange unter seiner Administration zu nehmen, bis die Summe dazu verwendet werden konnte, um für Hapke oder seine Familie ein neues Geschäft zu gründen«.

1846 beantragte Gödecken beim Senat die Concession, eine »Landhökerei« zu betreiben. Sie wurde unter der Bedingung zugesprochen, dass sie weder mit »Alkoholausschank, noch mit Speisung« verbunden sei.

1849 konnte sich Gödecken von der Meierlast freikaufen und das Landrecht erwerben. Von seinen sieben Kindern wanderten zwei Söhne nach Südamerika aus und übertrugen ihre Erbteile dem ältesten Bruder Johann Hinrich (1843–1915), der im Hause 1892 eine Gastwirtschaft eröffnete. Die Bäckerei wurde verpachtet und von Ede Garrels Eggen weitergeführt (→Bäcker).

Bis zum Ende des Zweiten Weltkriegs wurde die Gaststätte unter anderem von C.H. Rodewald und Paul Vocke geführt. Durch die Lage im Zentrum von Horn und an der Chaussee nach Bremen bot sie gute Einkehrmöglichkeit für die mit Torf und landwirtschaftlichen Produkten nach Bremen ziehenden Bauern.

1945 wurde die Gaststätte von der US-Armee beschlagnahmt und als Kantine und GYA-Heim (→German Youth Activities) genutzt.

Mit dem Wandel des bäuerlich geprägten Dorfes Horn zum bürgerlichen Vorort Bremens wurde aus dem Wirtshaus Gödecken ein Restaurant und Café, das sich durch stetige Erweiterung, Modernisierung an die Bedürfnisse der Einwohner anpasste.

1951 übernahm Georg Tobeck (Sohn des Betreibers von »Tobecks Varieté« in der Katharinenstraße und vormals Betreiber der Ratsstuben am Marktplatz) die Gaststätte, Mitte der 1950er Jahre Henny Stehmeier und 1958–70 Karsten Wilmink. Im Weiteren wurde die Gaststätte von den Familien Boldt, Bock und zuletzt Rengsdorf gepachtet.

Seit 1997 präsentiert sich das »Goedeken« nach einem weiteren Umbau als »Goedeken's Restauration« mit neuem Namen und neuem Ambiente.

Das »Goedeken's« 1905, 1929 und 1985

Gohe

Die Gohe waren mittelalterliche Gerichts- und Verwaltungseinheiten. In Bremen gab es zunächst vier: Vieland, →Hollerland, Blockland und Werderland, die zusammen das Bremer Landgebiet bildeten. 1598 wurden die Gohe vom Rat der Stadt neu eingeteilt und dabei das Block- und Hollerland zusammengefasst. In den Gohen übten die →Gohgräfen die Gerichtsbarkeit aus. Deichgrafen und -vögte waren für die Deichgerichte und -sicherheit zuständig. Die Gohverfassung wurde in der →Franzosenzeit außer Kraft gesetzt und anschließend nicht wieder hergestellt. 1817 erfolgte die Aufteilung des →Landgebietes in zwei Teile. Statt der →Gohgräfen waren die →Landherren für die Verwaltung des Landgebiets zuständig.

Gohgräfe

Der Gohgräfe war der oberste Beamte und Richter eines →Gohes. Die Gohgräfen des →Hollerlandes wurden zunächst von den Grundbesitzern des Gohes frei gewählt. 1379 entstammte der Gohgräfe des Hollerlandes aus dem auf Gut Hodenberg ansässigen Rittergeschlecht v. d. Helle, genannt Monnick (BUB III 547), das Geschlecht stellte auch die weiteren Gohgräfen. 1428 entstammte der Gohgräfe erstmals dem Rat der Stadt. Mit dem weiteren Erstarken der weltlichen Macht (des Rats) wurden die Gohgräfen seit 1497 von den Bewohnern der Gohe aus dem Kreise des Rates gewählt. 1498 war dies Johann von Hasbergen, ihm folgten Daniel van Büren der Ältere, sein Sohn Hermann von Büren (1538) und Johann Brand (1567). Sein Nachfolger Borchard Hemeling (1574) war der letzte von den Landleuten an der Richtstätte →Uppe Angst frei gewählte Gohgräfe. 1598 verfügte der Rat, dass der Gohgräfe vom Rat der Stadt auf Lebenszeit eingesetzt wird. Für das vereinte Block- und Hollerland ernannte er Johann Brand zum Gohgräfen.
Zur Durchführung seiner Anordnungen war dem Gohgräfen ein Landvogt zugeordnet. Ferner stand ihm das Recht zu, Gebühren zu erheben. So mussten dem Gohgräfen im 17. Jh. pro Bienenkorb 1 ½ Grote für das Ausfliegen der Bienen entrichtet werden. Auch Naturalien wie Hafer, Flachs, Hanf, Bohnenstöcke und Torf waren typische Abgaben. Die Blockländer Bauern mussten dem Gohgräfen zu Martini 68 Enten und der Scharfrichter zwölf Pfund Lichte abgeben.
1531 beschloss Bremen, das höhere Gericht von den Gohgräfen auf die Stadt zu übertragen; 1674 wurden auch die Gerichtstage aus Horn in die Stadt verlegt. Der letzte Gohgräfe vor der →Franzosenzeit war Siegmundt Tobias Caesar. Durch Senatsbeschluss vom 15.6.1817 wurden statt der Gohgräfen zwei →Landherren eingesetzt.

Goosmann, Paul

Lehrer, Professor, Gewerkschafter, Bürgerschaftsabgeordneter, Beiratsmitglied, *12.2.1906 Bremen, †21.5.1992 ebd., Riensberger Straße 102

Paul Goosmann begann im Alter von 14 Jahren die Ausbildung zum Volksschullehrer, trat 1927 eine Stelle an der Bremer Landschule am Lehester Deich (→Schulen) an und absolvierte dort das Zweite Lehrerexamen. Nach Beendigung seiner Ausbildung unterrichtete er 1928 an der Versuchsschule Helgolander Straße. Er war aktiv gewerkschaftlich tätig und wurde in den Vorstand des Bremer Lehrervereins gewählt.
Seit 1924 SPD-Mitglied, erfolgte 1933 wegen seiner politischen Einstellung zusammen mit dem späteren Schulsenator Fritz Aevermann seine Entlassung aus dem Staaatsdienst.
1942 wurde er zum Kriegsdienst eingezogen und verlor bei einem Angriff ein Auge. Nach dem Zweiten Weltkrieg war Goosmann einer der ersten Dozenten am »Pädagogischen Seminar«, wurde später Professor an der 1947 gegründeten Pädagogischen Hochschule, die nach 1971 in der →Universität Bremen aufging.
1946 wurde Goosmann zum Vorsitzenden des »Vereins Bremer Lehrer und Lehrerinnen« (VBLL) gewählt und beteiligte sich 1947/48 an der Gründung der Bundesorganisation der Gewerkschaft Erziehung und Wissenschaft. Er erhielt die Mitgliedsnummer 1 der Bremer GEW und war bis 1955 Landesvorsitzender. 1955–59 war Goosmann SPD-Abgeordneter in der Bremischen Bürgerschaft.

Paul Goosmann

Nach seiner Pensionierung 1974 blieb er in verschiedenen politischen Funktionen, u.a. als Vorsitzender des Fördervereins der Schulgeschichtlichen Sammlung Bremens. Als leidenschaftlicher Theaterliebhaber war er Gründungsmitglied der Bremer Volksbühne und über viele Jahre erster Vorsitzender.

Paul Goosmann lebte 1950–65 in Horn und war für die SPD Mitglied im Beirat Horn-Lehe. 1966 zog er nach St. Magnus und schied aus dem Beirat aus. Sein Sohn Malte leitet heute die Oberschule an der Ronzelenstraße.

Gorsemann, Ernst

Bildhauer, Direktor der Nordischen Kunsthochschule, *15.2.1886 Bremen, †19.7.1960 ebd., lebte bis zu seinem Tode an der Leher Heerstraße 127

Ernst Gorsemann entstammte einer einfachen Arbeiterfamilie. Nach Abschluss einer Maurerlehre bildete er sich durch den Besuch des Technikums weiter und wurde Bauführer. Sein großes Interesse galt der Bildhauerei. Er besuchte die Kunstakademie in Kassel und war dann im Atelier von Louis Tuaillon in Berlin tätig. Am Ersten Weltkrieg nahm er als Freiwilliger teil.

In seinen Jugenderinnerungen »Vom Morgen bis zum Mittag« schildert er seine Begegnungen mit dem Bremer Bürgermeister Hildebrand (1849–1939):

»Durch wohlwollende Menschen war der Bürgermeister meiner Vaterstadt, Hermann Hildebrand, auf mich aufmerksam geworden. Man riet mir, ihm bei meiner nächsten Anwesenheit in Bremen im Rathause meine Aufwartung zu machen. Nicht ohne innere Erregung ging ich hin. Ein Mann, durch sein Amt den deutschen Fürsten gleichgestellt, würde sich einige Minuten im Gespräch zu mir herablassen, um mich dann schnell zu verabschieden, so etwa dachte ich. Aber nichts von Kühle und Überlegenheit: ein warmherziger Mensch gab mir freundlich die Hand und wusste so gütig seine Fragen zu stellen, dass ich alle Befangenheit verlor und meine Worte nicht zu suchen brauchte. Das Gespräch kam bald auf Prof. Tuaillon, der für Bremen das Kaiser-Friedrich-Denkmal geschaffen und von dem ein Großkaufmann den Rosslenker für die Wallanlagen erworben hatte. Ich erfuhr, dass Hildebrand bereits an Tuaillon geschrieben und dass ich, sobald ein Meisteratelier an der Berliner Akademie frei sei, dorthin gehen könne. [...] Viel später baten mich seine Freunde, zu Hildebrands achtzigstem Geburtstag einen Brunnen zu entwerfen, der öffentlich aufgestellt werden sollte.«

Der Rehbrunnen für Hildebrand entstand 1933 und wurde in den Wallanlagen aufgestellt. In den Folgejahren übernahm Gorsemann zahlreiche Arbeiten für die Nationalsozialisten. 1934/35 gestaltete er das Gefallenendenkmal auf der Altmannshöhe mit der Plastik »Mutter und Kind«. Im April 1934 wurde er als Professor für Bildhauerei an die Nordische Kunsthochschule berufen und war von November bis Februar 1935 deren Direktor. Für seine während der Pariser Weltausstellung auf dem Dachgarten des deutschen Hauses aufgestellte Plastik das →Wisent erhielt er 1937 die goldene Medaille. Gorsemann gehörte auch dem Ausschuss für die 1939 abgeschlossene Sanierung des Bremer Rolands an. Zwar war er nicht Mitglied der NSDAP gewesen, musste aber wegen unübersehbarer Nähe zum NS-Regime nach dem Zweiten Weltkrieg sein Lehramt aufgeben. Gorsemann arbeitete weiter als Bildhauer und schuf den an vielen Stellen Deutschlands aufgestellten Berliner Bären. Sein Grab mit einem von ihm

Ernst Gorsemann und sein »Rehbrunnen« in den Bremer Wallanlagen

Gorsemanns Wohnhaus an der Leher Heerstraße 127 mit Berliner Bären im Vorgarten

Friedrich Grobbrügge

Blick in Grohnfeldts Lampenladen

selbst gestalteten Stein befindet sich auf dem Horner Friedhof.
Weitere Denkmale in Bremen (Auswahl): Benquestein (Bürgerpark), Reiterstandbild (Martinikirche), Grabplatte Adalberts (Bremer Dom, Ostkrypta).
Sein Wohnhaus mit Atelier wurde 2012 für den Bau einer Reihenhaussiedlung abgerissen.

Grobbrügge, Friedrich (»Fredi«)
*Gastwirt und Eigentümer des →Horner Bades, *1904, †1980 Bremen, Vorstraße 75*
Grobbrügge war Busfahrer bei den →Bremer Vorortbahnen gewesen, als er 1930 das →Horner Bad und die Gaststätte →»Zum Horner Bad« an der Vorstraße erwarb. 1939 erschloss er hinter der Gaststätte eine weitere Solquelle, aus der er Wasser für seinen »Horner Mineralbrunnen« entnahm, dem er Fruchtsäfte beimischte.
Grobbrügge vertrieb seinen »Horner Mineralbrunnen« bis Mitte der 1950er Jahre in eigener Regie. Mit einem ausgedienten umgebauten Opel-Blitz Pritschenwagen der Lilienthaler Feuerwehr belieferte er Krankenhäuser und Gaststätten in ganz Bremen.
Nach dem Krieg war Grobbrügge Landesvorsitzender der Mineralwasserindustrie und Beiratsmitglied des Deutschen-Hotel- und Gaststätten-Landesverbandes. Nach Aufgabe des eigenen Gaststättenbetriebes wurden die Räume zunächst verpachtet und blieben bis 1998 im Familienbesitz.

Grohnfeldt, Henry
*Elektromeister und Kaufmann, *3.10.1905 Bremen, †14.11.1989 ebd.*
Am 18.2.1943 eröffnete Henry Grohnfeldt ein Elektro-Fachgeschäft an der Leher Heerstraße. Der Anfang während des Krieges musste bescheiden ausfallen: In der Wohnung wurde ein Zimmer ausgeräumt und mit Regalen versehen. Von der Decke hingen selbst gebaute Lampen aus Handgranatenblech und ähnlichem Altmaterial. Die Lampenschirme wurden aus Draht, Tapeten- und Stoffresten in Einzelfertigung geklebt und genäht. Nach Kriegsende reichte der Platz in der eigenen Wohnung nicht mehr aus. Am 1.4.1949 eröffnete er an der →Leher Heerstraße 45 das erste Ladengeschäft. Lieber als hinter dem Verkaufstresen zu stehen, ging Grohnfeldt »auf Kundschaft«. Ein besonderer Auftrag war die Elektroanlage des Glockenspiels in der Böttcherstraße. 1958 wurde das Geschäft erweitert und neue Geschäftsräume an der Leher Heerstraße Nr. 51 eröffnet. 1968 übergab er die Firma an seinen Schwiegersohn Rolf Schöttner.
1991 wurde das Geschäft verkauft. Im November 2005 wurde das »Lichthaus Grohnfeldt« in Horn geschlossen, um den Geschäftsbetrieb im Möbelhaus Flamme fortzusetzen. Heute befindet sich das Lichtstudio Henry Grohnfeldt im Gewerbegebiet →Horn-Lehe West.

Groten
Der Groten, norddeutsche Bezeichnung für den Groschen, wurde Anfang des 14. Jh. an der Unterweser und in Bremen eingeführt und blieb bis 1872 in Gebrauch. Ab 1664 entsprach ein Reichstaler 72 (silbernen) Groten und ein Grote dem von fünf Schwaren. 1871/72 wurden die Währungseinheiten durch Mark und Pfennig abgelöst.

Gutmann, Hermann
Autor und Journalist, *4.10.1930 Bremerhaven-Lehe, Luisental
Gutmann zog Mitte der 50er Jahre in die Vorstraße, seit 1978 wohnt er im →Luisental.
Gutmann war 1957–74 Redakteur beim »Weser-Kurier«, zuletzt als Ressortleiter Lokales. Seit 1958 schreibt er unter dem Namen »Felix« Glossen für den »Weser-Kurier« und schrieb, sprach und spielte auch für das Hörfunk- und Fernsehprogramm von Radio Bremen humorige Kurzbeiträge.
1974–84 arbeitete er auch für die Hamburger Zeitschrift »essen&trinken«, bevor er ab 1985 als freier Journalist, Autor und Verleger zahlreiche Bücher über Norddeutschland, insbesondere über Bremen, verfasste und herausgab. Den 1980 gegründeten Eigenverlag gab er 2001 an die Edition Temmen ab, die heute seine Bücher verlegt.
Sein Eintrag bei der Deutschen Nationalbibliothek umfasst über 120 Veröffentlichungen, allein 1998–2008 veröffentlichte er mehr als 50 Werke.

H

Haferwende
Der Straßenname entspringt einer alten Flurbezeichnung im Hollerland. Der Straßenname im Gewerbegebiet →Horn-Lehe West wird auch als Bezeichnung für das gesamte Gewerbegebiet genutzt.

Handwerksbetriebe
Neben dem in Horn ansässigen Müller gab es in Horn →Bäcker, →Tischler, Maurer (→Nordmann) und →Schmiede. Die Gründung eines Handwerksbetriebs musste bis in das 19. Jh. vom Rat der Stadt und später vom Senat genehmigt werden.

Hanseaten-Klub Bremen e.V.
Der Hanseaten-Klub wurde 1946 von dem Polizisten Werner Schmidt (1927–2012) ursprünglich als deutsch-amerikanischer Jugendklub (→German Youth Activity Program) für (Wasser-)Sport und allgemeinbildende Freizeitgestaltung gegründet.
Als Klubhaus errichteten die ersten Mitglieder auf dem Schulhof an der Elsflether Straße einen Holzbau. Das Material stammte von einer ehemaligen Baracke des Militärflughafens Nordholz. 1961 zog das Ensemble in die alte →Holzschule am →Lehester Deich, die später zum →Theater am Deich umgebaut und als Spielstätte genutzt wurde.
Werner Schmidt war lange Jahre Vorsitzender des Hanseaten-Klubs und Vorsitzender des Landesverbandes Bremer Amateurtheater. Für seine Verdienste um das Amateurtheater wurde er mit dem Bundesverdienstkreuz ausgezeichnet. Mit Horn-Lehe verband ihn auch die Leitung des Polizeireviers an der Berckstraße.

Hasch, Bernhard
Klempnermeister, *1884, †30.9.1965 Bremen
Bernhard Hasch, ein älterer Bruder von Johann →Hasch, gründete eine Klempnerei an der Leher Heerstraße Nr. 27. Der Betrieb wurde 1957 von Gerhard Wilhelm Hasch (1897–1965) übernommen, dem

In seinem Element: Werner Schmidt, Gründer des Hanseaten-Clubs, 1967 in »Don Juans Höllenfahrt«

Hermann Gutmann

Johann Hasch

jüngsten der acht Hasch-Söhne, der 1927 den väterlichen Betrieb in Oberneuland fortgeführt hatte (Apfelallee 6, gegründet 1883). 2003 wurde der Firmensitz in das neu errichtete Firmengebäude an die Haferwende im Gewerbegebiet →Horn-Lehe West verlegt. In 5. Generation wird der Betrieb heute von Torsten Gerken geführt.

Hasch, Johann
Einzelhändler, *15.3.1886 Bremen, †9.1.1957 ebd., Leher Heerstraße 56
Johann Hasch war Sohn des Oberneulander Klempnermeisters Hinrich Hasch (1860-1933) und eröffnete am 6.2.1920 an der →Leher Heerstraße ein Kolonialwarengeschäft mit Kohlen- und Petroleumhandel (»Olex«). Sein Sohn Werner (29.9.1919-20.3.2011) führte das Geschäft weiter und übergab es an seinen Sohn Lüder (27.6.1944-30.4.2008), die dritte Generation Hasch. Das Geschäft wurde durch Zukauf der anliegenden Grundstücke und Gebäude mehrfach erweitert. In den 1970er Jahren gab es eine Filiale am Vorkampsweg 260. Trotz der wachsenden Konkurrenz konnte sich das Familienunternehmen durch Verkauf von Spezialitäten behaupten. Auch Mittagstisch wurde in einer offenen Küche zubereitet und verkauft. Unter dem Firmennamen »Feinkost Hasch« zog es Kunden aus Horn und den umliegenden Stadtteilen an. Am 27.1.2001 schloss Lüder Hasch das Geschäft. Nachdem die Gebäude über ein Jahr leer standen und in zunehmend schlechten Zustand geraten waren, wurden sie im Herbst 2002 abgerissen. Ein Jahr später wurde an gleicher Stelle das von der Baubetreuungsgesellschaft Peter Riggers errichtete Büro- und Geschäftshaus eröffnet. Johann Hasch war Gründungsmitglied des Radfahrvereins »All Heil«.

Häuslinge
Häuslinge verfügten zumeist über keinen Grundbesitz, sie wohnten gegen Logis mit eigener Landnutzung auf den Höfen der Bauern und arbeiteten vielfach zusätzlich als Tagelöhner oder Handwerker. Oftmals waren es zweite und dritte Bauernsöhne ohne eigenes Hoferbe. Die Gebäude an der Berckstraße (→Roggen-Born) waren Häuslingshäuser.

Hausnummern
Die Nummerierung bremischer Häuser im Stadt- und Landgebiet wurde 1809 angeordnet. Seit 1900 erfolgte die Hausnummerierung der Straßen bei Neuanlage, Eingemeindung und Neunummerierung nach einem einheitlichen Grundsatz.

Das Haus mit der Uhr: Kolonialwarengeschäft und Kohlenhandlung Johann Hasch, um 1920

Vom Stadtinneren (Erschließung) aus gesehen, beginnt die Nummerierung der rechten Straßenseite mit ungeraden Ziffern bei »1«, die linke Seite folgt mit geraden Hausnummern, beginnend mit der »2«. Ausnahmen haben historische Gründe, z.B. eine sukzessive Erschließung aus der vom Stadtinneren abgewandten Seite her, wie z.B. in der Tietjenstraße. In den Bremer →Adressbüchern wurden bis 1907 die Grundstücke in den Landgemeinden durchgehend nummeriert. Erst seit 1907 wurden die Adressen nach der Straße sortiert, mit Hausnummern versehen und geordnet.

Ausflugslokal im Hollerland: Haus Wieseneck

Haus Wieseneck
1924 errichtete beliebte Gastwirtschaft und Ausflugslokal am Kuhgrabenweg. 1973 wurde im Garten eine internationale 18-Loch-Minigolfanlage eröffnet.
2008 schloss das traditionelle Ausflugslokal am Kuhgrabenweg; im Frühjahr 2009 eröffnete es mit neuem bayrischen Outfit unter dem Namen »Zum Platzhirsch«.

Heerstraßen
Zum Stadtteil Horn-Lehe gehören die →Schwachhauser Heerstraße (teilweise), die →Horner Heerstraße, die →Leher Heerstraße und die →Lilienthaler Heerstraße. Sie hießen zunächst Chausseen und wurden zu Beginn des Ersten Weltkrieges 1914 durch einen Senatsbeschluss in Heerstraßen umbenannt.
Die Polizey-Verordnung vom 20.1.1817 regelte die Nutzung. Durch die Wegeverordnung vom 4.4./ 27.12.1878 wurde festgelegt, dass sie, nachdem sie in Ordnung gebracht wurden, vom Landkreis Bremen gemeinsam mit der Gemeinde zu unterhalten sind. Die Heerstraßen waren seitlich von Gräben und Reitwegen gesäumt, von denen einige erst nach dem Zweiten Weltkrieg zurückgebaut wurden.

Heft, Lothar
*Leiter des Rhododendronparks, *1.3.1927 in Gablenz (Sachsen), Bandelstraße*
Dr. Heft leitete 1967–92 den →Rhododendronpark und wohnte zunächst im ehemaligen Gärtnerhaus des Landguts →Fritze-Focke, bevor er ein eigenes Haus an der →Bandelstraße bezog. In seine Amtszeit fielen der Bau des Wilhelm-Kaisen-Gewächshauses, der anderen Schaugewächshäuser und die Gestaltung des Erweiterungsgeländes des Rhododendronparks. Im Zusammenhang mit dem Bau der →botanika setzte er sich für den Erhalt der alten Gewächshäuser ein.

Heineken, Christian Abraham
*Bürgermeister und Wissenschaftler, *10.12.1752 Bremen, †20.7.1818 ebd.*
Der Bremer Bürgermeister Heineken führte zusammen mit seinem Senatskollegen Johann Gildemeister die erste trigonometrische Vermessung Bremens durch. Auf 116 Blättern wurde die erste genaue Karte des bremischen Gebietes zusammengestellt, darunter 1796 die Karten der Gohgrafschaft Hollerland und 1806 die der Dörfer Horn und Lehe.

Christian Abraham Heineken

Heinrich-Gefken-Straße
Die Straße wurde 1958 nach Heinrich →Gefken benannt, und im Jahr darauf errichtete die Gesellschaft zur Förderung des Wohnungsbaus dort zwölf Wohnhäuser. Viele ehemalige Bewohner des →Lagers Achterstraße, die aus unteren sozialen Schichten stammten, fanden hier neuen Wohnraum. In der Straße befand sich eine Filiale des Lebensmittelgeschäftes Feinkost →Galetzka.
In den 1990er Jahren wurden die Häuser in der Heinrich-Gefken-Straße von der Bremischen Beamtenbau modernisiert und den Mietern zum Kauf angeboten.

Lothar Heft

Helmer

»Bremen und dessen Gebiet im Jahre 1803«. Auf der 1812 von Christian Abraham Heineken gefertigten Karte sind auch das Gebiet des heutigen Horn-Lehes und das Hollerland gut zu erkennen

Helmer
Die Bezeichnung kommt von Helme = Damm. Als Helmer wurde bis zum Bau der Reichsbahnstrecke Bremen-Hamburg (→Eisenbahn) die Fortsetzung der Riensberger Straße im Bereich der heutigen Weyerbergstraße bis zur Vorstraße benannt. Mit dem Bau der Eisenbahnstrecke wurde die Verbindung abgetrennt. 1958 wurde für die heutige, weiter westlich liegende Straße der Name Helmer übernommen. Sie folgt dem Verlauf der früheren →Jan-Reiners-Kleinbahn und wurde Ende der 1950er Jahre mit Geschosswohnungen und Einfamilienhäusern bebaut.

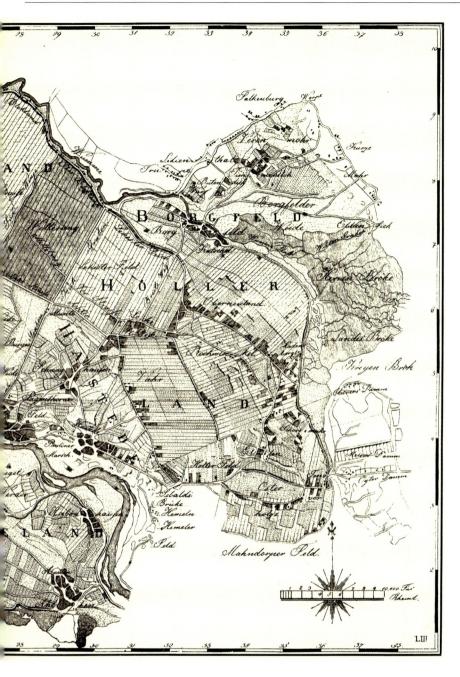

Herzogenkamp →Am Herzogenkamp

Heymel, Alfred (»Alfi«) Walter
Schriftsteller, Mitbegründer des Insel Verlages, *6.3.1878 Dresden, †26.11.1914 Berlin, Riensberger Straße 40 (jetzt Heymelstraße)
Alfred Heymel war als Kleinkind vom Bremer Kaufmann Adolph Heymel adoptiert worden. 1899 ging er nach München, wo er gemeinsam mit seinem Vetter Rudolf Alexander Schröder die Zeitschrift »Die Insel« gründete, aus der zwei Jahre später der Insel Verlag hervorging. 1904–08 lebte Heymel in der Riensberger Straße (→Heymel, Landgut). 1903 besuchten Schröder und Heymel den Direktor der Bremer

Alfred Heymel

Treffpunkt für Künstler und Kunstliebhaber: Landgut Heymel, Riensberger Straße 40

Kunsthalle, Gustav Pauli, um ihn für die Organisation regelmäßiger Leseabende »zur Hebung des geistigen Niveaus der Gesellschaft zu gewinnen«, wie Paulis Frau Magdalene, alias Marga Berck, sich später erinnert. Auf Initiative Magdalene Paulis bildete sich ein Lesekreis junger Leute aus Bremen, der sich bald den Namen »Die goldene Wolke« gab. Man beschäftigte sich mit zeitgenössischer Kunst und lud führende Künstler unter anderem Hugo v. Hofmansthal und Rudolf Borchardt ein. Am Ende der Veranstaltungen, die umschichtig in den Häusern der Mitglieder stattfanden, wurde ausgiebig nach einem Ritual gegessen und anschließend musiziert und getanzt.

»Ich kann euch, die ihr das allen nicht mehr kennt, diese Häuser in ihrer Festlichkeit wohl kaum richtig schildern, die lichte Anmut, die Schröder dem herrlichen Haus am Riensberg verlieh. [...]
Ich sehe uns alle noch bei einem Teenachmittag in diesem blühenden Garten und dem hellen Haus, das Rudi Schröder dem Freunde mit allem Einfühlen in seine verschwenderische Anmut neu gestaltet hatte, damit Heymel für seine junge Frau, die Münchnerin Gitta v. Kühlmann, ein Heim hätte, in dem sie sich auch in Bremen wohl fühlen sollte. Es muß Ende Mai gewesen sein, denn ich erinnere mich, dass Flieder, Goldregen, Pfingstrosen und Rotdorn blühten. Gitta kam uns in einem leichten weißen Seidenkleid entgegen, ein breites blassrosa Seidenband um die Taille und eine Rose in derselben Farbe an der Brust. Sie war so bildschön, wie ich nie zuvor eine Frau gesehen hatte, und sie begrüßte uns alle voller Herzlichkeit. Da war ein so überschwängliches Blühen, Duften und Singen im Garten und ein solcher Frühlingszauber in der Luft, dass wir ganz berauscht waren. An diesem Nachmittag waren außer einigen Wolkenkindern noch Felix v. Rath, Professor Max v. Schillings mit dem vornehmen Musikerkopf und den sensiblen Dirigentenhänden, Baron Simulin, der Bücherfreund, und der Graf Bethusy dabei. Es wurde über Wagner und Brahms diskutiert und nachher über Goethes Verhältnis zu Schiller. Alfred Heymel las dazu das herrliche Gedicht vor, das Goethe schrieb ›Bei Betrachtung von Schillers Schädel‹, diese Strophen einer Freundestrauer, die das Vergängliche ins Ewige geprägt sieht. Das erste Abendlicht fiel in das Blühen ringsum. Da baten wir Lina Voigt zu singen. Die Türen des Musiksalons waren weit offen. Sie stand da, am Flügel, auf dem Toutelle sie begleitete, in ihrem hellen Kleid, mit einem Rosenhut auf dem dunklen Haar und sang ganz schlicht:
›Komm, lieber Mai und mache [...]‹
Ich höre noch den braungoldenen Glanz ihrer warmen Stimme [...]. Wir waren alle ganz benommen von dem geheimnisvollen Ineinanderspiel der Lichter, Farben und Melodien dieses Nachmittags. Ein Freund saß etwas abseits und blies mit seiner Zigarette blaue Ringe in die Luft. Er sah so angestrengt durch sie hindurch, als wolle er hinter ihrem Vergehen den Sinn alles Lebens ergründen. Ich legte ihm leise meine Hand auf den Arm, weil seine Abwesenheit mich bedrückte. Da sagte er:
›Wie soll dies alles enden?‹
Aber sie endeten ja noch lange nicht, jene schönen Tage, in die nur hie und da frühe Schatten hinein fielen.« Marga Berck: Die Goldene Wolke, Bremen 1954.

Einige Jahre später kämpfte Heymel 1914 im Ersten Weltkrieg wenige Monate an der Spitze eines Regimentes, bis er todkrank nach Deutschland zurückkehrte. Er starb in Berlin, sein Grab liegt auf dem Riensberger Friedhof.

Heymel, Landgut

Das Landhaus befand sich an der Riensberger Straße 40/Horn 17 am heutigen Ende der 1957 benannten Heymelstraße. 1884 gehörte es der Witwe von Daniel Warnken, 1898 erwarb es H.G.R. Hirschfeld, der es 1904 an Alfred →Heymel verkaufte. Heymel ließ das ehemalige Bauernhaus von Rudolf Alexander Schröder zu einem Landhaus umbauen und einrichten. 1914 übernahm der Kaufmann Martin →Schilling das Anwesen, das später vom Unternehmer Friedrich Logemann erworben wurde. 1953–56 nutzte der Tanzclub Grün-Gold (heute in Oberneuland) das 1957 abgerissene Landhaus. Die Weser-Treuhand-Wohnungsbaugesellschaft errichtete dort 41 Einfamilienhäuser.

Hilker
Das Fahrradhaus Hilker wurde 1908 von Wilhelm Hilker im Steintor gegründet. 1912 übernahm er an der Leher Heerstraße 69 das von Friedrich →Ilsemann geführte Fahrradgeschäft. In einem Kannen-Depot verkaufte er auch →Schüttes Kraftstoff »Dapolin«. Die Kannen und die Fahrräder wurden mit der →Jan-Reiners-Kleinbahn aus Bremen angeliefert und mussten mit dem Handwagen von der Station am Herzogenkamp abgeholt werden. 1925 stellte Hilker eine der ersten Tank-Säulen auf. Zehn Jahre später wurde das Geschäft unter den Brüdern Jonny Hilker (1909–1975) und Willy Hilker (1911–1972) aufgeteilt. Willy Hilker übernahm mit seiner Ehefrau Marga das Fahrradgeschäft (»Fahrrad-Hilker«), Jonny Hilker mit seiner Frau Maly die Autowerkstatt und die Tankstelle.
a) »Fahrrad-Hilker«
Während des Zweiten Weltkrieges wurde Willy Hilker dienstverpflichtet. Seine Frau Marga, erste Motorradfahrerin Bremens und begeisterte Rennsportlerin, fuhr während des Zweiten Weltkrieges mit den Feuerwehrwagen zu den Löscheinsätzen. Nach dem Krieg bauten Marga und Willy Hilker einen Mietwagenverleih auf. Auch Gefangene der Strafvollzugsanstalt Oslebshausen wurden von Marga Hilker zum Pflanzen von Korbweidenstecklingen in den →Pappelwald am Autobahnzubringer gefahren.
Später kamen Rasenmäherverkauf und -reparatur sowie Spielwarenhandel dazu. Mit dem Tod Willy Hilkers 1972 erfolgte die Geschäftsaufgabe. In dem Gebäude befindet sich heute das Farbengeschäft Weber. Während der Endredaktion dieses Buches starb Marga Hilker als eine der ältesten Horneinnen im 102. Lebensjahr.

Das erste Geschäft: Fahrradhaus »Hornensia« Hilker

b) »Auto-Hilker«
Jonny Hilker begann 1950 eine Partnerschaft mit Volkswagen und errichtete 1957 auf der gegenüberliegenden Seite der Horner Heerstraße unweit der Mühle einen Neubau mit einer Esso-Tankstelle und Reparaturhallen. Im Jahr 1956 trat sein Sohn Klaus Hilker in die Firma ein. Im September 2002 wurden neue Geschäftsräume im Gewerbegebiet an der Haferwende bezogen. Das Geschäft wird heute in dritter Generation von Timo Hilker geführt.

Jonny Hilker und Geschäft von Willy Hilker

Klaus Hilker wohnt noch heute in der Vorstraße. Auf dem Gelände an der Leher Heerstraße befindet sich heute das Auto-Center Horn.

Die erste Mannschaft des HC Horn, um 1920, und das Vereinslogo

Hockey Club Horn (HC Horn)

Der Verein wurde am 25.10.1920 gegründet, die Eintragung ins Vereinsregister erfolgte am 25.9.1962. Der HC Horn ist nach dem TV →Eiche Horn der zweitgrößte Verein Horn-Lehes; er hat ca. 530 Mitglieder. Von der Entstehung des HC Horn wird in einer Anekdote berichtet: Beim Rumtollen auf der Viehweide des Bauern Christian Meyer an der Vorstraße ging bei einem Schuss auf die Stacheldrahtumzäunung dem Ball die Luft aus. Doch der erste Schock dauerte nicht lange. Ein Schlagball wurde besorgt, und von den umliegenden Bäumen wurden in kurzer Zeit hockey-stock-ähnliche Gebilde geschnitzt. Das »Hockeyspielen« gefiel so gut, dass Dietrich →Warnken schon während des Spiels die Idee kam, einen Verein zu schaffen, der die Horner Jugend für diese Sportart begeistern könnte.

Auf seine Initiative trafen sich H. Neuhaus, W. Bremer, H. Ernst und F. Hoffmann am 25.10.1920 im Café Bremer (→Schindler) an der Horner Heerstraße, um den HC Horn »zur Pflege und Förderung des Hockey-Sports, sowie der Hebung der durch den Krieg so arg geschädigten Volksgesundheit« zu gründen. Erster Vorsitzender wurde D. Warnken. Eine Damenabteilung konnte sich nach einem ersten Versuch 1921 erst nach dem Zweiten Weltkrieg dauerhaft etablieren. 1927 erhielt der Verein auf der →Fritzewiese zwei Spielfelder. Als Umkleide erwarb der Verein 1932 durch Vermittlung eines Club-Mitgliedes die ehemalige Kajüte des Dampfers »Axenfels«, die von den Vereinsmitgliedern mit einem Transportwagen von der A.G. »Weser« zur Fritzewiese gebracht wurde. 1962 wurde aus Holzfertigteilen ein neues Clubhaus errichtet, das nach nur neun Jahren Nutzung bei Renovierungsarbeiten fast vollständig abbrannte und erst 1975 durch einen Neubau ersetzt wurde. Der Verein hat sich in den letzten Jahrzehnten mehrfach den gewandelten Sportgewohnheiten angepasst. 1969 wurde die Tennis- (heute die größte des Vereins) und 1975 die Bogenschießabteilung gegründet. Seit 1992 wird im HC Horn auch Boule gespielt, seit 1994 auf einer hochwertigen Boule-Bahn.

Die Herren des HC wurden zwischen 1948 und 1957 sowie 1966 elfmal Bremer Landesmeister. Wichtige Spieler entstammten der Familie Ernst, tragend war auch Friedel Steikowsky, der bis ins hohe Alter die Jugend des Vereins trainierte und Hockey-Ausrüstung in seinem Schuhgeschäft an der Leher Heerstraße verkaufte.

Vorsitzende des Hockey-Clubs Horn	
von bis	Vorsitzender
1920–1928	Diedrich →Warnken
1928–1936	Heinrich Neuhaus
1936–1942	Robert Wiethüchter
1942/49	August Bruns
1942/49	Heinrich Lange
1942/49	Karl-Heinz Möller
1949–1951	Hermann Ernst
1951–1962	Richard Hohenstein
1962–1968	Richard Hohenstein
1968/69	Kurt Witting
1969–1975	Kurt Witting
1975–1982	Kurt Witting
1982–1993	Dr. Heiner Hautau
1993–2001	Dr. Heiner Hautau
seit 2001	Detlev Busche

Höfeordnung

Die Höfeordnung war im norddeutschen Raum eine Regelung zur Vererbung eines Bauernhofs, die auf die Erbschaftsregelungen der Sachsen zurückgeht, wonach der im Familienbesitz befindliche Bauernhof ungeteilt an den ältesten männlichen Erben gehen musste (Anerbenrecht). Dieses Erbschaftsrecht unterscheidet sich grundlegend von der in Süddeutschland praktizierten Realteilung. Die Höfeordnung sollte die Größe und damit die Lebensgrundlage des bäuerlichen Betriebes gewährleisten.

1933 erließ die NS-Regierung das Reichserbhofgesetz. Damit konnten sich nunmehr alle →Bauern in die Höferolle eintragen lassen. Für den Erbhof galt dann zwangsweise das Anerbenrecht, unabhängig davon, ob er in einem Anerben- oder Realteilungsgebiet lag.

Hofmeier

Zur Verwaltung und Bewirtschaftung wurden auf großen Höfen und →Landgütern Hofmeier (Verwalter) eingesetzt. In vielen Fällen bewohnten sie gesonderte Hofmeierhäuser mit Remisen, Stallungen und Wirtschaftsräumen.

Holler Fleet

Das Holler Fleet verläuft nördlich des →Lehester Deiches und bildet die Nordgrenze des Stadtteils und entstand zur Entwässerung Oberneulands in die Wümme.

Hollergrund

Hollergrund ist der Name eines 20 ha großen Wohngebietes zwischen der Lilienthaler Heerstraße und dem →Naturschutzgebiet Holleland, das durch die Straße Im Hollergrund erschlossen wird. Im →Hollerland-Kompromiss wurde der Bürgerschaft vorgeschlagen, dieses Gebiet für die Bebauung freizugeben und dafür die übrigen Flächen unter Naturschutz zu stellen.

1992 wurde der Baubeginn im Neubaugebiet, in dem bis zu 3000 Einwohner ihre Heimat finden sollten, mit einem symbolischen Spatenstich der damaligen Bausenatorin Eva-Maria Lemke eingeleitet. Erste Baumaßnahme war die Errichtung von 67 kleinen Wohnungen für Alleinstehende durch die GEWOBA; es erfolgte der Bau von 120 Eigentumswohnungen und in Zusammenarbeit mit der Bremer Heimstiftung eines »Altendorfes« mit 90 Wohnungen sowie einer Betreuungseinrichtung mit Pflegeplätzen für ältere und

Jetzt Wohngebiet Hollergrund: Weide mit Pappelwald, im Hintergrund die Gärtnerei Feller; unten: Beginn der Erschließung im Sommer 1991

Die nördliche Grenze: Das Holler Fleet an der Borgfelder Landstraße/ Ecke Am Lehester Deich

Hollerland, Hollandria

Das Holler- und das Blockland waren ursprünglich ein großes Sumpfgebiet in der Wümmeniederung, mit einem Wirrwarr aus Sandbänken und Urwäldern mit Eichen, Erlen und Weiden, das von mäandernden Flussläufen mit Schilf und Rohrdickicht durchzogen wurde. Das Hollerland umfasste den Niederungsstreifen nordöstlich der Stadt Bremen vom Blockland bis nach Sebaldsbrück.

Auf Veranlassung der Erzbischöfe Friedrich (→Urkunde 1106) und Siegfried (Urkunde von 1181, östliches Hollerland,

behinderte Menschen. Parallel errichtete die Firma →Zechbau mehrere Gebäude mit insgesamt 180 Wohnungen. Ein Projekt →autofreies Wohnen wurde im nördlichen Teil des Hollergrundes geplant, aber nicht umgesetzt. Nach schleppender Bebauung des Gebietes mit Reihenhäusern trennte sich die GEWOBA von den restlichen Grundstücken auf der nördlichen »Fleetinsel« und gab sie freien Bauträgern ab. Nach Fertigstellung der dortigen Bebauung mit Ein- und Zweifamilienhäusern wurde Mitte 2012 der letzte Pflasterstein der »Fleetinsel« gesetzt.

»Marschhufensiedlungen Anfang des 13. Jahrhunderts« in der Kartierung von Dietrich Fliedner, 1970

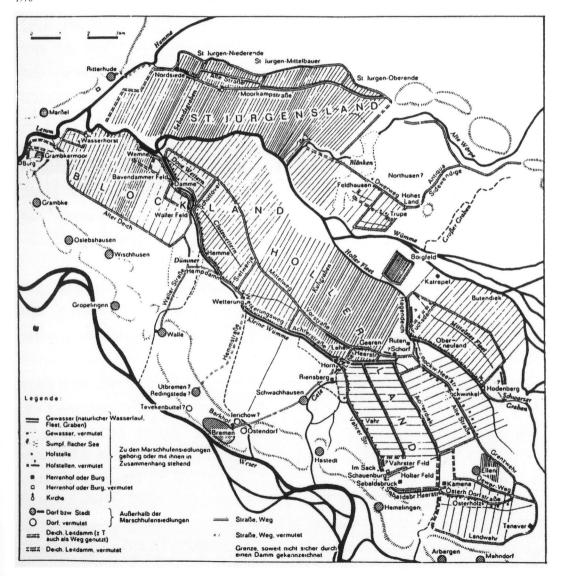

BUB I 56) wurde es von friesischen Siedlern (allgemein bezeichnet als »holländische Siedler«) nach dem →Hollerrecht kultiviert. Das Hollerland wurde namentlich erstmalig 1188 als Hollandria erwähnt (BUB I 74).

Die Holländer siedelten auf erhöhten Landstücken oder errichteten Wurten. So entstanden die ersten Siedlungen Horn, Gera, Lehe, Wetterung und Hemme. Deiche wurden gezogen, Entwässerungsgräben angelegt und das Wasser in Fleeten gesammelt, um es über Siele und durch Wind getriebene Schöpfwerke in die Wümme zu leiten. Die zugehörigen Ländereien wurden in durch Gräben begrenzte →Hufen eingeteilt. Auf der Spitze zwischen →Gete und →Kleiner Wümme errichteten die Siedler die erste →Horner Kirche »de Karke tom Horne«.

Die »Lokatoren« genannten Organisatoren der Kolonisation siedelten auf dem →Riensberg, am →Schorf, auf dem Hodenberg in Oberneuland und in Katrepel. Das Hollerland gehörte im Mittelalter zu den vier Gohen des Bremer Gohgebietes. Es umfasste die Gemarkungen Horn, Lehe, Blockland, Oberneuland, Rockwinkel und Vahr mit den Ortschaften Oberneuland, Rockwinkel, Osterholz, Ellen, Tenever, →Horn, →Gera, →Hemme, →Wetterung (Oberblockland), Damme, →Lehesterdeich, →Lehe, →Schorf und →Vahr.

In den 1960er Jahren plante die Neue Heimat die Bebauung des Hollerlandes mit der →Hollerstadt. Die Planungen wurden im Zuge der →Baulandaffäre zunächst nicht umgesetzt, 1977 aber von Bausenator →Seifriz mit der →Osthaus-Studie wieder aufgenommen. Die Planungen führten zur Gründung der →Bürgerinitiative für die Erhaltung des Hollerlandes durch Gerold →Janssen. Auf deren Drängen wurde das →Pflug-Gutachten in Auftrag gegeben, das die Aufteilung des Planungsgebietes in Naturschutz- und Bauflächen empfahl. Auf dieser Grundlage beschloss die Baudeputation eine Teilbebauung des Hollerlandes, 270 ha sollten als Naturschutzgebiet ausgewiesen werden. Den Naturschützern war das Pflug-Gutachten nicht weitreichend genug, und erst nach einer spektakulären »Fahnenaktion« der Bürgerinitiative endete die Auseinandersetzung um das Hollerland 1989 mit dem →Hollerland-Kompromiss und der Bebauung des →Hollergrundes. 2004 wurde das →NSG Westliches Hollerland endgültig unter den Schutz der Fauna-Flora-Habitat-Richtlinie (FFH-Richtlinie) gestellt.

Hollerland-Kompromiss
Am 5.10.1989 ergriff der Bremer Bausenator Konrad →Kunick die Initiative, eine Einigung im Konflikt zwischen der Stadt Bremen und den Naturschützern herbeizuführen.

Hart umkämpft: Der Hollerlandkompromiss, verhandelt, getippt und unterschrieben um drei Uhr morgens am 5. Oktober 1989 in der Vorstraße 53

```
                    Bremen, den 5.10.1989
Die Unterzeichneten schlagen dem Senat, der Bürgerschaft und
der Öffentlichkeit vor,
          die im FNP 1983 nördlich des BAB-Zubringers dargestellten
Flächen in folgender Weise für Wohnungsbau und Naturschutz
aufzuteilen
Baugebiet
Die Bebauung kann im Bereich nördlich des Hollerwaldes bis zu
einer Linie fünfzig Meter östlich der Begrenzung der Wohnbau-
fläche im FNP und im Waldbereich bis zu dreissig Meter östlich
des  Waldrandes erfolgen.
   Entlang der              FNP-Grenze nördlich des Waldes und
des östlichen Waldrandes ist ein durchgehendes Gewässer mit
ökologisch gestalteter Randzone von ca. 1o m Breite anzulegen
(mit einer zusätzlichen Aufweitung in Höhe der
NSG-Zone I (Panlake).
    Das Gebiet soll einer an traditionell bremischen Architek-
turformen orientierten Bebauung zugeführt werden, die breiten
Schichten der Bevölkerung gute Wohnbedingungen     bietet.
Im Grenzbereich zum Naturschutzgebiet nördlich des Waldes
soll der Übergang       zur offenen Natur durch eine Randbebauung
mit freistehenden Einfamilienhäusern erfolgen, deren Gärten
innerhalb der 5om-Zone ausreichend  Abstand vom Randgewässer
halten, um einen Wanderpfad zu ermöglichen.
Die Wasserzone nördlich des Waldes ist auf dreissig Meter Breite
aufzuweiten.
An geeigneten Stellen soll das Randgewässer in das Baugebiet
hineingeführt werden.
Die Bebauung darf keine negative Auswirkung auf die Wasserhaltung
bis zu 1,1o m über N.N. im Naturschutzgebiet haben. Spätere
Ansprüche wegen Beeinträchtigung durch diese Wasserstände sind
auszuschließen.
Im Zusammenhang mit der Bebauung ist dafür Sorge zu tragen, daß
eine Veränderung der Wasserzuführung in geeigneter Form ausge-
glichen wird.
Naturschutz
Die verbleibenden Flächen (Hollerwald und die westlich angrenzen-
den Wiesenflächen)sollen nach entsprechender Bewertung durch
die Naturschutzbehörde    in das Naturschutzgebiet einbe-
zogen werden.
```

Mit dem Sprecher der Baudeputation Carlo Schreiber und dem Staatsrat Manfred Osthaus erschien er bei Gerold →Janssen privat in der Vorstraße 53. Bis in die Nacht formulierten sie einen Vertrag, in dem die Grenze des künftigen Naturschutzgebietes festgelegt werden sollte. Gerold Janssen erinnerte sich:

»Manfred kam als erster, und ich war noch völlig arglos. Doch dann erschien nicht Konrad Kunick als nächster, sondern der Sprecher der Baudeputation Carlo Schreiber. Immer noch ahnte ich nicht, was da kommen sollte. Als schließlich Senator Konrad Kunick erschien und sagte: ›Wir müssen unbedingt Nägel mit Köpfen machen, bevor die F.D.P. einen Hollerlandantrag in der Bürgerschaft einreicht‹, fiel bei mir der Groschen. Ich fühlte mich gar nicht wohl angesichts der Verantwortung, allein im Namen der Bürgerinitiative einen Vertrag zu schließen. Doch nun gab es kein Zurück mehr, dafür aber viel Schinken und viel Rotwein! Wir saßen draußen auf der Terrasse, Manfred Osthaus an der uralten Schreibmaschine. Es war eine schwierige Materie, den Kompromiß in eine verständliche und auch politisch praktikable Form zu bringen.

Es war ein wunderbar lauer Oktoberabend. Immer wieder mußte ich rein, um Nachschub zu holen, aber ich mußte höllisch aufpassen, um nicht auf den unzähligen Nacktschnecken auszurutschen, die auch unterwegs waren.

Wir formulierten bis nachts um drei Uhr. Nachdem Konrad Kunick als Senator, Carlo Schreiber als Vertreter der Bürgerschaftsfraktion und ich für die Bürgerinitiative den Vertrag unterschrieben hatten, wurde als Termin für eine Pressekonferenz der kommende Vormittag vereinbart, natürlich im Hollerland!«

Alternativen der Hollerlandtrasse (in der Grafik des »Weser-Kuriers« vom 13.11.1997)

Hollerlandtrasse
Nach den Planungen zur →Hollerstadt fiel 1979 für die Idee einer Verbindungsstraße zwischen dem Autobahnzubringer Horn-Lehe und der Wümme mit Anschluss an die geplante Lilienthaler Umgehung erstmals der Begriff Hollerlandtrasse.
Ab 1997 kam es im Zusammenhang mit der Anbindung der Lilienthaler Umgehungsstraße und der Verlängerung der Linie 4 nach Borgfeld zu heftigen Kontroversen. Wirtschaftssenator Josef Hattig erklärte, dass für ihn Hollerlandtrasse und Linie 4 ein Paket sind. Sein Junktim wurde vor allem von Anwohnern aus Borgfeld und an der Lilienthaler Heerstraße unterstützt, die ebenfalls für eine Verlegung des Durchgangsverkehrs auf eine Straße durch das Hollerland – jenseits des Jan-Reiners-Weges – eintraten. Die Gegner verwiesen auf den Schutz der Grünflächen des Hollerlandes und lehnten die Trasse kategorisch ab. 1998 sprach sich der Beirat Horn-Lehe mehrheitlich gegen die Umgehungsstraße durch das Hollerland aus. Mit der Ausweisung des Hollerlandes als FFH-Gebiet ist die Diskussion vorerst beendet, auch wenn sich die Befürworter der Trasse sporadisch immer wieder zu Wort melden.

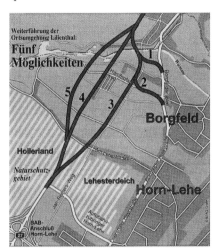

Hollerrecht
Die ersten Kolonisten erhielten das Gebiet zu freiem Eigentum. Sie konnten ihren Grundbesitz frei veräußern und vererben. Nach dem »Hollerrecht« durften sie ihre weltlichen Rechtsangelegenheiten selbstständig regeln. In den neuen Gebieten wurden neue Gerichte eingesetzt, die nach einer fränkisch-holländischen Gerichtsverfassung urteilten. Recht sprachen die von den Anwohnern gewählten →Gohgräfen. Die Kolonisatoren hatten dem Erzbischof einen Anerkenntniszins zu zahlen und eine Zehntabgabe zu leisten, die Kulti-

vierung des Landes zu betreiben und in eigener Regie und aus eigenen Mitteln die Erhaltung der Deiche zu gewährleisten. Von weiteren Dienstleistungen waren sie befreit.

Das Hollerrecht wurde bereits im 13. Jh. durch »Zeitleihe« oder →Meierrecht abgelöst. Seit Mitte des 13. Jahrhunderts sind zahlreiche Landveräußerungen von verschiedenen kirchlichen Körperschaften, von Bremer Bürgern, Knappen und Rittern in den Bremer Urkundenbüchern verzeichnet. Genannt werden der in Horn wohnende Knappe Lüder von Stendorf (BUB III 78,79), Hermann von Clavenbeke, Angehöriger einer Ministerialienfamilie (BUB II 318), der Knappe Erich von Bremen, (BUB II 425), der Bremer Bürger Willold (BUB I 231), der Bürger Detward von Harpstede und Hermann von Clavenbeke, Mitglied einer Ministerialienfamilie aus Horn (BUB II), das Domkapitel (BUB I 155) und das Kloster Loccum (BUB I 77). Der Rat versuchte seinen Einfluss auf das Bremen umschließende Gebiet auszuweiten, indem er Mitgliedern aus Patrizierfamilien Gutsherrnrechte verlieh oder sie zu Gohgräfen wählen ließ. Seit dem 12. Jh. verpfändeten auch Fürsten ihre Besitzungen an die Stadt. Im 13 Jh. verbot der Rat dann mit dem →29. Statut den Bremer Bürgern den Verkauf oder die Vererbung an die Kirche.

Hollerstadt

Mitte der 60er Jahre entwickelte der damalige Aufsichtsratsvorsitzende der »Neuen Heimat« (heute GEWOBA), Richard Boljahn, den Plan, das Gebiet nördlich der →Universität und der →Autobahn nach dem Muster der Vahr großflächig zu bebauen.

Ab 1966 kaufte der Bremer Grundstücks- und Immobilienmakler »Willi« Lohmann in Kenntnis der Pläne weite Flächen im Hollerland auf. Das Bauerwartungsland wurde mit einem Gewinn von mehreren Millionen Mark an die Grundstücksgesellschaft Weser und die »Neue Heimat« verkauft.

Im August 1967 kündigte Richard Boljahn an, ab 1971 auf 400 ha Hollerland-Fläche 15.000 Wohnungen für 50.000 Einwohner als Stadtteil Butendiek errichten zu wollen, U-Bahn-Anschluss inklusive. In einem

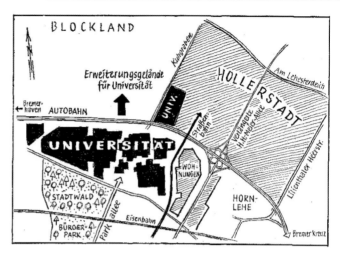

westlich des →Kuhgrabens gelegenen 800 ha großen Industrie- und Gewerbegebiet sollten für die Bewohner Arbeitsplätze, ein Einkaufszentrum, ein Stadion für 60.000 Zuschauer und eine Regattastrecke entstehen.

Die Kosten für die neue Wohnstadt wurden von Boljahn auf eine Milliarde D-Mark beziffert. Für den auch »Butendiek« genannten neuen Stadtteil wurde 1968 ein städtebaulicher Ideenwettbewerb unter dem Titel »Hollerstadt« durchgeführt. Die Planungen blieben angesichts zurückgenommener Prognosen der Bevölkerungsentwicklung vor dem Hintergrund der →Baulandaffäre Papier.

Gescheitert: Planung der Hollerstadt in den Wiesen des Hollerlandes (Grafik im »Weser Kurier« vom 13.7.1968)

Hollweg, Familie

a) Friedrich Carl (»Fritz«) Hollweg, Kaufmann, *7.10.1898, †26.3.1989 Bremen
Fritz Hollweg stieg 1933 in die Röhrengroßhandelsfirma Cordes und Graefe ein. Nach 1945 baute er zusammen mit seinem Partner Hans Cordes die Firma wieder auf. Sie erweiterten die Produktpalette um Sanitärprodukte, Heizungstechnik sowie Klima- und Lüftungstechnik. Anfang der 60er Jahre zog die Familie nach Horn.
Fritz Hollweg war verheiratet mit Elsa Hollweg, geb. Passmann. Sie hatten zwei Söhne, die das heute international agierende Unternehmen als persönlich haftende Gesellschafter weiter führten.
Heute umfasst das Unternehmen 150 selbstständige Mitgliedshäuser in 13 europäischen Ländern. An über 800 Stand-

orten sind mehr als 15.000 Mitarbeiter beschäftigt.

b) Klaus H.: Kaufmann, *1.4.1942, verh. mit Gunilla Hollweg, geb. Persson, Horn-Lehe
Klaus Hollweg gründete 2007 zusammen mit der Stadt Bremen die →Stiftung Bremer Rhododendronpark. Auch die Überführung der →botanika in eine Stiftung wurde von ihm unterstützt. Seine Frau Gunilla ist Stiftungsratvorsitzende der 2004 gegründeten Fritz-Hollweg-Stiftung zur Förderung der Jugend- und Altenhilfe, des öffentlichen Gesundheitswesens, des Wohlfahrtswesens und des Sports.

c) Uwe H., Großhandelskaufmann, *13.10.1937, verh. mit Karin Hollweg, geb. Anthony, Horn-Lehe
Nach Abschluss der Ausbildung stieg er 1956 in das Unternehmen ein. 1971 wurde er für die CDU Mitglied im Beirat Horn. 1974-79 war Uwe Hollweg Landesvorsitzender der CDU. Aus Protest gegen die Nominierung von Franz Josef Strauß zum Kanzlerkandidaten gab er das Amt auf. 1975-1979 und 1983-91 war er Mitglied der Bremischen Bürgerschaft. Hollweg ist als Mäzen vor allem in der Bremer Kunst- und Kulturszene tätig. Er unterstützte unter anderem die Kunsthalle, das Museum Weserburg und das Bremer Theater. 1996 gründete Uwe Hollweg mit seiner Frau, selbst Malerin, die Karin und Uwe Hollweg Stiftung. 2001-03 war er Präsident der Bremer →Eiswette. 2003 wurde Uwe Hollweg aufgrund seiner Unterstützung von Kunst, Kultur und Denkmalpflege zum Ehrenbürger der Stadt Bremen ernannt.

Uwe Hollweg

Unterricht am Kanonenofen: Holzschule am Lehester Deich, 1937

Holsten, Christian, genannt »Krüschan Holschen«

*Freier Schriftsteller und Autor, *17.10.1922 Otterstedt, †8.8.1993 Bremen-Borgfeld, Helmer 40*

Holsten wuchs als Sohn eines Konstrukteurs in Ottersberg und Bederkesa auf. 1941-45 war er Soldat, ab 1949 studierte er Germanistik, Philosophie und Kunstgeschichte an der Universität Hamburg. Ab 1945 arbeitete er als freier Schriftsteller und Vortragskünstler der niederdeutschen Sprache. Mitte der 1960er Jahre wohnte er im Helmer 40, bevor er nach Borgfeld verzog.

Seit 1947 veröffentlichte Holsten Bücher mit niederdeutscher Lyrik und Prosa. Bekannt wurde er vor allem durch seine lebendigen Lesungen und häufig frei (»butenkopps«) vorgetragenen Gedichte. Viele seiner Hörspiele und Kurzgeschichten wurden vom Norddeutschen Rundfunk und von Radio Bremen gesendet. In der Reihe Niederdeutsche Stimmen sprach Holsten seine Texte auch auf Schallplatten, und zahlreiche plattdeutsche Kurzgeschichten erschienen in der »Ostbremer Rundschau«. Holstens Texte waren hintergründig-humorvoll bis grotesk und dadurch besonders zum Vortrag geeignet. 1976 erhielt er den Fritz-Reuter-Preis der Alfred-Toepfer-Stiftung, und von 1984 an wurde seine Komödie »Kornblomen för de Smuskater« an vielen Bühnen im norddeutschen Raum aufgeführt.

Holzschule

1937 zur Entlastung der durch die zahlreichen Kinder der →Roten Siedlung überbelegten Schule am Lehester Deich (→Schulen) in Holzbauweise errichtetes Schulhaus, später wurde es vom →Theater Am Deich genutzt.

Krüschan Holschen

Horn

Der Ortsname Horn wurde zuerst erwähnt als »Horne« 1185, »Horna« 1228 und »Horn« 1229 (UB I 66, 147, 151) und wird begrifflich geografisch gedeutet als spitze Geländeform. In diesem Falle ist die Spitze das auf einer Anhöhe zwischen den Wasserläufen der →Kleinen Wümme und der →Gete (später auch →Vahrster Fleet) gelegene Landstück, auf dem die →Horner Kirche errichtet wurde. Ursprünglich wurde nur die Flur um die Kirche »Auf dem Horne« oder »Im Horne« bezeichnet.

Später ging der Name auf das Dorf und den Ortsteil über.
Horn gehörte zunächst zur Vogtei Langwedel und dann zum →Goh →Hollerland. Während der →Franzosenzeit 1810–13 gehörte Horn zur Mairie Borgfeld.
Seit 1870 bestand Horn aus den Ortsteilen →Achterdiek, →Lehe, →Lehesterdeich, Horn, Sebaldsbrück, →Vahr und Oberblockland. 1921 wurde der Ortsteil Horn als Vorstadt eingemeindet. Die Grenze zur verbleibenden Landgemeinde Lehesterdeich bildete eine Linie, die in der Mitte der Vorstraße und der oberen →Leher Heerstraße verlief. Seit 1951 besteht der Ortsteil Horn (341) aus dem Gebiet südlich der Eisenbahnstrecke (→Eisenbahn) Bremen–Hamburg.
Vor Einführung der Liniennummern bei der Bremer Straßenbahn war die spätere »4« mit einem gelben Horn gekennzeichnet.

Horn, Karl Rüdiger
*Ortsamtsleiter, *1942 in Elbing (Westpreußen)*
Karl Rüdiger Horn war seit 1965 im Ortsamt tätig, 1979 wurde er stellvertretender Ortsamtsleiter und 1989 als Nachfolger des verstorbenen Gerd Stuchlik zum Ortsamtsleiter gewählt.

Horn ist offen
1997 anlässlich der Behinderungen während des Baus der →Linie 4 gegründete Händlerinitiative des Horner Einzelhandels. Die Aufgaben wurden 2009 von einem Arbeitskreis des →Bürgervereins unter dem Motto »Wir in Horn-Lehe« übernommen.

Horner, Fred
*Musiker, Gastwirt, *1930*
Fred Horner – eigentlich Fritz Bruns – war der letzte Pächter des →St.-Pauli. Er spielte Gitarre, Bass und Schlagzeug und hatte an der Bremer Musikschule studiert. Horner versuchte im Showgeschäft mit Western-Musik Fuß zu fassen und veröffentlichte eine Schallplattenaufnahme, die er in der Fernsehsendung »Klingende Drehscheibe« präsentierte. Am 9.4.1965 eröffnete er im →St.-Pauli das Tanzlokal »Sanssouci«, mit dem er besonders das jüngere Publikum

Musik aus Horn: Cover der Single »My Sunny Baby« von Fred Horner

ansprechen wollte. Horner trat selbst auf und organisierte Sängerwettbewerbe. Anfang der 1970er Jahre wurde das »Sanssouci« geschlossen; Horner zog sich aus dem Geschäft zurück und überließ seiner Frau die Fortsetzung des Unterhaltungsbetriebes mit verschiedenen Konzepten.

Horner Bad
Das Horner Bad entstand auf Initiative des ehemaligen Polizeibeamten Wilhelm Hägermann und wurde auf dessen Grundstück am Ende der Vorstraße von der Gemeinde Lehesterdeich als Trägerin des Arbeitsdienstes 1933 errichtet. Der Turnverein →Eiche Horn erstellte die Baupläne, das Land Bremen unterstützte das Bauvorhaben mit einem Zuschuss von 300 Reichsmark. »50 Mann vom Freiwilligen Arbeitsdienst ziehen Tag für Tag seit dem 5. Dezember 1932 frohgemut mit Picke und Schaufel hinaus zum Bahnhofswirt Wilhelm Hägermann. Dicht hinter dem Kleinbahnhof Horn, hart an der Bahnstrecke nach Lilienthal, arbeiten sie, wühlen die Erde auf, schaffen auf Kipploren anmoorigen Lehm fort, bis sie auf weißen Sand und Kies stoßen. Eine Badeanstalt entsteht, mit der es seine ganz besondere Bewandtnis hat«, berichteten die »Bremer Nachrichten« (7.5.1933). Nach »6000 Tagwerken« begann am 2.7.1933 der Badebetrieb.
Um vorschriftsmäßige Sanitäranlagen zu errichten, einen Sprungturm zu bauen und Spundwände an den Beckenrändern einzulassen, beantragte Hägermann wenige Monate nach der Eröffnung ein Dar-

Karl Rüdiger Horn

Horner Bad mit Jan-Reiners-Bahndamm und daneben: Badefreuden im Horner Bad, um 1936

lehen, das von der →Stadt Bremen nicht bewilligt wurde. Anfang 1935 fehlten ihm die Mittel zur Weiterführung des Badebetriebes, und im Oktober des Jahres wurde das Bad mit allen Anlagen öffentlich versteigert und von Friedrich Grobbrügge erworben.

Das Bad bestand aus einem von Holzstegen eingefassten »Natur-Bassin« (100x 25x4m) mit einer Betonwand an der Nordseite. Das Becken wurde mit salzhaltigem Grundwasser gespeist. Es gab zwei Sprungbretter und einen von Grobbrügge errichteten 3,5 Meter hohen hölzernen Sprungturm, mehrere »Wechselzellen« zum Umkleiden und einen Erfrischungsraum.

Wegen des solehaltigen Wassers erhielt das Bad trotz einfacher Ausstattung den Ruf eines für Norddeutschland einzigartigen Gesundheitsbades und wurde von Ärzten zur Vorbeugung gegen Skrofulose und zur Behandlung rheumatischer Leiden empfohlen.

Der Schlamm, der sich auf dem Grunde des Bades bildete, wurde mit einer dieselbetriebenen Saugpumpe und einem langen Schlauch, an dessen Ende sich ein Saugkorb befand, abgesaugt. Zur Reinigung fuhr August Frese aus dem Deichkamp auf einem an Seilen befestigten Floß über die Wasseroberfläche und dirigierte mit einer langen Stange den Saugschlauch. Nach Kriegsende waren nur noch das Badebecken, ein Teil der Stege am Beckenrand und eine Baracke unversehrt geblieben. Baden war verboten, weil auf dem Grunde des Bassins Blindgänger vermutet wurden.

1947 wurde das Horner Bad in Gemeinschaftsarbeit mit dem BSV (»Bremischer Schwimmverein«) wieder aufgebaut. Die durch Kriegseinwirkung zerstörte Stirnwand wurde neu betoniert und ein Holzsteg quer durch das Becken gebaut, um eine 50-Meter-Wettkampfbahn zu erhalten. Ein Vereinsmitglied stiftete eine Baracke, die in den Folgejahren erweitert und bis 1960 als Klubhaus und Umkleide genutzt wurde. Für die Freizeitschwimmer führte zunächst Käthe Meyer und später ihre ältere Schwester Marga Meyer aus der Riensberger Straße 88 als Bademeisterin die Aufsicht.

Im Winter wurde das zugefrorene Horner Bad von den Kindern aus dem Vorstraßengebiet zum Schlittschuhlaufen und Eishockeyspielen genutzt.

Zu Saisonbeginn mussten das an den Rändern wachsende Schilf geschnitten und das Badewasser abgefischt werden. Auf dem Boden des Bades hatte sich inzwischen so viel Schlamm angesammelt, dass die Schwimmer auch im Schwimmerbereich mit den Beinen den Grund des Bades erreichen konnten.

Aufgrund der wachsenden Anforderungen an Badhygiene, Sicherheits- und Sanitäranlagen überlegte Grobbrügge, das Privatbad abzugeben. 1951 sah der BSV wegen des finanziellen Risikos vom geplanten Kauf ab. Seit 1952 setzten sich das Amt für Leibesübungen, das Ortsamt Horn-Lehe, der Bausenator und der Landessportbund dafür ein, den Badestandard zu verbessern. Am 1.4.1955 beschloss der Aufsichtsrat der Gesellschaft für öffentliche Bäder die Übernahme. Die Bürgerschaft bewilligte von den für den Beginn des Ausbaus kalkulierten 500.000 D-Mark weniger als die Hälfte. Die Zurückhaltung der Bürgerschaft führte zu Protesten in der Bevölkerung und zu einer Zeitungskampagne, in der der »Weser-Kurier« unter anderem schrieb:

›Wer garantiert uns denn, daß nicht eines Tages dem jetzigen Besitzer [...] der Kragen platzt, er einen Stacheldrahtzaun um das Bad zieht und Karpfen züchtet. Für die Bevölkerung in Horn-Lehe und Schwachhausen wäre dann dieses Bad mit einer anerkannten Solquelle ein für allemal verloren.«

Am 24.9.1957 wurde nach langen Verhandlungen der Kaufvertrag zwischen der Gesellschaft für öffentliche Bäder und Fritz Grobbrügge abgeschlossen, und am Pfingstwochenende 1960 wurde das »neue« Horner Bad wieder eröffnet. Der Grundriss war kaum verändert. Das neue, aus Beton errichtete Schwimmbecken hatte eine Größe von 50x21 Metern, mit einer zusätzlichen Ausbuchtung für ein Wasserballfeld, und eine Tiefe von knapp zwei Metern. Die Nichtschwimmer erhielten ein leicht abfallendes Flachwasserbecken von 65x21 Metern. Für Sportveranstaltungen wurde am Hang des Bahndamms eine Tribüne errichtet; auf den Neubau eines Sprungturmes wurde verzichtet.

Neue technische Anlagen sorgten für die Reduktion des Eisengehalts, konnten jedoch den hohen Anteil an Mineralien, der zu einer Trübung des Wassers führte, nicht verringern.

Als erster Badleiter übernahm Günter Steinhöfel, der mit seiner Familie die Dienstwohnung auf dem Gelände bezog, das Horner Bad.

An den ersten beiden Tagen wurden über 10.000 Gäste gezählt – ein nie wiederholter Rekord. In den folgenden Jahren kamen jährlich 65.000–100.000 Besucher. 1967 sorgte ein in der lokalen Presse veröffentlichter Leserbrief der Journalistin Lilo Jokisch-Weinsheimer für Aufsehen. Unter der Überschrift »Seufzer um frisches Wasser« kritisierte sie öffentlich die »mittelalterliche« Umwälzanlage, die nicht ausreiche, um aus der »stinkenden, miesen Brühe« wieder klares Quellwasser zu machen.

Doch nichts änderte sich, und auch zur Saison 1968 war keiner der kritisierten Mängeln behoben worden. Das Wasser sah bräunlich trübe aus, das Badezeug roch nach dem Trocknen nach Tran, und an den Kacheln setzte sich weiterhin ein dunkler, unappetitlicher schmierigkleberiger Belag ab. Statt lobender Worte über die Heilkraft des Wassers, wuchsen Befürchtungen, dass Kinder vom Wasser des Horner Bades krank würden. Erstmals

Umbau des Horner Bads

Zu allen Jahreszeiten: Das Horner Bad im Sommer und im Winter

Überfüllt: Das Horner Bad, nach 1967

gab es eine Unterschriftenaktion, die sich kritisch mit den Zuständen in dem sonst wohlgelobten Bad auseinandersetzte.

Die Verantwortlichen der Bremer Bäder wiesen die Kritik zurück.

»Ich würde ohne weiteres an einem Abend eines heißen Tages, wenn 8000 Besucher im Horner Bad waren, einen halben Liter von dem Badewasser trinken«, sagte Ingenieur Wiedemeyer, und der Direktor der Bremer Bäder Karl-Heinz Götze schloss sich dem Angebot an.

Dennoch musste das Bad für einige Tage geschlossen werden, weil die Kapazität der Umwälzanlagen nicht ausreichte, die Grenzwerte für die Badhygiene einzuhalten. Um den Beschwerden Abhilfe zu schaffen, wurde zwischen dem Beschwerdeführer Gerold →Janssen, Karl-Heinz Götze und dem Ortsamtsleiter →Könsen vereinbart, die Umwälzkapazität um 50 Prozent zu erhöhen und neue Pumpen mit größerer Kapazität zu installieren.

1975 plante die Gesellschaft für öffentliche Bäder, das Solewasser durch gechlortes Leitungswasser zu ersetzen.

Mit einer erneuten Unterschriftensammlung setzte sich Gerold Janssen gegen den Austausch des Naturwassers durch das Leitungswasser zur Wehr und sammelte in nur vier Tagen 1400 Unterschriften. Auch der Beirat Horn-Lehe sprach sich einstimmig für die Versorgung des Bades mit Solewasser aus. Auch Sportsenator Walter →Franke versprach, sich für die »Rückkehr« des Solewassers einzusetzen und die eingesparten Wasserkosten auf die Erwärmung des Badewassers zu verwenden.

Nach den Bürgerschaftswahlen im Mai 2003 verständigte sich die neue SPD-CDU-Koalition auf die Schließung des Freibads Horn. Spontan wurden daraufhin an verschiedenen Schulen und Kindergärten Unterschriften gesammelt, und die →Bürgerinitiative Hollerland, die auch um den Bestand des →Naturschutzgebietes Hollerland fürchtete, kündigte unter der Parole »Hände weg vom Horner Bad und vom Hollerland« eine Protestkundgebung und eine Fahrraddemonstration rund um das Naturschutzgebiet an.

Die örtlichen SPD- und CDU-Vertreter riefen zur Gründung einer Bürgerinitiative auf, und an der Grundschule Curiestraße entstand die Elterninitiative »Finger weg vom Horner Bad«. Die im Beirat vertretenen Parteien setzten sich in einem offenen Brief für den Erhalt des Bades ein. Die Beiräte Schwachhausen, Borgfeld und Oberneuland unterstützten die Horn-Leher in ihrem Einsatz für den Erhalt des Bades. Der →Bürgerverein Horn-Lehe sprach von einem politischen Skandal. Zahllose Protestmails, Faxe und wütende Anrufe erreichten den Senat und die Bürgerschaftsfraktionen. Erboste Bürger verfassten Leserbriefe, und eine Unterschriftenaktion dokumentierte in kurzer Zeit mehr als 10.000 Schließungsgegner. Unter dem Motto »Horn-Lehe darf nicht baden gehen« gründeten die Einwohner die Bürgerinitiative zur Rettung (→Förderverein »Unser Horner Bad«) des Horner Bades. Am 29.6.2003 fand die erste angekündigte Demonstration statt. 5000 Teilnehmer kamen, und vom Horner Bad aus machte sich ein fast zwei Kilometer langer Fahrradkorso auf den Weg rund um das Hollerland.

Am 17. Juli gab es das erste hoffnungsvolle Signal aus dem Senat, als Sportsenator Röwekamp und Bausenator Eckhoff öf-

Zwei Senatoren im Bad: Thomas Röwekamp und Jens Eckhoff im Horner Bad

fentlichkeitswirksam ins kühle Nass sprangen und per Pressemitteilung verkündeten: »Das Horner Bad soll geöffnet bleiben.« Die notwendigen Sanierungen sollten »kostenneutral« durch Verkauf öffentlicher Freiflächen finanziert und die laufenden Kosten durch Halbierung der Wasserflächen reduziert werden. Da dies jedoch mit keinerlei Bestandsgarantie einherging, forderten die Bürger weiterhin die Öffnung des Bades für das Kalenderjahr 2004. Währenddessen arbeitete die Bremer Bäder GmbH an einem Konzept für die Neugestaltung des Bades. Auch die Errichtung eines Naturbades wurde geprüft, aber nicht weiter verfolgt.

Unter Berücksichtigung einer Verringerung der Wasserfläche auf 1600 m² wies eine neue Kostenschätzung nunmehr 2,7 Millionen Euro aus. Im September wurde beschlossen, eine Machbarkeitsstudie zur weiteren Kostenreduzierung in Auftrag zu geben und das Horner Bad in der nächsten Saison 2004 geöffnet zu halten.

Am 26. März 2004 beschloss die Deputation einstimmig über das neue Bäderkonzept. Die »taz« titelte: »Wieder Wunder an der Weser: Trotz leerer Taschen sollen (fast) alle Freibäder gerettet werden.« Für die Sanierung des Horner Bades wurden 1,13 Millionen Euro zur Verfügung gestellt, davon 225.000 Euro aus Sponsorenmitteln. Die 50-Meter Bahnen sollten erhalten und die Wasserfläche unter Aufgabe der Sprungecke von 2600 auf 2000 m² verringert werden.

Im Herbst 2004 begannen die Umbauarbeiten, und am 20. Mai 2005 wurde das renovierte Bad samt Abenteuerspielplatz, Matschplatz, Pendelschaukel sowie einem Fontänenfeld und einer Breitrutsche als neuen Attraktionen wieder eröffnet.

Horner Brücke
Historische, durch Verrohrung der Kleinen Wümme funktionslos gewordene Brücke über die →Kleine Wümme in Höhe des Übergangs von der →Berckstaße zur →Riensberger Straße.

Horner Chaussee/Heerstraße
Die Horner Chaussee wurde zwischen 1814 und 1819 als Ersatz der alten Zuwegung nach Horn über die →Riensberger Straße angelegt. Links und rechts von ihr entstanden neben dem Landgut →Fritze-Focke, die Landhäuser Michaelsen (→Oelze), →Keysser, →Vassmer, →Bergfeld (Sponeck, Souchon, Apollon-Stiftung) und →Wätjen.

1914, als Deutschland Krieg gegen Frankreich führte, wurden alle Bremer »Chausseen« in »Heerstraßen« umbenannt.

Horner Eiche
Von A. Kastin (→Traue) als Erweiterung des Hotels →Deutsche Eiche am Autobahnzubringer/Ecke Hollergrund 1994 errichtetes Hotel.

Horner Kirche
Die Horner Kirche im westlichen Teil des →Hollerlandes ist als Kirche zum heiligen Kreuz (Ecclesia sancte crucis tom Horne) 1185 (BUB I 66) erstmals erwähnt. Die Entstehung von Kirche und Gemeinde geht auf die Besiedlung des Hollerlandes im Jahre 1109 (→Urkunde 1106) zurück, als Erzbischof →Friedrich I. das Ödland dem Priester Heinrich und Holländischen Siedlern zur Kultivierung überließ und ihnen den Kirchenbau gestattete.

Die alte Kirche »zum heiligen Kreuz« gehörte zu den ältesten Gotteshäusern im bremischen Landgebiet. 1185 wurde die Kirche der Ansgariigemeinde geschenkt. Da der Übergang erst nach dem Tode oder dem freiwilligen Verzicht des Priesters Alwin vollzogen werden sollte, muss die Kirche schon vorher bestanden haben. Sie war im Stil der alten Landkirchen aus Granit, rotem Backstein und Tuff errichtet

Die Horner Kirche zwischen 1834 und 1866. Kupferstich nach einer Zeichnung von Stephan Messerer

Die Horner Kirche: Postkarte von 1925 und Innenraum nach dem Bombenangriff vom 9.11.1942

setzte sich vehement für den Neubau der Horner Kirche ein. Mit Zustimmung des Bremer Senats rief Noltenius die Bevölkerung auf, für den Neubau einer Kirche zu spenden. Die Sammlung brachte 5184 Reichsthaler und zehn Grote ein, fast so viel wie das Gemeindevermögen der im 19. Jh. reichsten Landgemeinde Bremens. Auch die Stadtgemeinde beteiligte sich an den Baukosten. Um diese so gering wie möglich zu halten, wurden die alten Baumaterialien der abgebrochenen Kirche verwendet, und die Gemeindemitglieder beteiligten sich am Bau mit Spanndiensten und Handlangerarbeiten.

1823 wurde die alte Kirche abgebrochen, und am Palmsonntag 1834 fand die Einweihung der neuen Horner Kirche statt. Dies festliche Ereignis regte den Bürgermeister Johann Smidt sogar an, ein Lied auf das neue Gotteshaus zu schreiben.

Die Kirche war als klassizistischer Saalbau errichtet und der Turm nach Osten zur Horner Chaussee ausgerichtet worden. In den Jahren 1866 und 1894 erhielt die Kirche ihre heutige Form. Eine Apsis wurde angebaut, sie erhielt eine höhere, mit Kassetten versehene Decke, und die Fenster wurden im oberen Bereich mit Rundungen versehen.

Im Zweiten Weltkrieg erfuhr die Kirche am 9.11.1942 starke Beschädigung durch eine Luftmine und konnte mehrere Jahre nicht benutzt werden. Erst 1948 fand nach einer notdürftigen Instandsetzung wieder ein Weihnachtsgottesdienst statt.

In der Horner Kirche wurde der spätere CDU-Politiker und Bundespräsident Karl Carstens von Pastor →Fraedrich konfirmiert.

und bestand aus einem von drei Stützen getragenen zweischiffigen Gewölbe und einem stumpfen Turm im Westen.

Während des Schmalkaldischen Krieges wurde die Kirche 1547 durch die auf katholischer Seite kämpfenden kaiserlichen Truppen verwüstet, die Orgel zerstört und die Glocke geraubt. Die Kirche wurde erst 100 Jahre später wiederhergestellt.

Durch die wachsende Zahl der Bremer Bürger, die im 19. Jh. eigene Landsitze errichteten oder die Sommermonate in Landwohnungen verbrachten, wuchs die Gemeinde. Nach 700 Jahren war die Kirche baufällig geworden, und nach dem »Urtheile der deshalb zu Rathe gezogenen Sachverständigen die Fortsetzung des Gottesdienstes in derselben gefährlich und eine Reparatur unthunlich«. Der Pfarrer Bernhard Philipp Noltenius

De Hoornster Karkenglocken
Heinz Weihusen vertellt 'ne wahrhaftige Geschichte

Wie hett de Hoornster Karken ehre Glocken kragen? Um dat ganz kort vorweg to seggen: De hebbt se mal klaut, ganz eenfach klaut! Un dat na den Spruch: Wie du mi, so ick di!

De Geschichte weer so: Dat weer sowat vor 430 Jahren, dar harr'n wi in't dütsche Land mal wedder'n Krieg. Davon geew dat in de Tid ja faken wecke, un meist dreih

den sick um den Globen, um de Religion. Den Krieg, von den ick vertellen will, lehrt de Schoolkinner as den »Schmalkaldischen Krieg« (1546/47). Wer damals gegen wen Krieg maken däh, wussen de Landsknechtshorden, de dat ganze Land unsäker makden, ok nich. Aber dat dat um de Religion gung, dat harr man jem vertellt. So keem dat, dat neben de Dörper vor allen de Karken plünnert wurden. Un darbi wurd de Glocken in de damalige Hoornster Karken wegnahmen, eenfach klaut.
In de Tied hett sone Landsknechtshorde ook de Kapelle in St. Magnus öberfullen un kort und kleen haut. Beten later hett dar son findigen Mann ut Hoorn spitz-krägen, dat dar unner de Trümmer von de Kapellen in St. Magnus noch eene heele Karkenglocken leeg. Dar hebbt sick eenes Dags 'n paar handfaste Keerls upmakt, sind mit Peer un Wagen na St. Magnus fahrt un hebbt bi Nacht un Nebel de Glocken ut den Schutt buddelt, up'n Wagen lad't un na Hoorn brocht. Up de Wies können de Hoornster sick wedder ne Glocken in ehren Torm hangen. Un dar hangt se vandage noch! Jede Stunn meld't se de Tied, un bi jede fierliche Gelegenheit kann man se hörn. Un wo se herkummt, kann man noch nahlesen. Up de Glocken steiht rundum een Spruch, de heet: SANKTUS MAGNUS help got!
Darmit weer de Geschichte ja eegentlich to Enne. Aber vor'n paar Jahren wollen de von St. Magnus ehr Eegendom wedderhebben. Aber de Hoornster Karkenvorstand sä: »Nä, nah mehr as 400 Jahren is de Vorfall ja woll verjährt.«
Heinz Weihusen

Horner Kirchengemeinde
Die Entstehung der Kirchengemeinde geht auf die Besiedlung des →Hollerlandes im Jahre 1106 zurück. Das Gemeindegebiet umfasste zunächst das westliche Hollerland mit dem Blockland und der Vahr. 1835 wurde Sebaldsbrück von der Gemeinde Oberneuland getrennt und der Gemeinde Horn zugeteilt. Die Gemeinde Sebalsdsbrück wurde 1938 durch den Bau der Dankeskirche faktisch selbstständig, die rechtliche Bestätigung erfolgte 1948. Mit dem Bau der Großsiedlungen wurden die Kirchengemeinden in der Vahr und die →Andreasgemeinde im Leher Feld gegründet und aus dem Gebiet der Horner Kirche gelöst.
Die Holländischen Siedler hatten dem Bischof gemäß der Synodalgerichtsbarkeit und Verfassung der Utrechter Kirche Gehorsam versprochen und erhielten zum Unterhalt ihrer Kirchen und Geistlichen eine Hufe Land.
1185 ging die →Horner Kirche in den Besitz des Bremer Ansgariikapitels über, womit die Kirchengemeinde in die Abhängigkeit der Bremer Gemeinde geriet. Während der Reformation setzte sich der Rat über die bischöflichen Rechte hinweg und wurde zum Kirchenpatron. 1534 erließ er eine neue Kirchenordnung für die Kirchen Bremens und des Landgebietes. Spätestens zu diesem Zeitpunkt muss sich auch der Pfarrer Johannes Jeger zum Protestantismus bekannt haben.

Innenraum der Horner Kirche, 2010

Küster Thomas Meier im Turm der Horner Kirche und daneben die Horner Kirchenglocken

Mosaikfenster mit St. Christopherus

1574 erhielt der aus Horn stammende, streng calvinistische Pfarrer Rudolf Monnickhausen die Leitung des Kirchspiels. 1822 wurde die Gemeinde durch den Horner Pastor Bernhard Philipp Noltenius in eine »unierte« umgewandelt. Sein Nachfolger, Pastor Kohlmann, nahm eine auf dem Offenbarungsglauben ruhende dogmatische Grundhaltung ein. Er beschäftigte sich mit der Kirchengeschichte und ergriff im Bremer Kirchenstreit Partei. In einem satirischen Brief vom 20.11.1840 beschreibt der junge Friedrich Engels seinem Freund Wilhelm Gräber, wie Kohlmann mit einer Abendpredigt auf der Bürgerweide die dort weilenden Menschen vertrieb und ein Trupp der einen Partei einen mit Hellebarden bewaffneten Jünglingsverein auf der Horner Heerstraße zurückschlug.

1903 wurde mit Pastor W. König ein Vertreter der liberalen Theologie bestellt. Er zog durch fesselnde Predigten und anregende Vorträge viele geistig aufgeschlossene Bürger, darunter den späteren Bürgermeister Theodor Spitta, nach Horn. Trotz seines fortschrittlich städtischen Denkens war er dem nationalen Geist der Jahrhundertwende und dem Militarismus des Ersten Weltkrieges verhaftet. In seiner »Predigt zum Advent« bezeichnete er England als den schlimmsten Friedensstörer Europas und die daraus erwachsene gewaltige Aufgabe des Deutschen Volkes als Forderung des Tages und als göttliche Pflicht. König verließ 1918 die Gemeinde, ihm folgte Pastor Gustav →Fraedrich, der die liberale Kirchentradition fortsetzte und gegenüber anderen Religionen sowie anderen philosophischen und politischen Anschauungen eine tolerante Haltung einnahm. Unter ihm wurde die Verfassung der Kirchengemeinde liberalisiert. Während der Herrschaft der Nationalsozialisten stellte er sich gegen die Einführung einer autoritären Kirchenordnung durch Bischof Weidemann.

Nach der Emeritierung Fraedrichs im Jahre 1948 entbrannte mit der Suche und Wahl eines geeigneten Nachfolgers der »Horner Kirchenstreit« um die liberale Gemeindetradition. Vor dem Hintergrund des Ringens um das kirchliche Bekenntnis und die Auslegung des Evangeliums entzündete sich der Konflikt an Meinungsverschiedenheiten über die Rechtmäßigkeit der Wahl des Nachfolgers für Pastor Fraedrich.

1948 wurde Wilhelm Schmidt (1948–76) mit einer Stimme Mehrheit zum Pastor gewählt. Trotzdem wurde sein unterlegener Mitbewerber, Dr. Ulrich von Hasselbach (1949–55), vom anderen Teil der Gemeinde als ihr Pfarrer betrachtet. Hasselbach setzte mit der um ihn gescharten »Freien Protestantischen Vereinigung e.V.« trotz zahlreicher Einsprüche seine Tätigkeit fort. Der Streit endete 1953 mit einem von der Bremischen Evangelischen Kirche eingeleiteten Schlichtungsverfahren, in dem 1955 eine zweite Pfarrstelle eingerichtet wurde und die Beziehungen der weitgehend voneinander unabhängigen Gemeindegruppierungen durch eine neue Ordnung geregelt wurde.

Eine einheitliche Horner Kirchengemeinde mit gemeinsamer Verwaltung und gemeinsamem Gotteshaus gab es damit nur noch in rechtlicher und organisatorischer Hinsicht. Die Einzelgemeinden Horn I und Horn II führten ein eigenständiges Gemeindeleben mit eigenen Pastoren, Gemeindehäusern und unterschiedlichen theologischen Ausrichtungen.

Die Gemeinde Horn I folgte als eher konservativer Teil der altkirchlichen und reformierten Tradition. Sie hielt mit der »einen Kirche Christi in der Welt« an den herkömmlichen Überlieferungen der evangelischen Kirche fest. Der Sonntagsgottesdienst wurde abwechselnd in schlichten Predigtgottesdiensten oder in reich entfalteten »Evangelischen Messen« begangen. Die Teilnehmer wirkten an der liturgischen Handlung mit. Ökumenische Verbindungen nicht nur mit der katholischen Kirche wurden gepflegt.

Die Gemeinde Horn II verstand sich als liberal im theologischen Sinn. Nach der Aufteilung der Gemeinde wurde Robert Hartke ihr erster Pastor. Er setzte die undogmatische Linie Pastor Fraedrichs fort und suchte unter theologischen Gesichtspunkten die vielschichtigen Probleme der Gegenwart in die Gemeindearbeit einzubeziehen. Ausdruck fand diese Tradition auch in den gesellschaftspolitischen Aktivitäten. Die Gemeinde war tätig auf den Feldern der Diakonie, Friedensbewegung, Ökologie und engagierte sich gegen die wachsende Arbeitslosigkeit in den 1970er und 1980er Jahren. Ihr Gemeindepfarrer Ulrich →Finckh engagierte sich bundesweit für die Rechte der Zivildienstleistenden.

Seit 2004 sind Horn I und Horn II wieder in einer Gemeinde vereint und werden von Pastorin Heike Wegener und Pastor Stephan Klim betreut.

Gemeindehäuser

Zur Kirche gehörte das auf der gegenüberliegenden Straßenseite gelegene »Pastorenland« mit dem ersten Pfarrhaus an der Horner Heerstraße. Nach dem Verkauf des Grundstücks an die →Pferdebahn wurde das neue Pfarr- und Gemeindehaus 1878 an der →Berckstraße von Johann Heinrich Bolte errichtet und 1927 vom Architekten Heinrich Kayser umgebaut. Nach der Aufteilung der Kirchengemeinde in Horn I und Horn II wurde es von der Kirchengemeinde Horn I genutzt.

Die Gemeinde Horn II bezog im Dezember 1957 ein Gemeindehaus an der Leher

Heerstraße 110, bevor sie 1967 auf das Gelände am Luisental zog. Dort wurde 1972 der Neubau des Gemeindezentrums eröffnet. Es beherbergt heute den Kindergarten der ev. Kirchengemeinde Horn. 2012 beabsichtigten die Johanniter auf dem angrenzenden, der evangelischen Kirche Bremen gehörenden Grundstück ein Hospiz zu errichten. In einem Moderationsverfahren zogen sich die Johanniter von ihren Planungen zurück

Für die Gemeinde Horn I wurde 1967 auf dem ehemaligen »Bünemannschen Grundstück« (→zum Horn) das Gemeindehaus an der Horner Heerstraße errichtet.

Das im Stil des Historismus errichtete Pfarrhaus an der Berckstraße steht seit 1995 unter Denkmalschutz und wird heute von der Norddeutschen Mission genutzt.

Das alte Pastorenhaus an der Berckstraße, um 1925

Das Gemeindehaus an der Leher Heerstraße 110

Eigentlich in Lehe: Die Horner Mühle an der Leher Heerstraße

Horner Mühle

Die Horner Mühle liegt an der Nordseite der Leher Heerstraße und müsste eigentlich »Leher Mühle« heißen, da sie stets zum Ortsteil Lehe gehörte. Der Galerieholländer wurde 1848 von der Familie Bremermann auf den Grundmauern einer abgebrannten Mühle erbaut.

Durch die Heirat Lür Kaemenas vom Hof Vorstraße 4 mit Frieda Laue, der Tochter des Mühlenbesitzers, ging die Mühle um 1900 in den Besitz der Familie Kaemena über.

Bis 1927 wurde die Mühle mit Windkraft und bedarfsweise über eine Dampfmaschine betrieben, später nur noch über einen Diesel-Motor. 1938 ließ Lür Kaemena die Flügel aus Sicherheitsgründen entfernen, was ihm vorübergehend einen Konflikt mit der Obrigkeit, die jedoch einlenken musste, bescherte. Bis 1968 blieb die Mühle flügellos. Auf dem Steinboden der Mühle befanden sich vier Mahlsteine mit einem Durchmesser von je 1,8 m. Die Mahlleistung der Mühle betrug eine Tonne pro Stunde, bei »scharfer Einstellung« lagen die Werte auch darüber. Mit Ausnahmen während der Notzeiten im Zweiten Weltkrieg und der Nachkriegszeit, in denen auch Backschrot vermahlen wurde, wurde in der Horner Mühle ausschließlich Futterschrot produziert.

1966 wurde die Mühle unter Denkmalschutz gestellt. Zwei Jahre später konnte die Mühle durch das finanzielle Engagement der Stadt Bremen und durch zahlreiche Spenden von Bürgern aus Horn-Lehe renoviert werden und neue Flügel erhalten. Aus Anlass der Einweihung der restaurierten Horner Mühle schloss der damalige Vorsitzende des Bürgervereins Horn-Lehe, Heinz →Weihusen, seine Ansprache mit einem plattdeutschen Gedicht von August Hinrichs: »Un mahlen jümmerto«.

De Möhl
Dar stunn een Möhl int stille Feld,
De reckt sick hoch int blaue Telt.
Se stunn woll an den Weg un mahl.
De Arms, de gungen up un dahl
Un mahlen jümmerto!
Un in de Luken kunn man stahn
Un sehn de Wulken baben gahn,
Un sehn woll in dat Land so wiet
Hen äwer Wisch un Esch.
Wo lang is't her, wo lang is't her?
Ick glöw, se stund dar woll noch ehr
Un reckt de Armens up un dal
Woll hunnert un woll dusendmal
int gollne Abendrot.
Ick meen, se moß noch jümmer stahn,
Ick meen, se moß noch jümmer gähn,
Se moß noch stahn un winken wiet
Ut Heimatdorf un Kinnertied
Un mahlen jümmerto!

Ende der 1980er Jahre gab Müllermeister Lür Kaemena die Müllerei aufgrund der schlechten Preissituation im Futtermittelhandel auf und stellte den Betrieb auf Kleinhandel mit Tierfutter, Garten- und ähnlichem Bedarf um.

1995 brach während eines Sturmes ein Flügel ab. Die verbliebenen Flügel und das Steuerrad mussten erneut demontiert werden. Im Jahr darauf initiierte der Bürgerverein Horn-Lehe die Gründung eines →Fördervereins zum Erhalt der Mühle. Am 4.11.1998 wurden neue Flügel montiert und im Folgejahr die Restaurierungsarbeiten des Mühlenkopfs abgeschlossen. Seitdem erstrahlt die Horner Mühle als ein Wahrzeichen Horns nach 150 Jahren in neuem Glanz. Seit 1996 findet neben der Mühle, als fester Bestandteil des kulturellen Lebens im Stadtteil, das Horner Mühlenfest statt. Das Baugebiet auf dem ehemaligen Telekom-Gelände erhielt nach dem Willen der Investoren den Namen Mühlenviertel.

Horner Nixen

Die Horner Nixen waren eine 1961 gegründete Frauen-Schwimmgruppe. Sie trafen sich bis Ende der 1990er Jahre unabhängig vom Wetter während der Öffnungszeiten des →Horner Bades täglich um Uhr 6:30 morgens am Beckenrand. Das An- und Abschwimmen zu Saisonbeginn und am Ende der Saison wurde in Karnevalsverkleidung mit satirisch-fröhlichen Gedichten und Liedern zelebriert.

Horner Spange

Als Horner Spange wurde die 1954 erstmals konkret geplante Straßenverbindung zwischen Schwachhausen und Horn als Verlängerung der H.-H.-Meier-Allee über die Achter- und Riensberger Straße zur Horner Heerstraße bezeichnet. In den Bebauungsplänen von 1957 und 1960 ist eine vierspurige, 32 Meter breite Trasse von der Horner Kirche bis zur H.-H.-Meier-Allee festgelegt und die Verlängerung der Linie 6 nach Horn vorgesehen. 1978/79 kaufte das Liegenschaftsamt die für den Bau benötigten Grundstücke auf. 1979 forderte der Beirat statt des vierspurigen den zweispurigen Ausbau. Im Zusammenhang mit der Ausweitung des Technologieparks und der Bebauung der →Uni-Ost wurden weitere alternative Trassenführungen erörtert, um diese Gebiete verkehrlich zu erschließen. 2002 beschlossen die Wirtschaftsförderungsausschüsse der Deputationen für Wirtschaft und Häfen, für Bau, für Umwelt und Energie ein Verkehrskonzept, in dem die Horner Spange als verlängerter Autobahnzubringer Universität unter der Hamburger Bahnlinie hindurch einerseits entlang des Kleingartengebietes auf die von Süden kommende verlängerte H.-H.-Meier-Allee treffen und zugleich in Richtung Horner Heerstraße weitergeführt werden sollte. Von diesem Konzept wurde lediglich die Verlängerung der Straßenbahn zur Universität realisiert. Alle weiteren Planungen ruhen.

Saisonende: Die Horner Nixen beim Abschwimmen im Horner Bad, um 1980

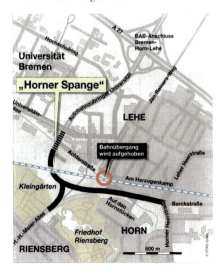

In der Schublade: Planung der Horner Spange (»Weser-Kurier« 19.9.2002)

Karte des Stadtteils Horn-Lehe mit den Ortsteilen Horn, Lehe und Lehester Deich aus einem Flyer des Bürgervereins Horn-Lehe

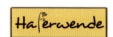

Signet der Gewerbetreibenden in der Haferwende

Horn-Lehe

Der Stadtteil Horn-Lehe wurde am 1.3.1951 aus den Stadtgebietsteilen Horn und Vahr sowie der ehemaligen Landgemeinde Lehesterdeich (ohne Oberblockland) gebildet. Das bisherige Ortsamt Lehesterdeich wurde zum Ortsamt »Horn-Lehe«. Die Bebauung der Vahr mit einer Großsiedlung führte 1959 zur Herauslösung der Vahr aus dem Stadtteil. Horn-Lehe gehört zum Bremer Stadtbezirk Ost und besteht aus den Ortsteilen Horn (341), Lehe (342) und Lehesterdeich (343).

Horn-Lehe West (Haferwende)

Gewerbegebiet zwischen →Jan-Reiners Weg, Autobahnzubringer Horn-Lehe und →Lilienthaler Heerstraße. Das Gewerbegebiet Horn-Lehe West, auch genannt »Haferwende«, umfasst eine Fläche von ca. 32 ha. In dem Gelände befanden sich vor der Einrichtung als Gewerbegebiet die →Sendeanlagen von Radio Bremen, Kleingärten, von denen heute noch ein kleiner Teil erhalten ist, und landwirtschaftlich genutzte Flächen. Im ersten Bauabschnitt begann 1986 die damalige CoOp mit dem Bau des Verteilerzentrums, heute MGL METRO Lebensmittelverteilzentrum. Bis heute siedelten sich rund 60 Unternehmen mit ca. 800 Beschäftigten an. In den weiteren Bauabschnitten errichteten unter anderem das Horn-Leher Kraftfahrzeugunternehmen →Hilker, der Sanitärbetrieb →Hasch sowie die Bremer Unternehmen Photo-→Dose und Fliesen-Schreiber ihre Firmensitze. In Horn-Lehe West liegen auch die Räume des →Bridge-Club Bremer Schlüssel und der Ortsverband Bremen-Mitte des →Technischen Hilfswerks Bremen. 2008 wurde im Gewerbegebiet ein Fitnessstudio eröffnet, 2009 eine moderne Autowaschstraße und ein Mc-Donald's-Restaurant.

Hornster

Ehemals als Begriff für Horner Einwohner verwendet, abgeleitet von Hornsater (= die auf dem Horn sitzen).

Hotel Horner Eiche →Horner Eiche

Hotel zur Vahr →La Campagne

Hufe

Die Hufe, auch Holländerhufe oder Königshufe, ist ein altes Flächenmaß. Der Name wurde auch als Bezeichnung für einen lang gestreckten bäuerlichen Grundbesitz verwendet. In der Urkunde von 1106 wurde die Größe einer Hufe mit 30 x 720 Königsruten festgelegt, was einer Größe von ca. 48 ha entsprach.

I

»Ihr Nachbar«
Zeitschrift der Bürgerschaftsabgeordneten der SPD, herausgegeben für verschiedene Stadtteile vom Bürgerschaftsabgeordneten und Senator a.D. Stefan →Seifriz. Die Zeitschrift wurde 1979–89 kostenlos an die Haushalte in zahlreichen Bremer Stadtteilen verteilt. Zuletzt betrug die Auflage 160.000; es gab 28 verschiedene Ausgaben. Die Zeitung wurde von den SPD-Abgeordneten und durch Werbung finanziert.

Ilsemann
Horner Familie mit mehreren Geschäften in Horn.
Friedrich Ilsemann hatte um die Jahrhundertwende eine Fahrradreparaturwerkstatt an der Leher Heerstraße. Sie wurde 1912 von Wilhelm →Hilker übernommen. 1904 eröffnete sein Bruder Heinrich mit seiner Frau Beta Ilsemann das damalige »Gemischtwaren-« oder »Kolonialwarengeschäft« Ilsemann an der Leher Heerstraße 32/34. Es war einer der ersten Lebensmittelläden in Horn. Sie betrieben das Geschäft, das anschließend von ihrem Sohn Heinz fortgeführt wurde, bis 1945. Das Geschäft schloss Anfang der 80er Jahre. 1945 baute Heinz Ilsemann mit dem Architekten Hans Schlemm aus der Tietjenstraße ein Behelfsheim in der Vorstraße. Das Baumaterial stammte aus den Trümmern der im Krieg zerstörten Häuser. Die Wände bestanden nur aus einem halben Stein, der Boden aus gestampftem Lehm, über dem der Holzfußboden aus Brettern und Balken gezimmert war. Im Winter bildeten sich an der Decke aus Kondenswasser Tropfen, die zu Eis froren. Dies führte zur Bezeichnung des Hauses als »Kristallpalast«. Einen Wasseranschluss gab es nicht, das Wasser wurde in Eimern von den Nachbarn geholt. Die Toilette war ein Bunkerklo, in dem Torf oder Ätzkali auf die Fäkalien geschüttet wurde. Das

»Vorteilhafteste Bezugsquelle«: Kolonialwaren Ilsemann an der Leher Heerstraße 32/34 und unten: Der ehemalige »Kristallpalast« in der Vorstraße

Heinrich mit seiner Frau Beta Ilsemann als junges und als altes Paar

Kindersegen im Deichkamp 1926, im Hintergrund der weite Blick ins Hollerland vor dem Bau der Autobahn

Behelfsheim wurde 1964 abgerissen und durch ein Mehrfamilienhaus ersetzt.
1910 eröffnete der dritte der Brüder, Christian Ilsemann, am Brahmkamp eine Bäckerei (→Bäckereien). Er war in zweiter Ehe mit der Horner Hebamme Hermine Ilsemann verheiratet.

Im Deichkamp

Mit der Bebauung des Deichkamps wurde 1922 durch die »Siedlungsgenossenschaft Erdsegen« begonnen. Im Bereich des Deichkamps befand sich vor der Bebauung der Müllplatz Horn-Lehes. Noch heute stoßen die Einwohner beim Graben in ihren Gärten auf Scherben, Knochen und Glasfläschchen. Im Deichkamp wohnte unter anderem der Ortsamtsvorsteher Friedrich →Borchers.

Im Krug zum Grünen Kranze

Ehemalige Schankwirtschaft im Schorf 26, seit 1919 betrieben von Karl Lönnecker. 1948 übernahm seine Tochter Karla, verh. Müller, mit ihrem Ehemann die Gaststätte. Die Gaststätte war bekannt durch ein elektrisches Klavier, mit dem die Gäste bis zur Schließung im Jahre 1954 in

Stimmung gebracht wurden. Karl Lönnecker starb 1959 im Alter von 72 Jahren.

Das Kolonialwarengeschäft Denker und daneben die Gaststätte »Im Krug zum Grünen Kranze«
Darunter: Kinowerbung im Rali an der Oberneulander Heerstraße

J

Jacobi, Kurt
Zahnarzt, *9.11.1882 Berlin, †25.6.1960 Bremen, Luisental und Leher Heerstraße 15
Kurt Jacobi hatte seiner Zahnarztpraxis im Luisental. Er war jüdischer Herkunft, aber evangelischen Glaubens. Im Sinne der nationalsozialistischen Rassenideologie war er damit »Jude«. Er wurde zusammen mit anderen jüdischen Einwohnern aus Horn-Lehe am 13.2.1945 nach Theresienstadt deportiert.
Nach der Rückkehr eröffnete er eine neue Praxis an der Leher Heerstraße 15.

Jan-Reiners-Brücke (Autobahnbrücke)
Die Horner Jan-Reiners-Brücke wurde zur Überquerung der 1936/37 gebauten Reichsautobahn errichtet. Ihre genietete Stahlkonstruktion musste 1972 im Rahmen der Verbreiterung der »Blocklandautobahn« A 27 gesprengt werden. Das zuvor von einem Horner Bürger entfernte gusseiserne Typenschild befindet sich im →Stadtteilarchiv des →Bürgervereins Horn-Lehe. Die heutige Brücke ist eine Stahlbeton-Konstruktion.

Jan-Reiners-Gaststätte
Ehemalige Gaststätte in einem reetgedeckten Haus an der Kreuzung Lehester Deich/Jan-Reiners-Weg. Die Gaststätte wurde im Mai 1976 in Brand gesteckt und vernichtet. Heute befindet sich dort ein Doppelhaus. Als Täter wurde ein 31-jähriger Mann aus der Nachbarschaft ermittelt und festgenommen, der ehemals Mitglied der freiwilligen →Feuerwehr →Lehesterdeich war.

Jan-Reiners-Gaststätte am Lehester Deich

Stahlkonstruktion: Jan-Reiners-Brücke in den 1960er Jahren und darunter: Abriss der alten Jan-Reiners-Brücke zur Verbreiterung der Autobahn, 1971

Jan-Reiners-Kleinbahn
Die Kleinbahn Bremen-Tarmstedt wurde vom Ökonomierat Johann Reiners (1825–1908) initiiert. Die nach ihrem Gründer benannte Schmalspurbahn wurde am 4.10.1900 dem Verkehr übergeben, 1956 wurde sie stillgelegt. Die Kleinbahn diente der Beförderung von Personen, Vieh, landwirtschaftlichen Produkten und anderen Waren. Die Streckenführung verlief ab der Hemmstraße zunächst parallel zur Eisenbahnstrecke (→Eisenbahn) nach Hamburg, bevor sie an der Achterstraße in den heutigen Helmer abbog. Sie querte die Vorstraße und verlief auf dem heutigen Jan-Reiners-Weg nach Borgfeld.
In Horn-Lehe hielt »Jan Reiners« an zwei Bahnhöfen. Der erste befand sich 1900–27 an der Achterstraße in der Gaststätte →»Zur schönen Aussicht«. Mit der weiteren Besiedlung des Vorstraßengebietes wünschte sich

Jan-Reiners-Bahn im Hollerland, vor dem Bau der Autobahn von der Vorstraße aus gesehen, um 1930

Auch zum Warten auf die Abfahrt genutzt: Jan-Reiners-Bahnhof am Lehester Deich

die Bevölkerung eine Verlegung des Bahnhofs von der Achter- an die Vorstraße. Nach Intervention des →Bürgervereins Horn-Lehe und des Gemeindevorstehers aus Lehesterdeich Heinrich →Gefken kam die Gesellschaft dem Wunsch nach einer zentraleren Zustiegsmöglichkeit nach und verlegte den Haltepunkt an die Vorstraße. Der »neue Bahnhof« war ein einfaches Holzhaus, das neben dem Bahndamm hinter der Überquerung der Vorstraße errichtet wurde. Als 1935 die Autobahn gebaut wurde, wurde die →Jan-Reiners-Brücke errichtet und der Bahndamm erhöht. Mit der Fertigstellung der neuen Trasse im Jahre 1937 wurde der Bahnsteig an das Ende des Helmers vorverlegt. Das neue »Bahnhofsgebäude« war ein Steinbau mit Ziegeldach und erhielt einen Unterstand und eine Fahrkartenausgabe. Der Bahnhof war zugleich Güterbahnhof, Heini Speckmann holte dort seine neuen Fahrräder ab und Johnny Hilker seine Benzinkannen für den Verkauf von Auto-Treibstoff. Für die Besucher des →Horner Bades lag die neue Haltestelle nur wenige Meter vom Eingang entfernt.

Der zweite Haltepunkt lag am Lehester Deich. Das heute noch bestehende Häuschen auf der östlichen Seite des Jan-Reiners-Weges diente dem Güterverkehr zur Lagerung der Waren für die Bewohner des Blocklandes und des Lehester Deiches.

Nach dem Bau der Autobahn hatte die Dampflok beim Anstieg zur 418 Meter entfernten Autobahnbrücke große Mühe. Die Fahrgäste unterstützten das Geschnaufe und Gepruste beim Anstieg der Lok mit einem lang gezogenem »Help mi doch, help mi doch, help mi doch!« und einem etwas schnelleren »Geiht al beter, geiht al beter, geiht al beter!«, wenn sie Fahrt aufgenommen hatte, und oben auf der Brücke folgte dann ein befreites »Schiet di wat, schiet di wat, schiet di wat!«. Nicht immer gelang der Anstieg im ersten Versuch, dann musste der Triebwagen zurücksetzen und erneut Anlauf nehmen. Die Horner Jungs rieben zum

Spaß die Schienen mit Schmierseife ein und freuten sich diebisch, wenn die Räder der prustenden und ächzenden Lokomotive durchdrehten. Nicht selten, so erzählt man, soll der Lokomotivführer wütend mit Kohlen nach der tanzenden Rasselbande geworfen haben, und nicht selten sollen die Passagiere zum Aussteigen genötigt worden sein, damit die so erleichterte Bahn den Anstieg zur →Jan-Reiners-Brücke schaffte. Nicht immer wurde der Fahrplan pünktlich eingehalten. So berichtet der Bremer Fedor Poppe von seinen Jagderlebnissen um 1900, dass seine Jagdgesellschaften auf dem Rückweg aus Kuhsiel ruhig mal zu spät zum Bahnhof kommen konnten. Dann servierte der Bahnhofswirt dem Zugpersonal eben auf Kosten der Jäger ein kleines Bier und einen Köhm, bis »de Lüde ut Kuhsiel« erschienen. Auch soll es vorgekommen sein, dass in Ermangelung eines geeigneten Billettes zwei Hundefahrkarten statt einer Schülerfahrkarte ausgegeben wurden.

Nach Ende des Zweiten Weltkriegs erlebte die Kleinbahn durch die Hamsterfahrten der Bremer ins nordöstliche Landgebiet noch einmal einen Aufschwung.

Doch trotz des großen ideellen Zuspruchs – es wurde sogar ein Jan-Reiners-Lied auf eine Schallplatte gepresst – konnte der Niedergang nicht aufgehalten werden. Der wachsende Individualverkehr führte zu ständig sinkenden Fahrgastzahlen. 1954 wurde der erste Teilabschnitt zwischen dem Bremer Parkbahnhof und dem Bahnhof Falkenberg geschlossen, bevor zwei Jahre später auch die Reststrecke stillgelegt und abgebaut wurde.

Jan-Reiners-Weg
Wander- und Radweg, der auf der ehemaligen Strecke der →Jan-Reiners-Kleinbahn verläuft. Der zunächst unbefestigte Weg wurde in den 1960er Jahren in mehreren Abschnitten von der Vorstraße bis nach Borgfeld mit einer Asphaltschicht zum Radweg ausgebaut.

Janssen, Gerold
Umweltaktivist, *6.7.1923 Borssum bei Emden, †18.3.2012 Bremen, Vorstraße 53
Janssen schloss die Schule 1941 mit dem Notabitur ab und ließ sich zum Flieger ausbilden. Bei Kriegsende geriet er in US-amerikanische Kriegsgefangenschaft und kehrte im August 1945 wieder in sein Elternhaus zurück. Nach einer Ausbildung bei einer Reederei in Emden und einer Bäckerlehre war er ab 1952 in Hamburg als Reedereikaufmann tätig. 1962 zog er nach Bremen, wo er bis 1984 als Wirtschaftsprüfer arbeitete.

Seit den 1970er Jahren engagierte er sich für Natur- und Umweltschutz. Er gründete eine Bürgerinitiative, die sich gegen die Anbindung der →Vorstraße an den →Autobahnzubringer wandte, und setzte sich für den Erhalt des Solewassers im →Horner Bad ein. 1978 gründete er die →Bürgerinitiative zur Abwehr der Hollerstadt und kämpfte über 25 Jahre lang für den Erhalt der ökologisch wertvollen Natur- und Kulturlandschaft. Er war bekannt durch seine Hartnäckigkeit, mit der er Politiker von seinen Ansichten zu überzeugen suchte, und seinen Ideenreichtum, mit dem er immer wieder öffentlichkeitswirksam für seine Sache warb. Er »besetzte« Bäume, Baggerschaufeln und Baugruben, malte Parolen auf Gehwege und Autobahnleitplanken und warb auf dem Marktplatz öffentlich um Spenden für die von ihm zu entrichtenden Bußgelder. Er kaufte Siemens-Aktien, um auf der Aktionärs-Versammlung der Siemens-AG gegen die Ansiedlung des Siemens-Konzerns im Gebiet →Uni-Ost zu protestieren. Mit seiner großen Fahnenaktion im Hollerland machte er noch einmal auf die drohende Zerstörung der Kulturlandschaft aufmerksam, bevor der →Hollerland-Kompromiss abgeschlossen wurde.

Gerold Janssen

Jo Hiller-Trio: Ein Lied auf Jan Reiners

Immer aktiv: Gerold bei einer Demonstration (links im Bild Deichhauptmann Michael Schirmer)

Reinhard Jarré

1986 leitete er mit der Gründung der »Naturschutzliste« den »Umsturz« im Deichamt ein. Anschließend wurde Janssen 1987 zum Deichhauptmann gewählt und behielt dieses Amt bis 1992; anschließend war er Mitglied im Vorstand des Deichverbandes und bis zu seinem Tod gewählter Deichamtsvertreter aus Horn.
Als Naturschutzwart setzte er sich für die Einhaltung der Naturschutzbestimmungen ein und engagierte sich für den »sanften Tourismus«, in dem die Natur auf umweltverträgliche Weise erlebt werden kann. Auf seine Initiative hin wurde im Blockland beim ehemaligen Hof Kapelle eine Brücke über die →Kleine Wümme errichtet, der Fuß- und Fahrradweg um den Kuhgrabensee erstellt und im →Hollergrund der Hollerpad gebaut.
Gerold Janssen wurde für seine Arbeit als Umwelt- und Landschaftsschützer 1993 das Bundesverdienstkreuz verliehen. Aus Protest gegen die Umwandlung der Naturregion →»Uni-Ost« in eine »Beton- und Steinwüste« gab er es zwei Jahre später an den damaligen Grünen Umweltsenator Ralf Fücks zurück. 2009 erhielt Gerold Janssen den Bürgerpreis der Bremer Sparkasse. Janssens Grab liegt neben dem seiner Frau Fenna auf dem Horner Friedhof.

Japanischer Garten
1989 plante die Wirtschaftsförderungsgesellschaft Bremen auf dem Grundstück des ehemaligen Café Hoyer (→Bremermann) zwischen →Kuhgraben und Universitätsallee die Anlage eines drei ha großen japanischen Gartens mit einem erstklassigen japanischen Restaurant. Die Planungen stießen auf den Widerstand des Beirats Horn-Lehe, der den Bau eines Ausflugs- und Freizeitziels für jedermann forderte. Die Planungen wurden nicht umgesetzt, aber Horn-Lehe hat dennoch seinen japanischen Garten erhalten, und zwar im →Rhododendronpark.

Jarré, Reinhard
Lehrer, Vorsitzender des TV Eiche Horn und des Bürgervereins, *7.6.1942 Haberstadt/Harz, Rudolf-Tarnow-Straße
Reinhard Jarré studierte in Bremen an der Pädagogischen Hochschule und an der TH Hannover Schiffbau. Nach einem Zusatzstudium wurde er Berufsschullehrer. 1963 siedelte Jarré mit seinen Eltern zum Achterdiek über. 1975 trat er dem TV →Eiche Horn bei und war 1991–97 Vorsitzender des Turnvereins. 1998–2010 leitete er als Mitglied des Präsidiums im Landessportbund den Ausschuss »Soziale Arbeit im Sport«. Jarré gehörte 1995 zu den Gründungsmitgliedern des →»Fördervereins zur Erhaltung der Horner Mühle« und rief zusammen mit Günter →Brockmann das Horner Mühlenfest ins Leben. Als die Bürgerinitiative zur Erhaltung des Horner Bades in einen Verein umgewandelt wurde, übernahm er dessen Vorsitz.
2000 wurde Jarré stellvertretender und 2010 Vorsitzender des →Bürgervereins Horn-Lehe.

Johann Holtz GmbH & Co. KG,
Die Firma Johann Holtz GmbH wurde 1937 von den Eheleuten Johann und Käthe Holtz in Bremen gegründet. Das Unternehmen an der →Leher Heerstraße 84 wird heute von den Nachkommen der Familie geführt; der jetzige Geschäftsführer, Manfred Lotz, stammt aus dem Brahmkamp. Das 50 Mitarbeiter beschäftigende Unternehmen plant, errichtet und saniert Aufzugsanlagen.

Johanniterhaus Bremen
Das Johanniterhaus Bremen wurde am 14.11.1972, unterstützt von der Bremer evangelischen Kirche und der Stadt Bremen, als Wohn- und Pflegezentrum mit 100 Betten eröffnet. Das Grundstück von

10.000 m² und das Anfangskapital von 300.000 D-Mark wurden von Adelheid Müller (*13.4.1893, †16.6.1977), die mit ihrer Schwester Meta an der Leher Heerstraße nahe der heutigen Senator-Bölken-Straße einen Bauernhof betrieb, an die Johanniter übereignet. 1998/99 kamen mit den Häusern »Scharnow« und »Zehnlinden« zwei Neubauten hinzu. 2011 erfolgte eine Erweiterung des Haupthauses. Ein 2012 geplantes Hospiz auf dem Gelände der evangelischen Kirche Bremens wurde aufgrund des Widerstandes der →Horner Kirchengemeinde nicht realisiert.

Jugendhaus Horn-Lehe
(Jugendfreizeitheim an der Curiestraße)

Abgebrannt: Jugendhaus an der Curiestraße, 2001

Für die Jugendlichen des Leher Feldes wurde im Mai 1974, als Vorläufer für ein geplantes Jugendhaus, eine 130 m² große Baracke eröffnet. Der anschließend errichtete Bau des Jugendhauses wurde am 1.9.1976 durch Senator Walter →Franke eingeweiht. Eine ehemalige Mitarbeiterin erinnerte sich: »Das Haus wurde uns feierlich übergeben mit all den Mängeln eines halbfertigen Neubaus. Bauschutt, frische Farbe, keine befestigten Zuwegungen – aber mit vielen guten Wünschen.«
Betreut wurde das Freizeitheim von drei hauptamtlichen Mitarbeitern und weiteren Honorarkräften.
Die Mitarbeiter boten den Kindern und Jugendlichen eine Mischung aus offener Jugendarbeit und Gruppenaktivitäten an. Zur Lehrstellensuche und Berufswahl wurde das Projekt »Berufsfeldorientierte Hauptschülerarbeit« entwickelt und vor dem Hintergrund steigender Jugendarbeitslosigkeit ein Arbeitslosenfrühstück und Arbeitslosenberatung eingeführt. Der neu gegründete Verein »Lichtblick« organisierte Nachbarschaftshilfen und Qualifizierungsmöglichkeiten.
Die Mitarbeiter veranstalteten Diskussionsabende zu Themen wie Energiegewinnung, Rechtsradikalismus, Frieden und Aufrüstung und Fahrten nach Bonn, Hamburg und Bremerhaven, um gegen NATO-Doppelbeschluss und Stationierung von Atomraketen zu demonstrieren. An den Wochenenden und in den Ferien wurden Freizeitfahrten in die nähere Umgebung, an die Nord- und Ostsee, den Dümmer See und auch ins Ausland angeboten.
In der Nacht zum 10.6.2001 brannte das Jugendhaus durch Brandstiftung bis auf die Mauern des Veranstaltungssaales ab. In Ermangelung von geeigneten Ersatzräumen, wurde den Jugendlichen 2003 als Übergangslösung ein Container angeboten. Der unter Einbeziehung der Jugendlichen an gleicher Stelle geplante 1,6 Millionen Euro teure Neubau wurde im Oktober 2005 von Sozialsenatorin Karin Röpke und Sportsenator Thomas Röwekamp eröffnet.
Das zuvor vom Sozialressort geführte Haus ging an eine Trägergemeinschaft von TV → Eiche Horn, St. Petri Kinderheim und Stiftung →Alten Eichen über.

Jülfs, Hermann
*Glaser, *8.3.1891*
Hermann Jülfs wohnte in der Vorstraße 7a und war durch seine Tätigkeit und seine große Ähnlichkeit mit Konrad Adenauer im ganzen Stadtteil bekannt. Von seinen Bekannten wurde er scherzhaft »Schieben-Twei« genannt, was so viel bedeutet wie »Scheibe kaputt«. Jülfs hatte bis 1965 einen Laden an der Leher Heerstraße 35, den er bei der Verbreiterung der Leher Heerstraße aufgeben musste. Anschließend fand er mit seinem Betrieb in der Tischlerei Kohl (→Tischlereien) Unterschlupf.

Schieben-Twei: Hermann Jülfs

K

Kaemena

Weit verzweigte große Bauernfamilie, der Name stammt vermutlich von Kemenate, womit ein beheizbarer Raum oder auch ein festes Steinhaus gemeint ist. »Kämenade« war vor 1350 ein Bauernhof mit 60 ha Land, gelegen zwischen Holter und Ellener Feld an der heutigen Osterholzer Heerstraße. Neben dem Stammhof »Im Sack« (Sackbur) hatten die Kaemenas Höfe an der Riensberger Straße, an der Vorstraße (Isebeen, Bauernhof →Kaemena), im Block- und Niederblockland sowie mehrere Höfe in der Vahr. Lür Kaemena vom Hof Vorstraße heiratete Frieda Laue, die Tochter des Besitzers der Horner Mühle.

Noch freistehend: Hof Kaemena, Vorstraße 4, im Jahr 1978

Kaemena, Friedrich,
Gemeindevorsteher (Beigeordneter) von Horn-Lehe, †11.3.1904 in Bremen, Leher Heerstraße 23
Friedrich Kaemena war →Gemeindevorsteher der Gemeinde Horn. Er unterstützte die Bemühungen junger Horner Sportler zur Gründung des Turnvereins →Eiche Horn und wurde zum ersten Vorsitzenden gewählt. Er behielt seine Ämter bis zu seinem Tode 1904.

Kaemena, Lür
Lür Kaemena entstammte dem Bauernhof →Kaemena an der Vorstraße. Er war der Sohn Johann Kaemenas und heiratete Frieda Laue, die Tochter des Mühlenbesitzers Heinrich Laue. Sein Sohn Johann und sein Enkel Lür führten die Horner →Mühle in Familienbesitz weiter.

Kaemena, Bauernhof
Der Hof Kaemena an der Vorstraße 4 liegt im alten Siedlungsgebiet von Lehe zwischen der »Achterkämpe« im Süden und der »Vorkämpe« im nördlichen Bereich des Lehester Feldes. Die Höfe wurden auf der Südseite der Vorstraße errichtet und sind bereits in der Kurhannoverschen Landesaufnahme von 1764 verzeichnet. Entsprechend der Erbhöferolle von 1937 gehörte zum Hof Kaemena eine Fläche von 38,4 ha. Die Hofstelle Vorstraße 4 ging 1799 von Lür Warnken an Johann Sanders über. Seine Tochter Becka Sanders, die Hoferbin, heiratete 1834 Gerd Kaemena aus Gröpelingen. Die Horner Linie der Kaemenas trug zur Unterscheidung von den zahlreichen Kaemenas dieser Großfamilie auch den Beinamen »Isebeen«. Gerhard Kaemena (1878-1960) und sein Sohn Hans Kaemena (1910-1974) betrieben auch Vieh- und Pferdezucht. Über mehrere Jahrzehnte waren sie Stierhalter der Stierhaltungs-Genossenschaft Horn-Lehe, und von ihrer Zucht Oldenburger Pferde zeugen zahlreiche Erfolge auf Bremer Tierschauen. Die Horner Bauernfamilie Kaemena wurde auch durch das künstlerische Talent der Schwester Gerhard Kaemenas, Gesine (Sine, verh. →Wessels), bekannt. Noch in den 1960er Jahren wurde der Hof von den Kaemenas aktiv bewirtschaftet, bis mit dem Aufkauf umfangreicher Weideflächen durch die Stadtgemeinde Bremen für den Bau der →Universität die landwirtschaftlichen Aktivitäten der Familie Kaemena in Horn zu Ende gingen. Das im Jahr 1879 errichtete Hofgebäude in der Vorstraße wird von Margarete Kaemena, verh. Schnödewind, und ihrer dort wohnenden Tochter Tania, verh. Melms, weiterhin in gutem Zustand erhalten und bezeugt sichtbar die bäuerliche Vergangenheit Horn-Lehes.

Kaffeehaus Achterdiek
Das Kaffeehaus Achterdiek war eine Gastwirtschaft mit großem Gartenbetrieb. Sie

war auch bekannt auch als »Café Bergen« und bestand bis Ende der 1930er Jahre.

Kähne
1929 eröffnete »alkoholfreie Schankwirtschaft, Bäckerei und Konditorei« an der Leher Heerstraße 189. Später Bäckerei und Konditorei Hentschel. 1969 eröffneten Gerda Kähne (verh. →Alfken) in dem Eckhaus die erste Horner »Schnellreinigung«. Nach nur 23 Minuten konnte die frische Wäsche von der »Selbstbedienungsstange« in Empfang genommen werden. Heute befindet sich in dem Gebäude die Musikschule Ridder.

Kampa-Leichtbauhäuser
Über das ganze Stadtgebiet verteilt, ließ Bremen von 1990 an Wohnbauten der Firma Kampa in Leichtbauweise mit Fertigteilen als »Überlasthäuser« für Aussiedler errichteten. Die Häuser wurden von der Sozialbehörde gegen Zahlung einer Nutzungspauschale für zehn Jahre übernommen. Die Mieter mussten pro Kopf und Monat im Sommer ein Nutzungsentgelt von 90 D-Mark und im Winter von 120 D-Mark entrichten. Im Stadtteil Horn-Lehe wurden sieben Doppelhäuser an der Konsul-Cassel-Straße errichtet. Sie wurden 2006 geräumt und abgerissen. Heute befindet sich dort eine moderne Reihenhaussiedlung.

Karsten, August
Landjäger, *10.5.1846, †nach Mai 1941, Bremen, Klattendiek und Leher Heerstraße 175
Karsten trat 1876 als Landjäger in den Bremer Staatsdienst ein. Von 1885 bis zu seiner Pensionierung im Jahre 1907 war er in Horn stationiert. Er hatte 1870/71 am Deutsch-Französischen Krieg teilgenommen, war Mitbegründer des Kriegervereins Horn und Mitglied im NS-Reichskriegerbund (Kyffhäuserbund) e.V.

Kaselow, Egon
Einzelhandelskaufmann, *9.10.1937 Prenzlau, Wilhelm-Röntgen-Straße
Egon Kaselow war Inhaber des Horner Traditionsgeschäftes für Papier- und Spielwaren mit Verkaufsläden an der →Wilhelm-Röntgen-Straße und an der →Leher Heerstraße. Er war 1953 mit seinen Eltern nach Bremen gekommen, um nach Kanada auszuwandern. 1961 eröffnete er seinen ersten Laden in der Neustadt. Wie Edith Brandt mit ihrer Markus-Apotheke (→Apotheken) gehörte Kaselow 1962/63 zu den Pionieren des →Leher Feldes, als er in den ersten Bauten der Wilhelm-Röntgen-Straße sein Geschäft eröffnete. Um Mietsicherheit und Miete aufbringen zu können, verkaufte er früh morgens unter den Rathausarkaden Zeitungen, bevor er mit dem Fahrrad zurück ins Leher Feld fuhr und sein Geschäft öffnete. Um alle Kundenwünsche zu erfüllen, erweiterte er beständig Sortiment und Regalflächen. Briefmarken, Bier und vorübergehend auch Fahrräder gehörten zum Angebot.

Ausflugslokal: Kaffeehaus Achterdiek (auch Café Bergen)

August Karsten

Egon Kaselow

Konditorei und Café Kähne, Leher Heerstraße 189, um 1935

Mobil: Egon Kaselow mit »Lastfahrzeug« vor dem Geschäft an der Leher Heerstraße

Jeder Dezimeter Ladenfläche war mit Waren ausgefüllt, von der Decke herab hingen u.a. Roller, Drei- und Kinderfahrräder. 1982 übernahm er zusätzlich den Schreibwarenladen von →Severloh an der Leher Heerstraße und pendelte fortan per Fahrrad (mit hoch beladenem Anhänger) zwischen den Geschäften. 1997 gab er zunächst den Laden an der Leher Heerstraße, 2002 auch das Geschäft an der Wilhelm-Röntgen-Straße auf. Am 31.8. des Jahres wurde er von der Horner Bevölkerung und den Geschäftsfreunden gebührend mit einem Straßenfest verabschiedet.

Mit dem Slogan »Kaselow macht Kinder froh« war er lange eine Institution in Horn-Lehe. Egon Kaselow wohnt weiterhin in der Wilhelm-Röntgen-Straße und widmet sich dort seinem Hobby – der Malerei. In den Räumen an der Leher Heerstraße eröffnete eine 2012 geschlossene Schlecker-Filiale. Das Geschäft im Leher Feld wurde von Siegfried Tschorn übernommen.

Keysser, Carl
Ratsapotheker, Leher Heerstraße 19
Der ehemalige Eigentümer der »Rathsapotheke« am Markt ließ 1870 das Landhaus an der Horner Heerstraße 19 errichten. An Gicht erkrankt, verkaufte er 1880 die Apotheke. Und lebte anschließend als »Privatier« in Horn. Er war Mitglied des Naturwissenschaftlichen Vereins. Nach seinem Tod ging das Anwesen gemäß Vermächtnis 1920 in das Eigentum der Stiftung »Mädchenwaisenhaus in Bremen« über, und 1928 bezog das Mädchenwaisenhaus (→Alten Eichen) Keyssers Villa.

Klatte, Bauernhof
Der Hof Klatte liegt an der Riensberger Straße 91 (Horn 12, heute Riekestraße 6). Er findet sich bereits in der Kurhannoverschen Landesaufnahme von 1776 verzeichnet, und ein im Hof eingelassener Ofenstein datiert aus dem Jahr 1657. Der Hof wurde Anfang des 19. Jahrhunderts von der Bauernfamilie Johann und Catarina Otten, geb. Sanders, bewirtschaftet, die das Hofgebäude im Jahr 1821 errichte-

Jetzt Stiftung Alten Eichen: Villa des Rathsapothekers Keysser

ten. Ihre Tochter Adelheid Otten heiratete als Hoferbin im Jahr 1853 Johann Klatte aus der Vahr. Später übernahm deren Enkel Georg Klatte (1882–1973) den Hof. Er war mit Meta Döhle (1887–1964) verheiratet, das einzige Kind dieser Ehe war Herta Klatte, die im Jahr 1942 den Tierarzt Dr. Hans Späh heiratete. Nach seiner Rückkehr aus der Kriegsgefangenschaft eröffnete er mit Unterstützung seines Schwiegervaters Georg Klatte eine Großtierpraxis auf dem Hof. Die Bewirtschaftung der landwirtschaftlichen Flächen des Bauernhofs Klatte wurde einem angestellten Verwalter übergeben, und Späh widmete sich ganz seiner Tierarztpraxis und der Pferdezucht. In den 1960er Jahren führte der Bau der Universität zur Umwidmung umfangreicher Grünlandflächen und zur Einschränkung der landwirtschaftlichen Aktivitäten auf dem Hof. Mit der Errichtung der Stiftungsresidenz Riensberg durch die Bremer Heimstiftung zu Beginn der 1980er Jahre verblieb vom Hof nur noch eine Restfläche um die Gebäude herum. Seit Spähs Tod 1992 führt dessen Sohn Dr. med. Hansjörg Späh neben seiner ärztlichen Tätigkeit die Tradition der Pferdezucht fort.

Klattendiek

Der Klattendiek (bis 1926: »Kladdendiek«) ist die älteste Straße mit geschlossener Bebauung in Horn und benannt nach der Familie →Klatte. Dort wohnten viele Handwerker und Händler, die sich um die Landgüter angesiedelt hatten. Im Klattendiek wohnte Ende des 19. Jahrhunderts auch der Horner Landjäger August →Karsten, auch die Tischlerei Bosse (Tischlereien) befand sich dort.

Kleine Wümme

Die Kleine Wümme ist namentlich zuerst 1355 (BUB II 65) erwähnt, wobei aber der Verlauf des benannten Gewässers nicht eindeutig ist. Im neueren Sprachgebrauch hat sich die Bezeichnung für den gesamten Wasserlauf entlang der Berckstraße, Riensberger Straße und Achterstraße eingebürgert. An der Oberfläche sichtbar wird er erst ab Riensberger Brücke und mündet in Dammsiel in die »große« →Wümme.
Die Kleine Wümme wurde zur Entwässerung der Vahr und des Hollerlandes in die Wümme genutzt. In ihrem Horner Lauf wurde die Kleine Wümme von der Bevölkerung zum Angeln, Schwimmen und Schlittschuhlaufen genutzt. Die Kinder schipperten mit allem Schwimmbaren – nach dem Krieg waren die Deckel von Flak-Scheinwerfern beliebt – auf ihr herum und kamen mitunter unfreiwillig mit dem Element der Kleinen Wümme in Berührung. Das Wümmewasser kam bis in die 1930er Jahre auch für Taufen in der →Horner Kirche zum Einsatz. Zahlreiche Brücken führten über die Kleine Wümme zu den Grundstücken entlang der Riensberger Straße, Berckstraße und des Schorfs. 1928/29 wurde die Kleine Wümme an der Riensberger Straße begradigt und mit Spundwänden versehen.
1958 gab es Planungen zu ihrer Verlegung, um über sie das Oberflächenwasser des Neubaugebiets Vahr abzuleiten.

Folgende Doppelseite: Der Hof Klatte an der Riensberger Straße mit der Horner Kirche, um 1940

Polizeiposten: Haus des Landjägers Karsten am Klattendiek und daneben Neuplanung der Kleinen Wümme, aus dem Weser-Kurier vom 3.4.1958

Kleine Wümme an der Berckstraße, rechts die St.-Pauli-Restauration

Der Beirat hatte keine Einwände, aber der Bürgerverein trat zusammen mit zahlreichen Anwohnern massiv für den Erhalt des Flussbettes entlang der Berckstraße ein. Das Wasser aus der Vahr wurde verrohrt unter der Horner Heerstraße in das →Vahrster Fleet geleitet und machte die ehemalige Horner Brücke überflüssig. 1976 wurde die Kleine Wümme an der oberen Riensberger Straße und der Berckstraße zugeschüttet. Heute erinnern diesseits der Wümmebrücke an der Riensberger Straße ein kleiner Graben an die Kleine Wümme, am Friedhof noch die Reste der alten Spundwände, und manche alte →Hornster kennen vielleicht noch das hier nach Karl Roprecht zitierte Lied »An de lüttje Wummen, dor bin ick boor'n« (nach der Melodie »Steig ich den Berg hinauf«).

*Ick bin een Horner Jung,
dat makt mi Freude,
ick bin een Horner Jung,
dat makt mi Spaß.
Jüst an de lüttje Wummen,
dar bin ick boor'n,
jüst an de lüttje Wummen,
dar steiht min Hus!
Fragt di een Minsch nun mal,
wo is dine Heimat,
fragt di een Minsch nun mal,
wo steiht din Hus!
Jüst an de lüttje Wummen
dar bin ick boor'n,
just an de lüttje Wummen
dar steiht min Hus!*

Bau eines Parzellenhauses im Kleingartengebiet an der Achterstraße (im Hintergrund das Rechenzentrum), 1978

Alfred Krüger, Feldhauser Straße 25, äußerte sich Februar 1973 in der »Ostbremer Rundschau« zur Wümmeregulierung in Reimen:

*Wümmeregulierung
Gott schütze uns vor Sturm und Wind
und Planern, die ganz scharf drauf sind,
(sie sind da schwer am projektieren),
den Wümmelauf zu regulieren.
Sie wollen, das seh'n sie als Segen,
die ganze Landschaft trocken legen...
Die Wümme wird dann zum Kanal,
schnurgerade, betoniert und schmal.
Hochhäuser stehen an den Deichen,
garniert mit Wasservogelleichen,
und es hält nicht mal eine Maus
die Trockenheit zwei Tage aus.
Kein Baum – kein Strauch – nur trockener Wind,
das Wasser tot. – Im Wasser sind
kein' Brassen mehr und auch kein Aal...
Das ist den Planern auch egal –
ihr Plan, der lautet akkurat:
jetzt machen wir die Wümme grad!*

Kleingärten

Im Leher Feld liegen die Kleingartenvereine Horner Gartenfreunde und Zur grünen Insel. Auch am Ende des Ledaweges sind noch Kleingärten zu finden. Dort befindet sich der »Beste-Junge-Weg«, der seinen Namen einem Parzellisten verdankt, der die Kinder aus der Nachbarschaft immer mit »Bist min beste Jung« ansprach. Bedeutend mehr Parzellen gab es im alten Horn-Lehe, und zwar im alten Leher Feld, an der Bahnstrecke Bremen–Hamburg (Heinrich-Kaemena-Weg) an der →Berckstraße und im jetzigen Gewerbegebiet →Horn-Lehe West.

Aus Horn in die ganze Welt: Streichinstrumente von Emmo Koch

Koch, Emmo
Instrumentenbauer, Achterdiek 21
Emmo Koch studierte bis 1951 Gesang, brach seine Bühnenlaufbahn aber kurz vor dem Abschluss ab, um sich seiner neuen Leidenschaft – dem Instrumentenbau – zu widmen. Er eröffnete in den 1950er Jahren eine Werkstatt in der ehemaligen Töpferei der Auguste →Papendieck. Als Autodidakt ohne Ausbildung oder gar Meisterbrief baute er historische Instrumente von hoher Qualität. Die Fideln, Gamben und Klavichorde aus seiner Werkstatt wurden in die ganze Welt verkauft.

Koenenkamp, Wilhelm
*Kaufmann, *1859, †20.10.1941 in Bremen, Marcusallee 38*
Der Kaufmannssohn Wilhelm Koenenkamp gründete 1885 sein Unternehmen, mit dem er Seide aus Japan und China importierte. 1910 wurde er vom bremischen Kaufmannskonvent in die Bremische Bürgerschaft gewählt, der er bis 1918 angehörte. Koenenkamp war Mitbegründer der Deutschen Rhododendron-Gesellschaft und lebte auf einem ausgedehnten Grundstück an der Marcusallee 38.
Nach dem Zweiten Weltkrieg wurde sein Anwesen von den Amerikanern beschlagnahmt und in der Villa der »Stork-Club« als Casino für die Offiziere eingerichtet. Später befand sich darin die Gehörlosenschule (→Schulen). Aktuell ist das Gebäude wieder in privater Hand und wird von einer Anwaltskanzlei genutzt. Ein großer Teil des früheren Koenenkamp'schen Grundstücks wurde für die Errichtung von Wohnungen verwandt.

Köpcke, Karl-Heinz
*Rundfunk- und Fernsehsprecher, *29.9.1922 in Hamburg, †27.9.1991 ebd.*
Der später als »Mr. Tagesschau« bekannte Fernsehsprecher arbeitete von Herbst 1945 bis Sommer 1948 als Sprecher bei →Radio Bremen. In dieser Zeit wohnte er als »Zimmerherr« bei Familie Stuke in der Vorstraße 30.

Kohle, Heinrich
*Elektromeister, *31.1.1929 Bremen, †2.7.1987 Bremen, Lehester Deich 91*
Der Elektromeister übernahm 1953 den Elektrobetrieb von August Hunig am →Lehester Deich. Um die steigende Anzahl von Fernsehempfängern reparieren zu können, ließ er sich bei Nordmende als Radio-und Fernsehtechniker nachschulen. 1954 stellte er in einer ausgeräumten Garage einen Fernseher auf, um im ersten Horner »public viewing« die Spiele der Fußballweltmeisterschaft öffentlich zu übertragen. 1966 verlegte er sein Ladengeschäft vom Lehester Deich nach Borgfeld. Es ist dort noch heute unter dem Namen »Expert Kohle« zu finden. Kohle war aktives Mitglied bei der Freiwilligen →Feuerwehr Lehesterdeich und 1973–85 Wehrführer.

»Mr. Tagesschau«: Karl Heinz Köpcke

Wilhelm Koenenkamp

»Public Viewing« 1954: Übertragung der Fußball-WM am Lehester Deich

Johannes Melchior Kohlmann

Adolf Könsen

»Begehbare Kleiderschränke«: Kleinstwohnungen in der Kohlmannstraße

Kohlmann, Johannes Melchior,
*Pastor an der Horner Kirche, Geschichtsforscher und Kirchenhistoriker, *21.1.1795 Bremen, †16.12.1864 ebd., Horn*
Kohlmann war Sohn eines Pastors, besuchte 1805–07 das Pädagogium und musste als Zwölfjähriger anschließend seinem Vater helfen, indem er täglich acht Stunden in der zweiten Schulklasse unterrichtete. Später nahm er sein Studium in Tübingen auf und wurde nach seiner Rückkehr 1818 zunächst Hilfsprediger in Wasserhorst und 1819 in Mittelsbüren-Grambke. 1829 folgte er dem Ruf an die Horner Kirche. Hier war er 35 Jahre bis zu seinem Tode tätig. Seine Grabstätte befindet sich auf dem Horner Friedhof. Zu seinen Ehren wurde die →Kohlmannstraße am →Riensberg benannt.

Kohlmannstraße

Die Kohlmannstraße wurde 1953 auf dem Gelände des ehemaligen Landhauses →Schütte angelegt.
Das gesamte Anwesen war zuvor von den Schütte'schen Erben an die GEWOBA verkauft worden, die zur Bekämpfung der Wohnungsnot nach dem Zweiten Weltkrieg dort nach den Plänen der Architekten Max Säume und Günther Hafemann 169 Appartements errichteten. Mit 20 m² Wohnfläche wurden sie als »begehbare Kleiderschränke« verspottet. Doch machen die aufgelockerte Bebauung inmitten eines Parks mit altem Baumbestand und der funktional gut durchdachte Grundriss die Wohnungen bis heute für Alleinstehende attraktiv. Als eine für die Architektur und die soziale Situation der 1950er Jahre charakteristische Wohnanlage wurde sie 1995 unter Denkmalschutz gestellt.

Kolonisationsurkunde

Urkunde zur Besiedelung des Hollerlandes zwischen Erzbischof →Friedrich I. und Holländischen Siedlern (→Urkunde von 1106/1113)

Könsen, Adolf

*Ortsamtsleiter, *2.2.1916 in Bremen, †28.2.2000 ebd.*
Adolf Könsen war Sohn eines Landwirts in Mahndorf und kaufmännischer Angestellter. Nach der Kriegsgefangenschaft wurde er 1949 Sachbearbeiter für Wohnungsangelegenheiten beim Ortsamt Hemelingen. Später wechselte er ins Ortsamt Oberneuland und 1955 zur Übernahme der Abteilungsleitung Wohnungswesen ins Ortsamt Horn-Lehe. Im Februar 1960 wurde er als Nachfolger von Fred →Kunde zum Ortsamtsleiter gewählt. Nach dem Zweiten Weltkrieg war er in die SPD eingetreten und seit 1951 Mitglied im Beirat Hemelingen. 1955–67 war er für die SPD Mitglied der Bürgerschaft und 1961/62 Erster Vorsitzender der SPD Vahr Nord.

Kontribution

Der Begriff stammt aus dem Lateinischen, bedeutet »beisteuern« und stand in der Frühen Neuzeit für »Sondersteuer«.
Im Dreißigjährigen Krieg (1618–48) mussten die Landleute des →Hollerlandes wiederholt hohe Kontributionen an die Stadt leisten (1636: 492 Reichstaler; 1637: 756 Rtl; 1638: 685 Rtl). Die Höhe wurde nach der Größe des Hofes festgelegt. Auch während der →Franzosenzeit wurden Kontributionen erhoben, um die Einwohner an der Versorgung der französischen Truppen zu beteiligen. Die Kontributionspflichtigen wurden in Kontributionslisten erfasst.

Kopernikusstraße

Erschließungs- und Sammelstraße für den Verkehr im →Leher Feld Nord mit zwei Verbrauchermärkten (an der Ohm- und Edisonstraße), einer Tankstelle und mehreren

Ladengeschäften. Für die breit mit Fuß- und Radwegen ausgebaute Straße wurden zum Schutz der Fußgänger immer wieder verkehrsregelnde Maßnahmen gefordert. Zuletzt wurde der nördliche Teil zur Tempo-30-zone erklärt, eine Einwohnerinitiative kämpft für eine Geschwindigkeitsbegrenzung in der gesamten Kopernikusstraße.

Kötner (Köthner)
Der Begriff stammt von Kate, kleines Bauernhaus. Sie gehörten der 2. Klasse der →Bauern an, besaßen nur wenig Land und Vieh und verdingten sich als Tagelöhner oder Dienstleister.

Kreyenhorst, Schloss
1869 erwarb der Kaufmann Diedrich Daniel Knoop das Gut →Rosenthal und ließ sich dort 1873–75 von Johann Georg Poppe das imposante, reich verzierte Schloss Kreyenhorst im Renaissance-Stil errichten. Mit einer Grundfläche von 1000 m² erstreckte es sich über zwei Hauptetagen, die zwei stirnseitigen Türme erreichten eine Höhe von ca. 20 m. Im Inneren wurde das Gebäude von französischen Stuckateuren ausgestattet. 1888 veräußerte Knoop das Landgut an Willy →Rickmers, der das Landgut auf eine Fläche von 78 ha erweiterte. Rickmers war befreundet mit dem Maler Arthur →Fitger, der im Schloss Kreyenhorst großflächige Wandgemälde schuf. Auf einem gepachteten Gartengrund baute der Maler und Poet 1890 ein Künstlerheim mit einem großen Atelier. Nach dem Tode von Willi Rickmers verfiel das Gebäude zusehends. 1911 wurde das Gebiet vom Bremer Staat erworben und das Schloss im Jahr darauf abgebrochen. Ein Teil des Geländes wurde parzelliert und durch die →Marcusallee und die Straße →Rosenthal erschlossen. Der nördliche Teil von Rickmers Park mit über 35 ha ist heute Teil des →Rhododendronparks. In Erinnerung an das Schloss erhielt 1959 eine kleine Stichstraße östlich der Bürgermeister-Spitta-Allee den Namen Kreyenhorst.

Kring
Von Kreis, Ring, Runde, plattdeutsch für Vereinigung von Menschen – ähnlich einem Verein, aber ohne schriftlich fixierte Satzung. Die Leitung des Krings übernimmt der Kringbaas.

Kristallpalast →Ilsemann

Krüger, Maria (geb. Fraedrich, gesch. Bücking)
Pädagogin, Bürgerschaftsabgeordnete (KPD), *17.10.1907 Gotha, †7.1.1987 Bremen
Maria Krüger war die Tochter des Horner Pastors Gustav →Fraedrich. In ihrer

Maria Krüger

Imposant: Schloss Kreyenhorst um 1900

Jugendzeit lernte sie in den Lesestunden im Horner Pfarrhaus an der →Berckstraße auch Karl →Carstens kennen, der von ihrem Vater konfirmiert wurde. Maria Krüger wäre gern Ärztin geworden, konnte ihren Berufswunsch aber aufgrund der Vorbehalte ihres Vaters nicht verfolgen. Sie erhielt eine Ausbildung zur Kindergärtnerin im Frauenerwerbs- und Ausbildungsverein, u.a. bei Agnes Heineken. Im Kindergarten der Jute-Fabrik erlebte sie die schwierigen Lebensbedingungen der Arbeiterinnen. 1919 lernte sie ihren ersten Mann, den Jurastudenten und damaligen Kommunisten Klaus Bücking kennen. Durch ihn kam sie zur Roten Hilfe; 1931 wurde sie Mitglied der KPD. Sie war in der Lese- und Bastelstube des Frauenerwerbs- und Ausbildungsvereins tätig.

Krügers Mann wurde 1933 verhaftet, sie selbst musste ihren Beruf aufgeben und eröffnete eine Leihbücherei im Hafen. 1942 wurde ihr vorgeworfen, ihr Geschäft sei ein Anlaufpunkt des Widerstandes. Sie wurde zu einer Haftstrafe von einem Jahr verurteilt, die sie im Zuchthaus Hamburg-Fuhlsbüttel verbüßte. Die Ehe mit ihrem Mann zerbrach, 1943 heiratete Maria Bücking den Kommunisten Werner Krüger. Nach dem Krieg kandidierte Maria Krüger für die KPD zur Bürgerschaft und war 1951–59 Abgeordnete. Sie war Mitbegründerin der Lebenshilfe für geistig behinderte Menschen, Gründungsmitglied der VVN und der GEW, Mitglied der Internationalen Frauenliga für Frieden und Freiheit und arbeitete seit 1946 im Frauenausschuss mit. 1968 war sie Mitbegründerin der DKP in Bremen. Bei ihrer Beerdigung sprachen drei Senatoren.

Kuhgraben

Der Kuhgraben ist ein alter Wasserlauf, der ursprünglich von der Weser durch das Pagentorner Feld, am Ostrand der Bürgerweide entlang bis zur Wümme verlief. Als »cograve« wurde er 1277 erstmalig erwähnt (BUB I 375). Der Gewässername ist abgeleitet vom Begriff »koh«, was so viel bedeutet wie Grenze (Franz Buchenau) oder auch Grenzgraben (Hanswilhelm Haefs).

Der Kuhgraben bildet die Grenze zwischen dem Holler- und dem Blockland, er mündet bei →Kuhsiel in die Wümme. Die Bedeutung der Wasserstraße belegen Bestimmungen über die Reinhaltung des Kuhgrabens aus dem Jahre 1288, die den an der Reinhaltung beteiligten Bürgern Vergünstigungen boten: Sodenstich in der Niederung an der Wümme, Zollfreiheit und Schutz für die Schifffahrt. 1389 wurde eine Kommission zur Überwachung und Verwaltung des Kuhgrabens eingesetzt. 1768 durchstachen die Horner Bauern den damals erhöhten Kuhgrabenweg an dreißig Stellen, um dem Hochwasser ihrer Gemarkung einen Abfluss zu bieten. Da dieser Anschlag während der Heuernte stattfand, führte er zu großen Schäden

Blick auf Kuhsiel, rechts der Kuhgraben mit dem Überzug zur Wümme im Hintergrund, Ölgemälde eines unbekannten Malers aus dem 19. Jahrhundert

in der →Wetterung. Über den Kuhgraben brachten die Torfbauern aus dem Moor den für die Stadt wichtigen Brennstoff bis in die Stadt. 1797 wurde er auf einer »geraumen Strecke« mit Eichenbohlen eingefasst, der danebengelegene Weg mit Straßensteinen belegt und bei der Schleifmühle zu einem Hafen verbreitert.
Nach dem Bau der Eisenbahnstrecke Hannover–Bremen (Inbetriebnahme 1847) mündete der Kuhgraben am Barkhof in einem Hafenbassin, wo der Torf entladen wurde. Das Hafenbassin wurde 1861 geschlossen. 1891 wurde der Kanal entlang der Ostseite des Bürgerparks zugeschüttet und darüber die Parkallee gebaut.
Nach den Torfschiffern nutzten die Wassersportler den Kuhgraben als Verbindung zwischen kleiner und großer Wümme. 1926 wurde die Anlage des Wassersportvereins →Bremermann gebaut, seit 1995 wird der Kuhgraben im Rahmen des sanften Tourismus in den Sommermonaten wieder von Torfkähnen befahren.

Kuhlwein, Bernd E.
Gartenarchitekt, *17.4.1911 Berlin, †21.11.1983 Bremen, Im Deichkamp
Bernd E. Kuhlwein stammte aus Ostdeutschland; er absolvierte die Lehr- und Gesellenjahre in der Baumschule Späth in Berlin. 1936 schloss er ein Studium an der Lehr- und Forschungsanstalt für Gartenbau in Berlin-Dahlem ab. Seine Frau war die Tochter der Besitzer der Tinten-Fabrik Schneider (Roland-Tinte, Verden). Nach zwei Jahren Tätigkeit im Gartenbauamt Bremen machte er sich 1938 mit einem Staudenanzucht- und Gartenbaubetrieb selbstständig und eröffnete zugleich ein Planungsbüro. Er erwarb ein Betriebsgelände am Ende der Straße Im Deichkamp zwischen Vorkampsweg und Autobahn und nannte es »Holler Landhof«. In dem Reithdachhaus wohnte und arbeitete er und brachte Geräte, Hühner und Schafe unter. Durch den später folgenden Bau eines Wirtschaftsgebäudes und eines Gewächshauses entstand ein u-förmiger Hof. 1978 brannte das Wohnhaus ab, wurde aber wieder neu errichtet. Bernd Kuhlwein führte den Betrieb bis zu seinem Tod 1983.

Nach dem Zweiten Weltkrieg war Kuhlwein bis 1970 einer der gefragtesten Gartenarchitekten Bremens. Er gestaltete private Gärten unter anderem bei →Borgward an der Horner Heerstraße, in der Marcusallee, am Consul-Mosle-Weg, am Deliusweg, im Rosenthal, an der Riensberger Straße sowie in den Straßen Alten Eichen und Unter den Eichen. Zu seinen Arbeiten gehörte die Gestaltung von Außengeländen in Industrieanlagen wie Borgward, Brinkmann und den Lloyd-Werken; er entwarf auch den Garten des Parkhotels.
Kuhlwein gestaltete den deutschen Beitrag auf der internationalen Blumenschau »Florinade« in Rotterdam, beteiligte sich 1963 an der IGA in Hamburg und schuf 1979 auf der Bundesgartenschau in Bonn den »Ammerländer Pflanzengarten«. Für diese Arbeiten erhielt Kuhlwein verschiedene Preise und Medaillen. Bis in die 1980er Jahre organisierte er mehrere große Blumenschauen in der Bremer Stadthalle. Das Motto der 6. Bremer Blumenschau »Frühling in einer alten Hansestadt«, die nach seinem Tode im Februar 1984 stattfand, stammte noch von ihm.
Bernd E. Kuhlwein war Träger des Bundesverdienstkreuzes. Auf dem Gelände seiner ehemaligen Gärtnerei errichtete die Eugen-Kulenkamp-Stiftung 2008/09 eine Siedlung mit 90 Wohneinheiten in Doppelhäusern und Geschosswohnungsbauten. Die dort gelegene Kuhlweinstraße erinnert an den Gartenarchitekten.

Bernd E. Kuhlwein

Kuhsiel
Schleuse, Gaststätte
a) Als Kuhsiel wird ein Siel an der Einmündung des →Kuhgrabens in die große →Wümme bezeichnet. Vor dem Bau der Schleuse gab es bei Kuhsiel einen »Überzug«, d.h. eine abgesenkte Stelle des Wümmedeichs, an der die Torfbauern ihre Schiffe aus der Wümme über den Deich in den Kuhgraben ziehen konnten.
1765 passierten mehr als 3300 Schiffe Kuhsiel, für die Nutzung des Überzugs mussten sie eine Gebühr entrichten. Nach Angaben eines späteren Besitzers, Johann Nicolaus Wedermann, war im Jahre 1858 die Zahl der Torfkähne, die den Über-

Gaststätte Kuhsiel mit Torfkähnen

Fred Kunde

zug jährlich in Anspruch nahmen, auf das Zehnfache gestiegen. Wedermann nahm an Überzugsgeldern 927 Reichsthaler und 56 Grote ein. Nach seinen Angaben brachten 1200 Schiffer 8000 Hunt Torf (ca. 100.000 m³) mit 32.000 Kähnen zum Verkauf nach Bremen. 1865 wurde der Kuhgraben erweitert und der Überzug durch eine Kammerschleuse ersetzt, in der drei Torfschiffe Platz hatten. 1931 wurde die Schleuse erneuert und war bis zum Auftreten von Sicherheitsmängeln 1993 in Betrieb. Streitigkeiten über die Notwendigkeit der Aufrechterhaltung des Schleusenbetriebs und der Finanzierung der 1,6 Millionen D-Mark teuren Sanierung endeten 1997 mit der Neueröffnung mit Selbstbedienung. Seit 1951 gehört das Kuhsiel zum Ortsamtsbereich Blockland. 1966 wurde neben der Schleuse das Schöpfwerk zur Entwässerung des Hollerlandes und zur Entlastung des Schöpfwerks Wasserhorst errichtet.

b) Die heutige Gaststätte Kuhsiel wurde als Schankwirtschaft unter dem Namen »Jan vom Moor« zunächst in einem 1810 erbauten Bauernhaus betrieben. 1898 erhielt Johann Behrens aus Truperdeich die polizeiliche »Erlaubniß [...], in dem zu Oberblockland No. 2 gelegenen Lokale [... eine] Wirthschaft« zu eröffnen. Die Familie Behrens betrieb über sieben Jahrzehnte die an der Grenze Horn-Lehes im Blockland gelegene Gaststätte. Auf der Diele des alten Bauernhauses trafen sich die Torfschiffer und im Winter die Schlittschuhläufer, die auf den Wiesen des überschwemmten Block- und →Hollerlandes ihre Kreise drehten. Damit die Schlittschuhläufer ihre Kufen nicht abschnallen mussten, war der Fußboden im Winter mit Torf bestreut. Zu den Schlittschuhläufern zählte auch der begeisterte Schlittschuhläufer und Eissegler Wilhelm →Focke, der seine Zeche auch schon mal mit einem von ihm gemalten Bild bezahlte.

Später war die Gaststätte ein beliebter Stopp der zahlreichen Sportbootfahrer, die die Pause an der Schleuse nutzten, um sich für die Weiterfahrt zu stärken. 1969 wurde das Haus durch einen Neubau ersetzt. Seitdem wird »Kuhsiel« mit Unterbrechungen, wechselnden Pächtern und wechselnden Konzepten weitergeführt.

Kunde, Fred
Ortsamtsleiter, *14.4.1912, †18.1.2001 Bremen

Kunde stammte aus Pommern und kam als Heimatvertriebener nach Kriegsende nach Bremen. 1948 wurde er Verwaltungsangestellter und absolvierte 1952 die Verwaltungsprüfung. Zum 1.10.1954 wurde er mit der kommissarischen Leitung des Ortsamts beauftragt und am 1.4.1955 auf mehrheitliche Empfehlung des Ortsamtsbeirates zum Amtsvorsteher ernannt. 1959 erfolgte gegen den Willen des Beirats Kundes Versetzung zum Amtsvorsteher nach Blumenthal. Bis zu seiner Pensionierung 1975 hatte er dieses Amt inne. Fred Kunde war bis 1960 stellvertretender Vorsitzender des SPD-Ortsvereins Bremen. 1963–67 war er für die SPD Mitglied der Bremischen Bürgerschaft.

Kunick, Konrad
Senator, Abgeordneter der Bremischen Bürgerschaft und des Bundestages, Dauercamper, *15.5.1940 Leipzig, Am Stadtwaldsee
Konrad Kunick war 1978–86 Landesvorsitzender der SPD Bremen. 1971–87 und 1991–94 war er Abgeordneter in der Bremischen Bürgerschaft, 1985–87 Vorsitzender der SPD-Bürgerschaftsfraktion. 1987–91 war er Senator für Häfen und Schiffahrt, Senator für Arbeit und zusätzlich Senator für das Bauwesen. 1994–2002 war er als direkt gewählter Abgeordneter Mitglied im Deutschen Bundestag.

Konrad Kunick erregte Aufsehen, als er als Abgeordneter des Bundestages während der Sitzungswochen in einem Wohnwagen auf dem Campingplatz in Bad Honnef, nahe der damaligen Bundeshauptstadt Bonn, wohnte. Als der Bundestag 1999 nach Berlin verlegt wurde, zog er mit seinem Wohnwagen auf den Campingplatz Kohlhasenbrück in Steglitz-Zehlendorf. Nach der Rückkehr aus Berlin ließ er sich als Dauercamper auf dem alten →Campingplatz am Uni-See nieder. Seitdem kämpft Kunick als Vorsitzender des »Vereins der Freunde und Dauercamper auf dem Naturcampingplatz Bremen« gegen drohende Bebauungen, für den Erhalt des alten Campingplatzes.

Kuntze, Willi
Musiker, Musiklehrer, Leiter des Harmonika-Orchesters Bremen, *1.5.1908 Bremen, †5.10.1978 Bremen, Am Brahmkamp 6
Willi Kuntze arbeitete zunächst als Pianist an vielen Veranstaltungsorten in Bremen. Mitte der 1930er Jahre begann er, aufgrund der großen Nachfrage und auf Anraten des Musikhauses Warncke, Unterricht an der Handharmonika zu geben. Er gründete das »1.Harmonika Orchester Bremen«, mit dem er jährlich in der Glocke auftrat. Nach dem Krieg setzte er die Arbeit des Orchesters fort. Nach dem Weggang von

Willi Kuntze mit seiner Tochter Wilma Ritter im Duett

Georg Espitalier trat Kuntze regelmäßig in unterschiedlichen Zusammensetzungen im Hafenkonzert auf. Gemeinsam mit seiner Tochter Wilma (verh. Ritter) begleitete er unter anderem Richard Germer, Friedel Hensch und die Cyprys und »Die (drei) Peheiros«. Im Sendesaal des →St.-Pauli-Restaurants begleitete er Lale Andersen in einer Sendung für Radio Bremen.

Kurzschriftverein
Der erste bremische Kurzschriftverein wurde am 9.4.1859 im →Pfarrhaus an der →Berckstraße gegründet. Er bestand aus dem Vorsitzer, dem Schriftführer und dem Kassenwart – unter ihnen der Sohn des Pastor Kohlmann – und einem Mitglied, das schon bald nach der Gründung wegen »Übermächtigkeit des Vorstandes« wieder ausschied. Der Verein bestand als Stenographische Gesellschaft Bremen bis in die 1990er Jahre.

Küster
Kirchendiener; zu den Aufgaben des Küsters gehören vielfältige Tätigkeiten im Zusammenhang mit der Vorbereitung und der Durchführung der Gottesdienste. In früheren Zeiten war er auch vielfach als Lehrer (Küsterschule) in den Gemeinden tätig. In der Kirchengemeinde der Horner Kirche wird das Amt seit mehreren Generationen von der Familie Meier ausgeübt. Das alte Küsterhaus liegt an der →Riensberger Straße 113 (Lehe 10).

Konrad Kunick

Nobelrestaurant und Asylantenunterkunft: »La Campagne« an der Schwachhauser Heerstraße 278

L

La Campagne

Ehemaliges Hotel und Nobel-Restaurant an der Schwachhauser Heerstraße 278, vormals »Hotel zur Vahr«. 1986 vom Varta-Restaurantführer als »beachtenswert« eingestuft. Nach wirtschaftlichen Schwierigkeiten und Aufgabe des Hotel- und Restaurantbetriebs wurde das Gebäude Anfang der 1990er Jahre für die Unterbringung von →Asylbewerbern und Obdachlosen genutzt. Für Aufregung im Stadtteil sorgte die Vermutung, dass hier in großem Maße mit Rauschgift gehandelt wurde. Auch ein Brandanschlag per »Molotowcocktail« wurde 1991 verübt. 1995 wurden gegen den Mehrheitswillen des Beirats 31 Plätze für die Unterbringung Drogenabhängiger eingerichtet. Die Betreuung erfolgte durch die Bremer Drogenhilfe, die erwarteten schweren Konflikte zwischen Drogenabhängigen und Einwohnern blieben jedoch aus. Nach Ende der Nutzung wurde das verwahrloste Gebäude abgerissen und auf dem Grundstück das Dialysezentrum Bremen errichtet.

Lager Achterstraße

An der Achterstraße befand sich seit dem Ende der 1930er Jahre ein Arbeitslager für →»Fremdarbeiter«, die, aus verschiedenen Ländern deportiert, auf Bauernhöfen, in Bäckereien und Rüstungsbetrieben arbeiten mussten.

Das Lager bestand aus mehreren lang gestreckten Holzbaracken, die einen weiten Innenplatz umschlossen. Ein breites Tor führte in das Lager hinein, Stacheldraht grenzte es gegen die Nachbargrundstücke ab. Nach Angaben der Geheimen Staatspolizei befanden sich im April 1944 insgesamt 137 männliche und vier weibliche französische »Zivilarbeiter« im Lager, außerdem waren auch Holländer und Russen untergebracht.

Zur Aufbesserung der Essenrationen wurde von den Arbeitern Holzspielzeug hergestellt (dreiteilige Holz-Dackel auf Rädern), die sie verbotenerweise bei der Bevölkerung gegen Lebensmittel eintauschten. Ein weiteres Lager befand sich in der Riensberger Straße (DAF-Lager III).

Nach Kriegsende wurde das Lager zunächst von der US-Armee genutzt. Mit einem Aufwand von fast 100.000 D-Mark ließ das Stadtplanungsamt 1953 die Baracken sanieren. Das Abbruchholz einer Baracke diente zum Einbau von Wohnräumen in den anderen. Die Unterkunftseinheiten bestanden aus Wohnküche, ein oder zwei Zimmern, dazu Toilette und Abstellraum und umfassten im Durchschnitt 35 m². In diesen »Wohnungen« wurden fünf bis sechs, aber auch bis zu zehn und zwölf Personen untergebracht. Die »Nutzungsgebühr« betrug monatlich 0,50 D-Mark pro Quadratmeter. Dazu kamen pro Person 0,50 D-Mark Licht-, Wasser-, Schornsteinfegerentgelt und eine Vergütung von 0,50 D-Mark monatlich für den jeder Wohnung zugehörigen Herd. Eine 1960 geplante separate »Kinderbaracke«, in der die oftmals sozial vernachläs-

Baustelle im nach 1945 von den Amerikanern genutzten Lager Achterstraße

Das Lager während der Räumung 1963

sigten Kinder betreut werden sollten, wurde nicht gebaut. Grund waren Proteste der Anlieger, die eine sofortige Schließung des Lagers forderten und fürchteten, dass durch den Bau der Kinderbaracke der Bestand des Lagers weiter verlängert werden würde. 1963 wurde das Lager endgültig geräumt und abgerissen. Viele der verbliebenen Bewohner zogen in die neu errichteten Wohnungen in der →Heinrich-Gefken-Straße. Heute befindet sich auf dem Gelände die Recycling-Station Horn der Entsorgung Nord GmbH.

Lahusen, Heinrich (»Heinz«)
Kaufmann, Industrieller, *14.9.1894 Delmenhorst, †1943 Bremen, Marcusallee 9
Heinz Lahusen trat nach dem Studium in die väterliche Firma »Nordwolle« ein und wurde 1923 Vorstandsmitglied. Nach dem Nordwolle-Konkurs stellte er zusammen mit seinem älteren Bruder G. Carl am 17.6.1931 den Vorstandssitz in der Nordwolle zur Verfügung. Beide wurden wegen des Verdachts eines Konkursvergehens verhaftet und gegen eine Kaution aus der Haft entlassen. In einem Prozess wurde Heinz Lahusen am 29.12.1933 zu zwei Jahren und neun Monaten Gefängnis sowie zu 20.000 Reichsmark Geldstrafe verurteilt. Ein Revisionsbegehren wurde vom Reichsgericht zurückgewiesen.

Landesverband der Gartenfreunde Bremen e.V.
Im Landesverband der Gartenfreunde Bremen e.V. sind 17.000 Mitglieder in Einzelmitgliedschaften organisiert. Der Landesverband wurde 1910 als gemeinnützige Dachorganisation gegründet. Seit Ende 1988 besteht das Beratungszentrum an der Johann-Friedrich-Walte-Straße. 2003 wurde das Schulungs- und Verwaltungszentrum →Flor-Atrium eröffnet und die ursprünglich 3000 m² große Fläche mit Musterlaube, Bienenlehrstand, begehbarer Kräuterspirale und zahlreichen Beispielen für ökologische Gartengestaltung auf insgesamt 10.000 m² erweitert.

Landgebiet
1817 wurden außerhalb der Stadt Bremen statt der →Gohe zwei Landgebiete rechts und links der Weser geschaffen. Das Landgebiet am rechten Weserufer umfasste 1843 insgesamt 80 Dörfer mit 8505 Einwohnern. Das Landgebiet wurde zunächst von zwei, ab 1884 von einem →Landherren verwaltet. Mit der Landgemeindeordnung von 1871/78 wurden der Kreistag als beschließendes und der Kreisausschuss als ausführendes Organ ins Leben gerufen. Der Kreistag wurde nach dem Zweiklassen-Wahlrecht gewählt. 1884 erfolgte die Vereinigung des Landgebietes. Auf der Grundlage des provisorischen Wahlgesetzes wurden vom Landgebiet 50 der 200 Abgeordneten aus dem Landgebiet in die Bürgerschaft entsandt.

Landgemeindeordnung →Politische Gemeinde Horn

Landgeschworene

Landgeschworene standen an der Spitze der Eigenverwaltung einer Bauerschaft (= Dorf). Sie wurden bis zur Rechtskraft der Landgemeindeordnung von 1870 jährlich neu bestellt. Jeder Bauer mit mindestens acht Stück Land (= 20 Morgen, entspricht 5 ha) stellte einen Geschworenen. Die kleineren Höfe wurden bis zu einer Größe von 20 Morgen zusammengefasst und stellten aus ihrer Mitte reihum einen Landgeschworenen.

Landgüter und Villen

Die in der Stadt wohnenden wohlhabenden Bürger hatten in den Meierhöfen oder in benachbarten Gebäuden für den eigenen Bedarf oftmals »Sommerwohnungen«. Mit wachsendem Wohlstand und verbesserter Infrastruktur erwarben im 18. Jh. immer mehr Bremer Bürger Landsitze mit großen, zum Teil parkähnlichen Ländereien. Zu den ausgedehnten Besitzungen in Horn-Lehe zählten das Gut →Landruhe (Schorf), Gut →Rosenthal (→Kreyen-

\multicolumn{7}{c}{Landgüter und Villen in Horn-Lehe}
Lage	Landgüter und Villen	alternative Namen	erbaut	abgerissen	Bewohner/Nutzung	
Horner Heerstraße 11/13	Landgut →Fritze Focke	Borgward-Villa, Landhaus Klugkist	um 1750		→Allmers, →Borgward	
Rosental (heute)	Landgut →Rosenthal		1735	um 1873		
Horner Heerstraße/Alten Eichen	→Wätjens Schloss	Landgut Alten Eichen	1873/74	um 1926		
Marcusallee	Villa →Koenenkamp		1916		Storck-Club, Schule für Hörgeschädigte	
heute Bürgermeister-Spitta-Allee	Schloss →Kreyenhorst	Rickmers Schloss	1873/75	1912	→Rickmers	
Am Rüten 2-4	Gut →Landruhe	Menke-Villa,	um 1795		→Menke, Gästehaus der Bremer Landesbank	
Leher Heerstraße 194	Villa →Leupold	Poppe Villa, Eichenhorst	1872		→Martens	
Marcusallee 3	Villa →Ohlrogge		um 1915		1956 bis 1983 Französisches Konsulat	
Horner Heerstraße 16	Landhaus →Oelrichs		um 1812	um 1873		
Vorstraße 22	Landgut →Oelrichs	Villa Schmitz	um 1893	um 1975		
Horner Heerstraße 26/28	Landhaus Bünemann	Haus →zum Horn	um 1889	um 1967	NSV-Schule, Frauenfachschule, heute Gemeindehaus Horn	
Horner Heerstraße 21	→Vassmer-Villa		1905	1972	Heute Stiftung →Alten Eichen	
Landhaus Horner Heerstraße 23	Haus →Bergfeld		1914		→Souchon, Standortkommandantur (Keitel, Strauß, →Sponeck), Bundesvermögensverwaltung, →Apollon-Stiftung	
Riensberger Straße 40	Landhaus →Heymel		unbek. 1904 umgebaut	1957	→Schilling, Logemann, Grün-Gold-Club	

Lage	Landgüter und Villen	alternative Namen	erbaut	abgerissen	Bewohner/Nutzung
Vahrer Straße (heute Bürgermeister-Spitta-Allee)	Haus Ruhleben →Rosenthal		unbekannt	um 1873	
Landhaus Horner Heerstaße 7	Haus Meier	Haus Plate, Haus Michaelsen			→Oelze, →Tewes
Leher Heerstraße 101	Landhaus Ritter →Domeyer	Villa Domeyer	1908	um 1970	Ritter (→Bergfeld), Domeyer
Leher Heerstraße 105	Landgut →Louisenthal	Landhaus Möller in der Leh	unbekannt		Groening, →Lindemann, →Boelken, →Traue, Ortsamt (Aldi)
Riensberger Straße 40	Landhaus →Schütte		um 1875	1953	Rentnerheim
Horner Heerstaße 19	Landhaus →Keysser		1870		Stiftung Alten Eichen
Leher Heerstraße 76	→Eicke-Landhaus		um 1909		Gaststätte
Schwachhauser Heerstraße	→Vinnen-Villa	Niehaus-Villa			Hilfsschule, Schule für Gehörgeschädigte, Gehörlosen-Freizeitheim
Marcusallee 39 (früher 37)	→Uhde-Villa		1927–1929		→Bremer Heimstiftung
Marcusallee 11	Landhaus Krages		1924–1925		
Marcusallee 9	Villa Schuette		1914–1915		
Leher Heerstraße 2	Landgut Klatte		vor 1884	1942 (zerstört)	Parteihaus (→Nationalsozialismus)

horst/Rickmers), Landgut →Klugkist (Fritze-Focke, Allmers, Borgward), Schloss →Alten Eichen, Michaelsen, →Poppe-Villa, Bünemann, Landgut →Schütte, oftmals mit zusätzlichen Meierhäusern, Ställen, Remisen und Gewächshäusern. Seit Beginn des 20. Jahrhunderts wurden einige aus wirtschaftlichen Gründen abgerissen und in parzelliertes Bauland umgewandelt.

Landherren
Mit der Aufhebung der alten Gohverfassung wurden 1817 statt der →Gohgräfen zwei Landherren (links und rechts der Weser) als Kommissare eingesetzt. Ihnen unterstanden die Verwaltungs- und Polizeiangelegenheiten sowie das Deichwesen (→Deichrecht). Der Landherr konnte, um gerichtliche Auseinandersetzungen zu vermeiden, bei Streitigkeiten zur Vermittlung angerufen werden.

Seit 1874 gab es nur noch einen Landherren, der für die Landgemeinden zuständig war. Als erster Landherr wurde Senator Dr. Schumacher ernannt, ihm folgten Senator Dr. Meier (1846), Senator Donandt (1862) und Senator H. A. Schumacher (1869). Nach der Vereinigung des Landgebiets wurde Senator Albert Gröning als Landherr bestellt. Ihm folgten Senator Stadtländer (1891), Senator Dr. Buff (1896), Senator Dr. Spitta (1912) und Senator Dr. Stahlknecht (1925). Der letzte Landherr war der deutschnationale Erich Vagts (1896–1980), 1933 Gesundheitssenator und 1945 Bürgermeister. Das Amt des Landherren erlosch 1945 endgültig mit der Auflösung des Landkreises Bremen. Dienstsitz der Landherren war das seit 1973 unter Denkmalschutz stehende »Landherrn-Amt« an der Dechanatstraße in der Bremer Altstadt.

Ordnungshüter: Landjäger aus den Bremer Vororten, hinten links: August Karsten

Landjäger
Polizeiposten im Landgebiet, 1813-54 »Sauvegarden« genannt, seit 1935 »Landposten« (→Polizei)

Landruhe
Die Landruhe war ein Landgut im Bereich des ehemaligen Gutes →Schorf an der Straße Am Rüten 2.
Um 1660 wurde vermutlich das erste bekannte Haus mit rosa gefasstem Fachwerk und dunkelbraunen Ständern erbaut. 1728 wurde es von Friedrich Johann Arnold Schumacher, Dr. der Theologie und erster Prediger an St. Ansgarii, erworben. Nach seinem Tod ging das Gut an seinen Neffen Dr. Albert Schumacher über. Er war Postmeister in Bremen und »Hofrat« beim Herzog von Oldenburg. Er war verheiratet mit Sophie Adelheid Maria von Post. Nach dem Tode Schumachers verkaufte sie das Gut.
1795 erwarb es der Konsul und Kaufmann Carl Philipp →Cassel, der das Haus Landruhe an der Stelle des alten Gutes von dem Bremer Zimmermeister und Architekten Joachim Andreas Deetjen erbauen ließ. 1830 wurde die Orangerie erbaut. 1836 erwarb G. C. Kulenkampff die Landruhe und ließ die Innenräume durch Heinrich Vogeler neu gestalten. 1923 erwarb der Weinhändler →Menke das Gut und 1989 die Bremer Landesbank, die das Gebäude heute als Tagungsstätte nutzt. Für den die Gebäude umgebenden Park hat sich der Name →Menke-Park eingebürgert. Das Landgut mit den Gebäuden steht seit 1973 unter Denkmalschutz.

Landschulen
Zu den Landschulen gehörten die Schule an der →Berckstraße und die Steinschule am Lehesterdeich (→Schulen).
1876 übernahm das »Scholarchat« (später Senatskommission für das Unterrichtswesen) die Aufsicht über das Schulwesen einschließlich der Landschulen. Mit der Landgemeindeordnung vom 18.7.1888 wurde das Landschulwesen von

An der Grenze Horn-Lehes: Gut Landruhe, Postkarte von 1908

Bauer und Pferdezüchter: Gerd Lange vor seinem Hof, Riensberger Straße 107

den kirchlichen auf die bürgerlichen Gemeinden verlagert. Das Landschulgesetz vom 1.4.1889 verpflichtete jede Gemeinde, Schulen in ausreichendem Maße zu unterhalten.

Lange, Bauernhof
Der Hof Lange an der Riensberger Straße 107 (Horn) wurde bereits in der Kurhannoverschen Landesaufnahme von 1776 verzeichnet. Ein Meierbrief von 1785 belegt, dass der Hof bereits im 18. Jh. von der Familie Lange bewirtschaftet wurde. Durch Heirat von Hinrich Gerhard Lange mit Anna Kaemena im Jahr 1875 entstand eine verwandtschaftliche Beziehung mit der Familie →Kaemena. Nachdem die →Ablöseverordnung in Kraft getreten war, ging der Hof in der Mitte des 19. Jahrhunderts in das Eigentum der Familie Lange über. 1840 leistete Hinrich Lange seinen Huldigungs-Eid als Halbbauer und Einwohner des Gebietes der Freien Hansestadt Bremen.
Mit dem Verkauf umfangreicher Weideflächen nördlich der Achterstraße und östlich des Kuhgrabens für den Bau der Universität endete in den 1960er Jahren die landwirtschaftliche Tätigkeit der Familie Lange. Die Hoferbin Meta Lange, verheiratete Ziep, unterhält mit ihrem Ehemann weiterhin das im Jahr 1826 errichtete Hofgebäude. Die bäuerliche Tradition wird von Tochter Anja fortgesetzt, die nach ihrer Heirat mit einem Landwirt einen Hof in Schleswig-Holstein bewirtschaftet.

Langer Jammer
Volkstümliche Bezeichnung für die →Lilienthaler Heerstraße, über den Ursprung gibt es keine Nachweise; nach herrschender Meinung entspringt der Name dem eintönigen geraden Verlauf zwischen weiten Feldern. Insbesondere von den Moorbauern, die den Weg vom Teufelsmoor in die Stadt zweimal am Tag mit Pferd und Wagen zurücklegten, wurde der Weg als Strapaze empfunden.

Last, James (»Hansi«)
Bandleader, Komponist, Arrangeur und Musikproduzent, *17.4.1929 Bremen
Hans Last wurde in Sebaldsbrück geboren. Sein Vater war Beamter und trat als Amateurmusiker auf. Schon in seiner Jugendzeit hatte er den Wunsch Musiker zu werden und bewarb sich 1943 erfolgreich bei der Heeresmusikschule. Dort lernte er das Bassspielen.
1945 kehrte er nach Bremen zurück und erlebte zunächst die britische Einnahme und dann die amerikanische Besatzung.

Anfang in Horn: »Hansi« Last am Schlagbass, 1947

Clemens Laube jr.

Die Amerikaner wurden auf der Suche nach Unterhaltungsmusikern auf die Familie Last aufmerksam und holten ihn in einen der Clubs, in dem er nach eigenen Angaben mittelmäßig Klavier spielte. Er bekam Schokolade und Zigaretten, die sich gegen Lebensmittel eintauschen ließen; die Amerikaner konfiszierten für ihn einen Bass, den er herausragend spielen konnte. Durch eine Suchanzeige am Hauptbahnhof stieß er auf Hans Günther Oesterreich, der ihn als Bassist in das neu gegründete Tanzorchester von Radio Bremen aufnahm. Geübt wurde im Bremer Funktheater, das in der von der Besatzungsmacht beschlagnahmten →St.-Pauli-Restauration eröffnet worden war. Das Funktheater war ausgestattet mit einem dicken, schallschluckenden Teppich, ein paar langen Stoffbahnen und einer großen Blumenspritze, die für feuchte Luft im improvisierten Studio sorgte, schreibt Last in seinen Erinnerungen. In einer Radio Bremen Talkshow berichtet er, dass die Proben regelmäßig unterbrochen werden mussten, weil auf dem Horner Kirchhof Beerdigungen stattfanden. In den Live-Auftritten im Funktheater lernte er auch, »mit verzücktem Gesichtsausdruck und rhythmisch wippendem Kopf, scheinbar atemlos über den Bass gekrümmt«, zu swingen. In der Folgezeit spielte er unter anderem mit Cornelis op den Zieken im Orchester unter der Leitung von Hans Rehmstedt und im Last-Becker-Ensemble, bestehend aus Karl-Heinz Becker, Alfred Andre und seinen Brüdern Werner und Robert.

Ab 1965 prägte er mit seinem 40-köpfigen Orchester den »Happy Sound«, mit dem er rund zwei Jahrzehnte lang Welterfolge feierte.

Laube, Clemens jr.
Pelzhändler, *1900 Bremen, †1958 ebd., Leher Heerstraße 109

Clemens Laube jr. war der Sohn des Besitzers der Gaststätte →Zur scharfen Ecke. Laube lernte Rohfellkaufmann und gründete 1936 einen Fellhandel. Nach dem Zweiten Weltkrieg betrieb er auch einen Schrotthandel hinter der Horner Mühle, den er nach der Währungsreform aufgab. 1948 trat sein Sohn Heinz in die Firma ein. Die Geschäftsräume befanden sich in einem Haus neben der Horner Mühle an der Autobahn. Zur Verarbeitung kamen auch von den umliegenden Bauern erworbene Felle, und ebenso brachten z.B. Lehrlinge von Feinkost Hasch Hasenfelle, die zu Pelzwaren verarbeitet wurden. Nähreste wurden gerne von den Mädchen des Stadtteils erworben, die daraus Pelzkleidung für ihre Puppen fertigten. Als die

Ausverkauf: Geschäftsaufgabe bei Laube-Pelze, 1990

Deutsche Bundespost das Gelände neben der Mühle erwarb, wurde die väterliche Gaststätte 1966 abgerissen und an der Stelle ein Neubau mit großen Verkaufsflächen errichtet, in den das Pelzhaus 1967 umzog. Zu einem Unglücksfall kam es Anfang der siebziger Jahre, als ein betrunkener Autofahrer aus Lilienthal geradewegs in das Haus hineinfuhr und sich dabei tödlich verletzte. Den schlimmsten materiellen Schaden richtete die Feuerwehr nach dem Unfall an, als sie aus Angst vor dem auslaufenden Benzin das gesamte Geschäft samt Inventar unter Wasser setzte. 1979 wurden die Verkaufsräume noch einmal modernisiert. Zu den Stammkunden zählten viele gut situierte Kaufleute aus der Marcusallee, Oberneuland und Schwachhausen; auch der Besitzer der Meyer-Werft in Papenburg kaufte bei Laube ein. 1990 wurde das Geschäft geschlossen und das Haus verkauft. In den ehemaligen Verkaufsräumen eröffnete das China-Restaurant »Diamant«.

Laubenbande (auch Wagenburger)
Zusammenschluss meist jüngerer Menschen, die aus finanziellen und persönlichen Beweggründen nicht in Stadtwohnungen, sondern in Bauwagen wohnen. Die Gruppe entstand 2002 auf einem ehemaligen Parzellengebiet in Walle und zog dann auf einen Platz an der Müllverbrennungsanlage. Nach dem Genehmigungsentzug 2005 bezog die Laubenbande im November einen neuen Platz nördlich des →Uni-Sees zwischen Hochschulring und →Autobahn.

Ledaweg
Straße, benannt nach der ursprünglichen Form von →Lehe (BUBI 74). Die Straße wurde 1958/59 angelegt und von der Baugemeinschaft Bremer Polizeibeamte mit 68 Häusern und 204 Wohneinheiten sowie fünf Ladengeschäften bebaut. Wegen der zahlreichen Polizisten, die dort wohnten, wurde die Straße im Volksmund auch »Schutzmannshausen« genannt. Der Einzelhändler Wilhelm →Galetzka eröffnete hier das erste Selbstbedienungs-Geschäft Horn-Lehes.

Lehe
Erstmalig erwähnt als Leda 1185, auch Lede 1188 (BUB I 66, 74), Ledhe (BUB II 85), Leede (BUB III 417). Abgeleitet von leda: leiten, führen, Flurname in alten Karten, aufgenommen in den →Lehesterdeich und →Leher Feld. Ursprünglich bestand das Dorf Lehe aus den Höfen entlang der Leher Heerstraße (ab Vorstraße). In den Bremer Adressbüchern wurde Lehe bis 1890 als eigene Ortschaft geführt, 1891–1921 als zur Ortschaft Horn gehöriger Ortsteil. Die Grenze zwischen Horn und Lehe bildete die Straßenmitte des Straßenverlaufs Achterstraße–Riensberger Straße–Berckstraße. Nach 1921 gehörte der nördliche Teil Lehes zur Landgemeinde →Lehesterdeich, der südliche zu Horn. Seit 1951 ist Lehe Ortsteil Horn-Lehes zwischen der →Eisenbahnstrecke Bremen-Hamburg und der Bundesautobahn A27.

Schutzmannshausen: Der Eingang zum Ledaweg bei der 800-Jahr-Feier

»Recht herzlich«: Gruß aus Lehe, Postkarte mit Langem Jammer, Zur Scharfen Ecke und Mühle

Luftaufnahme 1964, Wilhelm-Röntgen-Straße um 1960 und Rasselbande im Neubaugebiet (Robert-Bunsen-Straße)

Leher Feld (Süd und Nord)
Das 300.000 m² große Baugebiet zwischen Lehesterdeich, Lilienthaler und Leher Heerstraße wurde 1960–68 mit Einfamilienhäusern und Geschosswohnungen bebaut. Wesentlichen Anteil am Entwurf, der Planung und der Ausführung hatte die »Bremer Bau-Union« der Architekten Morschel, Henke und Hodde. Die neue Großsiedlung umfasste 3000 Wohnungen für 10.000 Menschen und veränderte die Stadtteilstruktur grundsätzlich.

a) Leher Feld Süd
1959 wurden dem Beirat Horn-Lehe die Planungen für die Bebauung des Leher Feldes vorgestellt. Die Planung sah den Bau von 1000 Wohneinheiten mit zwölf verschiedenen Haustypen, als frei stehendes Einfamilien- oder Doppelhaus oder als Reihenhaus vor; die Größenskala der Wohnflächen reichte von 62 m² bis zu 138 m². Als Dominante waren drei Hochhäuser mit je elf Stockwerken für 3000 Einwohner geplant. An dem Projekt nahmen neben der Bau-Union die Beamtenbaugesellschaft und die Bremer »Treuhand« teil. Nach anfänglichen Bedenken stimmte der Beirat den Planungen zu.
Im Frühjahr 1960 begann die Bau-Union mit der Bebauung des Leher Feldes Süd. Am 27.8.1962 war das Richtfest für die 356 erbauten Mietwohnungen an der Wilhelm-Röntgen-Straße, am 12.7.1963 das Richtfest des vierten und letzten Bauabschnitts der Bremer Union für fünf Hochhäuser mit 200 Wohnungen an der Carl-Friedrich-Gauß-Straße.
An der →Wilhelm-Röntgen-Straße entstand ein kleines Einzelhandelszentrum mit Ladengeschäften.

b) Leher Feld Nord
1963 wurden die Bebauungspläne für das Leher Feld Nord vorgestellt. Sie sahen die Errichtung von 1934 Einfamilienhäusern und Mietwohnungen durch fünf Baugesellschaften vor: die Bremer Treuhand, die Bremer Union, die Beamtenbaugesellschaft, die GEWOBA und die Nordwestdeutsche Siedlungsgesellschaft. 1964 wurden die ersten der 2054 Wohnungen bezogen.

Leher Heerstraße
Die Leher Heerstraße ist die zentrale Verkehrsachse des Stadtteils Horn-Lehe. Der vordere Teil der jetzigen Leher Heerstraße wurde 1770 vom Bauern Dirk Döhle als →Döhlendamm ausgebaut. 1826 wurde sie als Leher Steinweg, später als Leher

Die Leher Chaussee um 1911, stadtauswärts gesehen

Chaussee, bezeichnet. 1814–19 wurde die Chaussee gepflastert und 1914 in »Leher Heerstraße« umbenannt.

Der vordere Bereich wurde ab dem Ende des 19. Jh. bebaut. Es siedelten sich viele Handwerker, Dienstleister und Einzelhändler an, die diesen Teil der Leher Heerstraße zur »Einkaufsstraße« machten. Allen voran die Kolonialwarengeschäfte →Ilsemann (1904, Nr. 32) und Johann →Hasch (1920). Auf derselben Straßenseite befanden sich noch das Geschäft von Schlips-Meier, später Handarbeitsgeschäft von Erna Ahrens (Nr. 40), neben Hasch das Milchwarengeschäft Rodenbäck und die Schlachterei Osmers (Nr. 58). Jenseits des →Ledawegs lagen das Fahrradgeschäft →Speckmann und das Haus der Brema, in dem heute asiatische Lebensmittel verkauft werden.

Auf der anderen Seite befanden sich Eisenwaren Lotze, das Schuhgeschäft Steikowsky, die →Fischhalle Horn, die Spar- und Darlehenskasse Horn, die Drogerie Rühlander, die Falken-Apotheke (→Apotheken), der Friseur Tonding, die Klempnerei Bernhard →Hasch, der Schuhmacher Schenk (vormals Bahrenburg), →Severloh Blumen und Schreibwaren, →Grohnfeld Elektro, Speckmann Zigarren, Vosberg Backwaren, Kindereit Obst und Gemüse, →Brockmann Bekleidung und hinter dem Brahmkamp das Fahrradgeschäft →Hilker (heute Farben-Weber).

Für den vierspurigen Ausbau der Heerstraße – zunächst zwischen Riensberger Straße und Brahmkamp – wurden 1961 die alten Linden gefällt und die kleinen Häuser an der Ostseite zwischen Brahmkamp und Einmündung Vorstraße abgerissen. Auch viele der alten Geschäfte mussten mit der Straßenverbreiterung abgerissen werden oder umziehen. Das Schreibwarengeschäft Severloh wurde von Erich →Kaselow übernommen. Die Ansiedlung großer Discounter und die veränderten Einkaufsgewohnheiten der (auto-)mobilen Horn-Leher Bevölkerung führten nach und nach zu einem »Einzelhandelssterben«. Zuletzt schlossen die »alten« Horner Einzelhändler Feinkost Hasch (2001), Spiele und Schreibwaren Kaselow, das Bekleidungsgeschäft →Brockmann und das Schuhgeschäft Steikowsky (2009). Heute prägen vor allem wechselnde Dienstleister die einstige »Einkaufsstraße« Horns.

Leher Kreisel

Der Ausbau des Leher Kreisels wurde 1973 zunächst mit einer Abbiegemöglichkeit aus der Lilienthaler Heerstraße Richtung Oberneuland begonnen. 1974 wurde der Kreisverkehr an der Kreuzung von Lilienthaler und Leher Heerstraße vollendet, mit der Neueinrichtung der Linie 4 bis 1998 zurückgebaut. Mit der Bebauung des Telekom-Geländes wird eine Neuplanung notwendig.

Lehesterdeich

Ehemalige Landgemeinde, heute Ortsteil nordwestlich der Bundesautobahn und der Bahnstrecke nach Hamburg.

1921 erfolgte der Zusammenschluss von Lehe und Oberblockland zur Landgemeinde Lehesterdeich. Die Grenze zwischen der Landgemeinde und dem 1921 eingemeindeten Stadtteil Horn verlief in der Mitte des Straßenzuges Vorstraße–Leher Heerstraße.

Das Gemeindebüro befand sich im Wohnhaus des Gemeindevorstehers Heinrich Gefken an der Lillienthaler Heerstraße 180, nach der Absetzung des Gemeindevorstehers befand sich das Ortsamt in der Lilienthaler Heerstraße 142a.

1951 wurde die Landgemeinde ohne Oberblockland mit Horn und zum Stadtteil →Horn-Lehe vereint. Seitdem ist der Lehesterdeich der nördlich der →Autobahn gelegene Ortsteil Horn-Lehes.

So ging es los: Lestra-Werbung zur Eröffnung im Oktober 1970

Lestra

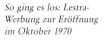

Warenhausname, gebildet aus dem Begriff **Le**bensmittel und dem Namen **Stra**ngemann bzw. **Leff**ers und **Stra**ngemann.

1969 baute die Bremer Straßenbahn AG auf dem ehemaligen Straßenbahndepot aus Fertigteilen eine 45 mal 80 Meter große Verkaufshalle mit einer Verkaufsfläche von 2400 m² und 180 Stellplätzen für einen Supermarkt. Dieser wurde errichtet auf den Grundmauern der alten Reparatur- und Bushallen der Bremer Straßenbahn AG. Eine geplante Tankstelle wurde nicht realisiert. Die Verkaufshalle wurde an die von Heinz →Strangemannn im gleichen Jahr gegründete LESTRA GmbH verpachtet.

Das Lestra-Kaufhaus wurde am 22.10.1970 um 9:30 Uhr mit einem Platzkonzert eröffnet. Das Warenangebot bestand ganz in der Tradition der Familie Leffers aus einem Sortiment aus Textilien, Hartwaren und Lebensmitteln, die in der Anfangszeit nur 20 Prozent des Angebots ausmachten. Im Warenangebot der Anfangstage waren Wäschekörbe aus Hartplastik für 3,75 D-Mark, Transistor-Radios der Marke »Polaris« mit Mittelwelle, sechs Transistoren und Kopfhörer sowie einem halben Jahr Garantie für 15,95 D-Mark. Als Textilschlager für die Dame wurden Kurz-Unterkleider mit Spitze für 2,95 D-Mark angeboten und für den täglichen Bedarf Sunil in der 3-kg-Tragepackung für 5,95 D-Mark, Jamaika Rum die 1-Liter-Flasche für 5,48 D-Mark sowie Aufschnitt (fünffach sortiert) 100 Gramm für 68 Pfennige. In der Folgezeit wurde das Sortiment immer mehr auf Lebensmittel umgestellt. Viele Spezialitäten – inklusive Luxus-Tafelwasser, die Flasche für nur 50 Euro – sind inzwischen in das Sortiment aufgenommen und machen das Kaufhaus zum Gourmet-Tempel der Feinschmecker, der Kunden aus ganz Bremen und dem Um-

Nahversorger: Lestra-Ausbau 1976

land anlockt. Zur weiteren Attraktivitätssteigerung des Lestra-Standorts trug 1977 auch der Bau des Ärztezentrums an der Horner Heerstraße bei.

2007 wurde die Familie Strangemann Eigentümerin des Objekts und baute 2009 den vorderen Bereich des Verkaufsraumes um. In den neuen Vorraum zog die Postfiliale – ehemals Leher Heerstraße – ein, und Gabriele →Strangemann eröffnete die Parfümerie Zaga.

Aus den anfangs 50 beschäftigten Mitarbeitern ist inzwischen ein Stamm von rund 180 Mitarbeitern geworden; das Sortiment mit ca. 100.000 Artikeln besteht überwiegend aus Lebensmitteln.

Leupold, Friedrich Ludwig Hermann
Kaufmann und Konsul, *1828 Bremen, †1898 Bremen, Leher Heerstraße 194
Hermann Leupold war Linnen- oder Leinwandhändler und Konsul für das Königreich Sachsen. Er übernahm das von seinem Vater Heinrich gegründete Handelsunternehmen, in dem Friedrich Engels 1838–41 als Kontorist (»Kommis«, kaufmännischer Angestellter) beschäftigt war. Leupold ließ sich 1872 das Landhaus Leupold bauen.

Leupold, Villa
Die schlossartige Villa wurde von Johann Georg Poppe 1872 im Stil des Historismus für den Kaufmann Friedrich Ludwig Hermann Leupold erbaut. Nach dem Tode von Leupold wechselte das Anwesen mehrfach den Besitzer und erhielt den Namen »Eichenhorst«. 1924 übernahm es die Bankiersfamilie Johann Georg →Martens.

Auf dem Grundstück stand ferner ein 1908 erbautes Hofmeierhaus, das 1961 abgerissen wurde. In den 1980er Jahren wurden zunächst der vordere Teil und anschließend der hintere Teil mit Wohnhäusern bebaut. Seit 1980 steht die Villa Leupold unter Denkmalschutz.

Lilienthaler Heerstraße
Die Lilienthaler Heerstraße ist in früheren Karten (1671 Karte Borgfeld, 1748 Heinbach) als Breiter Weg verzeichnet. Obwohl sie nur wenig länger war als die Leher Heerstraße, heißt sie im Volksmund →Langer Jammer.

1745 erklärten sich die Lilienthaler Einwohner bereit, Kosten für die Befestigung der Straße beizusteuern, wenn ihnen dafür das Brückengeld über die Wümme erspart würde. 1828–30 wurde die Lilienthaler Heerstraße zur Chaussee ausgebaut; an beiden Seiten befanden sich Gräben und Reitwege für Pferde. Ab 1829 wurde über mehrere Jahre Wegegeld im →Zollhaus am Lehester Deich erhoben. Die Bebauung setzte nach 1900 ein, ab 1936 entstand am nord-westlichen Ende die →Rote Siedlung. Die 1932/35 beabsichtigte Mitfinanzierung des Ausbaus der Straße durch Anwohner endete mit der Einbeziehung in das Netz der »Reichsstraßen«, was aber aufgrund des Kriegsbeginns unterblieb. 1966 wurde die Lilienthaler Heerstraße an der Ostseite um 6,5 Meter verbreitert. Die Fahrbahn wurde vierspurig mit Mittelstreifen und Radwegen an beiden Seiten ausgebaut. Die Anwohner der stadtauswärtigen Fahrbahn mussten Abschnitte ihrer Vorgärten an die Stadt abgeben, und ein Teil der Bewohner wurde auf der Grundlage des Bundesbaugesetzes zur Finanzierung der Plattenwege sowie der Schutz- und Parkstreifen herangezogen. 1968 wurde auf dem Heerstraßenzug die »grüne Welle« mit Tempo 60 eingeführt. Durch den Bau der Linie 4 wurde die Straßenbreite nochmals erweitert. Die Hochpflasterung der Straßenbahn ließ einen durchgehenden vierspurigen Ausbau der Straße nicht mehr zu. Eine von Anwohnern gegründete Bürgerinitiative konnte sich mit ihrer Forderung »Linie 4 nur mit Hollerlandtrasse« nicht durchsetzen.

Landhaus Leupold, Leher Heerstraße 194, um 1900

Lilienthaler Heerstraße, um 1930

Zur Lilienthaler Heerstraße findet sich ein sehr anschaulicher, Ernst Söbrandt verfasster Text in »›Unser Horn‹, Zeitschrift des Bürgervereins Horn-Lehe«, Nr. 2, 1. Jahrgang, 23.7.1955.

Langer Jammer
Wir waren noch Büdels (Bremer Ausdruck für kleine Jungen), als ein Lehrer uns im Schulausflug über die derzeitige Lilienthaler Chaussee hinweg nach Oberneuland führte. Die Lilienthaler Chaussee mit ihren dicht an dicht stehenden knorrigen Eichen spendete guten Schatten. Rechts und links der Straße breite wassergefüllte Gräben, die mit Reith, Schilf und den für uns Jungs so brauchbaren Schilfkolben, wir nannten sie Lampenputzer, bewachsen waren. Unendlich weit sah man über saftige Wiesen, und in dieser Unendlichkeit war dann auch die Straße ein fürchterliches Kilometerband, nicht enden wollend für unsere Jungensfüße. Wer hätte je gedacht, dass man an solch einer Straße noch seinen Wohnsitz nehmen würde? Schon sitzt man aber wieder 30 Jahre dort. Ich sah unsere Straße gleich nach dem ersten Weltkrieg wieder. Es waren schon mehr Häuser geworden, die man erbaut hatte. Immerhin, zwischen den einzelnen Gruppen lag noch viel unbebautes Land. Der »Lange Jammer« selbst hatte noch sein Kopfsteinpflaster und an der einen Seite verlief ein Sommerweg. Im Zuckeltrab, morgens sehr verschlafen, zogen die Heidjer ihre pferde-bespannten eigenartigen Torfwagen zur Stadt, und abends mahlten dieselben Wagen im Sommerweg zurück. Jetzt war auch schon aus der Lilienthaler Chaussee Lilienthaler Heerstraße geworden. Aus dem Namen Breen Week (Breiter Weg); eine Bezeichnung, die heute noch in unserer ländlichen Bevölkerung gebraucht wird; aus diesem Namen war nun der in der Bevölkerung Bremens allgemein bekannte Namen »Langer Jammer« geworden. Dann verschlug das Schicksal einem selbst an den Langen Jammer. Jeden Tag zu Fuß nach Horn, das waren gut 25 Minuten. Aufatmend begrüßten wir dann in den zwanziger Jahren die Autobusverbindung Cohrs, Horn – Lilienthal über den Langen Jammer hinweg. Was war das für ein vollgummibereiftes Vehikel gegenüber unseren heutigen Bussen, das da über die Lilienthaler Heerstraße hinweg hoppelte; was musste da mit Ausbiegen bei entgegenkommenden Pferdefuhrwerken jongliert werden. Ja, das sah oft gefährlich aus, wenn die Wagenspur im Sommerweg vorlief. Aber noch hatte man, vornehmlich

Ausbau der Lilienthaler Heerstraße 1966 und die Straße 1971 von der Autobahnbrücke aufgenommen

sonntags, Zeit; noch raste nicht der Verkehr. Eines Tages war es aus mit dem Sommerweg. Eine Packlage klobigen Schotters walzte eine Dampfwalze in den Sommerweg des Langen Jammers. Eine Asphaltdecke darüber vollendete die Arbeiten, und unsere Lilienthaler Heerstraße war breiter geworden und nahm immer mehr Verkehr auf. Den vollgummi-bereiften Vehikeln folgten die luftbereiften, und aus dem »Klapp-Klapp-Klapp« eines langsam vorbeifahrenden pferdebespannten Wagens wurde das »Husch« eines Autos. Bei allem, den ländlichen Charakter behaltend, gab es für uns nichts Schöneres als den Langen Jammer«. Doch leider wurde der Verkehr immer mehr und erreichte kurz vor Ausbruch des zweiten Weltkrieges ein Ausmaß, dass zum Beispiel sonnabends oder sonntags nachmittags ein Auto hinter dem anderen von mittags bis abends den Langen Jammer passierte. – Krieg! Aus war's mit dem Verkehr auf unserer Straße. – Gebebt hat auch der Lange Jammer, und seine Wunden sind die großen Lücken im Baumbestand. Vielleicht ein Segen, dass den Häusern am »Langen Jammer« ein nicht so großer Verlust zustieß. – Inzwischen waren die vordere Siedlung und die letzte Siedlung entstanden; nun baute man die Lüningsche Siedlung. Immer mehr Familienhäuser kamen am Langen Jammer hinzu, und mit Häuserbau und dem Sicherholen wuchs der Verkehr. Morgens um 1/2 5, da hebt der Verkehr an und steigert sich. Eine schnurgerade Strecke ist passend für eine Schnelligkeit des Verkehrs. Wer sieht da noch auf ein Warnschild »Kinderspielplatz«? Wer achtet da noch beim Überholen darauf, dass es zu dritt geschieht? Unser Langer Jammer hat es nicht leicht Noch wahrt die Lilienthaler Heerstraße ihren ländlichen Charakter, noch schirmen die alten Eichen die Sonnenstrahlen ab, noch bieten die Eichen Trutz den Stürmen und Winden aus dem Blockland her.

Linde

Vor der →Horner Kirche steht der vermutlich älteste Baum Norddeutschlands. Die Anfänge der aus drei Stämmen zusammengewachsenen Linde mit einem Durchmesser von mehr als vier Metern werden auf die Zeit des Kirchenbaus um 1100 geschätzt. In den 1950er Jahren wurde die Linde plombiert und ist seitdem dauerhaften Pflege- und Konservierungsmaßnahmen unterworfen.

Unter der Linde befand sich die Gerichtsstätte des Kirchspiels. Eine weitere Gerichtsstätte des Hollerlandes befand sich an der Grenze zwischen Oberneuland und Horn und trägt den Namen →Uppe Angst.

Ein Baum als älteste Zeitzeugin Horn-Lehes: Die Horner Linde

Vorläufer des Landhauses Louisenthal: Lindemanns Knabenerziehungsanstalt

Lindemannsche Knabenerziehungsanstalt

1832 beantragte der Lehrer Heinrich Lindemann den Betrieb einer zu »St. Johannis zu eröffnenden Erziehungs-Anstalt« für Knaben im Haus →Louisenthal an der →Leher Heerstraße. Nach erster Ablehnung genehmigte der Senat sie im Jahr 1833. Lindemann führte die Erziehungsanstalt bis zu seinem Tode 1841, anschließend übernahm seine Witwe B. Lindemann die Leitung. Gemeinsam mit ihren Töchtern und angestellten Lehrern unterrichtete sie etwa 40 Knaben aus vermögenden Bremer Familien. Die Schüler waren wie in einem Internat untergebracht.

Heinrich Helmers berichtet 1905 in seinem Buch »Bremer Land und Leute« anschaulich über die Erziehungsanstalt: »Die Emancipationsbestrebungen der Frauen, wie dieselben jetzt seit etwa 1890 allgemein zu Tage treten, haben, wie auswärts so auch in Bremen zu allen Zeiten schon wackere Vorkämpferinnen gefunden. So befand sich bereits im Jahre 1850 in Lehe bei Bremen eine Knabenerziehungsanstalt, welche mit großer Umsicht und Genie von einer Dame mit Hülfe ihrer Töchter und zweier jüngerer Lehrer geleistet wurde. Frau B. Lindemann Wwe. hatte zu der genannten Zeit etwa 40 Zöglinge, Söhne aus besseren Familien der Stadt Bremen und Umgegend, in Pflege, die im Alter von acht bis 15 Jahren standen.

Die Anstalt umfasste das eigentliche Wohnhaus, sowie besondere Gebäude für einen Eßsaal, eine Wasch- und Badeeinrichtung. Das ganze lag zerstreut in einem großen und gut gepflegten Garten an der Landstraße. Das Wohnzimmer im Haupthause, wo sich in den oberen Räumen luftige Schlafräume befanden machte einen ganz eigenartigen Eindruck. Außer einem Sopha mit Tisch, einigen Stühlen und Bildern, standen hier in großen, flachen Kübeln etwa 20 Tannenbäume, die bis zur Decke reichten, wie zu einem Wäldchen vereinigt. Allerlei zahme Vögel, Kanarien und Rotkehlchen, flatterten lustig im Zimmer und zwischen den Bäumen umher und sangen und pfiffen, dass es eine Lust war, ihnen zuzuhören.

Auf dem Sopha, bedeckt mit einem schwarzen Häubchen mit langen Wehbändern und einem am Halse besonders weit ausgeschnittenen dunklen Kleide, saß meistens die Inhaberin des Instituts in würdevoller Haltung. Hier wurden die Besprechungen mit den Lehrern gehalten, Anmeldungen neuer Zöginge entgegengenommen und - mit feierlichem Ernste widerspenstigen und unbotmäßigen Schülern Verweise erteilt oder Strafen zugeschrieben. Hier wurden auch morgens früh und am Nachmittage die zahlreichen Butterbrote (Grau- und Schwarzbrot) geschmiert, die dann in den Eßsaal geschafft wurden.«

Linie 4 →Straßenbahn

Linie 6 →Straßenbahn

Lokatoren

Lokatoren (von lat. *locator* = Verpächter, Grundstücksverleiher) waren holländische Unternehmer, die meist auf den Geeren (Eckgrundstücken) siedelten. Es wird angenommen, dass die Lokatoren von den Gütern Schorf, Riensberg und Hodenberg die Besiedlung des Hollerlandes steuerten. Sie hatten die Aufgabe, Siedler anzuwerben, das Land zu vermessen und zuzuweisen. Die Lokatoren gewährten den Neuankömmlingen während der Kultivierungszeit den Lebensunterhalt und bei Bedarf Vorschüsse zur Beschaffung von Eisenpflügen und Zugtieren.

Louisenthal

Das Louisenthal war ein Landgut an der Leher Heerstraße, heute existiert noch das Landhaus. In der zweiten Hälfte des 18. Jh. befand sich das Vorwerk im Besitz des Bremer Ratsgeschlechts Schoene. Um 1800 wurde das Landgut von Bürgermeister Dr. Georg Gröning (1745–1825) erworben und von seinen Erben für 14.025 Reichstaler wieder verkauft. Sie hatten zuvor die umfangreichen Ländereien von den Hauptgebäuden getrennt. Das »Haus Louisenthal« ging 1827 für 3200 Taler an den Gastwirt Johann Hinrich Poggenburg, der darin eine Kaffee- und Weinschenke einrichtete. 1833 wurde das Anwesen an das Ehepaar Lindemann verkauft, das darin die →Lindemannsche Knabenerziehungsanstalt eröffnete.

1868 gelangte Haus Louisenthal in den Besitz des Bremer Kaufmanns Friedrich Ludwig Möller. Er versah das Fachwerkhaus mit einer klassizistischen Fassade und baute eine Vorhalle mit Säulen und einen Giebel mit Statuen, Relief und Satteldach. Ludwigs Neffe Walther Möller (1866–1941) schrieb über das Haus »Louisenthal«:

»Dieser Landsitz hatte ein entzückend eingerichtetes Wohnhaus mit verschiedenen Veranden, Gewächshaus, einer Anzahl von Fremdenzimmern für Kinder und Enkelkinder und anschließend Stallungen für die Wagenpferde. Sehr gepflegt war der große Garten mit Teich, Pavillon und idyllisch gelegenen Sitzplätzen. Sonntags waren dort häufig Familientage und auch ganze Sommerferien wurden in Lehe zugebracht.« Nach Möller wechselte das Haus mehrfach seinen Eigentümer.

1952 ging das Landgut in Besitz von Andrée →Bölken über, der das Landhaus zu einem Hotel umgestaltete. 1980 übernahm Reinhard →Traue den Besitz und führte das Hotel »Landhaus Louisenthal« zusammen mit dem Restaurant »Senator-Bölken-Hof« fort. 2007 ging der Betrieb in die Insolvenz. Die Einrichtung wurde versteigert; die Firma ALDI erwarb das Gelände samt Landhaus. Aufgrund seines baulichen Zustandes ist eine grundlegende Sanierung auch der tragenden Teile notwendig. 2012 wurde das seit 1973 unter Denkmalschutz stehende Gebäude für das Ortsamt Horn-Lehe angemietet

Luftaufnahme Ende der 1960er Jahre: Im Bild rechts oben das Hotel Louisenthal, links daneben das spätere Restaurant »Senator-Bölken-Hof« (heute ALDI), im Vordergrund das Pelzgeschäft Laube und dahinter die BP-Tankstelle

Luftaufnahme vom Riensberg
Diese Luftaufnahme von Anfang der 1930er Jahre zeigt den Riensberg, die Horner Heerstraße und das Zentrum Horns. Auf dem Riensberg sind die Höfe von Sander, Kaemena, →Klatte und →Lange sowie das Landgut Schütte zu erkennen. Auf der linken Seite der Heerstraße befindet sich →Wätjens Schloss mit Hofmeierhaus, das Landgut →Zum Horn, die Kirche und die

Villa Klatte/Scheper (Parteihaus). Auf der rechten Seite die Villa des Ratsapothekers →Keysser, die →Vassmervilla (verdeckt), die Villa Horner Heerstraße 23 (→Souchon, Sponeck und Apollonstiftung) sowie die →St.-Pauli-Restauration. Im Norden der Heerstraße ist der beschrankte Bahnübergang der Eisenbahnlinie Hamburg–Bremen, am linken oberen Bildrand die →Schweinemastanstalt von Barre zu erkennen.

Rechte Seite: »Zöglinge« des Mädchenwaisenhauses (heute Schule Horner Heerstraße) mit Personal, um 1910, und Auszug aus der Hausordnung

»Block Horn« an der Bahnlinie im Luisental

Luisental

Straße entlang der Bahnlinie Bremen–Hamburg, seit 1895 bebaut. Laut Senatsbeschluss vom 20.7.1907 nach dem Landgut →Louisenthal benannt. Im Luisental befanden sich das Haus →Reddersen und das Haus →Zehnlinden, das heute von der Kirchengemeinde Horn genutzt wird. Bis Hermann →Gutmann 2001 als Autor in die Edition Temmen wechselte, verlegte er seine Bücher im eigenen »Luisental-Verlag«.

Lüning-Häuser

Fertighäuser der Firma H. Lüning und Sohn, die Anfang der 1950er Jahre am Ende der →Lilienthaler Heerstraße und an der Feldhauser Straße in Siedlungsform errichtet wurden. Rudolf Lüning (1911–1998) wohnte selbst an der Lilienthaler Heerstraße 65. Er übernahm den von seinen Vorfahren gegründeten Stuckateurbetrieb und errichtete eine Betonfabrik für Fertigteile in Syke. Seit 1943 entwickelte er Behelfsheime. Nach dem Ende des Zweiten Weltkrieges wurden die Häuser 1948 zum Verkauf angeboten. Sie bestanden aus genormten Leichtbeton-Platten, die in Nut-und-Feder-Verbindung zwischen Betonständern übereinander verbaut wurden. Die Häuser konnten in nur viereinhalb Tagen von sechs Arbeitern errichtet werden. Der Preis für das schlüsselfertige Haus betrug je nach Größe zwischen 7000 und 10.000 D-Mark.

In den 60er Jahren verkaufte Rudolf Lüning den Betrieb an den Baukonzern Dyckerhoff & Widmann. Sein Sohn Bernd gründete die Firma Bernd Lüning Betonwerk und Kunststofftechnik, die Betonformteile herstellte – unter anderem die über die ganze Stadt verteilten sechseckigen Blumenkübel und auch die Originalplastik »Gräfin Emma« auf dem Gräfin-Emma-Platz an der H.-H.-Meier-Allee in Schwachhausen. 1960 wurden an der Lilienthaler Heerstraße erneut Fertighäuser aufgestellt, diesmal als Musterhäuser der Firma Okal. Initiator der Ausstellung war Richard Boljahn (→Baulandaffäre), der die Fertighäuser auf der Bundesgartenschau gesehen hatte und mit diesem Angebot unter dem Slogan »Vier Wochen nach dem Aufgebot die Hochzeit im eigenen Haus« der starken Nachfrage nach bezahlbarem Wohnraum nachkommen wollte. Die für die Bebauung des →Leher Feldes zuständige Architektengemeinschaft Morschel beabsichtigte, die Lüning-Häuser im dortigen Bebauungsgebiet einzuplanen.

Fertigbau: Lüning-Haus an der Feldhauser Straße, 1954, und Anzeige im »Weser-Kurier«, 1948

M

Mädchenwaisenhaus
Die Stiftung Mädchenwaisenhaus (→Alten Eichen) errichtete 1904 an der →Horner Heerstraße ein neues Gebäude als Ersatz für das Reformierte Waisenhaus an der Hutfilterstraße (heute Sparkasse Bremen). Der Wunsch, »aus dem inneren der Stadt in eine ruhige, luftige und gesunde Gegend zu verlegen, wo auch für die Kinder bessere Spielplätze angeboten werden können«, und die durch die Straßenbahn günstige Verkehrsanbindung waren ein wesentlicher Grund für den Umzug. Das Gebäude wurde 1928 vom Land Bremen als Ersatz für die alte Grundschule (→Schulen) an der →Berckstraße erworben. Das Mädchenwaisenhaus erwarb das benachbarte Grundstück des ehemaligen Ratsapothekers →Keysser.

Hausordnung

Jedes Kind soll 4 Paar Strümpfe haben, ein Paar für den Sonntag und drei Paar für die Wochentage. Die Sonntagsstrümpfe tragen die Nr. 1, die Alltagsstrümpfe die Nummern 2—4. Außerdem trägt jeder Strumpf die Kleidernummer des Kindes, dem der Strumpf gehört.

Zwar soll im Hause eine **kindliche Fröhlichkeit** herrschen; aber alles Schreien und Poltern im Hause, das Zuschlagen der Türen, das Glitschen, Tanzen und Laufen auf den Korridoren, das Spielen auf den Treppen ist streng verboten.

Im Speisesaal treten die Kinder sofort an ihre Plätze und bleiben dort so lange stehen, bis das Zeichen zum Setzen gegeben wird. Vor diesem Zeichen dürfen die Kinder die Speisen und das Eßgeschirr nicht berühren. Das Aufgeben der Speisen auf die Teller geschieht abwechselnd durch die Ältesten jeder Ordnerschaft.

Bis zu Beginn des Essens ist jedes Sprechen verboten. Bei Tisch darf gesprochen werden. Lautes Sprechen oder Schreien hat das Verbot des Sprechens zur Folge. Nach beendeter Mahlzeit erheben sich die Kinder auf ein gegebenes Zeichen, das Sprechen hört auf, und die Schulkinder verlassen in geordneter Weise den Speisesaal. Fünfzehn Minuten nach 8 Uhr müssen die Kinder zu Bett sein. Jedes Sprechen und Herumlaufen auf den Schlafsälen ist streng verboten. Kein Kind darf unnötigerweise sein Bett verlassen.

Das Zeichen zum Aufstehen wird mit der Glocke gegeben. Vor diesem Zeichen darf darf kein Mädchenr das Bett verlassen.

Victor Marcus

Marcusallee
Lt. Senatsbeschluss vom 24.1.1913 benannt nach Victor Marcus, (*9.7.1849 Köln, †17.11.1911 Dresden). Er war Syndikus der Handelskammer, Mitglied des Senats und wurde 1905 Bürgermeister. Er stiftete für den Bürgerpark den nach ihm benannten Marcus-Brunnen und 1908 einen zweiten für den Liebfrauenkirchhof, der ebenfalls nach ihm heißt.
Die Straße wurde zusammen mit dem →Deliusweg, dem Konsul-Mosle-Weg und dem Rosenthal auf dem Gelände des →Rickmers Park, der 1911 von der Stadt erworben wurde, errichtet. An der Marcusallee siedelten sich vor allem wohlhabende Bremer Kaufleute in repräsentativen Villen an, dort wohnten die Familie des Schriftstellers Peter →Weiss, der Finanzgerichtspräsident →Carl, die Kaufleute →Uhde und →Koenenkamp sowie Heidi →Stromeier. Weitere Einrichtungen sind die →Schule an der Marcusallee (→Schulen), die →Bremer Heimstiftung, das →Amerikanische Personalwohnheim und der →Rhododendronpark.

Marienbrücke
Brücke über die →Kleine Wümme an der Munte. Sie wurde mit dem Ausbau von Park- und Universitätsallee überflüssig. Heute erinnert der Bootsclub Marienbrücke e.V. an der Kleinen Wümme an ihre frühere Lage.

Martens, Johann Georg
*Kaufmann, Inhaber der Bank Martens Weyhausen, *22.11.1888, †4.9.1959, Leher Heerstraße 194, Villa →Leupold*
Martens übernahm 1918 das Bankunternehmen Franz Hermann Abbes & Co. 1934 trat der Privatbankier Albert E. Weyhausen als zweiter persönlich haftender Gesellschafter (bis 1938) in die Firma ein, die in »Martens und Weyhausen« umbenannt wurde. Nach seinem Tode wurde das Bankhaus von Martens' Sohn Georg Walter Martens übernommen. Nach der Zerstörung des Geschäftsgebäudes am Markt zog das Unternehmen in die Langenstraße neben die Stadtwaage. 1974 übernahm die Bremer Landesbank die Mehrheit an dem Unternehmen, die 1979 von der britischen Bank Kleinwort, Benson Ltd. übernommen wurde. 1983 firmierte das Bankhaus in »Kleinwort, Benson GmbH & Co. KG« um und stellte im Jahr darauf seinen Geschäftsbetrieb ein.

Maße
Bis zu ihrer Vereinheitlichung im Zuge der 1871 erfolgten Gründung des Deutschen Reiches galten in den deutschen Teilstaaten viele verschiedene Regionalmaße. In Norddeutschland war z.B. die ca. 48 ha umfassende »Hufe« ein wichtiges Flächenmaß (→Urkunden). Die deutsche Landmeile betrug etwa 7,5 Kilometer, die Ruthe 2,5-5,9 Meter. Als Maß für Deichgefährte galt der »Kasten« (1,5 Kasten = zwölf Kubikfuß, ein Kubikfuß = 0,04 m³), und für Torfkähne galt das Hunt (Hunt = 100 Körbe = ca. zwölf Kubikmeter).

Meier, Bauernhof
Hof von Diedrich Döhle und Anna Döhle, geb. Boschen, an der Vorstraße 14. Nach dem Tod ihres Mannes übergab Anna Döhle den Hof am 30.5.1837 durch Gutsübergabevertrag an ihren Sohn Adam Christian Döhle. Er heiratete am 31.5.1837 Dorothea Meyer aus Achterdiek und schloss mit ihr einen Ehe- und Erbvertrag, in dem es u.a. heißt:
Zwischen den ende unterzeichneten Landleuten Adam Christian Döhle wohnhaft zur Lehe als Bräutigam und Dorothea Meyer wohnhaft zu Achterdiek als Braut sodann des Bräutigames Mutter Diedrich Döhle Wittwe, Anna geborene Boschen und der Brautvater Hermann Meyer ist unter anzuhoffens der Genehmigung der Hochverehrten Gutsherrschaften des Bräutigams Herrn Isaac von Post und der Braut seel Herrn Obergerichtssecrator Dr. Hermann Heinrich Meier Frau Wittwe geborene Löning sowie unter anzuhoffender Bestätigung so Hochwohlgeborenen Landherrn am rechten Weserufer folgender Ehe Erb Abfindungs und Altentheilscontract verabredet und hiermit förmlich abgeschlossen worden.
Art. 1
Die genannten Brautleute versprechen sich nochmals mit Zustimmung ihrer Eltern die Ehe und in dieser baldmöglichst

Bauernhof Meier, Vorstraße 14, um 1900

einzugehender Verbindung all einem christlichen Ehepaare geziemende Liebe und Treue.[...]

Art. 3

Der Brautvater gibt ihr mit als Aussteuer und Abfindung von seiner Stelle und verspricht ihr am Brautmorgen zu liefern.

1. in baaren Gelde Ldor 250 schreibe Zweihundertfünfzig Thaler.
2. einen vollständigen landüblichen und standesmäßigen Brautwagen zu liefern
3. die beste Kuh
4. 2 Paar Ehrenkleider richtig erhalten.

bis zur Ablieferung dieser Gegenstände reserviert sich die Braut ihre Rechte an der Stelle.

Art. 4

Der Bräutigam nimmt die Braut am Hochzeitstage als seine Hausfrau auf seine elterliche Stelle auf, welche ihm zu jener Zeit von seiner Mutter mit allen Mobilien Mowentien (bewegliche Sachen) Forderungen Schulden überhaupt mit aller Schuld und Unschuld übergeben wird. Diese Brinksitzerstelle ist belegen in Gebiet am rechten Weserufer zur Lehe ist benachbart von Gerd Kaemena in Osten Engelbert Walte in Westen Isaak Post in Süden und der Vorstraße in Norden enthält circa zwei Tagwerk Land und ein darauf erbautes Wohnhaus nebst Scheune und Zubehör.

Art. 5

Der Bräutigams Mutter erhält als Altentheil auf der Stelle und von derselben freie Wohnung, Speise und Trank so gut es die jungen Eheleute selbst genießen und an deren Tische vollständigen Unterhalt in allen standesgemäßen benötigten Kleidungsstücken leinenen und wollenen Strümpfe und Schuhen gehörige liebevolle Verpflegung in gesunden und kranken Tagen in letzteren unentgeldlich ärztliche und wundärztliche Hülfe und Medici endlich jährlich ein Taschengeld von 10 schreibe zehn Thaler außerdem erhält sie am Brautmorgen für die Übergabe der Stelle an die jungen Leute eine Extravergütung von fünfundzwanzig Thaler.

Bremen vom 31. Mai 1837

Christian Döhle   Hermann Meyer
Doratia Meier   Anna Döhlen

Das auf dem Hof lastende Gutsherrenrecht (Meierrecht) wurde durch »Freikaufs Contract« vom 17.6.1851 abgelöst.

Am 16.1.1858 starb Adam Christan Döhle »ohne Hinterlassung einer Wittwe und ohne Hinterlassung von Leibeserben«. Daraufhin erbte Anna Döhle den Hof zum

zweiten Mal und verkaufte ihn im selben Jahr an Johann Meier aus Achterdieck zum Preis von fünfhundert Talern. In der Lassungsbescheinigung heißt es dazu:
a. *Parteien:*
Veräußerin: des Landmanns Diedrich Dohle Wittwe Anna geborene Boschen wohnhaft in Lehe.
Erwerber: Johann Meier, Landmann wohnhaft zu Achterdiek.
b. *Datum des Kaufcontracts ist der 26.te Januar 1858 Lieferungszeit: sofort.*
c. *Gegenleistung des Erwerbers ist ein Kaufpreis von fünfhundert Thalern am ersten Februar 1858 zahlbar. Außerdem erhält die Veräußerin als Altentheil auf der Stelle und von derselben freie Wohnung, Speise und Trank, so gut es der Stellwirth und die Seinigen selbst genießen und an deren Tische vollständigen Unterhalt in allen standesgemäßen benöthigten Kleidungsstücken leinenen und wollenen Strümpfen und Schuhen, gehörige liebevolle Verpflegung in gesunden und kranken Tagen, in letzteren unendgeldliche ärztliche und wundärztliche Hülfe und Medicin endlich jährlich ein Taschengeld von zehn Thalern. [...]*
Von Meyerpflicht ist dieses Grundstück frei. [...] Das früher darauf lastende Gutsherrenrecht ist durch freikaufs Contract vom 17. Juni 1851 abgelöset worden.

Nach dem Tode von Johann Meyer erbte sein Sohn Christian den Hof, der 1929 bis auf die Grundmauern niederbrannte.

Meierbrief
Urkunde, in der das zwischen dem Pächter (Meier/Bauer) und dem Verpächter (Gutsherren) bestehende Rechtsverhältnis festgeschrieben ist (→Meierrecht).

Meierrecht
Im 13. Jh. wurde das →Hollerrecht durch die »Zeitleihe« oder das Meierrecht abgelöst. Das dem Gutsherren gehörende Land wurde einem Meier zur Nutznießung und Verbesserung gegen Zins (Naturalien und oder Geld) und Lasten übertragen. Der bewirtschaftete Grund und Boden gehörte weiter dem Gutsherrn, der Meier war lediglich Eigentümer der Hofgebäude mit lebendem und totem Inventar und zu Dienstleistungen verpflichtet (Hand- und Spanndienste). Die Rechte und Pflichten des bemeierten Bauern wurden im →Meierbrief festgelegt. Das ihnen gewährte »dingliche Recht auf Nutzung eines fremden Gutes mit der Verbindlichkeit, das Gut dem Grundsatz bäuerlicher Wirtschaftsführung gemäß zu bewirtschaften«, wurde Anfang des 18. Jh. erblich; der Grundherr war verpflichtet, den künftigen Meier aus der Reihe der Nachkommen des verstorbenen Meiers zu wählen. Bei Besitzübergang musste der Erbe oder neue Eigentümer dem Grundherren den →Weinkauf (Winkoop) zahlen. Die Heirat von Abhängigen bedurfte der Zustimmung der Gutsherren. Das Meierrecht konnte durch →Abmeierung entzogen werden. Während der →Französenzeit wurde das im Laufe der Jahrhunderte mehrfach modifizierte Meierrecht vorübergehend außer Kraft gesetzt, da das französische Recht keinen geteilten Besitz an Grund und Boden kannte. Durch die Verordnung vom 23.1.1826 wurde die »Ablösung« des Meiers vom Grundherrn möglich (Aufhebung des →29. Statuts). Gegen Zahlung eines ausgehandelten Entgeltes konnte der Meier mit Zustimmung des Gutsherrn den Grund und Boden ankaufen und wurde zum freien Bauern. Die →Ablösungsverordnung von 1850 (Neufassung 1899) gab dem Meier das Recht, die Ablösung zu verlangen. Ab 1878 durften keine neuen Meierverhältnisse mehr eingegangen werden.

Menke, Werner Paul Eduard
Weinimporteur und Kaufmann, *8.10.1892 Bremen, †28.9.1980 ebd., Am Rüten 2, →Landruhe
Menke war Inhaber des 1880 von Johann Heinrich Menke gegründeten Weinhandels. Er ließ Mitte der 1920er Jahre als erster Weinimporteur Großtanks aus Spezialstahl entwickeln, mit denen er Konsum- und Dessertweine aus Spanien nach Bremen verschiffte. Mitte der 1970er Jahre war das Weinhaus mit Tochterunternehmen, eigenen Wein-Tankschiffen und anderen Aktivitäten eines der größten Weinhandelshäuser Bremens. 1977 wurde die

Menke KG aus dem Unternehmen ausgegliedert und von Menkes Sohn Hermann Heinrich übernommen. 1980 erfolgte der Verkauf des Weinhauses an die Kornbrennerei L.B. Beerentzen. 1988 ging Hermann Heinrich Menke mit der Menke KG in die Insolvenz.

Menke-Park
Park des ehemaligen, 1923 in den Besitz der Familie Menke (→Menke, W.P.E.) übergegangenen Landgutes →Landruhe. Im zwischen Leher Heerstraße und Am Rüten gelegenen Park wurden 2001 nach langen Auseinandersetzungen zwei Wohnblöcke mit 30 Wohnungen errichtet. Die Wohnanlage erhielt den Namen →Charlottenhof, nach dem benachbarten ehemaligen Bauernhof.

Metz, Reinhard
*Bundestagsabgeordneter, Präsident der Bremischen Bürgerschaft, *18.8.1937 Hannover, †9.12.2009 Bremen, Nernststraße*
Reinhard Metz studierte Wirtschaftswissenschaften und arbeitete anschließend als Journalist in Bonn. 1972 wurde er Abgeordneter der CDU in der Bremischen Bürgerschaft und 1976 in den Deutschen Bundestag gewählt. 1987 war er Spitzenkandidat der CDU für die Bürgerschaftswahl. Nach einem schwachen Wahlergebnis (-10%) wurde er Fraktionsvorsitzender seiner Partei. 1995-99 war Metz Präsident der Bremischen Bürgerschaft und anschließend Staatsrat des CDU-Finanzsenators Hartmut Perschau. 2004-08 führte er den Vorsitz des Rundfunkrates von Radio Bremen. In Horn engagierte er sich als Schirmherr des →Fördervereins zum Erhalt der Horner →Mühle.

Mews, Hans-Georg
*Landesschulrat, *25.5.1931 Kolberg (Ostsee), †28.10.2010 Bremen, Vorkampsweg*
Hans Georg Mews begann seine Lehrerausbildung 1950 in Köthen (Anhalt). 1953 floh er nach dem »17. Juni« aus der DDR. Nach dem (Neu-)Studium trat er 1956 als Lehrer in den bremischen Schuldienst ein. Viele Jahre war er Vorsitzender des Schullandheimvereins »Verdener Brunnen« und setzte sich in der Folgezeit für den Erhalt der Bremer Schullandheime ein.
1977 wurde er Leiter der Abteilung Schulplanung beim Senator für Bildung. Zu seinen Aufgaben gehörte es, die Schulentwicklungsplanung für Bremen voranzutreiben und umzusetzen. Als Nachfolger Horst Banses war er von 1980 bis zu seinem gesundheitsbedingten Ausscheiden 1992 Landesschulrat.
Hans-Georg Mews engagierte sich auch stark gewerkschaftspolitisch. 1972/73 wurde er 1. Vorsitzender des Vereins Bremer Lehrer und Lehrerinnen in der Gewerkschaft Erziehung und Wissenschaft, und 1975-78 war er stellvertretender GEW-Landesvorsitzender. Mews gehörte dem DGB-Kreisvorstand, dem Gesamtpersonalrat, dem Rundfunkrat von Radio Bremen an und warb für die bildungspolitischen Veränderungen und Verbesserungen in den bremischen Schulen. Als Landesschulrat hatte er entscheidenden Anteil an der Gründung des Bremer Schulmuseums und wurde dessen Ehrenvorsitzender.

Mix, Ulrich
*Ortsamtsleiter, *14.1.1956 Limburg*
Mix kam 1980 von Limburg nach Bremen. Er studierte und promovierte an der Universität Bremen Sozialwissenschaften und arbeitete anschließend am Bremer Institut für angewandte Arbeitswissenschaft BIBA. Seit 1993 war er mit unterschiedlichen Aufgaben in der Bremer Verwaltung tätig. Er moderierte u.a. die Umwandlung

Hans-Georg Mews

Eichenallee im Menke-Park, um 1950

Reinhard Metz

Ulrich Mix

der Ortsämter Blumenthal, Horn-Lehe und Vegesack in Bürgerämter. Im Jahre 2000 wurde Mix vom Beirat Horn-Lehe einstimmig zum Ortsamtsleiter gewählt. Sein Ziel, das →Bürger-Service-Centrum im Stadtteil Horn-Lehe zu stärken, konnte er nur in Ansätzen verwirklichen. Das Service-Centrum wurde nach seinem Ausscheiden geschlossen. 2004 bewarb sich Ulrich Mix als Leiter des Sportamtes und wurde Nachfolger von Rüdiger Hoffmann.

Molkewehrum, Hermann
Pastor an der →Andreas-Gemeinde, *1925 Emden
Nach dem Krieg begann Hermann Molkewehrum 1946 das Studium der Theologie in Münster. Es folgten Studienjahre in Göttingen und theologische Examina bei der evangelisch-reformierten Kirche in Aurich. Als Lehrvikar arbeitete Molkewehrum in der Grafschaft Bentheim und anschließend als Hilfsprediger in den ostfriesischen Landgemeinden Woltzeten und Canum. Nach seiner Ordination kam Molkewehrum 1953 nach Bremen-Blumenthal und wechselte noch im selben Jahr zur Gemeinde Nordhorn in der Grafschaft Bentheim. 1961 kam er zurück nach Bremen an die Immanuel-Gemeinde. Im Jahr 1964 übernahm er die Pfarrstelle in der von der evangelischen Kirchengemeinde Horn abgetrennten neu gegründeten Gemeinde im Leher-Feld, später Evangelische Andreas-Gemeinde genannt. Dort wirkte Hermann Molkewehrum bis zu seiner Pensionierung 1990.

Hermann Molkewehrum

Mühle →Horner Mühle

Münzeinheiten/Währung →Groten

N

Nationalsozialismus
Den Spuren des Nationalsozialismus in Horn-Lehe nachzugehen, erweist sich in vielen Fällen als äußerst schwierig. Verbliebene Zeitzeugen können sich oftmals nur wenig an die politischen Machtverhältnisse erinnern. Zwei Generationen später als alte Leute interviewte Zeitzeugen waren am Ende des Zweiten Weltkrieges junge Erwachsene gewesen und haben den Nationalsozialismus aus kindlicher und jugendlicher Sicht erlebt. Viele mögen über die Zeit überhaupt nicht nachdenken. Aus den zugänglichen Informationen lässt sich schließen, dass Horn-Lehe ein Stadtteil wie viele andere war, der sich weder positiv noch negativ besonders hervortat. In den noch freien Wahlen von 1932/33 glich sich der Anteil der NSDAP-Wähler immer mehr dem Reichs- und Landesanteil an. Das Zentrum der Nationalsozialisten, das »Parteihaus«, befand sich in der Villa »Scheper-Klatte« gegenüber der Horner Kirche an der →Riensberger Straße. Das Gebäude beherbergte außer der NSDAP-Ortsgruppe Bremen-Horn auch die Nationalsozialistische Betriebszellenorganisation und die Deutsche Arbeitsfront. Eine NSV-Schule wurde nur wenige Häuser weiter am 13.10.1937 auf dem Bünemann'schen Grundstück (→Zum Horn) neben der →Horner Kirche eingeweiht. In der Landgemeinde Lehesterdeich befanden sich im Gemeindebüro an der Lilienthaler Heerstraße 142a der Stützpunkt der NSDAP, der SA-Sturm 2/75 und die NSV Ortsgruppe Lehesterdeich.

Am Parteihaus, Leher Heerstraße 2 (Ecke Riensberger Straße)

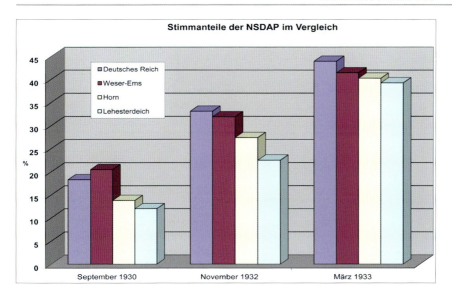

NSDAP-Ortsgruppenleiter war Herbert →Barre, und zahlreiche Horner waren Mitglied der Partei. Auf der Leher Heerstraße marschierten die Soldaten zu den Schießübungen in Borgfeld. In den Wohnsiedlungen versuchte ein späterer Horner Schuhhändler die Bevölkerung mit seinem NS-Musikzug um sich zu scharen. Die Jugend war in der »HJ« organisiert, an der Endhaltestelle der Linie 4 wurde für das Winterhilfswerk gesammelt, und auf der Marcusallee marschierten HJ und Pimpfe zum →Rickmers Park am Achterdiek. In zahlreichen öffentlichen und privaten Gebäuden Horns trafen sich das Deutsche Jungvolk und der Jungmädelbund (10–13-Jährige) sowie die Hitlerjugend und der Bund Deutscher Mädel (14–17-Jährige). Andersdenkende und jüdische Mitbürger wurden verfolgt (→Verfolgung). Im →Rhododendronpark wurde 1936 der Rickmers-Stein in Erinnerung an den beim Hitler-Putsch in München erschossenen Rittmeister Johann →Rickmers errichtet. Ein im Krieg getöteter Horner SS-Unterscharführer wurde 1943 mit militärischen Ehren auf dem Horner Friedhof beigesetzt, den Grabstein zierten bis 2010

Im Gleichschritt: Fähnlein 19 auf der Marcusallee und daneben NS-Spielmannszug in der Vorstraße

Alltag im Nationalsozialismus: Fahnenschmuck in der Ronzelenstraße

noch die SS-Runen und der Leitspruch »Unsere Ehre heisst Treue«.

Trotzdem war nicht alles gleichgeschaltet. Der Horner Pastor →Fraedrich wurde von den Nationalsozialisten als »neutral« eingestuft. Die Lehrerinnen Magdalene →Thimme und Elisabeth →Dittrich setzten sich in der Stephani-Gemeinde für Christen jüdischer Herkunft ein.

An der Achter- und Riensberger Straße befanden sich Arbeitslager (→Lager Achterstraße); die aus anderen Ländern stammenden Fremd- und Zwangsarbeiter waren in Bremer Rüstungsbetrieben, auf Bauernhöfen und in Bäckereien eingesetzt. Für sie verkehrte morgens und abends ein gesonderter Straßenbahnzug, der sie zu den Einsatzstellen brachte. Der Kontakt mit der einheimischen Bevölkerung war streng untersagt. Trotzdem bildeten sich Freundschaften und enge Bindungen zwischen den →Fremdarbeitern und der deutschen Bevölkerung.

Naturschutzgebiete

Im Ortsamtsbereich befinden sich zwei Naturschutzgebiete (NSG):

a) NSG Westliches Hollerland
Unterschutzstellung 1985, erweitert 1991, seit 2004 FFH-Gebiet, Größe 293 ha. Das NSG entstand aus einem Sumpfgebiet, das im 12. Jh. von holländischen Bauern (→Hollerland) entwässert und zur Kulturlandschaft umgewandelt wurde. Das noch heute vorhandene Grabennetz mit einer Länge von 90 km ist mit dem extensiv genutzten Feuchtgrünland ein überregional bedeutender Lebensraum für seltene Tiere und Pflanzen. Erwähnenswert sind insbesondere der Schlammpeitzger (Fisch) und die in enger Lebensgemeinschaft stehenden Krebsscheren und Mosaikjungfern (Libellen). Besondere Bedeutung kommt auch der Binnensalzstelle »Pannlake« im Norden des Gebietes zu.

b) NSG Am Stadtwaldsee
Unterschutzstellung 1991, Größe 11,4 ha. Der während der Sandentnahme für den Bau der Universität über der Sandschicht liegende Störboden wurde entfernt und neben dem →Uni-See abgelagert. In der Folge entstand ein strukturreiches Gelände mit Resten alter Gräben, Kleingewässern, Wällen und verschiedenen Bodenhöhen. Zum Schutz des NSG wurde ein Teil des Geländes mit einem Ringgraben umzogen. Im NSG sollen die eng verzahnten Lebensräume bestandsgefährdeter Tierarten und seltener Pflanzenarten erhalten und entwickelt werden.

Reiher im Naturschutzgebiet am Stadtwaldsee

Nernststraße

Die 1964 nach dem Physiker und Chemiker Walter Nernst (1864–1941) benannte Straße wurde auf dem Gebiet der Höfe, die zum Gut →Schorf gehörten, angelegt. Im Bereich der Nernststraße befanden sich der →Charlottenhof, der Hof →Bremermann und der →Schönauenhof.

Noltenius, Johann Diedrich

Senator und Bankdirektor, *6.10.1911 Kassel, †13.12.1979 Bremen, Riensberger Straße 67

Noltenius studierte nach dem Abitur Jura in Tübingen und promovierte kurz vor dem Zweiten Weltkrieg. 1939-45 war er Soldat. Danach war er zunächst Leiter des Steueramtes und der Bankenaufsicht in Bremen und wurde Mitglied des Vorstandes der Geestemünder Bank in Bremerhaven. 1955-70 war er Vorstandsmitglied und dann Vorstandsvorsitzender der Bremer Landesbank und Staatlichen Kreditanstalt Oldenburg-Bremen.

Noltenius war Mitglied der FDP und 1962-66 als Nachfolger von Wilhelm →Nolting-Hauff (FDP) Senator für Finanzen.

Johann D. Noltenius gehörte seit 1961 als kaufmännisches Mitglied der Stiftung Haus Seefahrt an. Sein Sohn Peter Noltenius war Jurist und Abteilungsleiter beim Bausenator in Bremen und von 2005 bis zu seinem Tod 2008 Chef der staatseigenen Brepark.

Nolting-Hauff, Wilhelm

Jurist und Finanzsenator, *22.4.1902 Naumburg, †16.2.1986 Bremen, Marcusallee 26

Wilhelm Nolting-Hauff zog mit seinen Eltern 1910 nach Bremen. Er absolvierte das Alte Gymnasium und studierte in Heidelberg und Kiel Rechtswissenschaften, Volkswirtschaft und Literatur. Er promovierte zum Dr. jur. und war als Rechtsanwalt tätig. 1934 wurde er aus rassischen Gründen aus der Rechtsanwaltskammer ausgeschlossen und war als Jurist bei der Firma Kaffee HAG in Bremen tätig.

Im Oktober 1944, während des Zweiten Weltkrieges, wurde er im Rahmen der »Sonderaktion J« als »jüdischer Mischling 1. Grades (IMI)« zur Organisation Todt, einer militärisch organisierten Bautruppe, eingezogen. Er kam in ein Arbeitslager und wurde zum Bau von Ölbunkern und zu Gleisbauarbeiten eingesetzt. Seine Erlebnisse im Nationalsozialismus beschrieb er in seinem Buch »IMI's, Chronik einer Verbannung« (1946).

Nolting-Hauff wurde 1945 von den amerikanischen Besatzungsbehörden als Finanzsenator eingesetzt und hatte dies Amt bis 1962 inne. Als Senator machte er sich auch um den Wiederaufbau Bremens, insbesondere der Häfen verdient. Zunächst parteilos, trat er 1951 der FDP bei. Sein Senatorenamt übte er ehrenamtlich aus. Er war zudem Vorstandsmitglied und seit 1974 Vorsitzender des Aufsichtsrats von Kaffee HAG. Die Nolting-Hauff-Stiftung zur Förderung der Wissenschaft und die Stromer Senator-Nolting-Hauff-Straße tragen seinen Namen.

Nordmann, August

Maurermeister, *9.12.1890, †12.12.1965 Bremen, →Klattendiek 4, seit 1929 →Leher Heerstraße 88

Während der NS-Zeit 1933 Gemeindevorsteher der Gemeinde →Lehesterdeich, Cousin von Heinrich August Bruno Nordmann (→Nordmann, Heinrich, 2.).

Nordmann, Heinrich (Familie und Unternehmen, Berckstraße 28)

1. Heinrich Joseph Nordmann (1853-1924) aus dem Eichsfeld, verh. mit Catharina (1862-1927).

Heinrich Joseph Nordmann gründete das Baugeschäft 1883; parallel wurde auch eine Landwirtschaft mit bis zu 20 Milchkühen und ca. 80 Morgen Land, teils im Leher Feld gelegen, betrieben. Das Bauunternehmen war an fast allen Hochbauten der Bremer Straßenbahn beteiligt, ebenso am Bau des Bamberger-Kaufhauses, des St. Joseph-Stifts und der Rolandmühle.

2. Heinrich August Bruno Nordmann (1887-2.2.1958, verh. mit Berta Behrens 1885-1953 (Luisental), Sohn von 1., übernahm den Betrieb 1924.

Tochter Käthe (1921-1945) verunglückte bei der Rückkehr vom Melken tödlich, als die Zugpferde ihres Melkwagens an der Riensberger Straße durchgingen.

3. Heinrich Friedrich Nordmann (8.12.1923-11.9.1985), verh. mit Martha Schnibbe (*31.5.1928), Enkel von 1.

Heinrich Friedrich erlernte das Maurerhandwerk und arbeitete sich zum Baumeister empor. In der Nachkriegszeit war er mehrere Jahre im Geschäft seiner Eltern tätig und übernahm Ende der 1950er Jahre die Firmenleitung in der dritten

Johann Diedrich Noltenius

Wilhelm Nolting-Hauff

Das Gelände der Baufirma Nordmann um 1970. Im Vordergrund links die Bergstraße und oben rechts die Bahnstrecke und Häuser am Luisental

Bienenstöcke von Claus-Hinrich Garms auf dem Hof Nothroth

Generation. Für das Hochbauamt Bremen hatte das Horner Unternehmen das »Deutsche Haus« am Markt wieder aufgebaut, das Berufsschulzentrum (BBZ) am Doventor errichtet, die Feuerwache am Hohentor vollendet und mehrere Schulen in der Stadt gebaut. Nordmann errichtete diverse Brücken, Schöpfwerke, Stauanlagen, und für die Stadtentwässerung und Stadtreinigung erweiterte die Firma die Müllverbrennungsanlage.

Zu den Kunden gehörten auch die Bundesbahn, die Bundespost, die katholische Kirchengemeinde und die Bremer Molkerei.
Die Landwirtschaft wurde von ihm 1965 aufgegeben. Nach dem Tod von Heinrich Friedrich Nordmann 1985 wurde das Baugeschäft geschlossen.

Nößlerstraße

Benannt nach dem Organisten Carl Eduard Nößler (1863–1943), 1893–1930 Organist und Leiter des Domchores. Im Umfeld der Nößlerstraße lagen das Gut →Wachsbleiche und die Villa →Schmitz.

Nothroth, Hof

Der Hof von Hinrich Nothroth (Vorstraße 34, Lehe 7) befand sich an der Ecke Vorstraße/Helmer. 1914 wurde er vom Landmann Claus-Hinrich Garms übernommen. Garms hatte auf dem Hof Bienenstöcke und eine Imkerei. Den Honig vertrieb er deutschlandweit im Versandhandel. Nach dem Krieg wurde der Hof auch von Friedrich →Grobbrügge und der Holzhandlung J. W. Buss genutzt.

O

OAS AG

Otto A. Schwimmbecks Unternehmensgruppe für Anlagentechnik, Prozessleitsteuerungen und Wägesysteme

Otto Anton Schwimmbeck (* 4.6.1945 in Oberbayern) gründete 1982 in Achim bei Bremen die OAS GmbH mit dem Schwerpunkt Verfahrenstechnik, in der er 1985 einen ersten eichfähigen Rechner entwickelte. 1989 siedelte das Unternehmen in den →Technologiepark über. 1992 erhielt die Unternehmensgruppe die europaweit erste Zulassung für elektronische Waagen. Aus dem Ingenieurbüro entwickelte sich eine Aktiengesellschaft, die an fünf Standorten in Deutschland fast 200 Mitarbeiter beschäftigt und 2011 einen Jahresumsatz von ca. 30 Millionen Euro (2011) erwirtschaftete. Das Unternehmen entwickelt heute mit einem Team aus Ingenieuren, Technikern, Mathematikern und Informatikern branchenspezifische und branchenunabhängige Anlagensteuerungen und setzt diese in die Praxis um. Die Anlagen steuern z.B. den Brauprozess bei InBev, die Fruchtsaftherstellung bei Wesergold oder den Einbau der Sitze in die C-Klasse im Sebaldsbrücker Mercedes-Werk. Das innovative Unternehmen gewann 1991 den Wettbewerb »Erfolgskonzepte« der Bremer Landesbank; 1995 wurde Otto A. Schwimmbeck die Würde des Ehrensenators der Hochschule Bremen verliehen, und 2000 ist er als »Bremer Unternehmer des Jahres« ausgezeichnet worden.

Schwimmbeck übernahm 2001 den Vorsitz der Interessengemeinschaft Technologiepark Universität e.V., heute Technologiepark Uni Bremen e.V., und lebt seit 2011 im Stadtteil Horn-Lehe.

Oelrichs, Carl Jasper

Senator, *14.4.1844 Bremen, †17.2.1923 ebd., Vorstraße 20 (Lehe 5)

Carl Jasper Oelrichs trat 1867 in die Anwaltskanzlei seines Vaters Karl Theodor ein und wurde nach dessen Tod 1871 sein Nachfolger als Konsulent der Gewerbekammer. Auch gehörte Oelrichs dem Vorstand des Gewerbe- und Industrie-Vereins an, der 1861 von seinem Vater mitbegründet worden war. 1872 wurde er als Mitglied der 3. Klasse in die Bürgerschaft gewählt und am 21.9.1878 Mitglied des Senats. Er war zunächst zuständig für Gewerbe und Industrie, dann bis 1918 für Unterricht und Kirche.

Gegen die Vorstellungen des missliebigen Schulinspektors Johann August Köppe setzte er im Einvernehmen mit den Schulvorstehern 1898 einen neuen Lehrplan durch. Nach dem Ende des Bremer Schulstreits und dem Rücktritt Köppes (1907) bemühte sich Oelrichs, mit der Lehrerschaft eine vertrauensvolle Zusammenarbeit herzustellen. Ganz in der Tradition des 19. Jh. stehend, vermochte er allerdings modernen Erfordernissen der Pädagogik nur zögernd zu folgen. Dennoch wurde er von der überwiegenden Mehrheit der bremischen Lehrer geschätzt.

1890 erwarb er das Landgut →Wachsbleiche. Auf seinem Anwesen an der Vorstraße (später bekannt als Villa →Schmitz) fühlte er sich von der →Schweinemastanstalt belästigt und sorgte für die Einstellung des Betriebes.

Oelrichs, Edwin

Kaufmann und Konsul, *1815 Bremen, †1886 ebd., Horner Heerstraße 28 (Horn 5)

Edwin Oelrichs entstammte einer seit dem 15. Jh. in Bremen ansässigen Familie. Er war Sohn des Kaufmanns Johann Gerhard Oelrichs (1813-15 Major, Bataillonschef der Bürgergarde und Kommandant Bremens) und Bremer Konsul in New York, wo er mit seinen Brüdern die Firma Oelrichs & Co. als Agentur des Norddeutschen Lloyd betrieb. Er besaß an der Horner Chaussee ein 1802 errichtetes Landgut. Das eingeschossige Haus war an der Frontseite mit vier Säulen verziert. 1888 verkaufte Oelrichs seinen Horner Besitz an Ad. Hagens

Oelze, Friedrich Wilhelm

Kaufmann, Jurist, und Kunstliebhaber, *1891, †Dez. 1978 Bremen, Horner Heerstraße 5-7

Oelze trat 1919 dem Bremer Kunstverein bei und gehörte dem Vorstand bis 1945

Otto A. Schwimmbeck

Friedrich Wilhelm Oelze

an. 1933 wurde er NSDAP-Mitglied, nahm aber 1934 das Parteibuch nicht an und zahlte auch keine Beiträge. Oelze führte seit 1932 einen umfassenden und intensiven Briefwechsel mit Gottfried Benn, der bis zu Benns Tod im Jahre 1956 nie abriss. Insgesamt 670 Briefe dokumentieren den engen Gedankenaustausch mit dem Dichter. Aufgrund seiner Mitgliedschaft in der NSDAP wurde er nach 1945 nicht wieder in den Vorstand des Kunstvereins gewählt, auch wenn er als Nichtbetroffener eingestuft wurde. Während des Zweiten Weltkrieges wohnte er bei seinen Schwiegereltern im Landhaus Meier an der Horner Heerstraße 7. 1945 wurde das Haus von den Amerikanern beschlagnahmt, und Oelze zog nach Oberneuland. Er stiftete der Kunsthalle mehrere Kunstwerke, darunter von Hans Thoma, Franz Radziwill, Pablo Picasso, Paul Cézanne und Paula Modersohn-Becker. 2004 war der Austausch zwischen Benn und Oelze Thema der Bremer Gottfried-Benn-Tage; die Bremer Kunsthalle widmete ihm eine Ausstellung, und 2011 erschien ein Roman über die Beziehung der beiden Männer.

OHB AG

Die OHB AG (Orbital- und Hochtechnologie Bremen) ist ein international agierendes Raumfahrtunternehmen im →Technologiepark. 1981 übernahm Christa Fuchs die Hemelinger Firma Otto Hydraulik Bremen. 1985 stieg ihr Ehemann, der Ingenieur Manfred Fuchs, in das Unternehmen ein, und gemeinsam entwickelten sie die Firma zu einem internationalen Raumfahrtunternehmen. 1987 siedelte OHB in den →Technologiepark über. Heute führt der Sohn Marco Fuchs das Unternehmen mit 2250 Beschäftigten an 14 Standorten in acht europäischen Ländern und einem Umsatz von über 500 Millionen Euro. OHB, vom Seniorchef scherzhaft »Opas Hochtechnologie-Bastelstube« genannt, war beteiligt am Satellitensystem SAR-Lupe, dem Forschungslabor Columbus für die ISS und baut Satelliten für das europäische Navigationssystem Galileo. Die seit 2001 börsennotierte Firma geriet durch die Veröffentlichung der »Smutny-Papiere« in die Schlagzeilen. 2011/12 gab es eine Diskussion um eine von OHB angebotene Stiftungsprofessur für Raumfahrttechnik an der Universität Bremen.
2012 setzte sich OHB erneut gegen den Konkurrenten EADS-Astrium durch und erhielt den Auftrag für acht weitere Satelliten für das Satellitennavigationssystem Galileo.

Ohlrogge-Villa

Anna und Richard Ohlrogge erwarben die Villa an der Marcusallee 3 im Jahr 1929 von Friedrich Wriedt. Richard Ohlrogge

Villa Ohlrogge an der Marcusallee 3

(1866–1949) fuhr zur See und wurde Offizier auf den Lloyd-Schnelldampfern der New-York-Linie. 1807 wurde er Inspektor und später Prokurist der Deutschen Dampffischereigesellschaft »Nordsee«. 1907 wurde er Direktor der Cuxhavener Hochseefischerei AG und war Vertrauter von Albert Ballin, dem mächtigen Chef der Hamburger HAPAG. Ohlrogge nahm 1919/20 an den Verhandlungen über die Ablieferung deutscher Fischereifahrzeuge in Versailles und London teil. 1945 wurde die Villa beschlagnahmt und ging 1955 in städtischen Besitz über. Sie diente viele Jahre als Französisches Konsulat.

Oibibio
1997 eröffnete Schüler- und Studentenkneipe am Ende der →Vorstraße. 2006 gab der Wirt die Gastwirtschaft auf und eröffnete im Ostertorviertel eine neue Gaststätte. Vom neuen Pächter wurde das Oibibio zunächst in OiNiNiO dann in OiLilLiO umbenannt.

Ortsamt
Die bremischen Ortsämter haben die Aufgabe, die →Beiräte bei der Erfüllung ihrer Aufgaben zu unterstützen und ihre Beschlüsse bei den Behörden zu vertreten. Sie sind verpflichtet, den gegenseitigen Kontakt zwischen den Einwohnern, Beiräten und Behörden zu fördern. Sie werden bei allen Angelegenheiten, die in ihrem Zuständigkeitsbereich von öffentlichem Interesse sind, tätig und gehen Wünschen, Hinweisen und Beschwerden aus der Bevölkerung nach.
1952 zog das Ortsamt in die Horner Heerstraße 16 und anschließend (1956) in den Anbau der alten Horner Grundschule. 1956 beschloss die Baudeputation den Umbau der alten Schule an der Berckstraße zu einem Ortsteilzentrum mit Ortsamt, Polizei und Volksbücherei. Das Richtfest für den Neubau fand am 6.5.1958 statt. Im November zogen das Ortsamt und die Polizei in den fertiggestellten ersten Bauabschnitt ein. Im Juni 1960 wurde das Ortsamt von Senatsdirektor Franz Löbert als »Kulturzentrum« offiziell eröffnet.
In der Folgezeit wurden eine Außenstelle des Wohnungs- und Wohlfahrtsamtes, die auch für Borgfeld und Oberneuland zuständig war, die Kinder- und Jugendbibliothek (→Bücherei) und das →Bürger-Service-Zentrum im Ortsamtsgebäude untergebracht.
Nach einem Wasserschaden in den Diensträumen des Polizeireviers zog die Polizei-Dienststelle in die Container des ehemaligen Wohnungsamtes hinter dem Ortsamtsgebäude.
Die Sanierung des Gebäudes mit einer weiteren Nutzung durch die Stadtgemeinde Bremen wird als unwirtschaftlich eingestuft. Seitdem wird für die →Polizei und das Ortsamt ein neuer Standort gesucht, um das Gebäude zu veräußern. Seit 2011 nutzt der Bürgerverein Horn-Lehe Räume für das Archiv zur Zwischennutzung. Im Juli 2012 befand der Beirat über die Nutzung des Landhauses →Louisenthal als neuen Standort für das Ortsamt.

Treffpunkt für Schüler und Studenten: Das OiBiBiO, jetzt OiLiLiO

Das Ortsamt Horn-Lehe vor der Schließung des BSC 2006

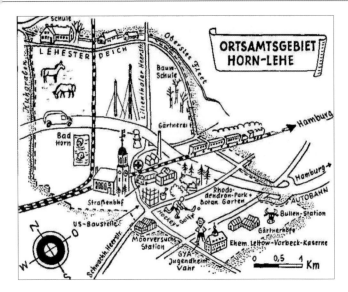

Ortsamtsbereich (Stadtteil)

1946 trat das »Gesetz über Ortsämter und Außenstellen der Bremischen Verwaltung« in Kraft. Es bildete die Grundlage für die weiteren Ortsgesetze über →Beiräte und →Ortsämter. Damit wurde zunächst Lehesterdeich zusammen mit Oberblockland ein Ortsamtsbereich. Mit der »Verordnung über die Neuordnung der Bremischen Stadtbezirke« wurde am 23.2.1951 das Oberblockland vom Ortsamtsbereich Lehesterdeich abgetrennt. Das Restgebiet des ehemaligen Ortsamtsbereiches Lehesterdeich wurde mit den Stadtgebietsteilen Horn und Vahr zum Ortsamtsbereich und Stadtteil Horn-Lehe vereinigt und stellt somit den Geburtstag des Stadtteils Horn-Lehe dar. Seit der Abtrennung der Vahr am 1.4.1959 besteht der Stadtteil mit dem Ortsamt Horn-Lehe in seinen jetzigen Grenzen aus den Ortsteilen Horn, Lehe und Lehesterdeich.

Ortsamtsleiter

Die Ortsamtsleiter waren die Nachfolger der bisherigen Gemeindevorsteher. Sie wurden seit 1951 von den Ortsbeiräten gewählt und vom Senat ernannt.

Ortstafel

Die 2,50 Meter breite und 3,30 Meter hohe Bildtafel an der Leher Heerstraße 1 wurde im Auftrag des Bürgervereins und des Ortsamtes 1966 von dem Maler und Grafiker Kurt Claußen-Finks erstellt. Sein liebevoll bebilderter Stadtteil-Grundriss war im selben Jahr zunächst in der Berckstraße 4 an der Giebelwand des ehemaligen Fotogeschäftes Friedo Kleine (heute Teil des Café Goedeken) angebracht worden, heute befindet sich die Ortstafel neben dem Café →Goedeken an der Leher Heerstraße.

Osmers, Schlachterei

Heinrich Osmers (1881–1939) war Sohn eines Bremer Landmanns. Im Jahr 1907 heiratete er Anna Marie Abbe aus Thüringen, eine Großnichte des Eisenacher Physikers Ernst Abbe.
1907 kaufte Osmers von dem Milchhändler Johann Hermann Jäger das Haus Leher Heerstraße 58 und eröffnete am 1.4.1907 eine Schlachterei mit Ladengeschäft und

Kurt Claußen-Finks beim Gestalten der Ortstafel und darüber das Ortsamtsgebiet Anfang der 1950er Jahre

Zur Schau gestellt: Schlachterei Osmers, um 1910

Ortsamtsleiter in Horn-Lehe		
Von bis	**Name**	**Bemerkung/ausgeschieden**
1945–1947	Heinrich Gefken	Ruhestand
1947–1954	Friedrich Borchers	Ruhestand
1954–1959	Fred Kunde	1954–1955 kommisarisch, 1959 versetzt
1960–1979	Adolf Könsen	Ruhestand
1979–1989	Gerd Stuchlik	Verstorben
1989–1999	Rüdiger Horn	Ruhestand
2000–2004	Dr. Ulrich Mix	Anschließend Leiter des Sportamtes
ab 2004	Wolfgang Ahrens	

Neuer Vorstoß in das Hollerland: Osthaus-Studie

Stallgebäude für Pferd und Wagen hinter dem Haus. Das Schlachtvieh wurde vom Bremer Schlachthof geholt, Verarbeitung und Wurstherstellung erfolgten im Hause. 1925 wurde das Haus um eine Etage aufgestockt, der Laden modernisiert und im hinteren Bereich um ein großes Kühlhaus erweitert. 1939 übernahm sein Sohn Werner Osmers, genannt Klaus, die Schlachterei seines Vaters.
Da er nicht der NSDAP angehörte, wurde er, nach Aussagen seines Sohnes, obwohl Schlachtereien zur Versorgung der Bevölkerung dienten und deren Inhaber vom Wehrdienst befreit waren, zum Kriegsdienst eingezogen. Das Geschäft wurde von einem durch die NSDAP eingesetzten Schlachter bis zum Ende des Zweiten Weltkrieges weitergeführt.
1945 übernahm Werner Osmers wieder die Schlachterei und führte sie bis zu seinem Tode 1951. Anschließend pachtete die Fleischwarenfabrik Ludwig Fischer den Betrieb und modernisierte die Ladenräume und das Kühlhaus.
1983 pachtete die Firma Feinkost →Hasch das Geschäft und kaufte 1992 das Haus. 2001 wurde der gesamte Komplex einschließlich der Gastwirtschaft Ratjen (Horner Bürgerstuben →Bierhalle Heinrich Köppe) verkauft und abgerissen.

Osthaus-Studie

1977 wurde von dem Architekten und Stadtplaner Manfred Osthaus (1933–2012) im Auftrag des Senats die »Pilotstudie zur städtebaulichen Entwicklung von Horn-Lehe West« zur Bebauung des →Hollerlandes vorgelegt. Die Studie kam zu dem Ergebnis, dass sich das 200 ha große Gebiet zwischen →Lilienthaler Heerstraße, →Lehester Deich und →Autobahnzubringer bis über den Jan-Reiners-Weg hinaus unter Beachtung ökologischer Gesichtspunkte für eine Wohn- und Gewerbebebauung eigne. Das Gebiet sollte durch eine neue Stadtbahnlinie an den öffentlichen Personennahverkehr angeschlossen werden. Im ersten Bauabschnitt sollten 2250 Wohneinheiten entstehen. Die Studie wurde vom damaligen Bausenator Stefan →Seifriz, Teilen der SPD und der CDU begeistert aufgenommen, stieß jedoch bei Umwelt- und Naturschützern auf erheblichen Widerstand und führte zur Gründung der »Bürgerinitiative zur Abwehr der Hollerstadt« (→Bürgerinitiative für die Erhaltung des Hollerlandes). Die Pläne führten zur Entwicklung des Gewerbegebietes →Horn-Lehe West (Haferwende) und zum →Hollerlandkompromiss mit der Bebauung des →Hollergrundes.

Manfred Osthaus

Frisch angelegt: der Pappelwald um 1957

Auguste Johanne Papendieck

Helmut Hermann Dietrich Parchmann

P

Papendieck, Auguste Johanne

Kunsthandwerkerin, *13.10.1873 Bremen, †13.2.1950 ebd., Achterdiek 21

Auguste Papendieck kam als Tochter des Bremer Kaufmanns Carl Christian Papendieck und seiner Frau Hermine, geb. Bünemann, zur Welt. 1905–07 erlernte sie in Berlin und an der Keramischen Fachschule in Bunzlau die Töpferei.
Sie war in verschiedenen Betrieben tätig, bevor sie 1911 am Achterdiek eine eigene keramische Werkstatt einrichtete. 1912 legte sie als erste Frau in Deutschland die Meisterprüfung für das Töpferhandwerk ab. Künstlerische Vorbilder fand sie in alten chinesischen Steinzeuggefäßen. Ihre schlichten, dünnwandigen Gefäße formte sie frei auf der Drehscheibe und gab ihnen fein abgestimmte Glasuren, oftmals mit genarbter Oberfläche. Papendiecks kunstgewerblich bedeutende Arbeiten wurden in zahlreichen Ausstellungen gezeigt. Ohne großes Einkommen, beglich sie nachbarschaftliche Hilfsdienste mit ihren Werken. Die Sparkasse Bremen benannte den zur Förderung des zeitgenössischen Kunstwerks gestifteten Preis zu ihren Ehren →Auguste-Papendieck-Preis.
Ihr Atelier wurde später vom Instrumentenbauer Emmo →Koch übernommen. 2002 wurde das Gebäude abgerissen.

Pappelwald

Horn-Lehes Pappelwald liegt am Autobahnzubringer Horn-Lehe. 1957 wurde ein Teil des heutigen Gewerbegebietes →Horn-Lehe West bis in den jetzigen →Hollergrund hinein zum Anbau von Korbweiden genutzt. Die Stecklinge wurden in den Ferien von Schulkindern gesetzt, auch Häftlinge aus der Strafanstalt Oslebshausen wurden zur Hilfe bei Anzucht und Ernte von Marga →Hilker mit einem Droschken-VW-Bus nach Horn und zurück gefahren. Um den sumpfigen Untergrund zu entwässern, wurden zusätzlich Pappeln gepflanzt. Die Korbweidenproduktion wurde eingestellt, als aus Osteuropa eingeführte Weiden und aus Japan eingeführte Kunststoffkörbe sich als preisgünstigere Alternative erwiesen. Mitte der 1960er Jahre wurde das Gelände an eine Baugesellschaft (→Baulandaffäre) verkauft. Nur die Pappeln erinnern noch an die alte Korbweidenplantage. Heute gehört das Wäldchen zum →Naturschutzgebiet Westliches Hollerland; es steht seit 1991 unter Naturschutz und wird vom Land Bremen verpachtet.

Parchmann, Helmut Hermann Dietrich

Schifffahrtskaufmann und Reeder, *3.11.1917 Bremen, †20.12.2004 Lilienthal, Herzogenkamp 22

Parchmann übernahm Anfang der 1950er Jahre den Hamburger Schiffsmaklerbetrieb Carl Scholle und gründete Ende des Jahrzehnts die Reederei Parchmann & Co. in Bremen. Aufgrund von Finanzierungsschwierigkeiten musste Parchmann 1962 den Vergleich anmelden und sich auch von seiner im Jahr zuvor in Borgfeld vom Architekten Eberhard Gildemeister als »Witteborg«/»Wikingburg« errichteten Villa trennen. Der »Spiegel« beschrieb das Gebäude mit Stallungen, vergoldeter Wetterfahne auf dem Dach, Kubica-Plastik im Hof und Swimmingpool im Garten als »Wohnkathedrale« (23/1962).
Helmut Parchmann stiftete der Kirchengemeinde das farbenfrohe Mosaikfenster an der Nordseite der →Horner Kirche; seine Tochter Monica Röhr wurde später Bürgermeisterin in Lilienthal.

Parkbahnhof

Endstation der →Jan-Reiners-Kleinbahn, im Bereich des heutigen Maritim-Hotels zwischen »Stadthalle« und Bürgerpark gelegen

Pastorenweg
Der ehemalige Weg vom Pfarrhaus an der →Berckstraße zur Horner Kirche verlief am Rande des →Lestra-Grundstücks zwischen der heutigen Hochgarage und den Gärten an der →Ronzelenstraße.

Pattschipper
Patt (oder Padd) steht plattdeutsch für Pfad oder Weg, Schippen für Schaufel oder Schippe, und Pattschipper steht für den für die Sauberkeit des öffentlichen Grundes beim Ortsamt angestellten Gemeindearbeiter. So erklärt sich auch die humorige hochdeutsche Bezeichnung des Pattschippers als »Gemeindekosmetiker«. Ein im ganzen Stadtteil bekannter und beliebter Pattschipper war der seit 1960 beim Ortsamt angestellte Willi Gras. Mit Schaufel, Spaten, Rasenmäher, Harke und Schiebkarre beseitigte er die Schandflecken Horn-Lehes. Bis wann er die Stelle innehatte, ist nicht bekannt.

Perks, Paul
Bildender Künstler, *1869, †26.4.1939 Bremen, Alten Eichen 32
Perks war Maler und stattete Innenräume repräsentativer Gebäude in ganz Deutschland aus. 1934 wurde er Professor an der Nordischen Kunsthochschule, in der einzig eine von völkischer Rassenidee inspirierte Kunstauffassung des Nationalsozialismus vorherrschend war. Für die Trauerhalle des 1935–41 erbauten Bochumer Hauptfriedhofs Freigrafendamm entwarf Perks die Fenster. Perks starb 1939 und wurde auf eigenen Wunsch am Freigrafendamm beigesetzt.

Perlstein, Walter Magnus van
Kaufmännischer Angestellter, Theaterregisseur, *12.3.1901 Köln, †6.12.1941 im KZ Mauthausen, Am Brahmkamp 26.
Walter van Perlstein wurde als Sohn eines Kaufmanns in Köln geboren. Er besuchte das Gymnasium und absolvierte eine kaufmännische Ausbildung. Nebenbei besuchte er Abendvorlesungen an der Universität und am theaterwissenschaftlichen Institut. Am Kölner Schauspielhaus nahm er Privatstunden, wurde Schauspieler und war als Hilfsregisseur und Spielleiter tätig. Er arbeitete aktiv in der Bühnengenossenschaft (Gewerkschaft) mit und wurde wegen seiner politischen Tätigkeit mehrfach arbeitslos.
1929 heiratete Perlstein die aus Bremen stammende Gerda Hillmann und zog ohne festes Engagement 1931 nach Bremen. Dort verkehrte er in kommunistischen Kreisen, wurde in der Arbeiterbewegung kulturpolitisch tätig und inszenierte verschiedene Theateraufführungen.
Vom 30.4. bis 17.5.1933 war er im »KZ Mißler« inhaftiert, musste Erdarbeiten leisten und wurde misshandelt. 1936 heiratete Walter van Perlstein erneut. Seine zweite Frau war aufgrund des Berufsbeamtengesetzes aus dem bremischen Staatsdienst entlassen worden und arbeitete, wie inzwischen auch Perlstein, in einem elektrotechnischen Werk.
Bis zu seiner Verhaftung übte er in Zusammenarbeit mit Konrad Blenkle eine vielfältige Widerstandstätigkeit aus, so übernahm er z.B. die heimliche Herstellung von Flugblättern und die Organisation einer Maifeier auf einer Parzelle im Blockland. Am 2.9.1936 wurde er verhaftet und am 18.2.1938 im Prozess gegen Lührs u.a. vom OLG Hamburg wegen Vorbereitung zum Hochverrat zu fünf Jahren Zuchthaus und Ehrverlust verurteilt. Seine Akte war mit »T« gekennzeichnet, dies bedeutete: »Rückkehr unerwünscht!«. Aus dem Zuchthaus Oslebshausen wurde er 1941 ins KZ Mauthausen gebracht. Dort ist er »am 6.12.1941 um 15:00 Uhr verstorben. Todesursache: Auf der Flucht erschossen.« (Comité International de la Croix-Rouge; Totenbuch des KL Mauthausen)
Nach dem Krieg wurden seine Erben wegen Schadens an Freiheit mit 9450 D-Mark und wegen Schadens im beruflichen Fortkommen mit 7416 D-Mark entschädigt.
Im Jahr 2006 wurde an seiner letzten Wohnadresse am Brahmkamp der erste Horn-Leher →Stolperstein verlegt.

Pfarrhaus Horn I
Das Pfarrhaus »Horn I« an der Berckstraße 27 wurde 1878 von Johann Heinrich Bolte im Stil des Historismus errichtet, nachdem die Kirchengemeinde das Gelände am Eingang der Berckstraße an

Postkarte nach einer Zeichnung von Paul Perks

Walter Magnus van Perlstein

Wohnhaus Pfeiffer, Riensberger Straße 98

die Bremer →Pferdebahn verkauft hatte. 1927 wurde es von Heinrich J. Kayser umgebaut. Nach der Teilung der Gemeinde Horn I und Horn II behielt die Gemeinde Horn I das Pfarrhaus, die Gemeinde Horn II erhielt vorübergehend ein Haus an der Lilienthaler/Leher Heerstraße, bis es ins Luisental verlegt wurde. Das Gebäude wurde 1995 in die Denkmalliste eingetragen.

Pfeiffer, Hans »Der Alte von Horn«
*Journalist, Gründer der »Niedersachsenrunde«, *1.11.1868 Bayern, †20.3.1956 Bremen, Riensberger Straße 98*

Der aus Bayern stammende Hans Pfeiffer kam 1890 zum Verlag Carl Schünemann in Bremen. Er engagierte sich sehr für die Bewahrung der norddeutschen Kultur. Seine Verbundenheit zum Brauchtum und zu seinem Wohnsitz brachte ihm den Namen »Der Alte von Horn« (F. Prüser) ein.

Hans Pfeiffer

1890 gründete er die »Niedersachsenrunde« als eine niederdeutsch-patriotische Vereinigung zur Pflege des niederdeutschen Brauchtums. Getagt wurde in der »Nassen Ecke« (Beim steinernen Kreuz), im »Senator« (Fedelhören) und ab 1909 auf Einladung Roselius in der Böttcherstraße. Hier wird auch das Stammbuch mit vielen Zeichnungen u.a. von E. Müller-Scheesel verwahrt. Zu den Gästen und Mitgliedern gehörten unter anderem die Gebrüder Roselius, die Architekten Runge und Scotland, Heinrich Böse, Eduard Gildemeister, Emil Waldmann, Carl Ronning, Martha und Philine Vogeler und Hermann Löns. Aus der Runde ging 1904 der »Verein für Niedersächsisches Volkstum« hervor, später fügte man den Zusatz »Bremer Heimatbund« hinzu. Pfeiffer wurde der erste Vorsitzende des Vereins, der den Anspruch hatte, die Landschaft Niedersachsens als Ganzes und jenseits politischer Grenzen und Verwaltungseinheiten zu vertreten sowie die niedersächsische Kultur und das niedersächsische Bewusstsein zu wecken und in der Öffentlichkeit zu verankern. Anlass für die Vereinsgründung war die Bedrohung und der Verlust an bürgerlichen und bäuerlichen Traditionen, an Kunst und Kulturgütern und die Eingriffe in Natur und Umwelt. Die Gründungsmitglieder entstammten dem bürgerlichen Umfeld. Der Verein kümmerte sich um Bauberatung und Denkmalpflege und beteiligte sich in Sachverständigenkommissionen. 1913 begann er mit der Sammlung des Flurnamengutes auf bremischem Gebiet. 1911 erschien der erste Band des Jahrbuchs der »Bremer Beiträge zur niederdeutschen Volkskunde«. In der Gegenwart ist der Verein eine von zahlreichen Vereinigungen in der Wittheit zu Bremen. Seine Nachfolger waren Dr. Friedrich Prüser, Karl Dillschneider, Friedrich Rebers; heute ist Wilhelm Tacke Vorsitzender.

1904-34 leitete Hans Pfeiffer die illustrierte Halbmonatszeitschrift für Geschichte, Landes- und Volkskunde, Sprache, Kunst und Literatur Niedersachsens »Niedersachsen«, 1923 übernahm er das Feuilleton der »Bremer Nachrichten«. Gemeinsam mit Gustav →Dehning war er 1919 Mitbegründer der Volkshochschule Bremen. Nach Pfeiffers Tode wurde das Haus an der Riensberger Straße vom Apotheker Karl Dietrich Probst übernommen, der in dem im Niedersachsenstil erbauten Gebäude noch jahrelang das Andenken an Hans Pfeiffer wachhielt.

Pferdebahn
Im 19. Jh. hatten zahlreiche begüterte Bremer Bürger Landsitze im Landgebiet erworben. Zwar konnten sie Pferd und Wagen nutzen, die Wegstrecke aber war

In Pose: Belegschaft des Bahnhofs Horn, 1888 vor einem Pferdebahnwagen

ungenügend ausgebaut und die Fahrt lang und beschwerlich.
Am 28.3.1876 gründete der »Civil-Ingenieur« Carl Westenfeld mit einigen anderen Bremern die »Gesellschaft Bremer Pferdebahn«. Drei Tage später hatten sie die Anlage der projectierten Pferdebahn beim Bremer Senat beantragt. Am 5.4. schon hatte die Bürgerschaft zugestimmt, und sechs Wochen später waren fünf Kilometer Gleis »tadelfrei« vom Herdentor nach Horn verlegt.
Es war eine Sensation, als am 31.5. des gleichen Jahres schwere Pferde einen bunten, mit hellen, flatternden Fahnen, mit Girlanden und Wimpeln geschmückten Schienenwagen zum ersten Mal vom Herdentor über die Schwachhauser Chaussee zur →Vahrster Brücke in Horn zogen. 40 Minuten dauerte eine Fahrt. Am 4. Juni wurde die Bahn dem »Bremer Publicum« übergeben und an den beiden Pfingsttagen des Jahres waren bereits 2000 Bremer zum ersten Male in ihrem Leben, für 30 Pfennig (wochentags 15 Pf.), über die Schienen gerollt. In den offenen Sommerwagen schützten nur Gardinen die Fahrgäste vor Staub und Regen. Haltestellen gab es noch nicht, der »Conducteur« hielt, wenn er ein Zeichen eines Fahrgastes bekam. Die Horner Pferdebahn wurde zunächst von den wohlhabenden Landhausbesitzern oder von den Bremer Familien als Vergnügungsbahn zur Fahrt »ins Grüne« zu »Primers Gartenetablissement« (→St.-Pauli-Restauration), →Ellmers Schorf oder zu anderen Horner Vergnügungsstätten genutzt.
Im Anfangsjahr umfasste der Betrieb 20 Pferde, vier offene und acht geschlossene Wagen, 16 Betriebsangehörige und fünf Vorstandsmitglieder.
250.000 Fahrgäste benutzten bis zum Jahresende 1876 das zunächst halb- und seit dem zweiten Betriebsjahr viertelstündlich verkehrende neue Verkehrsmittel, so viel wie die BSAG heute an einem Tag befördert.
1877 wurde die Pferdebahn bis zur →Horner Brücke erweitert und auf dem von der Kirchengemeinde erworbenen Grundstück (heute →Lestra-Parkplatz) ein Pferdebahndepot eröffnet. Sechs Jahre später erfolgte die Verlängerung vom Herdentor bis zur alten Börse am Marktplatz.
1892 nahm die Gesellschaft den Namen »Bremer Straßenbahn« an und begann im gleichen Jahr als eine der ersten Bahnen in Deutschland den elektrischen Betrieb mit einer oberirdischen Leitung. (→Straßenbahn)

Pflegezentrum Marcusallee

2010 wurde im ehemaligen →Amerikanischen Personalwohnheim das gerontologische »Pflegezentrum Marcusallee« der

»Senator Senioreneinrichtungen« mit 126 Pflegeplätzen in 102 Zimmern errichtet. Zusätzlich werden fünf Wohnungen für betreutes Wohnen und vier Wohngruppen angeboten. Das Pflegezentrum beschäftigt ca. 70 Mitarbeiter.

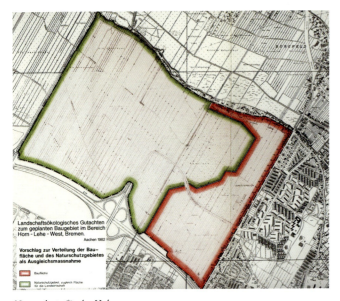

Naturschutz für das Hollerland: Pflug-Gutachten

Otto Plonsker

Pflug-Gutachten
1978 von Wolfram Pflug, Professor für Landschaftsökologie und Landschaftsgestaltung an der Rheinisch-Westfälischen Technischen Hochschule Aachen, im Auftrag des Bremer Senats durchgeführte Studie zur Bebauung des Westlichen →Hollerlandes unter Berücksichtigung von Landschaftsökologie, Naturschutz und Landschaftspflege. Pflug kam zu dem Ergebnis, dass eine Bebauung des östlichen Teils des Untersuchungsgebietes nur im Falle parallel durchgeführter Ausgleichsmaßnahmen in unmittelbarer Nachbarschaft erfolgen dürfe. Das Gutachten wurde zur Grundlage der »Rahmenkonzeption für Horn-Lehe West«, die 1983 in den Flächennutzungsplan einging.

Photo-Dose
Fotohandel und Fotodienstleistungsbetrieb im Gewerbegebiet →Horn-Lehe West Keimzelle des Unternehmens war das von Willi Dose 1889 Am Wall eröffnete Fotoatelier. Der in den 20er Jahren in die Neustadt verlegte Firmensitz wurde im Krieg zerstört. Den Neuanfang nach 1945 begann Willis Sohn Gerd in einem Haus am Buntentorsteinweg und konnte bald Filialen eröffnen. 1952 wurde eine Tausch-Zentrale gegründet. 1972 übernahm Sven Dose in dritter Generation die Firma und entwickelte das Konzept des Markendiscounters.

2000 wurde der Stammsitz des Unternehmens von Obervieland nach Horn-Lehe in das Gewerbegebiet →Horn-Lehe West verlegt und 2002 am Firmensitz die 100. Filiale eröffnet, und zwar unter der Bezeichnung »photo dose juniors« von den eigenen Auszubildenden.

2005 übernahmen Nick Dose und Heino Kaiser die Geschäftsführung des Unternehmens, das vollständig auf digitale Fotografie umstellte. Im automatisierten Großlabor an der Haferwende werden Bilder, Fotobücher, Fotokalender und andere Fotoprodukte gedruckt. Jährlich entstehen dort über 50 Millionen Abzüge. Ein Großteil des vorher auf den norddeutschen Raum beschränkten Geschäftsbetriebs wird inzwischen online abgewickelt, was zur Reduzierung der Mitarbeiter von 540 auf 160 und der Filialen von 100 auf 32 führte.

Plonsker, Otto
Verfolgter jüdischer Herkunft, kaufmännischer Angestellter, *29.5.1904 Köln, †24.2.1994 ebd., Schönauenstraße 12
Der aus jüdischer Familie stammende Otto Plonsker heiratete Mitte der 1920er Jahre Marta Plonsker und nahm vor der Eheschließung den katholischen Glauben an. Martha Plonsker hatte eine uneheliche Tochter. Sie wurde im Sinne des NS-»Gesetzes zum Schutz des deutschen Blutes« als »arisch« eingestuft, die übrigen sechs 1925–40 aus der Ehe hervorgegangenen Kinder waren nach den Nürnberger Rassegesetzen »Halbjuden«.
1939 wurde der Familie die Genehmigung zum Betrieb einer Rundfunkempfangsanlage entzogen. Hans Plonsker musste seine Stelle als kaufmännischer Angestellter aufgeben und durfte nur noch für eine Wäscherei und später für die Bäckerei Hartke im Schnoor als Fahrer tätig sein.

Die Eheleute wurden mehrfach einzeln oder gemeinsam zur Gestapo gerufen. Marta Plonsker wurde von der Gestapo wiederholt aufgefordert, sich von ihrem Ehemann zu trennen.
Kleiderspenden und die Möglichkeit, jeden Mittag in einem Kanister Essensreste vom St. Joseph-Stift abzuholen, halfen der Familie aus der größten Not. Auch beim Bäcker Hartke konnten sie sich altes Brot abholen oder ein Frühstück einnehmen.
Otto Plonsker wurde im Februar 1944 mit 88 weiteren Bremer Juden nach Theresienstadt deportiert (siehe auch →Britsch). Nach der Schulzeit konnte Otto Plonskers Sohn Hans eine Lehre in der Horner Gärtnerei →Scherrer beginnen. Er arbeitete nach seiner Lehre noch ein Jahr als Gehilfe. 1944 musste er sich im Arbeitslager Kassel melden. Mit weiteren 400 »halbjüdischen« Jugendlichen musste er nach Bombenangriffen die Aufräumarbeiten erledigen. Hans P. nutzte die Möglichkeit, dem Lager zu entfliehen, wurde von der Feldgendarmerie aufgegriffen und einem Bombenaufräumkommando zugeteilt. Er floh aufs Neue und erlebte das Kriegsende in Bremen.
Die jüngeren Geschwister besuchten die Schule in Horn. Als die Bombenangriffe auf Bremen stärker wurden, sorgte die katholische Gemeinde dafür, dass die Kinder der Familie Plonsker mit anderen bei Bauern in der Nähe von Osnabrück unterkamen.
Nach Kriegsende kehrten sie wieder nach Bremen zurück. Die Besatzungsmacht gewährte ihnen aufgrund der Verfolgung einen Ausweis für bevorzugte Behandlung zum Kauf von Lebensmitteln. Der Antisemitismus war auch nach Kriegsende bei manchen Mitbürgern und Nachbarn weiterhin vorhanden. So forderte ein Milchhändler den jüngeren Sohn Heinz auf: »Komm, Moses, stell dich hinten an!« Worauf die Mutter schließlich darauf verzichtete, den Bevorzugtenschein vorzulegen.
Otto Plonsker kehrte nach fünfmonatigem Aufenthalt in Theresienstadt nach Bremen zurück. Seine Eltern, ein Bruder und seine Schwägerin waren in Konzentrationslagern ums Leben gekommen. Nach jahrelanger Demütigung und den Schrecken von Theresienstadt trennten sich die Eheleute. Otto Plonsker verließ Bremen und hatte nur wenig Kontakt zu seinen in Bremen verbliebenen Kindern. Der älteste Sohn Hans fand nach seiner Rückkehr nach Bremen 1945 für ein Jahr bei der Gärtnerei Scherrer erneut Arbeit und bereitete sich im Selbststudium auf das Nachholen der Mittleren Reife vor. 1946 ging er nach Berlin, studierte Gartenbau und schuf später u.a. die Außenanlagen des Rathauses Wedding.

Handarbeit mit Pinsel: Hans Pluquet in seinem Atelier, 1966

Pluquet, Hans
*Maler und Zeichner, Ehegatte von E. Pluquet-Ulrich, *13.10.1903 Gut Wertheim, Ldkrs. Gumbinnen (Ostpreußen), †8.5.1981 Bremen, Peter-Henlein-Straße 78*
Hans Pluquet studierte an den Kunstakademien in Königsberg und Breslau. In Berlin legte er die Prüfung als Kunsterzieher ab. 1951 zog er nach Bremen. Neben impressionistischen Aquarellen, Gouachen und Federzeichnungen schuf er Holzschnitte und gab zunehmend die Gegenständlichkeit auf. Er erstellte Wandgestaltungen u.a. für das Deutsche Haus am Bremer Marktplatz, die Wasser- und Schiffahrtsdirektion, das Gymnasium Parsevalstraße und die Schule Halmer Weg.

Pluquet-Ulrich, Elisabeth
*Keramikerin, Ehefrau von Hans P., *18.5.1921 Bremen, †12.11.2009 Bremen, Peter-Henlein-Straße 78*
Elisabeth Pluquet war die Tochter des Bremer Denkmalpflegers Gustav Ulrich.

Handarbeit an der Töpferscheibe: Elisabeth Pluquet-Ulrich in ihrem Atelier 1962

Sie studierte 1939-42 an der Nordischen Kunsthochschule, unter anderem bei Prof. Ernst →Gorsemann. 1955 wurde sie Gründungsmitglied der Arbeitsgemeinschaft Kunsthandwerk Bremen und beteiligte sich an zahlreichen Ausstellungen im In- und Ausland, insbesondere im Focke-Museum. Seit 1960 hatte sie ein eigenes Atelier in der Peter-Henlein-Straße. Für das Deutsche Haus am Marktplatz schuf sie ein Mosaik aus gebrannten Tontafeln mit Motiven aus der ehemaligen DDR. Gemeinsam mit ihrem Mann Hans Pluquet gestaltete sie eine Wand aus glasierten Tontafeln am Gymnasium an der Kurt-Schumacher-Allee. Sie war beteiligt an der Ausstattung des Park-Hotels, des Hauptgesundheitsamtes und der Schule an der Valckenburghstraße.

Für ihre Keramikarbeiten erhielt sie mehrere nationale und internationale Auszeichnungen.

Politiker

In Horn-Lehe wohnten zahlreiche Politiker, die auf Landes- und Bundesebene tätig waren. Eine Liste der wichtigsten befindet sich im Abschnitt →Senatoren, Bundestagsabgeordnete und Bürgermeister.

Politische Gemeinde Horn

Die politische Gemeinde Horn entstand mit der französischen Besetzung im Jahre 1810. Horn und Lehesterdeich gehörten von 1810-14 der Mairie Borgfeld an (→Franzosenzeit). Örtliche Belange der Mairien wurden von Munizipalräten geregelt, die vom Präfekten des Departements aus der Gemeindebevölkerung ernannt wurden. Die Munizipalräte berieten den Haushalt, regelten die Benutzung der Gemeindeweiden, die Verteilung des in den Wäldern anfallenden Feuerholzes und berieten über alle weiteren allgemeinen und besonderen Gemeindeangelegenheiten. Nach der Niederlage Napoleons wurden die Munizipalräte am 7.6.1814 ihres Amtes enthoben. Die Verwaltung der Landgemeinden wurde den →Landherren übertragen.

Nach der Revolution von 1848 erhielt Bremen eine Verfassung, die jeder Gemeinde das Recht der Bildung einer selbstständigen Gemeindeverwaltung gab. Am 1.3.1850 wurde die »Obrigkeitliche Verordnung der Gemeindeverfassungen der Landgemeinden betreffend« als Repräsentativ-Verfassung für das →Landgebiet erlassen. Die Verordnung überließ es den Gemeinden, eine Gemeindeordnung zu erstellen, einen Gemeindeausschuss als Gemeindeparlament zu wählen und einen Gemeinderat mit einem →Gemeindevorsteher als Vorsitzenden als Exekutivorgan in der Gemeinde zu bilden.

Am 28.12.1870 wurde eine verbindliche Gemeindeordnung für alle Landgemeinden erlassen. Aus Horn, Lehe, Vahr und Sebaldsbrück wurde die Samtgemeinde Horn gebildet. Die Gemeindeordnung trat am 1.1.1871 in Kraft und stellt den Beginn der Gemeinde Horn als selbstständiger politischer Gebietskörperschaft dar. Die Landgemeindeordnung legte die kommunalen Angelegenheiten, insbesondere das Armenwesen, das Löschwesen, die Unterhaltung der Wege und Wasserzüge sowie einen großen Teil der Polizei in die Hände der Gemeinde.

Als oberstes beschlussfähiges Organ bestand die Gemeindeversammlung aus allen stimmberechtigten Gemeindemitgliedern. Sie wählten, aufgeteilt in vier Klassen, jeweils ein Viertel des Gemeindeausschusses. In der ersten Klasse wählten die Bauleute (Voll- und Halbbauern),

Grafische Darstellung der Grenzverschiebung zwischen Horn und Lehe/Lehester Deich (auf Grundlage der Karte von Seite 110)

in der zweiten Klasse die Kötner, in der dritten Klasse die weiteren Gemeindemitglieder, die ein Grundstück mit Wohnhaus besaßen, und in der vierten Klasse die nicht Ansässigen oder Häuslinge. In der Gemeindeversammlung hatte der →Vollbauer 24 Stimmen, der Dreiviertelbauer 18, der Halbbauer zwölf und der →Kötner nach Größe des Besitzes vier bis zwölf Stimmen. Damit hatten die Bauern ein klares Übergewicht in den Gremien der Gemeinden.

1888 wurden die Einzelgemeinden mit der »Reform der Gemeindeordnung« zu 20 größeren Einheitsgemeinden zusammengeschlossen. Dem bisherigen Gemeindegebiet, bestehend aus Horn, Lehe, Vahr und Sebaldsbrück, wurde Oberblockland angeschlossen. In der neuen Landgemeindeordnung entfiel die Gemeindeversammlung als Ort der direkten Demokratie. Die Aufgaben wurden vom Gemeindeausschuss übernommen. Für die Wahlen zum Gemeindeausschuss gab es nunmehr nur noch zwei Klassen. In der ersten Klasse wählten die Eigentümer von Grundstücken von mindestens drei Hektar Größe oder einem Gebäudewert von mindestens 30.000 Mark. Alle übrigen Gemeindemitglieder gehörten der zweiten Klasse an. Jede Klasse stellte die Hälfte der Gemeindeausschussmitglieder.

1919 wurde für die Landgemeinden das allgemeine, gleiche, geheime und direkte Wahlrecht eingeführt. Durch Gesetz vom 19.3.1921 erfolgte die Eingemeindung Horns mit den Ortsteilen Sebaldsbrück, Vahr, Horn und dem südlichen Teil von Lehe in die Stadt Bremen. Die verbleibenden Ortsteile Oberblockland, Lehesterdeich und der nördliche Teil von Lehe wurden zur Landgemeinde Lehesterdeich zusammengeschlossen. Die Grenze zwischen den beiden Teilen verlief von der Munte entlang der kleinen Wümme, dem Fleet hinter der Gaststätte →Zur Schönen Aussicht, in der Mitte der Vorstraße und der Verlängerung in der Mitte der Leher Heerstraße bis zum Richtstuhl (→Uppe Angst).

Mit der Machtübernahme der Nationalsozialisten wurde die Landgemeinde dem Einfluss des Staates und der Partei unterworfen. Der Gemeindevorsteher Heinrich →Gefken wurde abgesetzt. Mit dem Erlass der Deutschen Gemeindeverordnung wurden Bürgermeister durch das »Vertrauen der NSDAP und des Staates« in ihr Amt berufen. Die Mitglieder des Gemeinderats wurden vom Bürgermeister im Einvernehmen mit der NSDAP ernannt. 1945 wurden die Landgemeinden einschließlich Lehesterdeich aufgelöst und in die Stadt eingegliedert. Als Dienststellen der Hansestadt Bremen nahmen die Gemeindeverwaltungen ihre gemeindlichen Aufgaben im Rahmen ihrer bisherigen Zuständigkeit wahr. Die Leiter der Dienststellen erhielten die Bezeichnung »Bezirksbürgermeister« (für die Entwicklung nach 1945 siehe →Ortsamt Horn-Lehe).

Polizei

Die Polizeigewalt wurde bis 1813 von Vögten ausgeübt, die den →Landherren beigeordnet waren. Ihnen unterstanden die Sauvegarden, Polizei-Dragoner und Polizeidiener. Ab Mitte des 19. Jh. wurde die Polizeigewalt in den Landgemeinden von den Landjägern wahrgenommen. Die Polizeistationen befanden sich als Polizeiposten in den Wohnungen der jeweiligen

War allgemein bekannt: Polizeimeister Tesch aus dem Achterdiek

Landjäger und Polizisten. Einer der ersten war der Landjäger August →Karsten. In den 1930er Jahren gab es Polizeiposten in der Vorstraße (Thies), in der Lilienthaler Heerstraße (Huthoff) sowie im Achterdiek (Tesch).

Nach dem Zweiten Weltkrieg wurde die Polizei des Stadtteils zentralisiert und nach der Neuordnung der bremischen Stadtbezirke 1951 das neu zu errichtende 8. Polizeirevier Horn-Lehe zunächst von Schwachhausen aus verwaltet. 1952 wurde das Revier eigenständig und bezog die Polizeiwache an der Horner Heerstraße 16. 1956 wurde die Wache in den Anbau des alten Schulgebäudes an der →Berck-straße verlegt. Nach der Fertigstellung des Ortsamtes bezog die Polizei 1958 die Diensträume im Erdgeschoss des neuen Gebäudes.

2004 wurden im Rahmen der Neustrukturierung die Öffnungszeiten stark eingeschränkt, und an Wochenenden und in den Abend- und Nachtstunden bleibt die Wache geschlossen. Nach einem Wasserschaden mussten 2009 die Diensträume geräumt und vorübergehend die Container des ehemaligen Einwohnermeldeamtes hinter dem Ortsamtsgebäude als Wache genutzt werden. 2008 wurde geplant, das Revier in das Postgebäude an der Lilienthaler Heerstraße zu verlegen. Nachdem sich diese Pläne zerschlagen hatten, wurde auf Drängen der Polizei ein neuer Standort gesucht. Im Januar 2012 schlug Innensenator Mäurer mit Zustimmung der Polizei die Verlegung des Polizeireviers in einen Neubau an der Lilienthaler Heerstraße 259 vor. Das Polizeirevier Horn ist für die Ortsteile Alt-Horn, Horn-Lehe, Lehesterdeich und die Außenstellen Borgfeld und Oberneuland zuständig – und damit für 45.500 Bremer Bürgerinnen und Bürger.

Postamt

Vor der Errichtung eines eigenständigen Postamtes wurde die Postversorgung durch einen besonderen Boten (1860 Wagschal) wahrgenommen, der im Sommer täglich und im Winter »einen um den anderen Tag« die Briefe und Zeitungen zustellte. Er leerte auch den einzigen Briefkasten, der sich »am Hause des Bäckers Gödeken in Horn« befand. Die ersten Poststellen lagen nahe den Landgütern im »großbürgerlichen Zentrum« Horns, und das erste Postamt befand sich an der heutigen Marcusallee im Bereich des →Amerikanischen Personalwohnheims. 1901 wurde es in ein neues Gebäude an der Schwachhauser Heerstraße 274 verlegt.

Nach dem Zweiten Weltkrieg wurde 1956 das neue Postamt 17 (später 33) mit vier Schaltern, drei Telefonzellen und 80 Schließfächern an der Ecke Riensberger/Leher Heerstraße eröffnet. Es wurde 2007 im Rahmen der Privatisierung der Post-Dienstleistungen geschlossen, der

Die erste Polizeiwache: Horner Heerstraße, mit Wachtmeister Strelis (Mitte)

Im ehemaligen großbürgerlichen Zentrum: Postamt Schwachhauser Heerstraße 274 im Jahre 1911

Schalterdienst wird seitdem im Kaufhaus →Lestra angeboten.
Im Leher Feld wurde zunächst eine Behelfspoststelle in der Edisonstraße eröffnet. 1973 wurde im Postamt an der Lilienthaler Heerstraße der Dienst aufgenommen. Im Gebäude befindet sich auch eine Postverteilstelle, in der die Zusteller die Postzustellung in Horn-Lehe, Oberneuland und Borgfeld vorbereiten.

Postaula

Die Postaula auf dem →Telekom-Gelände verfügte über 400 Sitzplätze; sie wurde für viele öffentliche Veranstaltungen genutzt. Mitte der 1970er Jahre war die Postaula »die Adresse« für die Bremer Jazz- und Bluesszene. Das »Forum Junge Musik« veranstaltete regelmäßig ausverkaufte Konzerte mit bekannten Jazz- und Blues-Größen wie Al Jarreau, Art Blakey, Charles Mingus und Tom Waits. Die Konzerte wurden z.T. von Radio Bremen übertragen.

Eine besondere Veranstaltung war die einmalige Aufführung der Stadtteilsymphonie, die Peter Friemer mit 100 Laienmusikern und Musikgruppen aus dem Umfeld Horn-Lehes aufführte. Auch Kinder kamen auf ihre Kosten, wenn der Goldesel, Pumuckel oder Hotzenplotz auf der Bühne gastierten. Die Freilichtbühne Lilienthal nutzte den Saal ebenso wie die Oberneuländer Speeldeel, die über Jahrzehnte auf der Bühne gastierten. Nach der letzten Vorstellung der Speeldeel im November 2001 schlossen sich die Türen des Veranstaltungszentrums. Nach dem Verkauf des Telekom-Geländes wurde die Postaula 2012 abgerissen.

Primers Gartenetablissement

Ende des 19. Jh. ein beliebtes Ausflugsziel der Bremer Bürger an der Endhaltestelle der →Pferdebahn auf dem heutigen Lestra-Gelände gegenüber der Horner Kirche, Vorläufer der →St.-Pauli-Restauration.

Das Ende der Postaula: Abbruch der Gebäude auf dem Telekom-Geländes 2012 und daneben Kaffee und Kuchen in Primers Gartenrestaurant

Unter amerikanischer Flagge: Radio Bremens Funktheater im »St. Pauli«

Entkernt: Umbau des Rechenzentrums zum BIPS

R

Radio Bremen
Am 23.12.1945 meldete sich »Radio Bremen« nach dem Krieg erstmalig als Sender der amerikanischen Besatzung. Das mehrstündige Programm wurde aus dem »Wortstudio«, das sich in einer beschlagnahmten Villa an der Schwachhauser Heerstraße 363 befand, gesendet. Die Nachrichten im Wortstudio wurden auch vom späteren »Mister Tagesschau« Karl-Heinz →Köpcke gesprochen.
Am 28.4.1947 wurde im →St.-Pauli-Restaurant in Bremen-Horn das erste deutsche Funktheater in der Nachkriegszeit eröffnet. Im zum Orchesterstudio umgebauten Tanzsaal wurden Musiksendungen produziert. Der »Weser-Kurier« schrieb am 2.5.1947: »Durch die regelmäßigen Sendungen des neuen Funktheaters, das besonders Hörspiele und heitere Abende bringen wird, haben die Hörer von Radio Bremen die Möglichkeit, den Aufführungen selbst beizuwohnen.«
Übertragen wurden auch Vorführungen des neu gegründeten Rundfunkorchesters, dem auch die Musiker Adalbert Luczkowski, Erhard Krause, Karl-Heinz Becker, Hans Rehmstedt und die Gebrüder →Last angehörten. Auch Willi →Kuntze trat hier in unterschiedlichen Besetzungen auf.

Nachdem die Amerikaner Radio Bremen am 5.4.1949 in die Eigenregie der Stadt Bremen übergeben hatten und die für Rundfunkzwecke beschlagnahmten Häuser zurückgegeben werden mussten, zog das Funktheater 1952 um.
Die →Sendeanlagen für Radio und Fernsehen mit mehreren Sendemasten wurden im heutigen Gewerbegebiet →Horn-Lehe West errichtet.

Räterepublik
Nach der Novemberrevolution wurde in Bremen die Räterepublik ausgerufen. In dieser Zeit hielten Soldaten die →Vahrster Brücke, den Bahnübergang →Leher Heerstraße und das Dach des →St.-Pauli-Restaurants besetzt. Matrosen und Soldaten requirierten unter der Horner Bevölkerung Speisen und Getränke.

Rechenzentrum für die Bremer Verwaltung
Das Rechenzentrum wurde 1973/74 nach den Plänen der Stuttgarter Architekten Heinle, Wischer und Partner an der →Achterstraße errichtet. Seit 2010 ist dort das BIPS (Institut für Epidemiologie und Präventionsforschung, vormals Bremer Institut für Präventionsforschung und Sozialmedizin) untergebracht.

Reddersen, Haus
1897 erwarb der Verein für die Bremische Idiotenanstalt ein sechs Morgen großes Grundstück am Luisental. Wie bei der wenige Jahre später erfolgten Verlegung des Mädchenwaisenhauses, führte die Kombination der beschaulichen, ruhigen Umgebung mit guter Erreichbarkeit durch die 1892 eröffnete →Straßenbahnstrecke zu der Standortentscheidung.

Postkarte vom Haus Reddersen am Luisental, um 1910

Die Bauplanung übernahm der Bremer Architekt Johann Wilhelm Blanke. Am 4.9.1898 wurde im Luisental 5 die »Bremische Idiotenanstalt« in Anwesenheit der Senatoren Ehmck, Oelrichs und Buff feierlich eröffnet. Es war die erste Pflege- und Erziehungsstätte für körperlich und geistig behinderte Kinder und Jugendliche in Bremen. Zehn Jahre später wurde die Einrichtung nach ihrem Gründer in »Haus Reddersen« umbenannt.

Die Einrichtung wurde als Zentralbau mit Nebengebäuden geplant, im Haupthaus konnten 60 Personen untergebracht werden. Neben den Wirtschaftsräumen und den Schlafsälen war es mit Badeeinrichtungen, Handarbeitsräumen, einer Turnhalle und einer Veranda ausgestattet; eine extra Pflegestation bestand aus je einem Schlafraum für Jungen und Mädchen, einem Zimmer für die Pflegerinnen und einem Badezimmer. Es herrschte strenge Geschlechtertrennung, im ersten Stockwerk wohnten die Mädchen, im zweiten die Jungen mit Wärter-, Unterrichts-, Wasch- und Wäschezimmern sowie Toiletten. Der Anstaltsleiter wohnte in einer Dienstwohnung im zweiten Stock; auf dem Dachboden befanden sich die Schlafräume des Dienstpersonals.

Die Gartenanlage wurde von Bürgerparkdirektor Carl Ohrt angelegt. In ihr befanden sich Spielplätze, ein Nutzgarten mit Gärtnereibetrieb und ein Wirtschaftsgebäude mit Waschküche, Trockenboden und Ställen für Schweine und Geflügel. Der Bau der Anlage kostete 183.500 Mark, von denen 93.000 Mark mit Sammlungen und »einmaligen großen Gaben« aufgebracht wurden.

Die in Haus Reddersen lebenden Kinder erhielten in vier Klassen Unterricht und wurden auch handwerklich gefördert. Je nach Fähigkeit und Wünschen wurden sie mit Gärtnerarbeiten, Korbflechten, Berohren von Stühlen oder Flechten von Matten beschäftigt und unterwiesen.

Während der nationalsozialistischen Gewaltherrschaft stand die Einrichtung vor ihrer Auflösung. 1934 wurde das Haus Reddersen in das Programm der Zwangssterilisierung einbezogen, 1937 konnte die Übernahme durch die Nationalsozialisti-

Körperertüchtigung: In Haus Reddersen lebende Kinder bei Spiel und Sport in frischer Landluft

sche Volkswohlfahrt NSV abgewendet werden, aber 1939 wurde das Haus vom staatlichen Gesundheitsamt beschlagnahmt. Die im Haus untergebrachten Kinder und Jugendlichen wurden auf einen Lkw geladen und in andere Einrichtungen deportiert, in denen viele von ihnen, körperlich und seelisch völlig vernachlässigt, starben. Die Einrichtung wurde mit dem Personal und einigen wenigen Insassen dem St. Joseph-Stift zugewiesen, das das Gebäude mit 50–80 Betten als Ausweichkrankenhaus nutzte. In der Turnhalle wurde eine Kapelle (Vorläufer der Kirche →St. Georg) für die Schwestern und die katholischen Patienten eingerichtet. 1944 wurde Haus Reddersen mit erkrankten Fremd- und Zwangsarbeitern aus den Bremer Arbeitslagern, unter anderem dem →Lager Achterstraße, belegt.

Nach Kriegsende nutzten die Amerikaner das Krankenhaus, bis es 1947 – nun »Klinik Horn« genannt – mit Patienten der »Klinik für Haut- und Geschlechtskranke« belegt wurde. 1955 erwarb die Stadtgemeinde das Haus und nutzte es als Station für männliche Pflegefälle.

Am 30.1.1978 wurde das stark renovierungsbedürftige »Haus Reddersen« abgerissen. Auf dem Gelände wurden 1976 die Stiftungsresidenz Luisental und 2008 das Haus Sonnenbogen gebaut. An der alten Einfahrt im Luisental erinnern in den Fußweg eingelassene →Stolpersteine an die Schicksale von Bewohnern, die später in anderen NS-Einrichtungen ums Leben kamen.

Hermann Rhein

Heinrich Otto Reddersen

Reddersen, Heinrich Otto
*Lehrer und Sozialpfleger, *14.6.1827 Verden, †18.7.1908 Ballenstedt*
Nach Abschluss des Lehrerseminars in Stade war Reddersen kurze Zeit in Verden am Gymnasium tätig, 1857 wechselte er an die Bürgerschule in Bremen. Er engagierte sich auf sozialem Gebiet: Reddersen versuchte, sozial gefährdete Kinder bei ländlichen Familien oder in Ferienkolonien unterzubringen, war 1879–1903 Vorsitzender des Erziehungsvereins und gründete 1883 den Verein für Knabenheime. In Heimen beköstigte und beschäftigte der Verein schulpflichtige Kinder, deren Eltern sich nicht um die Betreuung kümmern konnten. 1889 gründete Reddersen den Verein »Haushaltungsschulen«, der Mädchen in Haushaltslehre unterrichtete, und 1896 schließlich den Verein für die Bremische Idiotenanstalt. Vorstandsmitglieder waren neben Reddersen auch der Bremer Senator Hermann Hildebrand, der Direktor der Krankenanstalten an der St.-Jürgen-Straße, Dr. Johann Stoevesandt, und der Pastor J. Fr. Iken.

1894 ging Heinrich Reddersen als Lehrer in den Ruhestand, blieb aber bis zu seinem Tode mit großem Engagement sozial tätig. Der von Reddersen gegründete Verein wurde 1959 in die Stiftung »Kinderheim Haus Reddersen« umgewandelt. Nach dem Scheitern des Versuchs, in Osterholz-Tenever ein Mütter- und Säuglingsheim zu eröffnen, löste sich die Stiftung auf und übertrug das Vermögen den vereinigten Anstalten Friedehorst. Die Reddersenstraße nahe dem Gelände erinnert an den verdienten Pädagogen.

Reichsautobahn →Autobahn

Reichsbahn →Eisenbahn

Rhein, Hermann
*SPD-Politiker, Senator, *26.10.1867 Bremen, †10.8.1960 ebd., Ronzelenstraße 90*
Hermann Rhein war von Beruf Schriftsetzer. 1894 wurde er Redakteur der »Bremer Bürgerzeitung«. Im gleichen Jahr wurde er für die SPD in die Bürgerschaft gewählt. Nach dem Ersten Weltkrieg war er Mitglied des Arbeiter- und Soldatenrates und gehörte 1919 der provisorischen Bremer Regierung an. Von 1919 bis 1929 war er Senator für Soziales und von 1928 bis 1931 für Schulen und Kultur. Er wohnte von 1936 bis zu seinem Tode in der Ronzelenstraße In Kattenturm wurde der Hermann-Rhein-Weg nach ihm benannt.

Rhodarium
»Rhodarium« war der Name eines nicht realisierten Großprojektes im Rhododendronpark, das ab 1997 zur Steigerung der touristischen Attraktivität und zur Aufwertung der städtischen Grünanlagen geplant wurde.

Im Juli 1997 stellte die Bremer Umweltsenatorin Christine Wischer einen Plan für ein kugelförmiges Gewächshaus mit einem Durchmesser von 30 Metern vor. Die Kosten des für die Expo 2000 geplanten Projektes sollten 40 Millionen D-Mark betragen.

In einem anschließenden Architekturwettbewerb wurden Entwürfe für den Gewächshauskomplex »Rhodarium« mit angegliedertem Besucherzentrum, Foyer und Shop, gastronomischen Einrichtungen, Betriebshof und Anzuchthäusern als »Neue Mitte« im Rhododendronpark vorgelegt.

Der erstplatzierte Entwurf des Stuttgarter Büros Wulf und Partner bestand aus einem der Form eines Rhododendronblattes nachempfundenen gläsernen, mit Landschaft und Wasserfläche verknüpften Baukörper. Er sollte mit einem brückenbildenden Dach den alten und neuen Parkteil verbinden. Für das aus Klimaschau, Himalaja mit Großwasserfall und Tropenlandschaft bestehende Projekt wurden nunmehr Kosten in Höhe von 53 Millionen D-Mark veranschlagt.

Die Pläne wurden im Stadtteil als viel zu groß geraten bewertet, das ganze Projekt als Fremdkörper empfunden und auch wegen der befürchteten Buskolonnen und Besucherströme abgelehnt. 1998 wurde der Antrag auf Aufnahme in die Liste der Expo-2000-Projekte nicht angenommen. Trotz der ablehnenden Haltung verfolgte die Landesregierung das Projekt weiter.

Im Frühjahr 1999 wurde mit den Vorbereitungen begonnen, das Café und die Gewächshäuser mussten schließen, die jährlich stattfindende Azaleenausstellung wurde in das Azaleenmuseum verlegt. Im Herbst 1999 zeichnete sich jedoch ab, dass die zunächst veranschlagten Kosten deutlich überschritten werden würden. Die Stadt Bremen trennte sich daraufhin vom Kölner Projektsteuerungsbüro, stoppte die Ausschreibungen und legte eine Denkpause ein, um nach Einsparungsmöglichkeiten zu suchen.

Im Frühjahr 2000 einigte sich der Koalitionsausschuss von SPD und CDU, die Kosten auf 56 Millionen D-Mark zu begrenzen.

Blieb nur Planung: Rhodarium im Rhododendronpark

Der damalige SPD-Fraktionsvorsitzende Böhrnsen zweifelte die prognostizierten Besucherzahlen von jährlich 250.000 Besuchern und damit die Stärkung der Wirtschafts- und Finanzkraft durch das Rhodarium an. Auch der Rechnungshof schaltete sich ein, und der Bund der Steuerzahler billigte dem Rhodarium wegen mangelhafter Wirtschaftlichkeitsberechnung keine Erfolgsaussichten zu. Auf der anderen Seite hielt Frank Haller vom »BAW-Institut für regionale Wirtschaftsförderung« an der Wirtschaftlichkeitsanalyse fest; gemeinsam mit der CDU, dem Wirtschaftssenator Josef Hattig und dem Finanzsenator Hartmut Perschau plädierte er für den Weiterbau. Im Mai 2000 beschloss die SPD-Fraktion den Verzicht auf den Bau des Rhodariums, damit den bereits ausgegebenen 11,5 Millionen D-Mark Planungskosten keine weiteren 50 Millionen hinterhergeworfen würden. Der Rhododendronpark sollte zwar aufgewertet werden, aber seinen bisherigen Charakter behalten. Für 30 Millionen D-Mark sollte ein neues, kleineres und kostengünstigeres Konzept an die Stelle des alten Projektes treten.

Die Verwaltung setzte ein Projektteam zur »Aufwertung Rhodopark/Option Rhodarium« ein, das verschiedene Szenarien untersuchen sollte. Im September 2000 einigten sich SPD, CDU, Umwelt- und Wirtschaftsressort, statt des Rhodariums die →botanika im Park mit einer Investitionssumme von 27 Millionen D-Mark zu errichten.

»Sich einmischen«. Titelblatt der 18. Ausgabe (2012) des »Rhododendron-Blatts«, Zeitung der Schule am Rhododendronpark

Gärtnerische Handarbeit: Anpflanzungen im Rhododendronpark, 1936

Rhododendron-Blatt

Das »Rhododendron-Blatt« ist eine seit 1999 zweimal jährlich erscheinende Schülerzeitung der Schule am Rhododendronpark (→Schulen). Sie wurde seit ihrem Erscheinen mehrfach ausgezeichnet.
Im Einzelnen erhielt sie folgende Preise und Auszeichnungen:
2003: Eva-Seligmann-Preis für Projekte mit behinderten und benachteiligten Menschen in Bremen
2007: Bundesweiter Sonderpreis für »Bürgerschaftliches Engagement«
2008: Bundesweit beste Schülerzeitung in der Kategorie Sonder-/Förderschulen
2009: Bundessieger im Wettbewerb »Kein Blatt vorm Mund« in der Kategorie Sonder-/Förderschulen
2009: Auszeichnung im Bundeswettbewerb »Demokratisch Handeln«
2011: Landessieger für die beste Schülerzeitung

Rhododendronpark Bremen

Der Bremer Rhododendronpark ist als zweitgrößter Rhododendronpark der Welt ein Kulturdenkmal von außerordentlichem Rang. Er bietet auf einer Fläche von 46 Hektar eine einzigartige Sammlung an Rhododendren und Azaleen. Mit ca. 700 Rhododendronwildarten und ca. 2500 gezüchteten Sorten ist er ein Anziehungspunkt für jährlich über 300.000 Besucher aus aller Welt.
Den Ursprung der Parkanlage bildeten der →Rickmers Park an der Marcusallee und der →Allmers-Park an der Horner Heerstraße. 1984 wurde der Park durch den Ankauf des Erweiterungsgeländes von der Stiftung Mädchenwaisenhaus (→Alten Eichen) vergrößert.
Um 1890 standen auf dem Gelände der ehemaligen Landgüter Rickmers und Allmers als Wildpark gepflanzte Bäume, vor allem Eichen, aber auch Buchen, Eschen und Kiefern. Diese Bäume eigneten sich gut als Windschutz und Schattenspender für die Rhododendronpflanzen. Die besonders günstigen klimatischen Bedingungen waren die besten Voraussetzungen für die Anlage des Parks. Gemeinsam mit den Oldenburger Baumschulen, die auf die Anzucht dieser Pflanzen spezialisiert

waren, setzte sich die 1935 in Bremen gegründete Deutsche Rhododendron Gesellschaft dafür ein, an dieser Stelle einen »Prüfungs- und Sichtungsgarten für Rhododendron« anzulegen.
1936 begann der damalige Gartendirektor Richard Homann (1899–1963) zusammen mit dem Gartenarchitekten Johann →Berg (1902–1967) die beiden Anlagen zum heutigen Rhododendronpark umzugestalten. Am 5.6.1937 erfolgte am →Rickmers-Stein in der Nähe des heutigen Eingangsbereichs an der Marcusallee die feierliche Eröffnung des ersten Teilbereichs mit einer Größe von zwei Hektar.
Auf Vorschlag des Gartenbaudirektors Richard Homann wurde auch der 1904 vom Bremer Kaufmann Franz E. Schütte (1836–1911) gestiftete →Botanische Garten vom Osterdeich nach Horn zum Rhododendronpark verlegt. Die 1939 begonnenen Arbeiten endeten im Zweiten Weltkrieg, als die für den Aufbau eingesetzten Gärtner auf den Friedhöfen der Stadt zum Bestatten der Kriegsopfer eingesetzt und Teile des brachliegenden Parkgeländes für Gemüseanbau genutzt wurden.
Trotz der Kriegszeit wurde im August 1940 auf Initiative des Horner Bildhauers Ernst →Gorsemann die von ihm geschaffene Bronzeplastik →»Wisent« im Eingangsbereich des Rhododendronparks an der Marcusallee aufgestellt.

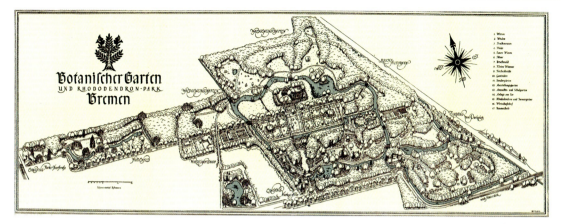

1946 wurde mit dem Wiederaufbau des verwahrlosten Parks begonnen und 1949–51 der Botanische Garten unter Gartenbaudirektor Erich Ahlers und Johann Berg, dem Leiter des Rhododendronparks, fertiggestellt.
In den Folgejahren fanden unter Leitung des Parkdirektors Dr. Lothar Heft zahlreiche Erweiterungen statt: Heidegarten (1964), Alpinum, →Wilhelm-Kaisen-Haus (1972), Eduard-Nebelthau-Haus (1974), DRG-Haus und das Mende-Haus (1986) für tropische und nicht frostharte Rhododendron. Sämtliche Gewächshäuser entstanden als Stiftungen Bremer Bürger und Bremer Institutionen.
1984 wurde der Park durch den Ankauf von zehn Hektar Erweiterungsgelände bis zu den Häusern der Berckstraße erweitert und durch den Gartenarchitekten Charly Schreckenberg gestaltet. 1991–2002 wurden die fertiggestellten Teilflächen der Öffentlichkeit übergeben. Der Bau der Parkanlage mit den besonderen Themengärten (Garten der züchterischen Neuheiten, Duft- und Bonsaigarten, großer neuer Sortimentsgarten), einschließlich eines Spielplatzes, wurde von der »Stiftung Wohnliche Stadt« finanziert.
Die 1997 entstandenen Pläne, die Gewächshäuser durch das →Rhodarium zu ersetzen, endeten mit dem Bau der →botanika.
Aufgrund der äußerst schwierigen Haushaltslage versuchte die Bremer Stadtgemeinde die Kosten für den im Vergleich zu anderen Bremer Parks hohen Pflegeaufwand zu reduzieren.

Nach einem Beschluss der Umweltdeputation im Jahre 2003 und einem Beschluss des Senats zur Kostenreduzierung verfügte der Bausenator Jens Eckhoff (CDU), zum 1.4. 2006 Eintritt zu erheben. Zur Umsetzung wurden große Teile der Parkflächen eingezäunt und Kassenhäuschen aufgestellt. Nach Bürgerprotesten und großzügigen Spenden wurde die Anordnung am 31.3. vom neuen Bausenator Ronald-Mike Neumeyer (CDU) zurückgezogen.
2007 wurde der Rhododendronpark – mit Ausnahme der botanika-Flächen – aus dem Besitz der Stadtgemeinde in den Besitz der →Stiftung Bremer Rhododendronpark überführt. Seit Jahresbeginn 2009 hat die Stiftung die Pflege und Fortentwicklung des Rhododendronparks übernommen.

Leiter des Rhododendronparks	
Johann Berg	1936–1967
Dr. Lothar →Heft	1967–1992
Julia Westhoff	1992–2005
Dr. Hartwig Schepker	seit 2005

Rhododendronpark-Café
1950 wurde am Ende der Marcusallee das erste Rhododendronpark-Café eröffnet. Das Holzgebäude brannte 1953 ab, weil durch ein nicht ordnungsgemäß verlegtes Ofenrohr eine Wand in Brand geraten war. 1967 wurde ein kleines »Terrassencafé« eröffnet, das 1970 durch ein »Zeltcafé« ergänzt wurde. 1978 ließ der →Verein der Freunde des Rhododendronparks das heutige Rhododendronpark-Café von den Architekten K. u. D. Müller und W. Reese errichten. Da-

Planung des Rhododendronparks von Richard Homann

Funktionslos: Kassenhäuschen im Rhododendronpark, 2006

Das alte »Rhododendron-Café«, 1967

mit wurde ein lang gehegter Wunsch nach einer komfortableren Einkehrmöglichkeit und erweiterten sanitären Anlagen erfüllt. 1978 erhielt das Gebäude eine Belobigung vom Bund Deutscher Architekten.
Die Pläne, das Café nach Fertigstellung der botanika zum Verkauf von Azaleen und Rhodarium-Andenken zu nutzen, wurden nicht umgesetzt, 2001 übernahm die Familie Blöchliger das Café und Restaurant. Nach der Übernahme der Botanika-Geschäftsführung durch Bernd Linke wurde der Pachtvertrag nicht verlängert. Mit der Erweiterung der botanika um ein Bildungszentrum erhielt das Café eine Hotelküche. 2011 wurde das erweiterte Café von der Familie Blöchliger unter dem Namen »Bloom« erneut eröffnet.

Rickmers, Johann (»Hans«)
*Rittmeister, NSDAP-Aktivist, Sohn von Willi Rickmers, *7.5.1881 Bremen, †9.11. 1923 München*
Rickmers verlebte als Sohn von Willi Rickmers seine Kindheit und Jugend auf dem Gut →Kreyenhorst. Ab 1914 nahm er als Leutnant der Reserve am Ersten Weltkrieg teil, wurde mit dem Eisernen Kreuz und dem Hanseatenkreuz ausgezeichnet. In der Nachkriegszeit engagierte Rickmers sich in der völkisch-nationalistischen Wehrverbandsbewegung: Er wurde Mitglied des »Bundes Oberland«, übernahm darin die Führung eines Bataillons und beteiligte sich 1923 damit in München am Hitler-Putsch. In der Nacht vom 8. zum 9. November übernahm Rickmers' Gruppe die Torwache des als Hauptquartier der Putschisten genutzten Bürgerbräukellers. Am 9. wurde Rickmers, dessen 5. Kompanie an der Spitze des Demonstrationsmarsches der Putschisten zur Feldherrnhalle in der Münchener Innenstadt marschierte, bei einem Zusammenstoß der Putschisten mit der Polizei tödlich verletzt.
Hitler widmete dem überzeugten Nationalsozialisten Rickmers und 15 weiteren getöteten Putschteilnehmern 1925 den ersten Band seines Buches »Mein Kampf«. Die Namen der »Blutzeugen« der Bewegung wurden in der »Ehrentafel« aufgeführt, die Bestandteil jedes Parteibuchs der NSDAP war. Der SA-Sturm 21 erhielt die Bezeichnung »Sturm 21 Hans Rickmers«.

Rickmers, Wilhelm (»Willy«)
*Reeder, Reiskaufmann, *1844 Bremerhaven, †1891 Bremen*
Willy Rickmers war ein jüngerer Sohn des Schiffbauers, Reeders und Reismühlenbesitzers Rickmer Clasen Rickmers. Er war Teilhaber der Familienfirma R.C. Rickmers-Werft und Aufsichtsrat bei den Rickmers Reismühlen sowie der Reederei und Schiffbau AG. Willy Rickmers kaufte 1888 das Landgut →Rosenthal mit dem Schloss →Kreyenhorst und lebte dort bis zu seinem Tod.

Rickmers-Park
Gelände des ehemaligen Landgutes →Rosenthal und →Kreyenhorst, das Wilhelm Rickmers 1888 von der Familie Knoop erwarb. Der nordöstliche Teil ging nach seiner Umgestaltung im Rhododendronpark auf; erhalten sind noch das Parkwärterhaus am →Achterdiek 69 und das →Teehaus an der Marcusallee.

Sonntagsausflug: Im Rickmers-Park, um 1900

Rickmers-Stein
Ehemaliger NS-Gedenkstein im Rhododendronpark. Der Rickmers-Stein wurde am 9.11.1936 anlässlich des 13. Jahrestages des Münchner Hitler-Putsches zur Erinnerung an Johann →Rickmers im Eingangsbereich des Rhododendronparks an der Marcusallee aufgestellt. In den 1950er Jahren wurde der Findling entfernt und mit ins Erdreich gekehrter Inschrift gestalterisch im Park verbaut.

Rieke, Wilhelm Christoph August
Pastor an der Horner Kirche, *1838 Lippe/Westfalen, †12.2.1903 Bremen
Rieke war zunächst bei Pastor →Kohlmann Hilfsprediger. Am 10.10.1865 wurde er in sein Amt in Horn eingeführt, das er 38 Jahre hindurch bis 1903 ausübte. Zusätzlich war er bis zu seinem Tode Vorsitzender des Schulausschusses. Seine Grabstätte befindet sich auf dem Horner Friedhof, und in Horn-Lehe erinnert die Riekestraße an den Geistlichen.

Riensberg
1249 erstmalig als »Rinesberge« (rin = Wasserlauf) belegte Bezeichnung des Gebietes zwischen dem Heerstraßenzug und der →Riensberger Straße. Im Süden des Riensberges lag das Gut Riensberg. 1636 ist der Name Oltmann als Hofbesitzer des bäuerlichen Anwesens genannt, auf dem sich die heutige Stiftungsresidenz Riensberg befindet. 1693 musste der Lür Oltmann jährlich 13 Reichstaler und 44 Grote Meierzins zahlen. Der Hof bestand aus drei »Stücken« Landes, die sich vom heutigen Ernst-Grohne-Weg über die Riensberger Straße westlich bis fast zur Munte erstreckten. Hinzu kam jenseits des genannten Weges das »Achterland«, das östlich bis an die heutige Horner Heerstraße und südlich bis an den »Pferdekamp« des Gutes Riensbergs heranführte. Grundherr war 1589 unter anderem das Kloster Lilienthal. Bis zum Ende des 17. Jh. behielt das Kloster Lilienthal seine grundherrlichen Rechte, die dann dem Vermögensfonds des St.-Petri-Domes in Bremen anheimfielen. Die Gebäude des Hofes setzten sich zusammen aus dem Wohnhaus, einem niederdeutschen Hallenhaus mit Dreschdiele und seitlichen Viehställen sowie einer Scheune.

Riensberg, Gut (Schwachhausen)
Das befestigte Gut Riensberg ist im 12. Jh. entstanden. Es wird angenommen, dass das Gut der Sitz eines →Lokatoren war, der für die Besiedlung des →Hollerlandes verantwortlich war.
Das alte feste Haus wurde 1213 von den Stedingern (→Stedingerkrieg) zerstört. 1249 wurde es erstmals erwähnt (BUB I 243), als Mechthild, Witwe des Alard von Bremen, dem deutschen Haus das Gut verkaufte. 1270 schenkte der Graf Gerhard von Holstein der bremischen Kirche ein Haus zu Riensberg (BUB I 343). Wenig

Luftaufnahme vom Riensberg mit Horner Heerstraße und Wätjens Schloss sowie den Höfen Klatte (Otten), Kaemena, dem Landhaus Schütte und dem Hof Sander, 1920er Jahre

Rickmers-Stein im Rhododendronpark, um 1939

Postkarte mit Riensberger Straße, um 1910

später war es im Privatbesitz der Familie Wolde, die sich bald Rynesberg nannte. 1360 ging es teilweise und 1430 vollständig in den Besitz der Familie Brand über, bis diese es 1599 an Albert Schöne verkaufte. 1768 ließ Otto Christian Schoene ein neues Wohnhaus bauen, das im Kern noch erhalten ist und heute als »Haus Riensberg« zum Focke-Museum gehört.

Nach Otto Christian Schoenes Tod 1792 übernahm der mit einer Tochter aus der Familie Schöne verheiratete Archivar Dr. Heinrich Gerhard Post das Gut. Nach dem Tod der letzten Besitzerin Margarete v. Post wurde das Gut in eine Stiftung eingebracht, die zusammen mit anderen Stiftungen das »Landhaus Horn« 1929/30 als Heimstätte für ältere Damen errichtete.

Riensberger Friedhof
Der zum Stadtteil Schwachhausen gehörige Friedhof wurde 1872-75 an der Riensberger Straße angelegt. Auf ihm befinden sich die Gräber zahlreicher Horner Persönlichkeiten, darunter Carsten →Dreßler, Artur →Fitger, Henrich →Focke, Alfred →Heymel, Carl →Schütte und Wilhelm Anton →Souchon.

Riensberger Straße
Die R(h)iensberger Straße war vor dem Bau der →Heerstraßen der Hauptverbindungsweg nach Horn. Eine »herrenlose« Wegstrecke, zwischen dem Gut Riensberg und der Furt über die →Kleine Wümme, wurde auch Kurze Wallfahrt genannt. Die Furt wurde 1816 durch eine 1856 erneuerte Brücke ersetzt. Vor dem Bau der →Eisenbahn 1874 führte die Riensberger Straße über die Achterstraße hinaus als →Helmer zur →Wachsbleiche an der →Vorstraße. Mit dem Ausbau der Schwachhauser Heerstraße verlor sie 1814/19 an Bedeutung, erhielt aber durch den bis 1875 angelegten Friedhof auf mehr als 400 Metern Länge ihren unverwechselbaren und unverbaubaren grünen Charakter. 1898 bezeichnete der Maler und Dichter Arthur →Fitger die von vielen mehrhundertjährigen Eichen gesäumte Straße voller Begeisterung als »Nationalheiligtum Bremens«. Nicht weniger schwärmte der Maler Johann Georg →Walte, für ihn war die Straße »eben dadurch schon bemerkenswerth, weil sie so nahe einer größeren Stadt, im Schooße der Cultur, umgeben von Dörfern und bebauten Feldern, so lange fast unversehrt bis auf unsere Tage sich erhalten hat. In geringer Entfernung von der stark frequentirten Chaussee sich hinziehend, die von der Stadt in nördlicher Richtung zu den nächsten Ortschaften führt, bildet sie einen für Fußgänger und Reiter lockenden, für Wagen leider nur in sehr trockener Jahreszeit benutzbaren Weg von Schwachhausen nach der Lehe; Hauptsächlich sind es zwei Reihen alter pracht-

voller Eichen, welche ihr den malerischen Reiz verleihen, der dadurch gewinnt, dass sich ihnen andere Reihen und Gruppen von Bäumen mannigfacher Art anschließen, welche theils Wiesen, theils Getraidefelder umgeben.
Wie anmuthig geht's sich unter dem dichten grünen, von mächtigen knorrigen Aesten getragenen Laubdache, wenn man von der heißen staubigen Heerstraße einlenkt in diesen romantischen Waldweg, wenn das Auge an seinen verschlungenen Windungen, seinen malerischen Unebenheiten, vorspringenden Gebüschen, Stämmen und mit Wasser gefüllten Vertiefungen sich erholen kann, nach dem halbstündigen Anblick schnurgerader Linien, steifgezogener Linden und zahlloser weißer Chausseepfähle.
›Lange schon war ich im Freien, jetzt erst bin ich in der Natur!‹ wird jeder von der Stadt her Lustwandelnde sagen, oder doch empfinden, wenn er nicht gerade zu denen gehört, die lieber den gebahnten Weg gehen, um sich am Betrachten von Equipagen, Reitern und Toiletten zu ergötzen, oder gar zu denen, die der Natur so entfremdet, dass sie in ihr statt Freude nur Unbehagen fühlen.«
In der Riensberger Straße wohnten der Kaufmann Carl →Schütte, der Dichter und Verleger →Heymel, der Kaufmann →Schilling, Senator Johann Diedrich →Noltenius sowie die Lehrerinnen Magdalene →Thimme und Elisabeth →Dittrich und reihten sich die Höfe von Sanders, Kaemena, →Klatte und →Lange.

Roewer, Carl Friedrich
Spinnenforscher und Museumsdirektor, *12.10.1881 Neustrelitz, †17.6.1963 Bremen, Bandelstraße 14
Nach naturwissenschaftlichem Studium und Promotion in Jena wurde Roewer 1910 Lehrer der Schule an der Dechanatstraße. Der interessierte Zoologe war anerkannter Spezialist für Weberknechte, 1924 verlieh ihm der Senat den Professorentitel. Aufgrund seiner NSDAP-Mitgliedschaft stand 1933 seiner Berufung als Direktor des Städtischen Museums für Natur-, Völker- und Handelskunde nichts im Wege. Unter Roewers Leitung wurde das Haus in »Deutsches Kolonial- und Überseemuseum« umbenannt und die Abteilung »Stammesgeschichte der Rassen und Menschen« eingerichtet. Nach Kriegsende wurde Roewer 1945 entlassen. Er widmete sich wieder seinen wissenschaftlichen Arbeiten und veröffentlichte den zweiten Teil seines Spinnenkataloges.
Eine Familie der Weberknechte, die *Peltonychia Roewer*, trägt seit 1935 seinen Bezeichnungsnamen – die →Hornster erfanden für ihn den trefflichen Spitznamen »Spinnendoktor«.

Carl Friedrich »Spinnendoktor« Roewer

Roggen Born
Bezeichnung für die im 18. Jh. an der →Berckstraße in einem Viererblock errichteten Häuslingshäuser. Sie gehören zu den ältesten erhaltenen Horner Gebäuden, ihr Name leitet sich vom Bauernnamen Rogge (Hof →Wedermann) und Bude (Born) ab.

Roggen Born: Häuslingshäuser an der Berckstraße

Ronzelenstraße
Benannt nach dem holländischen Wasserbauingenieur Johannes Jakob van Ronzelen, (1800–1865). Ronzelen plante und baute den am 12.9.1830 in Betrieb genommenen ersten Hafen in Bremerhaven. Die Ronzelenstraße wurde auf dem Gartenland des Bünemann'schen Landguts (→Zum Horn) errichtet. In den 1930er Jahren wurde das Gebiet von der »Gagfah« (Gemeinnützige Aktiengesellschaft für Angestellten-Heimstätten) erworben und 1935/36 mit Einfamilien- und Doppelhäusern bebaut. Die Häuser konnten mit einem Eigen-

GAGFAH-Siedlung an der Ronzelenstraße 1938

Johann »Johnny« Rosebrock

Das Schuhgeschäft Rosebrock an der Leher Heerstraße 183

kapital von 2600 Reichsmark bei einer monatlichen Belastung von 50,65 Reichsmark erworben werden. Nach der →Siedlung Erdesegen im Deichkamp, der →Tietjenstraße, dem Achterkamp und der zeitgleich errichteten →Roten Siedlung an der →Lilienthaler Heerstraße wurde die Ronzelenstraße als weitere einheitlich geschlossene Siedlung in Horn-Lehe errichtet.

1970 bezog das damals seit zwei Jahren in der Rembertistraße bestehende Gymnasium Horn (→Schulen) seinen Neubau an der Ronzelenstraße.

2007 beschloss der Senat ein zum Rhododendronpark gehörendes Grundstück gegenüber der Schule zur Finanzierung der →Stiftung Rhododendronpark zu veräußern. Anlieger gründeten eine »Initiative für den Erhalt des Horner Waldstreifens« und wehrten sich gegen die Bebauung eines Waldstreifens am nördlichen Rand des Grundstücks. Um einen Teil des Waldstreifens zu erhalten, wurde der Bebauungsplan modifiziert.

Der Name des Ingenieurs Johann van Ronzelen ist übrigens seiner holländischen Herkunft wegen auf der ersten Silbe zu betonen, weshalb weder der Verkehrsweg noch die Schule – wie üblicherweise zu hören – »Ronzeeelenstraße« ausgesprochen werden.

Rosebrock, Johann Bernhard (»Johnny«)
Vereinsvorsitzender, *9.2.1903 Bremen, †21.5.1992 ebd., verh. mit Grete, geb. →Weihusen, Weyerbergstraße 46

Jonni Rosebrocks Eltern Johann Hermann und Berenddine Rosebrock, geb. Hingst, besaßen an der Leher Heerstraße 183 eine Schuhmacherei. Im Alter von zehn Jahren trat Rosebrock in den Turnverein →Eiche Horn ein. Dort wurde er Jugendwart, Turnwart, Übungsleiter und 1933-37 Vorsitzender (»Vereinsführer«) des TV Eiche Horn. Nach der Rückkehr aus der Gefangenschaft übernahm er wieder Vorstandsämter des Vereins und wurde 1971 zum Ehrenmitglied ernannt. Rosebrock, im Berufsleben Lehrer in Horn und Borgfeld sowie Schulleiter an der Schule Glockenstraße in Bremen-Hemelingen, war bis 1973 auch Vorsitzender des Turnkreises Bremen-Stadt.

Rosenthal, Gut
Das Gut Rosenthal war ein Landgut südlich der Marcusallee. Es wurde um 1757 vom Advokaten Dr. Dietrich Rosenkamp (1698-1780) angelegt und befand sich 1794 im Besitz des Schottherrn Werner Wilkens (1737-1807). 1806 erwarb es der Bremer Kaufmann und amerikanische Konsul Arnold Delius (1742-1819). Sein Neffe, der Eltermann Everhard Delius, übernahm das Gut 1828, erweiterte es auf 42 ha, errichtete das Garten- und →Teehaus und ließ für seine Schwiegermutter das Haus Ruhleben bauen. Das Gutshaus Rosenthal verpachtete er zeitweise an den Gastwirt Andreas →Schürmann. 1869 wurde es von dem Kaufmann Dietrich Daniel Knoop

übernommen und 1873 abgerissen. Anschließend ließ Knoop auf dem weitläufigen Gelände das Schloss →Kreyenhorst errichten.

Auf dem Gelände des ehemaligen Landgutes wurde ab 1916 die nach dem Gut benannte Straße Rosental bebaut. An das Gut Rosenthal erinnert noch heute das kleine Teehaus an der Marcusallee.

Rote Siedlung

Die Rote Siedlung erhielt ihren Namen von den für den Bau verwendeten hellen Rotsteinen. Sie wurde 1936 an der Lilienthaler Heerstraße im Rahmen des staatlichen Volkswohnungsbauprogramms mit einfachsten Mitteln errichtet. Die Siedlung bestand aus 30 Einzelhäusern. Jedes Haus verfügte über vier Wohneinheiten mit einer Grundfläche von ca. 30 und 40 m², aufgeteilt in zwei Wohnräume und eine Wohnküche. Die sanitären Anlagen befanden sich außerhalb in gesonderten Gebäuden, die auch Hühnerstall, Hochkeller, Abstellraum und Waschküche enthielten. Die Anordnung der Häuser entsprach der Ideologie der »Volksgemeinschaft« im Kleinen: Drei Häuser gruppierten sich um einen Hof mit Fahnenmast.

Die Volkswohnungen wurden für sozial schwache, kinderreiche Familien gebaut; sie sollten nach Aussage des Senators für Arbeit »durch die Zuweisung einer gesunden Wohnung die Segnungen den Dritten Reiches anerkennen« und »dadurch für die Politik unseres Führers gewonnen werden«.

Gutshaus Rosenthal, um 1869

»Volksgemeinschaft im Kleinen«: Die Rote Siedlung an der Lilienthaler Heerstraße, um 1936

Die Bewohner kamen aus dem gesamten Stadtgebiet. Es waren meist einfache Arbeiterfamilien mit geringen Einkommen, aber auch Angestellte und Beamte. Das vorrangige Interesse der kinderreichen Familien war es, angemessenen Wohnraum zu finden, eine ideologische Auswahl fand nicht immer statt. 1937 beschwerte sich die Geheime Staatspolizei in einem Stimmungsbericht, dass es bei der Auslese der Siedler vorgekommen sei, »dass ein Halbjude, Asoziale und Eltern, deren Kinder Hilfsschüler sind, als Bewerber nicht zurückgewiesen wurden«. Gegen den Halbjuden Walter Reuter, einen »Verwandten des Judenviehhalters Fränkel«, erwirkte die GEWOBA daraufhin ein Räumungsurteil.

Für die Einwohner von Horn und Lehesterdeich blieben die neuen »besitzlosen Stadtfamilien« lange Zeit ein Fremdkörper – Mietwohnungsbau war in der dörflichen Gemeinschaft ohnehin noch weitgehend unbekannt. Die zahlreichen Kinder der Siedlung konnten nicht in die bestehende Schule aufgenommen werden, sondern wurden in einer zusätzlich gebauten Holzschule am Lehester Deich (→Schulen) unterrichtet.

In der Nachkriegszeit wurden auch die Rasenflächen der Innenhöfe für den Gemüseanbau genutzt. Die Möglichkeit der Selbstversorgung und die geringe Miete hielten viele Bewohner trotz Enge und unzureichender sanitärer Anlagen in der Siedlung. Für zahlreiche Nachkommen der zweiten Generation blieb die »rote Siedlung« Heimat. Viele übernahmen die Wohnungen der Eltern oder mieteten sich in frei gewordene Wohnungen ein. 1978 wurden die Häuser den Mietern zum Kauf angeboten. Viele An- und Umbauten zeugen von der endgültigen »Aneignung« der Siedlung durch die neuen Besitzer. 2012 wurde erstmalig ein Gebäude der einheitlichen Siedlung abgerissen.

Rüten, Am
Straße am Ostrand Horn-Lehes, der Name leitet sich ab von gerodetem Land. Das Gebiet war früher Gemeinheit am Ende der Feldmark Rockwinkel. Am Rüten befindet sich das Gut →Landruhe.

S

Sandersweg
Der Sandersweg verlief auf dem →Riensberg zwischen der Riensberger Straße und der Horner Chaussee und mündete am heutigen Ernst-Grohne-Weg in die Schwachhauser Chaussee.

Sauvegarden
Sauvegarden war die Bezeichnung für die im Landgebiet seit 1813 eingesetzten Polizeidiener. Von 1854 an hießen sie Landjäger (→Polizei).

Schaltkästen
Die unansehnlichen grauen Schaltkästen an den Straßenrändern sind die unschönsten »Bauwerke« in allen Stadtteilen. Im Jahre 2007 kamen die überdimensionierten Breitband-Verteilkästen der deutschen Telekom hinzu. Immer wieder wurde versucht, die Schaltkästen durch künstlerische Gestaltung aufzuwerten.

Kleine Stadtteilkunst: Bemalte Schaltkästen im Hollergrund

Scherrer, Gärtnerei
Der Gartenbaubetrieb Scherrer wurde im Oktober 1930 von Friedrich Scherrer (1905–1961) gegründet. Die Gärtnerei »Louisenhof« begann zunächst mit Gemüseanbau auf Pachtflächen an der Leher Heerstraße 117 zwischen der Leher Heerstraße und dem Luisental. Dort wohnte Familie Scherrer bis 1939 im Bauernhaus der Familie Lerbs. Scherrer erweiterte den Betrieb durch Flächen am Achterdiek (heute Gartenallee) für die Produktion von Schnittblumen, am Rüten und

Gärtnerei Scherrer, Leher Heerstraße 117, 1955

in Oberneuland mit Spezialkulturen-Gewächshäusern. Dort wurden vor allem Topfazaleen und Eriken im Freiland und unter Glas gezüchtet.

In den 1960er Jahren zählte der Betrieb mit über 80 Mitarbeitern und 35.000 m² beheizbarer Gewächshausfläche zu den größten Azaleenproduzenten in Deutschland. 500.000 Azaleen wurden jährlich in der Bundesrepublik, ins Ausland und auch nach Übersee versandt.

Scherrer war Vorsitzender der Sondergruppe Azerca (Azaleen, Eriken, Callunen) im Zentralverband Gartenbau e.V. Nach seinem frühen Tod führten die Söhne Friedhelm und Heinrich den Betrieb weiter und gaben die Horner Teile Ende der 1960er Jahre auf. 2002 verkauften sie ihre Gärtnerei, die sie 1985 von Oberneuland in die Nähe von Verden verlegt hatten.

Schieben-Twei →Jülfs, Hermann

Schildkröte →Zum alten Krug

Schilling, Martin
Kaufmann, *14.4.1868 Bremen, †12.12.1948 in Harpstedt, Riensberger Straße 40*
Martin Schilling war das siebte Kind des Kapitäns und Reeders Diedrich Schilling. 1894 gründete er mit Windeler Loose die Fa. Schilling & Loose, die Rohkaffee importierte und handelte. 1899 verließ sein Partner das Unternehmen, und Schilling heiratete die Bremer Kaufmannstocher Elisabeth Stumpe. Seine Frau begann 1904 mit dem Versand von Kaffee an Bekannte und zahlungskräftige Kunden. Die Adressen möglicher Bezieher hatte sie in Zeitschriften ausfindig gemacht – und somit den ersten Versandhandel Deutschlands ins Leben gerufen. 1907 bezog das Unternehmen ein eigenes Geschäftshaus. Der Kaffee wurde inzwischen in alle Regionen des Deutschen Reiches versendet. 1919 kauften die Schillings das Landhaus Alfred →Heymel an der Riensberger Straße 40.

1923, am Tag der Silbernen Hochzeit, erwarb Schilling die »Weserburg« in Bremen. Vom Vorbesitzer, dem Zigarrenfabrikanten Ad. Hagens, übernahm er den Vertrieb von Zigarren. 1923 trat auch sein Sohn Eduard Martin Schilling (1899–1971) in die Firma ein. Er schloss sich 1939 der NSDAP an

Schilling Kaffee auf dem Teerhof

Martin Schilling

Elisabeth Schilling

Wintervergnügen: Schlittschuhläufer mit Eissegel auf den Wiesen des Hollerlandes

und übernahm nach und nach die Geschäfte, während sich Martin Schilling aus dem Geschäft zurückzog und die meiste Zeit in seinem Jagdhaus in Harpstedt verbrachte. Nach dem Tode des Senior-Chefs wurde 1949 die 1944 fast vollständig zerstörte »Weserburg« wieder aufgebaut und die Rösterei neu begonnen. 1965 wurde zusammen mit der Carl-Ronning KG und anderen Unternehmen das Berliner Instant-Kaffee-Werk Neukölln gegründet und 1972 eine Kooperation mit der Dallmayr Kaffeerösterei eingegangen. Am 20.11.1971 starb Eduard Schilling im Badezimmer seiner Villa an der Marcusallee an Herzversagen – zuvor hatte er einen Brief mit einer Zahlungsaufforderung über 750.000 D-Mark geöffnet. 1973 schloss der Schilling Kaffeebetrieb. Die Spezialversandfirma Schilling wurde von der Armin Schlüter & Co. Kaffeegroßrösterei übernommen und weiterbetrieben und die »Weserburg« von der Stadtgemeinde Bremen erworben.

Schindler, Gaststätte

Café an der Ecke Horner Heerstraße 32/ Riensberger Straße. Das 1884 von Georg Rogge betriebene Wirtshaus (Horn 8) wurde zehn Jahre später von Josef Schriever übernommen und als »Café Schriever« geführt. Von 1906 an bot Wilhelm Bremer in den Räumen Restaurant- und Cafébetrieb. Das Gasthaus war Treffpunkt nach dem Gottesdienst in der Horner Kirche. In der Gaststätte fanden die Versammlungen der Schulvorsteher statt, auch zahlte der Gemeindevorsteher das Gehalt an die Lehrer der damaligen Gemeindeschulen aus. Nach dem Tod von Wilhelm Bremer wurde die Gaststätte Anfang der 1940er Jahre an Richard Schindler verkauft. Am 9.11.1942 wurde das Haus durch eine Luftmine vollständig zerstört. Schindlers Ehefrau und vier seiner Kinder wurden dabei getötet. Heute befindet sich an der Stelle der alten Gaststätte die Erweiterung des Friedhofs.

Schlittschuhlaufen

Das Schlittschuhlaufen gehört seit langem zu den großen Winterleidenschaften der Bremer Bevölkerung. Ein prominenter Schlittschuhläufer war Wilhelm →Focke. Wenn die Wiesen im Winter überschwemmt wurden, konnten die Schlittschuhe am Ende der Vorstraße angeschnallt

Dringende Botschaft per Bahnpost ins Teufelsmoor: »müssen schleunigs Torf haben. Gruß J. Schriever« Gaststätte Schindler, vormals Schriever, zusammen mit der Horner Kirche als Motiv dieser am 14. Oktober 1908 verschickten Postkarte

werden. An einzelnen Tagen besuchten bis zu 60.000 Bremer die weiten Flächen des überschwemmten und zugefrorenen Blocklandes. Sie fuhren auf den vom Bremer Eisverein empfohlenen insgesamt 150 km langen Bahnen nach Burg, Ritterhude, St. Jürgen oder Trupe. Zur schnelleren Fortbewegung wurden aus Stangen und Bettttüchern Segel gefertigt. Ihre Schlittschuhe ließen die Horner bei Fahrrad-→Speckmann an der Leher Heerstraße schleifen.

Schmiede

Eine der ersten Schmieden, die des Schmiedemeisters Martens, befand sich auf dem späteren Grundstück des Landwirts Schlengemann an der Horner Heerstraße gegenüber der Kirche.
Eine weitere wurde 1888 vom Schmiedemeister Hinrich Rogge an der Leher Heerstraße 87 (Lehe 38 b) eröffnet. Sie wurde 1898 von Heinrich August Hamel – Schmied bei der Bremer Pferdebahn – übernommen. Nach seinem Tode führten zunächst sein Sohn Johann und danach sein Enkel August den Betrieb. Nach 1945 wurden Zugpferde durch Traktoren und Lastkraftwagen zusehends verdrängt und das Arbeitsfeld immer mehr eingeschränkt. Ein letzter Lehrling musste 1993 seine Ausbildung nach wenigen Tagen aufgeben, da durch die Neuordnung der Handwerksberufe der Beruf des Hufschmiedes weggefallen war und die Handwerkskammer die weitere Ausbildung untersagte. Klaus Hamel führt den Betrieb in vierter Generation weiter, nunmehr als »fahrender Hufschmied« im Einsatz auf Gestüten, Reiterhöfen, Turnier- und Rennveranstaltungen.

Schmitz, Eduard

Kaufmann, *4.5.1897 Le Havre, †23.6.1956 Zürich, Vorstraße 22
Eduard Schmitz war Schweizer Staatsbürger. Er hatte künstlerische Neigungen, absolvierte aber in Dresden eine Banklehre. 1920 kam er nach Bremen, war als Wollkaufmann tätig und heiratete die Tochter des Kaufmanns und Reeders Emil Wätjen. 1933 wurde er deutscher Staatsbürger. 1936–41 war er Vorstandsmitglied der Vereinigung des Baumwollgroßhandels, 1943 der Bremer Baumwollbörse. Schmitz engagierte sich stark auf kulturellem Gebiet. 1923 gründete er zusammen mit Fr. W. →Oelze und dem Komponisten Manfred Gurlitt die neue Musikgesellschaft. Seit 1939 war er im Vorstand und dann Vorsitzender der Philharmonischen Gesellschaft, deren Auflösung er während der NS-Zeit verhinderte. Er war auch schriftstellerisch tätig und verfasste Lyrik, Novellen und Essays.
1945/46 war er aus politischen Gründen von den Amerikanern interniert und wurde 1947 wieder zum Vorsitzenden der Philharmonischen Gesellschaft gewählt. Wegen Schwierigkeiten beim Neuaufbau seiner Firma zog er 1952 in die Schweiz.

Seit 2012 Geschichte: Schmiede von August Hamel an der Leher Heerstraße 87

Schönauen-Hof

Der Hof Schönauen (Staunau/Seeger) an der Leher Heerstraße 184 (Lehe 14/18) befand sich in unmittelbarer Nachbarschaft zum →Charlottenhof an der heutigen Robert-Bunsen-Straße und wurde 1884 von August Steffens als Wirtshaus betrieben. 1905 kaufte der Rechtsanwalt und Notar Dr. Hans Degener-Grischow den 26 ha großen Hof und verpachtete ihn an den Landwirt und Fuhrunternehmer J. Seeger. Nach dessen Tod 1948 übernahm Degener-Grischows Schwiegersohn, der Landwirt Ernst Staunau, den Hof Schönauen. Dieser war im Zuge der kommunistischen Bodenreform im Jahr 1945 als Großgrundbesitzer in der sowjetischen Besatzungszone enteignet worden und nach Bremen gekommen.
Staunau setzte den heruntergewirtschafteten Hof wieder instand und legte Erd-

Eduard Schmitz

Schönauen-Hof, um 1925

beer- und Spargelplantagen an. Der Landwirt bewies auch als Kaufmann großes Geschick und zählte in den Jahren des Wiederaufbaus zu den Wegbereitern des landwirtschaftlichen Plantagenanbaus im Raum Bremen. Nachdem die intensive Bebauung des Leher Feldes begonnen hatte und die Robert-Bunsen-Straße direkt bis zum Hofgebäude »Schönauen« ausgebaut worden war, wurde das Anwesen 1962 an eine Baugesellschaft verkauft und abgerissen. Auf einem Restgrundstück des ehemaligen Hofes lebt heute sein Sohn Dr. Ernst-Joachim Staunau.

Schorf

1299 erstmals genannt in einer Bestätigung Erzbischofs Giselbert für das Kloster Lilienthal, und zwar in Verbindung mit dem →Devecamp als ein Haus in »Scrowe«. In der Karte von Daniel Heinbach von 1748 wird eine Ansammlung von Höfen als »Aufm Schorf«, darunter der →Charlottenhof, der →Schönauen-Hof und der Hof →Bremermann, bezeichnet, die vermutlich zu dem östlich gelegenen, später als →Landruhe bezeichneten Gut gehörten.

Schroeter, Paul

Maler, *26.10.1866 Kempen/Posen, †16.6.1946 Linow bei Berlin, Leher Heerstraße 23

Schroeter entstammte einer begüterten eingesessenen Hamburger Familie. Während der Studienzeit an der Akademie in Düsseldorf war er zusammen mit Fritz Overbeck, Otto Modersohn und Heinrich Vogeler Mitglied der Studentengemeinschaft »Tartarus«, die unregelmäßig kurzweilige Zeitschriften herausgab, an denen er sich mit Illustrationen beteiligte. Seine Kommilitonen überredeten ihn, nach Worpswede zu kommen, um dort in der noch jungen Künstlergemeinschaft zu arbeiten.

Mit seiner Frau und seinen Kindern lebte und arbeitete Schroeter 1901–04 in Worpswede, danach bis 1908 in Horn, in der Horner Heerstraße. Er fertigte Porträts (auch von Fritz und Hermine Overbeck), Landschaften und Innenraumbilder mit meist bäuerlichen Themen. Auch einen Auftrag für die Ausmalung einer Bremer Kirche nahm er an. 1908 siedelte Schroeter nach Berlin über und wohnte dort bis kurz vor seinem Tod.

Schulen

Die erste Erwähnung »Schule thom Horne« stammt aus dem Jahre 1651. Das Schulhaus stand auf dem Kirchhof direkt neben der Kirche. Die Schule war zunächst einklassig, wurde mit dem Anwachsen der Bevölkerung um eine zweite im Haus des Schmiedemeisters Martens an der Horner Heerstraße (heute Nr. 15) und um eine dritte in einem Bauernhof Rotermund an der Riensberger Straße (heute Nr. 106) erweitert.

Die Schule war zunächst der Kirchengemeinde Horn zugeordnet und unterstand dem Pfarrer. Die Schulaufsicht übten zwei »Visitatoren« aus, die vom Rat der Stadt Bremen ernannt worden waren. 1823 wurden durch obrigkeitliche Verordnung auch im Landgebiet die Schulpflicht eingeführt und versäumte Schultage mit einer Strafe von zwei →Groten belegt. Die Lehrer erhielten – wenn überhaupt – nur ein geringes Gehalt, das sie durch das von den Eltern aufzubringende Schulgeld aufbessern mussten. Auch leisteten sie als Küster Kirchendienste oder erhielten von der Kirche eine Gartenfläche, die sie bewirtschaften konnten.

1854 bewilligte die Bürgerschaft einen Zuschuss von 4325 Talern zur Verbesserung der Lehrergehälter in den Landschulen. 1876 wurden die Gehälter der Lehrer vom Staat übernommen und dem Scholarchat (ab 1885 Senatskommission für das Unterrichtswesen) übertragen.

Der Unterricht beschränkte sich zunächst auf die Einübung des Katechismus, kirch-

Paul Schroeter (Selbstbildnis)

Nur die Bäume stehen noch: Die alte Schule an der Berckstraße, um 1925

licher Gesänge sowie des Buchstabierens und Lesens. Schreiben und Rechnen wurden dem Lehrplan erst später hinzugefügt, und 1861 erfolgte dessen Erweiterung um die Fächer Naturgeschichte, Physik, Geschichte und Zeichnen.

Schule an der Horner Heerstraße (Horner Volksschule)
1865 wurde zunächst ein neues vierklassiges Schulgebäude an der Berckstraße (Lehe 41) errichtet, in dem die Schulvorsteher auch wohnten. Zur Aufbesserung des Gehaltes erhielten sie ein Stallgebäude für Kleintierhaltung und Gartenland zum Gemüseanbau. Als erster Schulleiter zog der Oberlehrer Georg Specht in das neue Haus ein. Seine Nachfolger waren die Schulleiter Hermann Rusch 1887–1906 und Hermann Steding.

Das Anwachsen der Gemeinde machte schon 1900 eine Erweiterung durch einen Anbau notwendig, der acht Jahre später aufgestockt wurde. Wegen der klobigen Bauform wurde er auch als »Zigarrenfabrik« bezeichnet. Im April 1913 konnten erstmals acht getrennte Jahrgangsklassen unterrichtet werden. Nach dem Ersten Weltkrieg stieg die Schülerzahl derart an, dass die Kapazität für zwölf Klassen nicht mehr ausreichte. 1929 zog die Schule in das wesentlich größere Gebäude des Mädchen-Waisenhauses an der Horner Heerstraße. Während des Zweiten Weltkrieges wurde die Turnhalle beschlagnahmt und als Ge-

Verzögerter Umzug: Dachstuhlbrand in der Schule an der Horner Heerstraße, 1928

treidelager verwendet, und auf dem Dach des Gebäudes wurde ein Kommandostand der Flugabwehr errichtet. Viele Klassen wurden im Verlauf des Krieges nach Sachsen und Bayern evakuiert.

1946 begann wieder der Schulbetrieb. Durch die Einführung von Schichtunterricht konnten auch die Klassen der zerstörten Schwachhauser Schule zusätzlich aufgenommen werden. 1955 wurde die »Hilfsschule« in die Vinnen-Villa an der Schwachhauser Heerstraße ausgegliedert.

1974 kamen die Klassen 5–10 an die neu errichtete Schule am Vorkampsweg, heute ist die Horner Schule eine vierklassige Grundschule, ihr Anbau wird noch heute vom Ortsamt und der Polizei genutzt.

Ausgedient: Schule am Lehesterdeich, um 1980

Schule am Lehester Deich

Die Schule Lehesterdeich wurde in der Mitte des 19. Jh. eröffnet. Das alte Schulhaus stand an der Stelle der jetzigen Kreuzdeichschule. Es war ein einfaches Strohdachgebäude, in dem auch Stallungen lagen. Ein Zimmer diente als Schulraum. In dem Häuschen wohnte der Lehrer Koster Hilken mit seiner Frau Wupke. Der Bauer Behrens vom Lehesterdeich 115 war beim Torfstechen auf ihn aufmerksam geworden, und weil er gut rechnen, lesen, schreiben und singen konnte und auch in Katechismus und Bibel bewandert war, überredete er ihn, sich auf die Lehrerstelle in Lehesterdeich zu bewerben. Nach einer Prüfung durch den Horner Pastor wurde er dann in Lehesterdeich eingestellt. Hilkens Nachfolger waren Ernst August Kück, Wefing sen. und Julius Nolte.

Die neue (Stein-)Schule am Kreuzdeich wurde 1877 errichtet und 1930 mit Anbauten versehen.

1927 absolvierte Paul →Goosmann seine Ausbildung in der Steinschule. In seinen Erinnerungen schildert er seine Ausbildungszeit: »Die erste feste Stelle bekam ich Ende 1927 in der Schule am Lehester Deich, einer zweiklassigen Dorfschule. Die Schule am Lehester Deich hatte nur einen Schulleiter und mich. Der Schulleiter war auch nicht so, dass er mir viel hätte zeigen können. Er war ein ganz ordentlicher Lehrer. Anfangs bin ich immer mit dem Fahrrad von der Gastfeldstraße nach Kuhsiel/Kreuzdeich gefahren. Erst später habe ich mir ein Motorrad angeschafft, auf Abzahlung. Ohne Führerschein bekam ich die Erlaubnis, den Kuhgrabenweg zu befahren. Ich war der einzige Motorradfahrer der Stadt Bremen, der dort fahren durfte. Eine Autobahn gab es noch nicht. Es waren noch sämtliche Vogelarten da, Flussvögel, Sandvögel und Sumpfvögel. Die Kiebitze schwirrten um mich herum, und alles freute sich. Die Kinder warteten dann schon auf mich, weil ich immer sehr pünktlich war. Der Schulleiter war meistens noch nicht fertig. Er sagte dann manchmal zu mir: Paul, komm man rein und frühstücke noch mit uns. Dann frühstückten wir bis 8.15 oder 8.20 Uhr und gingen danach erst in die Klassen. Die Kinder, die dorthin kamen, konnten noch nicht richtig Hochdeutsch. Sie sprachen Platt. Ich konnte ja nun von meinen

Kinderreichtum: Klasse vor der Holzschule am Lehester Deich, 1941

Großeltern her auch Platt. Als am 3. Tag die Erstklässler kamen, sagte ich: ›Hüde morgen schüllt ji'mi vertellen, wo dat so to Huus togeiht, befor ji so nah Schoole kaamt.‹ Alle erzählten dann ganz munter, aber Didi Gartelmann, der saß da, mit so einer Schnute. Ich fragte ihn: ›Na Didi, worum vertellst du denn nix?‹ – ›Och‹, seggt he, ›wat is denn dor to vertelln, dat is doch allns selbsverständlich un jimmer datselbige.‹ – ›Na, die Anderen erzählen doch auch, denn tu du das man auch.‹ – ›Na gut. Erst kummt Mudder runner um soß, un seggt opstahn, näch, un denn, wenn Mudder dat seggt, denn treck ick mien Nachthemd ut, un denn‹ – er stutzt und zögert – ›denn treck ick mi de Feddern ut den Moors, dat Inlett is twei.‹ Da lachte die ganze Klasse, und er sagte: ›Dor gifft dat nix to lachen. Mudder het nu keene Tied to neien, eers in veertein Dagen, wenn de Fröhjohrsinsaat vorbi is.‹«
Als die →Rote Siedlung gebaut wurde, reichten die Räume der Schule nicht aus, um die neuen Kinder aufzunehmen. Als »Außenstelle« wurde 1937 die Holzschule am Lehester Deich gebaut und eröffnet. Nach dem Krieg übernahm Heinrich Früchtnicht die Leitung der Volksschule Lehesterdeich. Ein großer Teil der Schüler wurde an die Schule Horner Heerstraße abgegeben, da die amerikanische Militärregierung bis 1948 die Holzschule beschlagnahmte und eine Senderstation mit acht Funktürmen einrichtete. In der Stammschule am Kreuzdeich blieben die Kinder, die am Lehesterdeich und in Oberblockland wohnten.
Am 31.3.1959 endete die Selbstständigkeit der Schule Lehesterdeich. Sie wurde der Zentralschule Borgfeld angegliedert.
1961 wurde der Unterricht an der Kreuzdeichschule und der Holzschule Lehesterdeich eingestellt. Die Kinder wurden aufgeteilt auf die Schulen Borgfeld und die Schule an der Horner Heerstraße. Das Gebäude am Kreuzdeich stand zunächst leer und wurde anschließend beim Bau des Autobahnzubringers als Baubüro genutzt, bis es 1980 verkauft und umgebaut wurde. Die Holzschule wurde an den Hanseaten-Klub verpachtet und beherbergt seitdem das →Theater am Deich.

Mit neuem Raumkonzept: Bau der Schule an der Ronzelenstraße, um 1969

Oberschule Ronzelenstraße (ursprünglich Vorkampsweg)

Die Schule an der Ronzelenstraße wurde als erstes Bremer Sekundarstufenzentrum I 1974 am Vorkampsweg eröffnet. Erstmalig in Bremen waren die Bildungsgänge Hauptschule, Realschule und Gymnasium in einem Gebäude vereint. 1978 wurden 1680 Schülerinnen und Schüler von 110 Lehrerinnen und Lehrern in 32 Klassenräumen und 25 Fachräumen unterrichtet. Erster kommissarischer Schulleiter war Günter Rosenow. Mit der »Horner Schulrochade« wurde das Schulzentrum an der Ronzelenstraße 1986 verlegt und als Schulzentrum Horn-Oberneuland mit der Schule Rockwinkel vereint. 1988 gab die Bildungsbehörde den beiden Schulstandorten in Horn und Oberneuland die Selbstständigkeit zurück. Im Oktober 1991 brannte die Turnhalle ab; sie wurde im Mai 1995 wiedereröffnet. 2006 wurde die Schule Ganztagsschule. Seit 2009/10 ist die Schule eine Oberschule mit Gymnasialer Oberstufe, die neben den berufsvorbereitenden Bildungsgängen auch das Abitur ermöglicht.
Die sportbetonte Ganztagsschule mit besonderen Sportleistungsklassen und Sportprofilen fördert Spitzensportler aus den Bereichen Rhythmische Sportgymnastik, Judo, Schwimmen, Leichtathletik und Volleyball. Derzeit besuchen etwa 820 Schüler die Schule und werden von ca. 65 Lehrkräften unterrichtet.

Bau in Phasen: I. Bauabschnitt der Schule am Vorkampsweg, 1974

Gymnasium Horn (ursprünglich Ronzelenstraße)
Das Gymnasium Horn wurde im August 1967 gegründet. Der erste Schulleiter war Dr. Otto Suhling. Das Gymnasium nahm den Schulbetrieb zunächst in der Rembertischule am Fedelhören auf. Das Kollegium entwickelte in einem Schulversuch das »Horner Modell«. Bereits in der Unterstufe sollten die Gymnasiasten in den Genuss neuer Unterrichtsmethoden und -ziele kommen, um zu freien und selbstständigeren Schülern zu werden. Anstelle der Klassenverbände sollten Lerngruppen treten, der Frontalunterricht sollte zugunsten des Gruppenunterrichts zurücktreten und die traditionellen Schulstunden von einem 20-Minuten-Takt abgelöst werden. 1968 begannen die Bauarbeiten für das Schulgebäude an der →Ronzelenstraße. Das Raumkonzept wurde mit vergrößerten Gruppenräumen und der Einrichtung jedes Klassenraumes als Fachraum an die Anforderungen des Horner Modells angepasst. Im Herbst 1970 wurde der Schulbetrieb an der Ronzelenstraße aufgenommen. Nach wenigen Jahren war das Gymnasium Horn eines der größten im Bremen; im Jahre 1974 wurden in dem für 900 Schüler konzipierten Gebäude über 1300 Schüler von 120 Lehrern unterrichtet. Zur Minderung der Raumnot wurden im Außengelände »Mobilbauklassen« aufgestellt. In den Folgejahren wurde das Horner Modell schrittweise zurückgefahren. Anfang der 1970er Jahre war es Ziel Bremer Bildungspolitik, die Gymnasien zu Schulzentren des Sekundarbereichs II umzuwandeln. Das der Mittelstufe beraubte »Rest-Gymnasium« an der Ronzelenstraße sollte zunächst mit der Berufsschule für Ernährungsberufe zusammengeführt werden. Die Planung eines Neubaus zwischen dem Gebäude an der Ronzelenstraße und der Grundschule Horn, unter konzeptioneller Einbeziehung von Teilen der Grundschule an der Horner Heerstraße, wurde nicht umgesetzt und die Berufsschule für Ernährungsberufe mit dem Gymnasium Rübekamp vereint.
1986 wurde die Schule unter Protest des Kollegiums, der Schülerschaft, der Ortspolitiker und der Bevölkerung des Vorstraßengebiets im Rahmen der Horner Schulrochade mit der Berufsschule für den Einzelhandel vereint und an den Vorkampsweg verlegt.
Seit 2006 ist das Gymnasium mit der Aufnahme der 5. Klassen wieder ein durchgängiges Gymnasium. Nach dem geplanten Auszug der Berufsschule wird das Gebäude ausschließlich vom Gymnasium genutzt werden.

Schule an der Marcusallee
Die Geschichte der Schule mit dem Förderschwerpunkt Hören und Kommunikation geht zurück auf die von David Christian Ortgies 1827 gegründete Taubstummenanstalt. Sie war zunächst am Ansgariikirchhof und wurde 1838 an die Ellhornstraße und 1863 in einen Schulneubau an der Humboldtstraße 183 verlegt. Seit 1922 wurde die Schule auf Staatskosten geführt und 1928 ganz vom Staat

übernommen. 1959 erfolgte die Vereinigung der Sprachheil- und Schwerhörigenschule mit der Taubstummenschule in der Marcusallee 38. 1981 wurde der dreigeschossige Neubau der Sonderschule für Gehörgeschädigte an der Marcusallee 31 eingeweiht. Nach dem 2004 erfolgten Verkauf des Grundstücks an der Marcusallee 38 ist der Unterricht dort konzentriert.

Schule an der Philipp-Reis-Straße
Die Schule wurde 1964–68 in mehreren Bauabschnitten als Grund- und Realschule im Leher Feld errichtet. Der Schulkomplex umfasst drei Pavillons mit jeweils acht Stammklassen. Bis zur Fertigstellung musste in Schichten unterrichtet werden. 1967 entstand die Turnhalle, und nach der Fertigstellung der benachbarten Kirche der →Andreasgemeinde im Jahr darauf wurde deren provisorische Schwedenkirche für den Unterricht genutzt. Erster Schulleiter war Paul Kugel.

Schule an der Curiestraße
Die Grundschule an der Curiestraße im Leher Feld wurde 1970 zur Entlastung der Schulen an der Philipp-Reis- und an der Bergiusstraße geplant und nach nur einjähriger Bauzeit im September 1971 eröffnet. Erster Schulleiter war Hans-Heinrich Lenz.

Wilhelm-Focke-Oberschule (Bergiusstraße)
Die heutige Wilhelm-Focke-Oberschule wurde im Juni 1966 als Grund- und Hauptschule zur Entlastung der Schule an der Philipp-Reis-Straße mit zunächst acht Klassen eröffnet. Erster Schulleiter war Friedrich Geisler-Knickmann. Im Juli 1967 wurde der fertiggestellte Schulkomplex eingeweiht. 1971 erfolgte die Umwandlung in eine Haupt- und Realschule und 1975 die Gründung als Schulzentrum mit Grund-, Haupt- und Realschule. 2006 wurde die Schule als Europaschule ausgezeichnet und drei Jahre später in Wilhelm-Focke-Oberschule umbenannt. In der integrierten Gesamtschule wird bis zur Jahrgangsstufe 10 unterrichtet. Die Schule leidet seit Jahren unter zu geringer Anwahl.

International School of Bremen (ISB)
Die International School of Bremen wurde 1998 als Privatschule von der kaufmännischen Vereinigung »Union von 1801« gegründet und nahm den Unterrichtsbetrieb in angemieteten Räumen in der Schule an der Thomas-Mann-Straße auf.
2010 begann an der Badgasteiner Straße im →Technologiepark der Bau eines eigenen Gebäudes, der Betrieb begann im

Schlüsselübergabe: Einweihung der Schule an der Curiestraße 1971 (S. Seifriz, A. Könsen, H. H. Lenz, M. Thape, von links)

Flaggenfarben: Wilhelm-Focke-Oberschule an der Bergiusstraße

Neubau: International School of Bremen

Schuljahr 2011/12. Der Neubau wurde durch Eigenmittel, Sponsoren und Kredite finanziert und bietet Platz für bis zu 600 Schüler.
Der Bildungskanon reicht vom »early learning« (Vorschule) über die Grundschule bis zum internationalen Abitur. Unterrichtssprache ist Englisch, als erste Fremdsprache wird Deutsch unterrichtet. Heute ist die ISB eine gGmbH.

Schule am Rhododendronpark
Die Schule am Rhododendronpark ist ein Förderzentrum für die Bereiche Wahrnehmung und Entwicklung. Die Schule am Rhododendronpark unterrichtet ihre Schüler als Schule heute ohne Gebäude gemeinsam mit nicht behinderten Schülern an zwölf allgemeinbildenden Schulen bis zur Klasse 12. Zu den Kooperationspartnern im Stadtteil gehören die Grundschule Philipp-Reis-Straße, die Oberschule Ronzelenstraße, das Gymnasium Horn und die Grundschule an der Horner Heerstraße.

Seit Sommer 2011 wurde das Förderzentrum im Rahmen der Inklusion aufgelöst und den Partnerschulen zugeordnet. Die Schüler des Förderzentrums betreiben die Schülerfirmen »PapierFalter« und »Seifenliebe«, die Geschenke aus Papier und Seife herstellen und vertreiben. Die von der Schule herausgegebene Schülerzeitung →»Rhododendron-Blatt« wurde mehrfach ausgezeichnet.

Ökumenisches Gymnasium
1980 begann die Bremer evangelische Kirche die Planungen für einen Neubau des Ökumenischen Gymnasiums an der →Berckstraße. Doch die Anwohner befürchteten, dass ihnen die Ansiedlung viel Lärm und mehr Verkehr bescheren würde und setzten sich so lange zur Wehr, bis das Vorhaben nach fünf Jahren fallen gelassen wurde.

Schürmann, Andreas

Der Horner Gastwirt Schürmann pachtete um 1920 das Gut →Rosenthal und richtete dort eine Sommerwirtschaft »mit Garten, Lusthaus, Kegelbahn und Stallungen« ein. Schon nach kurzer Zeit erfreute sie sich großer Beliebtheit beim Bremer Publikum.
Im Januar 1829 wurde die →Eiswette bei Schürmann begründet, der seine immer besser laufende Wirtschaft im selben Jahr auf das Landgut →Zum Horn neben der Horner Kirche verlegte.

Andreas Schürmann

Schürmanns Landgut (Stich von C. Ermer nach einer Zeichnung von Stephan Messerer)

Schütte, Carl

Kaufmann und Mäzen, *2.12.1839 Bremen, †11.2.1917 ebd., Riensberger Straße 79 (Horn 15)

Carl Schütte absolvierte eine kaufmännische Lehre und hielt sich längere Zeit in Amerika auf.

Er übernahm 1862 mit seinem älteren Bruder Franz (1836–1911) das väterliche Handelshaus A. N. Schütte & Sohn. Ihr Unternehmen engagierte sich ab 1863/64 im Ölimportgeschäft und stieg zum bedeutendsten Ölhandelshaus Deutschlands auf. Mit Wilhelm Anton Riedemann und der Standard Oil Company gründeten sie 1890 die Deutsch-Amerikanische-Petroleum-Gesellschaft (DAPG), die spätere Esso AG und heutige Esso Deutschland GmbH, und wurden mit ihrem Vermögen zu »Petroleumkönigen«. Die Brüder Schütte beließen es nicht bei der Anhäufung ihres immensen Wohlhabenheit und wollten die Bürger Bremens daran teilhaben lassen. Für Carl Schütte galt: »Stand und Reichtum sind nichts, solange nicht der Überfluss, dem sie verdankt werden, der Allgemeinheit zugutekommt.«

Wie sein Bruder Franz war Carl Schütte ein großzügiger Mäzen. Er setzte sich durch eine Stiftung für die hauswirtschaftliche Bildung von Mädchen ein. Aus ihr gingen drei private Haushaltsschulen hervor, die später durch einen von H.O. →Reddersen gegründeten Verein verwaltet wurden.

Er förderte das Rot-Kreuz-Krankenhaus und stiftete dem Verein für Kinderheilanstalten das Landgut Holdheim. Er unterstützte den Neubau für das Städtische Museum für Natur-, Völker- und Handelskunde (heute Übersemuseum), den Bürgerparkverein und förderte den Bau des Parkhauses mit großem Kaffeegarten am Holler-See. Dem Städtischen Museum stiftete er einen kolumbianischen Goldschatz und der Kunsthalle eine Sammlung kostbarer japanischer Farbholzschnitte.

1905 wurde er Vorsitzender des Kunstvereins. Mit 400.000 Talern unterstützte er den Erweiterungsbau der Kunsthalle. Als Vorsitzender des Kunstvereins ermöglichte er Museumsdirektor Gustav Pauli – zum Unmut konservativer Bremer Kunstkreise – die Erweiterung der Sammlungen durch Werke der modernen Kunst, insbesondere um Werke der französischen Impressionisten.

Schütte, Landhaus

1875 kaufte Carl Schütte von der Witwe des Senators Carl Engelbert Klugkist (1803–1870) einen Sommersitz mit Traubenhaus, Gemüseland, Obstwiese, Kegelbahn, »Lusthaus« und Badehaus und erweiterte ihn um das Grundstück »Dorf Horn Nr. 14«. Nach dem Tode der Witwe Schüttes 1933 wollten die Erben das Anwesen nicht nutzen und stellten es dem 1933 gegründeten Verein »Rentnerheim Bremen«, der Alleinstehenden, die von der Weltwirtschaftskrise betroffen waren, Wohnraum bot, zur Verfügung. 1953 wurde das Grundstück unter den Erben aufgeteilt und an die GEWOBA verkauft. Die GEWOBA erbaute an der Stelle die Wohnanlage →Kohlmannstraße.

Carl Schütte

Auch als Rentnerheim genutzt: Landhaus Schütte auf dem Riensberg, um 1900

Schwachhauser Heerstraße

Die nördliche Straßenseite der Schwachhauser Heerstraße gehört ab dem Ernst-Grohne-Weg zum Stadtteil Horn-Lehe. Bis zur Umbenennung 1914 führte sie den Namen Schwachhauser Chaussee. 1787 wurde sie zum Teil gepflastert und 1816–19 bis Horn verlängert und ausgebaut.

Ab 1850 errichteten Bremer Kaufleute an der Schwachhauser Chaussee ihre Villen und Landhäuser, ab 1876 verkehrte auf der Straße die →Pferdebahn. Vier Jahre später waren mehrere Ausflugslo-

55. Bekanntmachung des Landherrn am rechten Weserufer, die Benutzung des Nebenweges der Schwachhauser und Horner Chaussee nur für Reiter betreffend.

Der Nebenweg der Chaussee in Schwachhausen und von da nach Horn ist ausschließlich für Reiter bestimmt, daher alles Fahren auf demselben bei 36 ₰ Strafe, und nach Umständen schärferer Ahndung, hiedurch verboten wird.

Bremen, den 3. September 1857.   Der Landherr des Gebiets am rechten Weserufer.
J. D. Meier, Dr.

kale an der Chaussee eröffnet. Bis 1935 befand sich ein gesonderter Reitweg am Rand der Heerstraße, der auf Initiative des →Bürgervereins in einen Fahrradweg umgewandelt wurde. Am Horn-Leher Teil der Heerstraße befanden sich Siedenburgs Caffee (bis 1890), das Restaurant →La Campagne (in den 1990ern abgerissen), →Vahlsing`s Café, die →Vinnen-Villa und von 1889–1956 das Horner →Postamt.

Schweinemastanstalt

Der Kaufmann J. H. →Barre betrieb von der Jahrhundertwende bis 1921 am Herzogenkamp im Bereich der heutigen Tietjenstraße eine Schweinemästerei. Der Betrieb wurde auf Intervention des damaligen Bremer Senators Carl-Jasper →Oelrichs, der an der Vorstraße wohnte, eingestellt. Immer wieder stoßen Anlieger der Tietjenstraße in ihren Gärten auf Überreste der Fundamente der Stallgebäude.

Schworenschaft im Hollerlande

Die Schworenschaft, auch Schwarenschup genannt, bestand aus den Schwaren (Geschworenen). Das Stimmgewicht der Schwaren richtete sich nach der Größe (der Anzahl der Stücke) ihres Landes. Sie hatten ihren Eid auf den »Landes Breef« zu schwören. Mit dem Aufkommen des Meierrechts hatten nur noch die freien →Bauern Stimmrecht. Aus dem Kreis der Schwarenschaft wurden fünf Landgeschworene gewählt. Sie waren zuständig für Schauungen der Wege, Gräben, Fleete und Ortschaften und hatten auch eine allgemeine Aufsichtspflicht und ein Obrigkeitsrecht. Für das Deichwesen gab es besondere Geschworene (→Deichrecht).

Segelken, Elisabeth

Lehrerin und Autorin, *19.2.1888 Bremen, †30.10.1965 ebd.

Elisabeth Segelken war die Tochter des Lehrers und Schulleiters Christian Segelken. Nach dem Besuch des Lehrerinnenseminars war sie Hilfslehrerin und erhielt eine Stelle an der Schule im Holzhafen. 1913 ließ sie sich an die Schule an der Berckstraße Horn (→Schulen) versetzen und unterrichtete dort bis 1953.

»Fräulein Segelken« war die erste Lehrerin an der Horner Grundschule. Ihre Einstellung nahm der Schulvorsteher Steding vor, der zunächst feststellte: »Tscha, Fräulein, ich wollt' ja 'nen Lehrer haben. Was soll ich mit einer Lehrerin?«, lenkte jedoch ein: »Ich kenn doch Vadder, wenn Sie auch so wie er Disziplin halten können, können wir es ja mal versuchen.«

Der Versuch dauerte bis zu ihrer Pensionierung. Das Arbeiten an der Landschule war für sie anders als in der Stadtschule. Der Unterricht begann früh um sieben Uhr, und auch die Ferien unterschieden sich. Es gab im Herbst Kartoffelferien, das waren 14 Tage. Dafür dauerten die großen Ferien nur vier Wochen. Auch musste sie – ohne Hausmeister – selbst mit einer Milchkanne in der Hand die Tinte in die Tintengläser auf den Schülertischen gießen. 40 Jahrgänge Horner Schüler und Schülerinnen gingen durch ihre Obhut. Ehemalige berichten, dass sie sich nicht nur mit

Elisabeth Segelken

Schweinemastanstalt von Johann Barre am Herzogenkamp, 1912 (heute Tietjenstraße)

strengen Worten durchsetzen und Respekt verschaffen konnte.
Sie erlebte den Umzug der Schule von der Berckstraße in die Horner Heerstraße und die Schrecken der Bombennächte des Zweiten Weltkrieges während der Schulwachen im Schulgebäude. Sie begleitete Schüler und Schülerinnen in den »Aufnahmegau« Sachsen, wo sie Schutz vor den Bombenangriffen finden sollten, und brachte sie wohlbehalten vor den in Sachsen einmarschierenden sowjetischen Truppen zurück nach Bremen.
Am Ende ihrer Dienstzeit und nach der Pensionierung schrieb sie mehrere Erinnerungsbücher: Aus dem Kinderland einer Bremerin (1952); Wolken, die vorüberzogen (1954); Eine Fahrt in die Vergangenheit, Geschichten aus dem alten Schwachhausen (1959); Erinnerungen einer alten Lehrerin (1961); Kleine Bremer Geschichten um die Jahrhundertwende.
2007 wurde der Elisabeth-Segelken-Weg im →Leher Feld nach ihr benannt.

Seifriz, Hans Stefan
*Journalist, Bundestagsabgeordneter und Senator (SPD), *28.1.1927 Bremen, Ohmstraße*
Seifriz absolvierte nach der Volksschule eine kaufmännische Lehre und bildete sich in Kursen der Abendschule fort. 1944 wurde er zur Wehrmacht eingezogen und nach der Rückkehr aus der Kriegsgefangenschaft 1946 beim »Weser-Kurier« zum Journalisten ausgebildet. Er arbeitete bei verschiedenen Tageszeitungen Bremens, wurde 1953 Redakteur und 1958 Geschäftsführer der Volkshochschule Bremen. Seifriz war Mitgründer des Landesjugendrings in Bremen, Mitglied der SPD und gehörte mehrere Jahre dem Landesvorstand an.
Seit 1960 wohnt er im →Leher Feld. 1961-67 war er als Direktkandidat des Wahlkreises Bremen-West Mitglied im Bundestag und im Europäischen Parlament. 1970 legte er sein Bonner Mandant nieder, um der Berufung als Bausenator in Bremen zu folgen. In seiner Amtszeit 1970-79 erfolgte ein wesentlicher Umbruch in der Baupolitik der Stadt Bremen. 1971 veröffentlichte er ein Stadtentwicklungsprogramm für Bremen, in dem von einem Anstieg der Einwohnerzahl von 600.000 auf 800.000 ausgegangen wurde. Bestandteil des Entwicklungsprogramms war der Hauptverkehrslinienplan mit der »Mozarttrasse« als Stadtautobahn durch die Ortsteile Ostertor und Buntentor sowie der Verlängerung des Schwachhauser Rings durch den Bürgerpark Bremen (»Schröder-Ring«). Unter Seifriz wurde 1977 die →Osthaus-Studie zur Bebauung des →Hollerlandes herausgegeben. Seifriz trat 1979 als Senator zurück, blieb aber bis 1987 Mitglied der Bremischen Bürgerschaft. Während seiner Zeit als aktiver Politiker war er Herausgeber der SPD-Abgeordneten-Zeitung »Ihr Nachbar«.

Hans Stefan Seifritz

Senator-Bölken-Hof
Der »Senator-Bölken-Hof« war ein von Reinhard →Traue betriebenes Restaurant im neuen Michaelis-Hof. Der erste Michaelis-Hof war 1834 von Claus Michaelis und seiner Frau Becke, geb. Sanders, errichtet worden. Später wurde er an die Familie Branding und 1943 an den Landproduktenhändler Andrée Bölken verkauft. Anfang der 1980er Jahre erwarb der Kaufmann Friedrich Wilhelm Finke das Haus, dessen Ständergerüst beim anschließenden Umbau zusammenstürzte. Nach dem Wiederaufbau wurde es 1982 von Traue erworben, der darin ein Restaurant einrichtete.
Im Anbau zwischen dem Bauernhaus und dem Landhaus Louisenthal eröffnete die Pizzeria »Antic Fattora«. 2007 erwarb die Firma ALDI das Anwesen, ließ das Fachwerkhaus abreißen und errichtete an der Stelle einen Einkaufsmarkt.

Heute ALDI-Filiale: ehemalige Gaststätte Senator-Bölken-Hof

\	\	Senatoren, Bundestagsabgeordnete und Bürgermeister aus Horn-Lehe		
Name	**Partei**	**Adresse**	**Amtszeit**	**Ressort**
→Bölken, Andreas (Andrée)	parteilos, später CDU	Leher Heerstraße	1945–1946	Senator für Ernährung und Landwirtschaft
→Franke, Dr. Walter	SPD	Auf den Hornstücken	1975–1979	Soziales, Jugend und Sport
Klugkist, Dr. Daniel (1748–1814), →Fritze-Focke		Horner Heerstraße 11/13 →Fritze-Focke, Landgut	1774–1802 1802–1814	Senator Bürgermeister
Klugkist, Dr. Hieronymus (1711–1773) →Fritze-Focke		Horner Heerstraße 11/13 →Fritze-Focke, Landgut	1757–1773	Bürgermeister
→Kunick, Konrad	SPD	Am Stadtwaldsee 1	1987–1991 1994–2002	Häfen, Schifffahrt, Verkehr Arbeit Bau Bundestagsabgeordneter
Meier, Johann Daniel		Horner Heerstraße 7	1862–1871	Bürgermeister
→Metz, Reinhard	CDU	Nernststraße	1976–1983	Bundestagsabgeordneter
→Noltenius, Dr. Johann Diedrich	FDP	Riensberger Straße 67	1962–1966	Finanzen
→Nolting-Hauff, Dr. Wilhelm	parteilos, später FDP	Marcusallee 26	1945–1962	Finanzen
→Oelrichs, Dr. Carl Jasper		Vorstraße 20	1878–1918	Gewerbe und Industrie/Erziehung
→Rhein, Hermann	SPD	Ronzelenstraße 90	1919–1920 1928–1931	Soziales Schulen und Kultur
→Seifriz, Hans Stefan	SPD	Ohmstraße	1969–1979 1961–1970	Bau Bundestagsabgeordneter
→Theil, Emil	SPD	Auf der Wachsbleiche	1945–1955	Bau
Wedemeier, Klaus	SPD	Auf der Wachsbleiche 12	1985–1995	Bürgermeister und Präsident des Senats

Senatoren und Abgeordnete

In Horn-Lehe lebten im Laufe der Zeit mindestens acht Senatoren, drei Bürgermeister und drei Bundestagsabgeorndete.

Sendeanlagen Radio Bremen

Am 1.7.1950 nahm Radio Bremen den Sendebetrieb im neuen Funkhaus an der Heinrich-Hertz-Straße auf. Zur Verbesserung der Sendeleistung wurde der Sendekomplex aus Schwachhausen an den Stadtrand, in das heutige Gewerbegebiet →Horn-Lehe West, verlegt. Die Einweihung des neuen 20-kW-Mittelwellensenders von Radio Bremen mit einem 109 Meter hohen Sendemast im Leher Feld fand am 15.10.1951 statt. 1961 wurden Radio Bremen zwei neue Frequenzen mit

Gewaltig am Boden: Die Reste des Sendemastes von Radio Bremen, 1999; auf der gegenüberliegenden Seite: Die noch intakten Sendeanlagen, 1996

je 100 kW Sendeleistung zugebilligt. Zur Verbesserung der Abstrahlung wurde 1962 ein zweiter, 211 Meter hoher Sendemast errichtet und das Betriebsgebäude erweitert. 1968 schaltete der Präsident des Bremer Senats, Bürgermeister Hans Koschnick, in der Sendestation die »Hansawelle Bremen« ein.

Weithin sichtbar boten die Masten der Sendestation mit ihren rot-weißen Streifen lange Zeit Orientierung im Umkreis Horn-Lehes. 1997 wurde die Abstrahlung der UKW-Sender und des Fernsehsenders vom Fernsehturm in Walle übernommen und für den auf der Mittelwellenfrequenz 936 kHz arbeitenden Mittelwellensender in Oberneuland eine neue Sendeanlage errichtet.

Am 31.1.1999 wurden die Sendemasten unter den Augen der massenweise erschienenen Bevölkerung gesprengt.

Severloh, Hermann (»Severloh macht Kinder froh«)

Kaufmann, *14.7.1922 Wildeshausen, †17.9.2011 Bremen, Leher Heerstraße

1933 kaufte Hermann Severlohs Mutter Ella (»Else«) Severloh (1898–1978) in der Leher Heerstraße das Haus Nr. 37 und betrieb darin einen Blumenladen. Nach 1945 eröffnete ihr Sohn Hermann Severloh in einem Teil des Hauses ein Schreib- und Spielwarengeschäft. Er weitete sein Geschäft durch Einbeziehung des Blumenladens seiner Mutter aus. Weitere Räume wurden an den Textilladen Schiele, die Drogerie Herrenfeld und den Optiker Stallmann vermietet. Zu Severlohs Kunden gehörten auch die Familie Borgward und der in Borgfeld wohnende Prinz Louis Ferdinand von Preußen. Für die Kinder in Horn war das jährliche Nikolauslaufen ein wichtiges Ereignis. Ärger bekam Severloh, als er zum Nikolaus Ratschen an die Kinder verteilt hatte. Die Ratschen verursachten einen solch höllischen Lärm, dass sich Schulleiter →Weihusen veranlasst sah, einzuschreiten: »Dass du mir das ja nicht noch mal machst, Hermann!«.

Anfang der 1960er Jahre wurde die →Leher Heerstraße ausgebaut, ein Teil der

Hermann Severloh

Blumen- und Schreibwarengeschäft Severloh an der Leher Heerstraße

Grundstücke für Verbreiterung enteignet und alte Gebäude abgerissen. Severloh kaufte die nördlich angrenzenden Grundstücke und errichtete ein neues Gebäude, um hier sein Spiel- und Schreibwarengeschäft fortzusetzen. Nach seiner Geschäftsaufgabe 1982 wurde sein Spiel- und Schreibwarenladen von Egon →Kaselow übernommen.

Siedlungen

Das Anwachsen der Stadtbevölkerung, eingeschränkter Wohnraum in der Stadt, wachsender Wohlstand und die Verbesserung der Verkehrsverhältnisse führten seit Beginn des 20. Jh. zur Besiedelung der Vorstadt und zur Errichtung von zahlreichen Siedlungen in den Außenbezirken und dem Landgebiet. In Horn-Lehe erfolgte die Planung der Siedlungen nach unterschiedlichen Konzepten. Die →Siedlung Erdsegen im Deichkamp entstand genossenschaftlich mit einem großen Anteil an Eigenleistung, die Siedlung →Ronzelenstraße wurde durch eine Wohnungsbaugesellschaft errichtet und zum Kauf angeboten, die →Rote Siedlung an der Lilienthaler Heerstraße wurde im Rahmen eines staatlichen Wohnungsbauprogramms errichtet und an sozial schwache Familien vermietet. Die unterschiedliche Größe der Häuser und des Gartenlandes spiegelte die unterschiedlichen Konzepte wider.

Siedlung Erdsegen

Bauträger der 1921-26 entstandenen Siedlung im Deichkamp war die »Siedlungsgenossenschaft Erdsegen« mit Sitz in Bremen. Gegenstand des Unternehmens war die »Ansiedlung deutscher Staatsangehöriger auf freiem Lande in Verbindung mit allen Zwecken solcher Ansiedlung dienenden, gemeinnützigen Einrichtungen« (Auszug aus der Satzung). Viele der ersten »Siedler« waren Kriegsversehrte, die sich ihre Versehrtenrente auszahlen ließen und für den Hausbau verwendeten. Hierdurch ergab sich die Möglichkeit für Menschen in allen Berufen (Staatsbedienstete, Handwerker, Arbeiter, Straßenbahner, Lehrer u.a.), ein Grundstück mit einem Haus zu bebauen. Der Hausbau erfolgte in der Regel in Eigenleistung. Die Gemeinschaftsarbeit der Siedler schweißte die Gruppe zusammen, wovon Stiftungsfeste in der →St.-Pauli-Restauration und die Festzeitung »Grüne Fahne« zeugten. Das Bau- und Gartenland stellte die Stadt Bremen den Siedlern auf Erbpacht (99 Jahre) zur Verfügung. Trotz des einheitlichen Charakters der Siedlung hatten die in Viererblöcken errichteten Gebäude unterschiedliche Fassaden. Über jeder Eingangstür wurde ein individueller Schlussstein gesetzt. Neben einer Waschküche im Hauptgebäude verfügte jedes der Siedlungshäuser über einen Anbau, der als Stall für die Klein- und Nutztierhaltung

Ein feierlicher Moment: Siedler der Siedlungsgemeinschaft Erdsegen vor dem Gedenkstein im Deichkamp, 1926 errichtet aus Anlass der Fertigstellung der letzten Häuser

genutzt wurde. Durch die Gruppierung der Häuser in Viererblöcken waren die Grundstücke breiter als die Hausfassade. Die Tierhaltung und 1000 m² Grabeland sollten den Siedlern in den wirtschaftlich schwierigen Zeiten einen Teil der Grundversorgung liefern. Heute sind die Grundstücke im Eigentum der Bewohner, von denen einige noch als Nachkommen der ersten Generation hier leben. Mitte der 1980er Jahre entstanden auf den hinteren Teilen des Pachtlandes die Privatstraßen Langenkamps- und Schelenkampsweg.

Sommerdeich
Der Sommerdeich liegt näher am Flussbett und ist niedriger als der →Winterdeich. Die Winterfluten überspülen die meist als Weideland genutzte Fläche und hinterlassen Sedimente zur Düngung.

Souchon, Wilhelm Anton
Admiral, *2.6.1864 Leipzig, †13.1.1946 Bremen, Leher Heerstraße 23.
Souchon war Admiral der Kaiserlichen Marine und wurde im Ersten Weltkrieg als Befehlshaber der Mittelmeerdivision bekannt, die im August 1914 in die Dardanellen einlief und damit zum Kriegseintritt des Osmanischen Reiches auf der Seite der Mittelmächte beitrug. Als Oberbefehlshaber der osmanischen und der bulgarischen Kriegsmarine bekämpfte er bis 1917 die russische Marine und russische Hafen- und Küstenanlagen im Schwarzen Meer. Im September kehrte Souchon nach Deutschland zurück und übernahm den Befehl über das Vierte Schlachtgeschwader der Hochseeflotte. Später war er Kommandeur der Marinebasis Kiel, bevor er nach Kriegsende in die Leher Heerstraße nach Bremen-Horn zog. Sein Grab liegt auf dem Riensberger Friedhof.

Schweißtreibend: Transport des Erdaushubs mit Loren

Ehemalige Sparkassenfiliale an der Leher Heerstraße 8, um 1980

Sparkassen/Banken
1924 wurde die Spar- und Darlehnskasse Horn gegründet. Die erste Geschäftsstelle war in der Leher Heerstraße 9 beim Kassenleiter Karl Mügge. Nach seinem Tode wurde die Geschäftsstelle in die Leher Heerstraße 11 A verlegt.
Vorstandsmitglieder waren u.a. Georg →Klatte (1924-33); Hermann Bremermann (1924-27), Karl Mügge (1924-33), Johann Mathias Bremermann (1927-29), Andrée →Bölken (1933), Herbert →Barre (1933-42) und Johann Meyer (1933-42).
1942 beschloss die Generalversammlung die Auflösung der Genossenschaft und die Übertragung der Geschäfte auf die Sparkasse in Bremen. Nach einem Bombenschaden im Zweiten Weltkrieg war die Sparkasse bis nach Kriegsende und Instandsetzung der Geschäftsstelle in der →St.-Pauli-Gaststätte untergebracht. 1964 erfolgten die Verlegungen in die Leher Heerstraße 8/Ecke Herzogenkamp und 1987 der Neubau Berckstraße 6-8. Weitere

Befehlshaber der Mittelmeerdivision Wilhelm Anton Souchon (im Bild rechts)

Filialen bestehen an der Wilhelm-Röntgen-Straße und an der Kopernikusstraße. 1972 eröffnete das Bankhaus Neelmeier eine Filiale an der Leher Heerstraße und bezog 1991 einen Neubau an der Leher Heerstraße 48, der anstelle eines alten im Schweizer Stil erbauten Backsteinhauses errichtet wurde. 2011 gab die Bank bekannt, die Filiale in Horn zu schließen.

Spatenrecht

Das Spatenrecht ist Teil des →Deichrechts. Das Spatenrecht ermöglichte es dem Deichgrafen, einen zum Deichunterhalt verpflichteten Anlieger unter Androhung einer Geldstrafe zu zwingen, eine Brake (von »brechen«, schadhafte Stelle) im Deich zu beseitigen. Kam der Landmann der dritten Aufforderung nicht nach, konnte der Deichgraf nach dem Grundsatz: »Wer nich will dieken, mut wieken«, den Spaten stecken. Innerhalb von drei Nächten und zwei Tagen konnte jedermann den Spaten ziehen und übernahm damit vom Säumigen Haus und Hof samt der Deichpflicht. War die Frist verstrichen, ohne dass der Spaten gezogen worden war, ließ der Deichgraf den Spaten ziehen und damit das Land enteignen.

Speckmann, Heinrich (»Heini«)
Fahrradhändler, *18.1.1895, †2.2.1958 Bremen, Leher Heerstraße 68
Heini Speckmann machte bei Ilsemann eine Lehre als Mechaniker und erwarb 1912 einen Führerschein. Speckmann betrieb von 1926 an bis zu seinem Tode ein Fahrrad- und Motorradgeschäft in einem ehemaligen Bauernhaus an der Leher Heerstraße. Bevor das Haus abgerissen wurde, befand sich dort eine Allianz-Vertretung, heute liegt hier der Parkplatz der Augenklinik am →Horner Tor. Sein Halbbruder Karl und seine Schwägerin Meta Speckmann hatten auf der gegenüberliegenden Straßenseite ein Zigarrengeschäft.

Hans Emil Otto Graf von Sponeck

Heini Speckmann vor seiner Fahrradhandlung an der Leher Heerstraße 68 und seine Schwägerin Meta in ihrem Zigarrenladen (Bild rechts)

Sponeck, Hans Emil Otto Graf von
Offizier, *12.2.1888 Düsseldorf, †23.7.1944 Germersheim, Horner Heerstraße 23
Graf v. Sponeck übernahm als Nachfolger der Generäle Keitel und Strauß am 10.11.1938 die 22. Infanteriedivision in Bremen. Während seiner Dienstzeit nutzte er, wie seine Vorgänger, die »Dienstwohnung« an der →Horner Heerstraße 23. Im Dezember 1941 wurde Sponeck auf der Krim mit der Führung des 42. Armeekorps beauftragt. Nach der Landung sowjetischer Truppen trat Sponeck, entgegen dem ausdrücklichen Führerbefehl, in einer aussichtslosen Situation den Rückzug an. Er bewahrte damit viele Soldaten vor dem sicheren Tod. 1942 wurde er wegen Befehlsverweigerung zum Tode verurteilt und 1944 hingerichtet. Sponecks Frau konnte sich 1944 der »Sippenhaft« durch Flucht entziehen, sein in Bremen geborener Sohn Hans-Christof-Sponeck war einer der ersten Kriegsdienstverweigerer Deutschlands. Er wurde hoher UN-Mitarbeiter und erhielt 2003 wegen seines Widerstandes gegen den Irak-Krieg den Bre-

mer Friedenspreis. In der Vahr erinnert die Graf-Sponeck-Straße an den General, und vor dem Haus an der Horner Heerstraße wurde ein →Stolperstein für ihn verlegt.

Sportpark Horn-Lehe
Die im Leher Feld Nord vorgesehene Bezirkssportanlage wurde 1966 mit einem Volleyballfeld und einem Rasenplatz geplant, in den 1980er Jahren zunächst nur zwei Kleinspielfelder realisiert. Die beim Wiederaufbau des →Jugendhauses 2006 geplante Gestaltung des Außengeländes mit weiteren Sportanlagen konnte aus Kostengründen nicht umgesetzt werden. Durch Unterstützung der Hansestiftung Jörg Wontorra, des Netzwerks Golf spielender Profifußballer (GOFUS), der Stiftung wohnliche Stadt und weiterer Institutionen konnten auf der für die Bezirkssportanlage vorgesehenen Fläche 2010-12 ein Streetballfeld, zwei Kleinspielfeld-Kunstrasenplätze und ein Beach-Volleyballfeld gebaut werden. Am 6.7.2012 wurde der Sportpark Horn-Lehe eingeweiht.

Sportvereine →Vereine und Stiftungen

St. Georg (katholische Kirche und Gemeinde)
Die Gemeinde besteht seit 1940. Franziskanerinnen des St. Joseph-Stifts richteten in der früheren Turnhalle des als Hilfskrankenhaus genutzten Hauses →Reddersen eine Kapelle für die dort tätigen Schwestern und katholischen Patienten ein. Für Gottesdienste kamen Geistliche der St. Johannis-Kirche nach Horn. 1945 hatte die Gemeinde 73 Mitglieder. Am 18.8.1945 wurde die erste Pfarrstelle eingerichtet und dem Heiligen Georg geweiht.

Erst ohne Turm: Katholische Kirche St. Georg, 1960

Durch den Zustrom katholischer Vertriebener aus den ehemaligen Ostgebieten wuchs die Gemeinde so stark an, dass die Kapelle für die Gottesdienste nicht mehr ausreichte. 1953 wurde die Planung für einen Kirchenneubau begonnen. 1957 waren die finanziellen Voraussetzungen für einen Neubau geschaffen, und die »Seelsorgerstelle« Bremen Horn wurde mit weiteren umliegenden Gebieten zur selbstständigen Kuratiegemeinde. St. Georg wurde offiziell als Patron der Gemeinde bestätigt.

Am 18.7.1957 wurde der Grundstein für die vom Architekten Ludwig Sunder-Plaßmann entworfene Kirche gelegt. Der Bau erfolgte in zwei Abschnitten. Nach der Fertigstellung des Kirchenschiffs fand die Weihung der Kirche am 27.4.1958 statt. 1959 erhielt die Kirche eine Orgel, und 1965 wurde der 30 Meter hohe Turm errichtet. Die drei Glocken waren Stiftungen der Gemeindemitglieder. Da das frühe Läuten die Anwohner störte, wurde seit 1969 mit einer kleineren Glocke zur Messe gerufen. 1982 erfolgte die grundlegende Umgestaltung des Kirchenraums. 2007 wurde die Pfarrei St. Georg mit der St. Ursula-Gemeinde in Schwachhausen zusammengelegt und bildet seitdem die neue Gemeinde St. Katharina von Siena.

Eröffnung des Sportparks Horn-Lehe durch Jörg Wontorra, im Bild links Sportamtsleiter Ulrich Mix und Innensenator Ulrich Mäurer

Pfarrer der Gemeinde St. Georg	
Amtszeit	Name
1945–1947	Hubert Meyer zu Schlochtern
1947–1951	Paul Alberti
1951–1953	Johannes Winand
1953–1970	August Kampmann
1970–1981	Timotheus Rovers
1982–2002	Dr. Claus Fischer
2002–2010	Rüdiger Weth
2010	Bernhard Brinkmann

Die St.-Pauli-Restauration auf einer kolorierten Postkarte, um 1890

»Concert«-Ankündigung, 1892

Gastwirt Fritz Oldekopp mit Frau, Schwester und Ober vor dem »St. Pauli«, vor 1900

St.-Pauli-Restauration

Die Restauration »St.-Pauli« wurde in der zweiten Hälfte des 19. Jh. erbaut, als die Stadtbevölkerung mobiler wurde und an den Wochenenden in Scharen in die umliegenden »Landgemeinden« einfiel, um dort Ruhe, Erholung und Vergnügen zu suchen. Der große Saal, Klubräume, Terrasse, Kaffeegarten, Kegelbahn und Spielplatz mit Schaukel, »Wobbelbrett« (Wippe) und Rundlauf boten vielfältige Möglichkeiten der Freizeitgestaltung. Bei schönem Wetter verzehrten die Besucher im lauschigen Kaffeegarten unter großen Bäumen ihren mitgebrachten Kuchen; bezahlt wurde nur das heiße Wasser, mit dem der ebenfalls mitgebrachte Tee oder Kaffee aufgebrüht wurde. Zur Unterhaltung spielte eine Kapelle, während sich auf der Freilufttanzfläche die Paare aller Altersstufen zum Takt der Musik drehten. Mit dem Anwachsen der Bevölkerung Horns wurde das »St.-Pauli« einer der gesellschaftlichen Mittelpunkte Horns. Eiche Horn wurde hier gegründet. Turn-, Radfahr-, Theater- und Gesangsvereine nutzten die vielfältigen Räumlichkeiten als Übungsraum und für ihre Festbälle.

Nach dem Zweiten Weltkrieg wurde das Gebäude von den Amerikanern beschlagnahmt und anschließend der Saal von Radio Bremen als »Funktheater« genutzt. James →Last hatte hier seine ersten Auftritte.

Im Juni 1950 zog Radio Bremen in die neuen Räume an der Heinrich-Hertz-Straße und räumte den Saal der St.-Pauli-Gaststätte. Im Februar 1954 eröffnete Wilbo Stark (später »Kutscher Behrens«) die »St.-Pauli Gaststätten« in neu gestalteten Räumen.

1952 startete im Haus das Lichtspieltheater »Camera« mit dem Film »Der große Caruso«. Für die Kleinen gab es in der »Jugendvorstellung« Dick und Doof mit »Lange Leitung« zum Eintritt von 60 Pfennigen. Nach der Schließung des Lichtspieltheaters 1964 nutzte das Theater am Goetheplatz den Saal als Probebühne. Am 9.4.1965 eröffnete Fritz Bruns alias »Fred →Horner« das Tanzlokal »Sanssouci«.

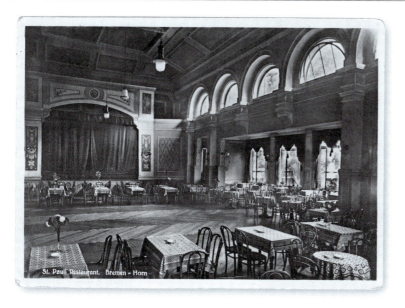

Großer Saal (später Funktheater und Kino Camera) in der St-Pauli-Restauration, Fotopostkarte 1933

1971 betrieb seine Frau für kurze Zeit den Oben-ohne-Club »333« und etwas später die Bar »Marseille«. 1971–73 nutzten Bremer Zeugen Jehovas den Saal, bevor das Gebäude zur Jahreswende 1974/75 abgerissen wurde.

Stader Vergleich
Im Zweiten Stader Vergleich trat Bremen 1741 das Kontributionsrecht über das Blockland und eines Teils der Vahr mit Ausnahme dreier Landgüter an Kurhannover (Kurfürstentum Braunschweig-Lüneburg) ab.

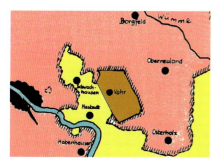

Stadtteilarchiv Horn-Lehe
Im Stadtteilarchiv des Bürgervereins Horn-Lehe werden Abbildungen, Drucksachen, Zeitungsausschnitte und andere Dokumente zur Stadtteilgeschichte gesammelt. Seit 2011 verfügt das Archiv über öffentlich zugängliche Räume im →Ortsamt an der Berckstraße 10.

Stadtteilbeiräte →Beirat

Stadtwaldsee →Uni-See

Stedingerkrieg
Das Bauernvolk der Stedinger versuchte im ersten Drittel des 13. Jh., sich dem Einfluss des Erzbischofs zu entziehen. 1212/13 zerstörten sie das Gut Riensberg. In den Jahren 1233/34 führte das Erzbistum Bremen einen Kreuzzug gegen die Stedinger und ihre Bauernrepublik. Für die Kriegshilfe der Stadt Bremen versprach Erzbischof Gerhard II. den Teilnehmern den dritten Teil der eroberten Ländereien (UB I, 172, 173). Es wird angenommen, dass dazu auch ein Teil der Ländereien im Hollerland gehörte.

Stenographische Gesellschaft Bremen
Die stenographische Gesellschaft Bremen wurde 1859 im (alten) Pfarrhaus an der Horner Heerstraße gegründet. Sie bestand zunächst nur aus einem Vorsitzenden, einem Schriftführer, einem Kassenwart und einem Mitglied, das jedoch wegen der »erdrückenden Übermacht des Vorstandes« nach einem Jahr wieder ausschied. An der Gründung war ein Pastorensohn aus Horn beteiligt.

Der Stader Vergleich von 1741 und Gebietsveränderungen im Stader Vergleich: rot: Bremen, gelb: Braunschweig-Lüneburg, braun das von Bremen abgetretene Gebiet der Vahr

Stiftung Bremer Rhododendronpark

Die Stiftung wurde 2007 auf Initiative des Bremer Kaufmanns Klaus Hollweg gegründet. Die Familie →Hollweg stattete die Stiftung mit zehn Millionen Euro Privatkapital aus, die mit 20 Millionen Euro aus dem Haushalt des Landes Bremen ergänzt wurden. Zweck der Stiftung ist Erhaltung und Betrieb des für die Öffentlichkeit zugänglichen Bremer →Rhododendronparks. Mit der Gründung der Stiftung wurde der 14 ha große Rhododendronpark in das Eigentum der Stiftung übertragen. 2009 übernahm die Stiftung die Pflege und Fortentwicklung des Rhododendronparks. Der Stiftungsrat setzt sich zusammen aus Klaus Hollweg als Stifter und einem Vertreter der Stadtgemeinde Bremen. Entscheidungen des Stiftungsrats bedürfen der Einstimmigkeit; er überwacht die Geschäftsführung durch den Stiftungsvorstand, in dem die Stadtgemeinde und der Stifter jeweils mit einem Mitglied vertreten sind.

Stolperstein für Walter van Perlstein im Brahmkamp

Stiftung für den Rhododendronpark Bremen

Die Stiftung wurde 2006 von Hans-August Kruse, Gabriele →Strangemann, Detthold Aden, Guido Brune und Christian Schmieta gegründet und übernahm die bei der Bremer Bürgerstiftung gesammelten Spenden für den Rhododendronpark in Höhe von 250.000 Euro. Detthold Aden brachte weitere 50.000 Euro der BLG Logistics Group in die Stiftung ein.

Ihr Ziel, mit einem Kapitalstock von 10–20 Millionen Euro die jährlichen Zuwendungen für den Unterhalt des Rhododendronparks langfristig aufzubringen, erreichte die Stiftung nicht. Nach ihrer Auflösung wurde das Stiftungskapital 2010 der neuen →Stiftung Bremer Rhododendronpark übertragen.

Stolpersteine

In Horn-Lehe wurden bislang zehn Stolpersteine im Gedenken an die Opfer des Nationalsozialismus verlegt. Sie gehören zu dem europaweiten Projekt des Bildhauers und Aktionskünstlers Gunter Demnig. In dem Projekt werden zur Erinnerung an die Opfer der NS-Diktatur zehn Zentimeter große Betonkuben vor den Wohnhäusern der Opfer in die Gehwege verlegt. Auf der Oberseite trägt eine Messingabdeckung die Namen und Daten der zu gedenkenden

Stolpersteine in Horn-Lehe						
Name	Geb. jahr	Verhaftung	Deportationsort	verstorben	Lage	Verweis
Walter van Perlstein	1901	1936	KZ Mauthausen	»Auf der Flucht« erschossen 6.12.1941	Am Brahmkamp 26	→Perlstein
Heinrich Behrens	1915		»Heilanstalt« Meseritz	ermordet 19.2.1944	Luisental 5	Haus →Reddersen
Berta Nordsiek	1920		»Heilanstalt« Meseritz	ermordet 4.1.1944	Luisental 5	Haus →Reddersen
Georg Harbers	1908		Gertrudenheim, »Pflegeanstalt Blankenburg«	3.3.1941	Luisental 5	Haus →Reddersen
Anneliese Etzold	1921		»Heilanstalt« Uchtspringe	7.7.1943	Luisental 5	Haus →Reddersen
Rudolf Grimminger	1922		»Heilanstalt« Erlangen	15.11.1944	Luisental 5	Haus →Reddersen
Ursula Oetjen	1926		»Heilanstalt« Meseritz	ermordet 19.12.1943	Luisental 5	Haus →Reddersen
Ernst Busch	1929		»Heilanstalt« Erlangen	4.10.1941	Luisental 5	Haus →Reddersen
Friedrich Klausen	1905		»Heilanstalt« Meseritz	ermordet 12.12.1943	Leher Heerstr./ Riensberger Str.	
H. E. Otto Graf von Sponeck	1888	1941	Festung Germersheim	hingerichtet 23.7.1944	Horner Heerstraße 23	→Sponeck

G. Demnig beim Verlegen eines Stolpersteins an der Horner Heerstraße/ Riensberger Straße, 2008

Stolpersteine vor dem ehemaligen Haus Reddersen im Luisental

Person oder Ereignisse. In Bremen sind bislang mehr als 500, in Deutschland rund 35.000 Stolpersteine verlegt. Träger des Bremer Projekts sind der Verein »Erinnern für die Zukunft e.V.« und die Landeszentrale für politische Bildung.

Strangemann, Cornelius
*Kaufmann, *17.9.1976 Bremen, Horn-Lehe*
Nach seiner Ausbildung zum Kaufmann in England stieg der Sohn von Georg und Gabriele Strangemann in den elterlichen Betrieb ein und übernahm 1999 die Geschäftsführung. Seit 2005 ist er Geschäftsführer der Lestra Kaufhaus GmbH mit Einzelvertretungsbefugnis.

Strangemann, Georg
*Kaufmann, *11.11.1941 Murnau, verh. mit Gabriele Strangemann, Horn-Lehe*
Mit Georg Strangemann trat der Enkel des Chefs der Firma Gebr. Leffers und Sohn ihres Gründers in die Firma Lestra ein. 1972 rief er gemeinsam mit seinem Vater und seinem Bruder die Strangemann GmbH als Handelsgesellschaft für Textilien und Gegenstände des täglichen Bedarfs ins Leben. 1976 wurde er alleinvertretungsberechtigter Gesellschafter der →LESTRA GmbH.
Strangemann wohnt seit 1969 im Stadtteil und kennt ihn auf das Beste. Aus Gesprächen mit der Horner Bevölkerung zog er beständig Ideen zur Sortimentsergänzung, dem wichtigen »Feinjustieren an den kleinen Schrauben«, wie er es nennt.

Strangemann, Gabriele (geb. Zach)
*Geschäftsfrau, Ehefrau von Georg Strangemann, *22.9.1944 Hückeswagen bei Köln, Horn-Lehe*
Gabriele Strangeman ist gemeinsam mit Christine Koschnick und Rita Lürßen Kuratorin der Bremer Krebsgesellschaft. 2010 eröffnete sie im Kaufhaus →LESTRA die Parfümerie Zaga (= **Za**ch, **Ga**briele).

Strangemann, Heinz
*Kaufmann, Gründer der LESTRA GmbH, *16.8.1906 Gelsenkirchen, †4.4.1991 Bremen*
Heinz Strangemann heiratete Hildegard Leffers, die Tochter des Inhabers des Textilhauses Gebr. Leffers. Nach dem Tode von Heinrich Leffers übernahm er die Leitung der Firma. Strangemann war Mitbegründer und erster Vizepräsident der Bundesarbeitsgemeinschaft der Mittel- und Großbetriebe, Mitglied im geschäftsführenden Vorstand des Wirtschaftsrates der CDU, stellvertretender Vorsitzender der Bremer Einzelhandelskammer, Mitglied im Verwaltungsrat der Bremer Treuhandgesellschaft für den Wohnungsbau und Vorstandsvorsitzender des St. Joseph-Stifts. Er gründete gemeinsam mit seinen Söhnen Georg und Günther Strangemann die →Lestra GmbH.

Straßen
Vor 1884 gab es im Gebiet des heutigen Horn-Lehe elf Straßen. Bis 1938 kamen 16 weitere Straßen hinzu. Heute umfasst der Stadtteil 176 Straßen, viele entstanden in den 1960er Jahren mit der Bebauung des Leher Feldes und seit den 1970er Jahren mit dem Bau der Universität und des Technologieparks.

Cornelius Strangemann

Georg Strangemann

Strassenbahn

Das Wachsen der Landgemeinde und der Vorstadt	
Vor 1884 bestehende Straßen in alphabetischer Reihenfolge	
Name	Jahr
→Achterdiek	vor 1884
→Achterstraße	vor 1884
→Am Lehester Deich	vor 1884
Am →Rüten	vor 1884
→Berckstraße	vor 1884
Horner Chaussee/→Horner Heerstraße	vor 1884
Kladdendiek/→Klattendiek	vor 1884
Leher Chaussee/→Leher Heerstraße	vor 1884
Rhiensberger Straße →Riensberger Straße	vor 1884
Schwachhauser Chaussee/→Schwachhauser Heerstr.	vor 1884
→Vorstraße	vor 1884
1884 – 1945 benannte/bebaute Straßen in der Reihenfolge der Bebauung	
→Luisental	1895 bebaut, 1907 benannt
→Am Herzogenkamp	1901 benannt, ab 1900 bebaut
Schönauenstraße	1901 bebaut
→Am Brahmkamp	1905
→Marcusallee	1913 benannt
→Am See	1913 benannt
→Deliusweg	ab 1915 bebaut
Rosental	ab 1916 bebaut
→Im Deichkamp	ab 1922 bebaut
→Vorkampsweg	ab 1922 bebaut
→Alten Eichen	1926
→Tietjenstraße	ab 1928
→Weyerbergstraße	ab 1932 bebaut
→Elsa-Brändström-Straße	Laut Senatsbeschluss von 27.9.1934 angelegt
→Bandelstraße	1935 benannt
→Ronzelenstraße	ab 1936 bebaut

Endstation: die alte Linie 4 an der Endhaltestelle Horner Heerstraße

Straßenbahn

Vorläuferin der Straßenbahn war die Bremer →Pferdebahn. 1890 wurde anlässlich der Nordwestdeutschen Gewerbe- und Industrieausstellung auf der Bürgerweide und im Bürgerpark ein erster Probebetrieb mit einer elektrischen Straßenbahn zwischen Börse (Markt), Hauptbahnhof und Bürgerpark eröffnet.

Am 19.5.1891 beschloss der Aufsichtsrat der Bremer Pferdebahn »den Betrieb mit elektrischen Motoren« einzuführen und änderte in der Folge die Firmenbezeichnung in »Bremer Straßenbahn«.

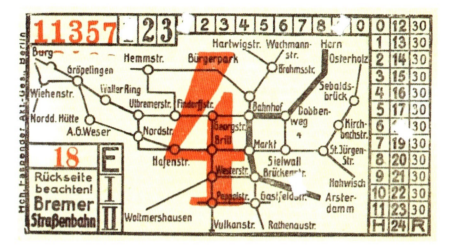

Billett, um 1934

»Ein Sturm der Entrüstung ging durch ganz Bremen. Die Anwohner der Langenstraße (die von der Pferdebahn benutzt wurde), fürchteten eine Beeinträchtigung des geschäftlichen Lebens: der viel gerühmte ›rasche‹ elektrische Betrieb könne ein Scheuwerden aller Pferde zur Folge haben und die Fußgänger in arge Bedrängnis bringen. Die Schwachhauser führten bittere Klage, daß ihnen ihre schöne Landstraße durch die hässlichen Drähte völlig verunziert werde.« (R. Voigt)

Dennoch erteilte die Bürgerschaft am 19.5.1891 der Bremer Pferdebahn die Erlaubnis zur Elektrifizierung der konzessionierten Strecken.

Am 1.5.1892 fuhr die erste elektrische Straßenbahn von der Börse durch das Herdentor nach Horn. Bremen war damit neben Berlin und Stuttgart eine der ersten deutschen Städte, in deren Straßen eine »Elektrische« fuhr.

Die Horner Linie war durch ein gelbes Posthorn an der Spitze des Zuges zu erkennen. Damals reichte dies einfache Zeichen vollkommen aus, um den Fahrgästen das Ziel anzuzeigen. Mit 9 km/h »pingelte« die Elektrische durch die Schwachhauser und Horner Chaussee, bis sie gegenüber der Horner Kirche auf die Endstation an der →St.-Pauli Restauration abbog.

Das Fahrpersonal hatte Anweisung, auf der Landstrecke überall zu halten, wo Personen ein- oder aussteigen wollten; bei feuchtem Wetter konnte auch links ausgestiegen werden, was als Indiz für den Zustand der alten Chaussee zu sehen ist. Eine rote Signallaterne am letzten Zug nach Bremen zeigte an, dass an diesem Betriebstag keine weitere Bahn mehr fahren würde.

1908 erhielten alle Linien Ziffern. Die rund sechs Kilometer lange Strecke zwischen der Börse und Horn erhielt die Nummer 4, das gelbe Horn aber blieb bis in die 1930er Jahre erhalten.

1914 wurde die Linie 4 mit der Linie 5 vereint und fuhr über Börse und Buntentor zum Arsterdamm. 1928 wurde die Endschleife um die St.-Pauli-Restauration in

Innenansicht: Fahrgäste in der Linie 4, um 1930

Folgende Doppelseite: Zug der Bremer Straßenbahn mit Fahrpersonal am Betriebsbahnhof Horn, vor dem Ersten Weltkrieg

Betrieb genommen, die 1936 mit gemeinsamer Umsteigestelle für Busse nach Lilienthal und Oberneuland umgebaut wurde. 1938 wurden die Wagenhallen an der Berckstraße errichtet.

Die günstige Verkehrsanbindung förderte die Entwicklung des Stadtteils erheblich. Mit dem Bau von →Siedlungen und neuen Straßen stieg die Bevölkerung Horns rasant an. In ganz Horn und Lehe suchten Beschäftigte der Straßenbahn, die im Fahr-, Reparatur- und Reinigungsdienst oder in der Uniformschneiderei arbeiteten, Wohnraum.

Im August 1944 musste die Linie 4 nach einem Großangriff für mehrere Wochen den Betrieb einstellen, und kurz vor Ende des Zweiten Weltkriegs brachten der Zusammenbruch der Stromversorgung und die Zerstörung der Weserbrücken den gesamten Schienenverkehr zum Erliegen.

Im Juni 1945 nahmen Omnibusse ersatzweise den Verkehr von Horn zum Bahnhof auf. Ab 4.8. wurde der Betrieb der Linie 4 A (A = Altstadt) zwischen Horn und St. Joseph-Stift wieder aufgenommen und bis September schrittweise bis Domshof erweitert. Im September fuhr in der Neustadt (=N) die Linie 4 N vom Leibnizplatz zum Arsterdamm. Der durchgängige Verkehr über die Weser bis zum Arsterdamm konnte erst nach der Wiederherstellung der Weserbrücken ab 1947 wieder aufgenommen werden.

In den 1960er Jahren erfolgte auf der Grundlage des zunehmenden Pkw-Verkehrs ein Umdenken in der Verkehrspolitik der Bremer Straßenbahn AG. 1967 übernahmen die neue Linie 1 und die 30er Busse weitgehend die Aufgaben der Linie 4, die nur noch im Berufsverkehr und ohne Anhänger zwischen Domshof und Horn fuhr. Der Betriebshof in Horn mit Wagenhallen und Werkstattgebäude wurde 1969 abgebrochen.

Am 29.4.1972 fuhr um 14:38 Uhr die letzte »4« ab Horn. Zwei Tage darauf gab es noch einmal eine Sonderfahrt.

Die neue Linie 4

Mehr als zwanzig Jahre später begannen 1996 nach politischen Diskussionen und Auseinandersetzungen über eine neue

Verkehrspolitik die Bauarbeiten für die neue Linie 4 bis zum Zentrum Horns. Am 23.5.1998 nahm die Straßenbahn ihre Fahrt durch Schwachhausen bis zum Horner Kreisel wieder auf, und am Nikolaustag 2002 fuhr sie erstmalig bis Borgfeld. Der Weiterbau nach Lilienthal bis zum Falkenberger Kreuz begann im Jahre 2011.
Linie 6
Zur Verbesserung der Erreichbarkeit der →Universität und des →Technologieparks wurde auch die Linie 6 verlängert. Die Bauarbeiten begannen 1997 mit der Untertunnelung des Fernbahndammes. Im Oktober 1998 wurde die Verlängerungsstrecke bis an den Hochschulring erstmals befahren, die »6« gehört heute zu den höchstfrequentierten Straßenbahnen der Hansestadt.

Stromeyer, Heidi Adele
Promovierte Germanistin, Kulturjournalistin, *31.7.1927 Bremen, †6.7.2002 Beinhorn bei Burgdorf, Marcusallee 5
Heidi Stromeyer war die Tochter des Kaufmanns Gustav Stromeyer und seiner Frau Gertrud, geb. Ohlrogge. Heidi Stromeyer erlebte ihre Kindheit und Jugend in der Marcusallee 5. Sie besuchte die Horner Grundschule. Im Hause ihrer Eltern lernte sie Anfang der 1950er Jahre den späteren Ministerpräsidenten und Nachfahren des Großkaufmanns Baron Ludwig Knoop, Ernst Albrecht, kennen, den sie 1953 heiratete. Heidi Albrecht übernahm viele Schirmherrschaften im sozial-karitativen Bereich. Sie arbeitete – vom Müttergenesungswerk bis zur Lebenshilfe Sudan – für zahlreiche Hilfsorganisationen und trug dazu bei, dass Niedersachsen 1978 vietnamesische Boatpeople aufnahm.
Das Ehepaar Albrecht hatte sieben Kinder; ihre Tochter Ursula (*1958, verh. von der Leyen) war 2005–09 Bundesministerin für Familie, Senioren, Frauen und Jugend und übernahm anschließend die Leitung des Bundesministeriums für Arbeit und Soziales.

Stuchlik, Gerd
Ortsamtsleiter, *13.8.1937, †13.9.1989 Bremen
Gerd Stuchlik begann 1953 eine Ausbildung als Verwaltungsangestellter, seit 1957 arbeitete er als Verwaltungsassistent im Wohnungsamt des Ortsamts Horn-Lehe, seit 1962 als stellvertretender Leiter. Stuchlik war Mitglied der SPD, gehörte dem Beirat in der Vahr an und war Vorsitzender der SPD Vahr-Nord.
Nach der Pensionierung Adolf →Könsens hatte er sich um die Nachfolge beworben. Im ersten Wahlgang erhielt keiner der Bewerber die erforderliche absolute Stimmenmehrheit des Beirats. In einer zweiten Abstimmung zog der FDP-Kandidat seine Kandidatur zurück, die beiden verbliebenen erhielten je sieben Stimmen. Um einem Losverfahren zuvorzukommen, beantragte die SPD eine Vertagung der Wahl bis nach der Neuwahl der Bürgerschaft und des Beirats, der mehrheitlich zugestimmt wurde. Daraufhin setzte der Bremer Senat Stuchlik als Ortsamtsleiter ein. Stuchlik starb während seiner Amtszeit im Alter von 52 Jahren.

Suhr, Werner →Apotheken

Heidi Stromeyer (3. v.l.) mit Ehemann Ernst Albrecht (3. v. r.) und Tochter Ursula, verh. von der Leyen (2. v.r.) und weiteren Kindern

Gerd Stuchlik

Auf der gegenüberliegenden Seite:
1972: Die letzten Tage der alten Linie 4, darunter der Neubau an der Leher Heerstraße und Verkehrssenatorin C. Wischer, Innensenator B. Schulte und der Schwachhauser Ortsamtsleiter W. Mühl beim Start der neuen Linie 4

Verlobungsanzeige von Heidi Stromeyer und Ernst Albrecht

Die Aral-Tankstelle an der Leher Heerstraße (heute Pit-Stop), zu Beginn der 1960er Jahre

Anzeigen: Esso Tankstellen in Horn-Lehe

Tankstellen

In den 1960er Jahren schossen in Horn-Lehe die Tankstellen wie Pilze aus dem Boden. Neben den beiden von Hilker links und rechts der Leher Heerstraße entstanden an der Leher Heerstraße folgende Tankstellen: Nr. 35 – heute Pit-Stop, Nr. 97 – heute Erdbeerhof Nüstedt (Wedermann), Nr. 105 – heute Parkplatz Aldi, Nr. 130 – heute REWE-Supermarkt (Früchtnicht) sowie an der Lilienthaler Heerstraße 105 – heute Kfz-Service Röben. 2012 gibt es in Horn drei Tankstellen: Neben der Horner Mühle (Total), an der Kopernikus-/Ecke Edisonstraße (Shell) und Ecke Lehester Deich (Aral).

Esso Tankstelle Früchtnicht an der Leher Heerstraße (heute REWE)

Technisches Hilfswerk Bremen, Ortsverband Bremen-Mitte

Der THW Ortsverband Bremen-Mitte ist Teil der Bundesanstalt Technisches Hilfswerk (THW). Der THW Ortsverband Bremen-Mitte ging aus dem 1962 gegründeten THW Ortsverband Bremen-Ost hervor. Die ehrenamtlichen Helfer versahen ihren Dienst zunächst in der Unterkunft an der Parkallee 162, der ehemaligen Leitstelle der Flugabwehr für Bremen, 1991 wurde die neu errichtete Unterkunft im Kleinen Ort 4 (→Horn-Lehe West) bezogen.

Das THW leistet auf Anforderung der für die Gefahrenabwehr zuständigen Stellen technische Hilfe, wenn es sich um Katastrophen, öffentliche Notstände oder Unglücksfälle größeren Ausmaßes handelt. Dies betrifft insbesondere den Einsatz des THW in der örtlichen Gefahrenabwehr. Bei Unwettern oder Hochwassern stellt das THW seine Technik und Organisation zur Verfügung. Zu den Einsätzen des Ortsverbands Bremen-Mitte gehörten z.B. mehrtägige Einsätze bei der Gasexplosion im Geschwornenweg im November des Jahres 2000, beim Elbe-Hochwasser 2002 und dem Bremer Starkregen im August 2011.

Die rund 60 Aktiven des Ortsverbands Bremen-Mitte versehen ihren Dienst in einem der bundesweit einheitlich aufgebauten Technischen Züge, zu dem zwei Bergungsgruppen mit umfangreichem technischen Gerät sowie eine Fachgruppe Räumen gehören.

Bis 2011 konnte der Nachwuchs vielfach aus jungen Männern, die vom Grundwehrdienst freigestellt werden konnten, geworben werden. Heute wirbt der Ortsverband über die Freiwilligenmesse Aktivoli um Mitarbeit und bittet jährlich zur Blutspende in die Räumlichkeiten des Ortsverbands.

Technologiepark Bremen

Der Technologiepark Bremen ist ein 172 Hektar großes Gewerbegebiet in direkter Nachbarschaft der →Universität Bremen. 1988 beschloss der Bremer Senat im Umfeld der Universität einen »technologieorientierten Verdichtungsraum« zu schaffen, in dem Unternehmen angesiedelt werden sollten, die ein Interesse an einer Zusammenarbeit mit den Universitätsinstituten haben. Seit seiner Gründung 1988 hat sich der Technologiepark Bremen zu einem

der führenden Hochtechnologiestandorte Deutschlands entwickelt.
Bereits 1986 war mit der Eröffnung des →BITZ der Grundstein für die Entwicklung des Technologieparks gelegt worden. Im Jahre 1987 siedelte sich die Fuchs-Gruppe mit Ihrer →OHB Technology AG und OHB System AG als eines der ersten Unternehmen im Technologiepark an. Es folgten die Unternehmen →OAS AG (1989), Messerknecht Informationssysteme (1990), die →BEGO Bremer Goldschlägerei Wilhelm Herbst GmbH & Co. KG (1994).
Der Nachfrage an Gewerbeflächen von technologieorientierten Unternehmen führte zur Erweiterung des Technologieparks in die →Uni-Ost und der damit verbundenen Ansiedlung der Siemens AG im Jahre 1999.
2000 beschloss die Landesregierung die Süderweiterung des Technologieparks in das ehemalige Kleingartengelände zwischen der Bundesbahnstrecke und der Universitätsallee. 2002 wurde zum Erhalt von Kleingärten auf einen Teil der Süderweiterung verzichtet. Stattdessen sollte der Technologiepark nach Westen in die →Uniwildnis und auf das Gelände des alten →Campingplatzes erweitert werden (Westerweiterung).
Die Fuchs-Gruppe erweiterte in den folgenden Jahren ihr Firmengelände in den Technologiepark Süd. Die geplante Umsiedlung der GESTRA AG aus Findorff in den Technologiepark-Süd wurde bisher noch nicht umgesetzt.
Auch universitätsnahe Forschungsinstitute und Unternehmen siedelten im Technologiepark an, 1989 das ZARM mit dem →Fallturm, 1991 das BIBA Bremer Institut für Produktion und Logistik GmbH, 1996 das MARUM Zentrum für Marine Umweltwissenschaften, 1997 das IFAM Fraunhofer-Institut für Fertigungstechnik und Angewandte Materialforschung und 2007 das Deutsche Zentrum für Luft- und Raumfahrt (DLR) mit dem Institut für Raumfahrtsysteme.
Weitere Unternehmen wie die bereits 1984 errichteten →Seekamp-Studios und weitere Einrichtungen runden das Erscheinungsbild des Technologieparks ab; 2000 wurde das →Universum Science-Center

Die Anfänge des Technologieparks: das BITZ 1986

Innovativ: Technologiepark Bremen

eröffnet und 2011 nahm die International School of Bremen (→Schulen) den Unterrichtsbetrieb auf.

Mit der Verlängerung der Linie 6 vom Riensberg in den Zentralbereich der Universität wurde die Anbindung des Technologieparks und der Universität an die Stadtmitte und den Flughafen erheblich verbessert. Zur weiteren Aufwertung und Verbesserung der Verkehrsanbindung griff der →Technologiepark Uni Bremen e.V. eine alte Forderung auf und machte sich 2011 für die Einrichtung einer Haltestelle der Deutschen Bahn stark.

Die Infrastruktur zur Versorgung der im Technologiepark und an der Universität arbeitenden und studierenden Menschen mit Mitteln des täglichen Bedarfs ist bisher nur begrenzt ausgebaut. Dem soll mit der Errichtung eines Nahversorgungszentrums an der Universitätsallee abgeholfen werden. Heute umfasst der Technologiepark ca. 400 Unternehmen mit ca. 6500 Mitarbeitern, es gibt mehr als 20 wissenschaftliche Forschungseinrichtungen mit insgesamt 1600 Mitarbeitern und an der Universität Bremen 3000 Beschäftigte und 20.000 Studierende.

Die Nutzung des Technologieparks war nicht immer unumstritten; vor dem Hintergrund eines begrenzten Flächenangebots wurde die Ansiedlung von Betrieben aus dem Dienstleistungsbereich immer wieder kritisiert. Natur- und Umweltschützer wandten sich gegen die Erschließung des Gebietes Uni-Ost und die Ansiedlung der Siemens AG. Auch die Westerweiterung in Richtung →Uni-See und nach Norden in das →Hollerland stießen auf Widerspruch. Wegen der fehlenden Nachfrage wurde bisher auf die Westerweiterung nicht zurückgegriffen. Eine Erweiterung des Technologieparks in das →Naturschutzgebiet Hollerland wird seit der FFH-Meldung nicht mehr erwogen.

Überlebt: Teehaus an der Marcusallee, um 1950

Technologiepark Uni Bremen e.V.

Der Verein wurde 2001 unter dem Namen »Interessengemeinschaft Technologiepark Universität Bremen e.V.« zur Wahrnehmung der Interessen der im Technologiepark ansässigen Unternehmen und Institutionen gegründet.

Der »Technologiepark Uni Bremen e.V.« versteht sich als Hüter des Netzwerks im Technologiepark. Der Verein engagiert sich für ein zukunftsorientiertes Technologieparkmanagement und fördert die Zusammenarbeit zwischen den Unternehmen sowie die Kooperationen zwischen Forschung und Wirtschaft und pflegt enge Kontakte zur Wirtschaftsförderung. Der Verein unterstützt und fördert außerdem die Entwicklung des Areals zu einem urbanen Quartier.

Dem Verein gehören 90 Unternehmen, Forschungseinrichtungen, die Universität Bremen sowie das Bremer Innovations- und Technologiezentrum BITZ an.

Teehaus

Garten- oder Teehaus am Eingang der →Marcusallee in Form eines griechisch-dorischen Freundschaftstempels mit Säulenvorbau. Das Gebäude wurde um 1828 von dem Architekten Jacob Ephraim Polzin im Auftrag von Everhard Delius im Randbereich des zum Landgut →Rosenthal gehörenden Parks errichtet. Durch die Veränderung der Straßenführung liegt es heute direkt an der Schwachhauser Heerstraße. Nach Jahren des Leerstandes wurde es 1956–60 vorübergehend für die Horner »Volksbücherei« (→Bücherei) genutzt. Heute befindet sich in dem Gebäude das Büro eines Immobilienmaklers. Seit 1973 steht das ehemalige Teehaus unter Denkmalschutz.

Telekom-Gelände

1970–73 wurde auf dem knapp sieben Hektar großen Gelände an der →Leher Heerstraße das Ausbildungszentrum der Deutschen Bundespost errichtet. Wegen stetig steigenden Nachwuchsbedarfs wur-

Verlassen und kurz vor dem Abbruch: Gebäude auf dem Telekom-Gelände an der Leher Heerstraße, 2011/12

den die Planungen während der dreijährigen Bauphase mehrfach erweitert.

Das Kostenvolumen für den mit Lehrwerkstätten, Unterrichtsräumen, einem Wohnheim, einer Turnhalle, einem Sportplatz, einer Mensa und einer Aula (→Postaula) aus zwölf Gebäuden bestehenden Komplex betrug 42 Millionen D-Mark. In den Gebäuden wurden die Post- und Fernmeldeschule und die Lehrlingsausbildungsstätte des Fernmeldeamtes 2 untergebracht. Zeitgleich wurden 600 Fernmeldehandwerker und Postjungboten ausgebildet. Außerdem wurden Angestellte, Arbeiter und Beamte der Oberpostdirektion Bremen in den Gebäuden fortgebildet. Für die auswärtigen Lehrlinge und Lehrgangsteilnehmer stand ein eigenes, neungeschossiges Wohnheim mit 420 Betten zur Verfügung. Nach der Aufgabe des Ausbildungsbetriebs Anfang der 1990er Jahre mieteten sich die Horner Jungunternehmer Martin Hiller und Andreas Hinken mit einem Elektronik- und Softwareunternehmen auf dem Gelände ein. Mit 1,2 Millionen D-Mark Unterstützung der Wirtschaftsförderungsgesellschaft eröffnete 1998 das Zentrum für Multimedia und eCommerce in der ehemaligen Post- und Fernmeldeschule. Auf der über sieben Etagen verteilten 5000 m² großen Bürofläche siedelten sich zwar mehrere Unternehmen an, der große Durchbruch blieb jedoch aus.

2001 wurden in etlichen Gebäuden hohe PCB-Kontaminierungen nachgewiesen, die eine Weiternutzung ausschlossen. Seitdem standen die Gebäude leer; das Gelände wurde lediglich im Zweijahresrhythmus belebt, und zwar im Rahmen des vom →Bürgerverein organisierten Mühlenfestes.

2008 wurde für das Gelände ein neuer Bebauungsplan erstellt, der die Nutzung der westlichen Flächen für den Wohnungsbau und die Nutzung der östlichen Flächen zusätzlich für Dienstleistungsbetriebe und kleinteiligen Einzelhandel vorsieht. Anfang 2011 erhielt die Firma Spies den Auftrag, das Gelände zu verkaufen. Ende 2011 wurde das Gelände von der Deutschen Telekom an die Baugesellschaften Koenen-Bau und Bauatelier Nord verkauft. Die Gebäude wurden während der Fertigstellung dieses Buches 2012 abgerissen.

Die »Tenders«, von links: Malte Goosmann, Adi Kuklau, Uli Glenewinkel, Kuddel Bröker und Karsten Richter

Selbstbildnis von Rudolf Tewes, 1906

Anzeige des Kunstvereins in der Weser-Zeitung

Spielstätte des Hanseatenklubs: Das Theater am Deich

Tenders

Oldie-Band, die Anfang der 1980er Jahre von Lehrern des ehemaligen Schulzentrums an der Ronzelenstraße um den Frontmann »Kuddel Bröker« gegründet wurde.

Tewes, Rudolf

*Kunstmaler und Sammler, *3.9.1879 Bremen, †2.6.1965 ebd., Horner Heerstraße 7/9*

Tewes war der Sohn eines angesehenen Bremer Kaufmanns und Konsuls. Er studierte an der Münchener Akademie und war nach 1904 längere Zeit in Paris, Italien, Spanien und Südamerika. 1919–27 hielt er sich wieder in Paris auf und wurde dann in Berlin ansässig. Er war Mitglied der Berliner Secession.

1939 zog Tewes nach Bremen und hatte nach 1945 sein Atelier in der Horner Heerstraße 7. Er malte vor allem Porträts, Landschaften und Blumen. 1949 erhielt er den Professorentitel verliehen.

Der Künstler setzte sich besonders intensiv mit den Gemälden Van Goghs auseinander. Die Parallelen in Farbwahl, Pinselführung und Bildgegenstand führten dazu, dass 1910 eine gemeinsame Präsentation von 20 Tewes-Bildern mit sieben Gemälden Van Goghs in der Kunsthalle Bremen stattfand.

Tewes gehörte mit Magdalene Pauli (Pseudonym: Marga Berck) und Alfred →Heymel zur Vereinigung »Die goldene Wolke«. Tewes, der kein Maler werden und zunächst Jura studieren sollte, berichtete der »Goldenen Wolke« über die Auswirkungen der Ausstellungen auf sein Vaterhaus, »drei Tage lang sei der alte Tewes nicht zur Börse gegangen, weil ihn vielleicht seine Freunde als Vater eines so entarteten Sohnes nicht grüßen oder ihm in stillem Beileid verständnisvoll die Hand drücken würden«.

1913 erwarb die Kunsthalle Bremen das Selbstbildnis Tewes' als Geschenk des Galerievereins. Im Jahre 2000 widmete die Bremer Kunsthalle dem Maler unter dem Titel »Rudolf Tewes – Ein Maler im Banne des Spätimpressionismus« eine Sonderausstellung.

Thäte, August

*Kaufmann und Inhaber der Firma Möbel Thäte, *18.8.1893, †29.10.1973 Bremen, Marcusallee 16*

August Thäte kam nach seiner Schul- und Militärzeit nach Bremen, wo er 1919 Auf dem Kamp einen Handel mit Möbeln aller Art begann. 1923 eröffnete er eine erste Filiale am Doventorsteinweg und 1927 größere Verkaufsräume in der Straße Am Rosenkranz. 1932 verlegte Thäte sein Geschäft in die Innenstadt zur Langenstraße. Im Zweiten Weltkrieg wurden die Geschäftsräume zum Teil zerstört. 1948 begann August Thäte seinen Betrieb wieder aufzubauen und zu erweitern. Er gründete zehn Möbelgeschäfte und Filialbetriebe in mehreren Städten. 2001 zog das Unternehmen in den Lloydhof, 2003 endete der Geschäftsbetrieb.

Theater am Deich,

Amateurtheater in der ehemaligen Holzschule am Lehester Deich (→Schulen). Das Theater am Deich ist die Spielstätte des →Hanseaten-Klubs Bremen. Das ehe-

malige Schulgebäude wurde vom Hanseaten-Klub zunächst als Probenbühne genutzt. 1983/84 wurde die Räumlichkeit in eine feste Spielstätte umgebaut. Heute werden im Theater am Deich jährlich zwei bis drei Neuinszenierungen in mehreren Vorstellungen von leichten Komödien bis zu ernsten Kammerspielen aufgeführt. Zu den Autoren gehören unter anderem Molière, Tucholsky, Dürrenmatt und Priestley. Vor der Bühne finden bis zu 99 Besucher Platz.

Theil, Emil
SPD-Bürgerschaftsabgeordneter, Bausenator, *23.7.1872 Leipzig, †27.12.1968 Bremen, Auf der Wachsbleiche 2
Theil schloss sich während seiner Ausbildung zum Dreher der sozialistischen Bewegung an. Nach dem Ersten Weltkrieg wurde er Kieler Stadtverordneter. 1920 kam Theil als Geschäftsführer des Metallarbeiterverbandes nach Bremen und zog im Jahr darauf als Abgeordneter in die Bürgerschaft ein, der er bis 1933 angehörte. Nach der Machtübernahme der Nationalsozialisten wurde Theil verfolgt und inhaftiert. Nach seiner Einlieferung in das Konzentrationslager Mißler kam er nach einem Prozess 1935 ins Gefängnis und verbrachte zwei Jahre in Konzentrationslagern. Die letzte Inhaftierung erfolgte nach dem Hitler-Attentat vom 20. Juli 1944.
Nach dem Zusammenbruch des NS-Regimes engagierte sich Theil beim Wiederaufbau Bremens. Die Militärregierung ernannte ihn zum Senator für das Bauwesen, der er bis Ende 1955 blieb. Er erwarb er sich große Verdienste um die Neugestaltung der bis zu 60 Prozent zerstörten Hansestadt. Theil wurde 1946, 1947 und 1951 in die Bürgerschaft und in den Senat gewählt.
Anfang der 1950er Jahre zog Theil nach Horn-Lehe in eines der neu errichteten Häuser an der Wachsbleiche.
Auch nach seinem Ausscheiden aus dem Senat blieb Theil seinem aktiven Wesen gemäß unermüdlich tätig. Anfang der 1960er Jahre gehörte er kurzzeitig dem Bundestag an. Er wirkte in zahlreichen ehrenamtlichen Funktionen in gemeinnützigen Gesellschaften und Organisationen.

Thimme, Magdalene
Pädagogin, *3.11.1880 Lohr, †12.5.1951 Bremen, Am Brahmkamp 26 und Riensberger Straße 69
Die Pfarrerstochter besuchte das Lehrerinnenseminar und studierte Theologie, Englisch und Deutsch. 1913 kam sie nach Bremen und unterrichtete am Oberlyzeum Kippenberg. Magdalene Thimme wurde 1934 in den Bruderrat der Bekennenden Gemeinde Bremens gewählt und war damit die erste Frau, die in der bremischen Kirchengeschichte eine Leitungsfunktion übernahm.
Magdalene Thimme war tief religiös geprägt, engagierte sich gemeinsam mit Anna Elisabeth →Dittrich in der Kirchengemeinde Alt-Stephani-Süd und stand hinter dem kritischen Pastor Gustav Greiffenhagen. Wegen ihrer kompromisslosen Haltung gegenüber dem NS-Regime wurde sie 1938 zwangspensioniert, und wegen eines Briefes an den Regierenden Bürgermeister, in dem sie mit anderen Gemeindemitgliedern die Teilnahme von mehreren nicht arischen Gemeindemitgliedern am Gottesdienst rechtfertigte, wurde sie 1941 zur Zahlung eines Sicherungsgeldes von 500 Reichsmark verpflichtet.

Tietjenstraße
Die Tietjenstraße wurde benannt nach der Familie Tietjen, die hier Land besaß. Sie wurde errichtet auf dem Gelände der ehemaligen →Schweinemästerei von Johann Barre, der Schutt der ehemaligen Schweinemästerei wurde für den Untergrund der Straße verwendet. Die Siedlungshäuser im Bereich des Herzogenkamps wurden 1925 vom Architekten H.J. Kayser (Riensberger Straße 94) als Wohnsiedlung Herzogenweg geplant. Ab 1928 sind die ersten Einwohner im Adressbuch verzeichnet. Gegen die seit

Magdalene Thimme

Emil Theil

Trotz Protest: Zweistöckige Häuser in der Tietjenstraße, um 1930

Anfang der 1930er Jahre errichteten zweistöckigen Viererblöcke erhob ein Einwohner aus der Weyerbergstraße Einspruch, weil die Häuser in dieser Bauweise »ortsfremd« seien, aber er konnte sich gegenüber der Behörde mit seiner Warnung vor unbremischer Architektur nicht durchsetzen.

Tischlereien

1897 eröffnete Christian Möhle im →Klattendiek (Vahr 6l) die erste Tischlerei. Sie wurde 1915 vom Tischlermeister Richard Bosse fortgeführt, der in den 1930er Jahren in das Wohnhaus Bätjer an der Leher Heerstraße 16 zog.

Die Tischlerei Kohl an der Leher Heerstraße wurde 1896 von Anton Kohl, der 1858 aus Ungarn nach Bremen gezogen war, gegründet. Hans Kohl führte in vierter und letzter Generation den Handwerksbetrieb, der nach fast 150-jährigem Bestehen 1994 das Werkstatttor schloss.

Noch heute existiert die Tischlerei Gröne. Sie wurde Mitte der 1960er Jahre von Herbert Gröne auf dem elterlichen Grundstück in der Berckstraße 44 eröffnet. Gröne hatte das Tischlerhandwerk beim Tischlermeister Hans Kohl erlernt und mehrere Jahre in der Tischlerei Bosse gearbeitet.

Die Tischlerei Dunker in der Brucknerstraße wurde in den 1920er Jahren von Hinrich Dunker gegründet. Er übergab sie später an seinen Sohn Johann. Als ihm einmal eine Bauerlaubnis versagt worden war, fühlte er sich zu unrecht behandelt und führte mehrere Prozesse, die ihn in Horn als eine Art »Michael Kohlhaas« bekannt machten. Mit seinen im Eigenstudium erworbenen juristischen Kenntnissen versuchte er, den Einwohnern juristischen Rat zu geben. Nachdem er mit diesen Aktivitäten über mehrere Jahre seinen Betrieb vernachlässigt hatte, musste er ihn an einen Gläubiger abgeben.

Nachbarschaft: Tischlermeister Kohl mit Gesellen und Familie (1902) und darunter Tischlermeister Heinrich Dunker mit Sohn Johann (um 1920)
Rechts: Bauernhof Töbelmann

Töbelmann, Bauernhof

Hof Töbelmann lag hinter den Häusern an der Vorstraße 30–30 e. Die Familie ließ ihn Mitte der 1970er Jahre abreißen und sich auf der gegenüberliegenden Seite der Vorstraße am Jan-Reiners-Weg ein Einfamilienhaus errichten, das später einer Reihenhaussiedlung wich.

Torsperre

1767 wurden die Öffnungszeiten der bislang bei Dunkelheit verschlossenen Bremer Stadttore stufenweise erweitert. Während der Sperrzeiten waren fortan Ein- und Ausgang in die umwallte Innenstadt gegen Gebühr von zwei Groten für Personen und vier Groten für Reiter möglich. 1848 wurde die Torsperre gänzlich aufgehoben und damit eine große Barriere für den Verkehr zwischen Alt- und Neustadt und den Vorstädten und Landgemeinden beseitigt. Die Aufhebung der Torsperre führte zu einer rasanten Entwicklung der Vorstädte und Landgemeinden.

Werner Traue mit Ehefrau sowie Sohn Reinhard und Tochter Annemarie

men und nach wechselnden Tätigkeiten Pächter von Clemens Laubes Gaststätte »Zur scharfen Ecke« an der Leher Heerstraße geworden.
1958 übernahm er die →Deutsche Eiche und vermietete während der Bebauung des Leher Feldes die Zimmer in den oberen Stockwerken an die zahlreichen Bauarbeiter. Er führte die anschließend von seiner Tochter Annemarie Kastin übernommene Gaststätte bis 1981.

Traue, Gastwirtsfamilie
a) Annemarie Traue
Gastwirtin, verh. Kastin, Tochter von Werner Traue *7.3.1952, †23.9.2012 Bremen
Annemarie Kastin übernahm 1982 die Gaststätte ihres Vaters und erweiterte sie mit einem Anbau zum »Hotel Deutsche Eiche« mit 38 Zimmern, Terrasse, Restaurantbetrieb und Veranstaltungsräumen. 1994 erbaute sie am Autobahnzubringer Horn-Lehe das Hotel »Horner Eiche«. 2006 übernahm ihre Tochter Stephanie im Alter von 24 Jahren die Geschäftsführung.
b) Reinhard Traue
Gastwirt, Sohn von Werner Traue, *1.5. 1950, †17.6.2008 Bremen
Reinhard Traue übernahm nach dem Tod von Andrée Bölken die Führung des Hotels »Landhaus Louisenthal«. Er ergänzte es um den Restaurationsbetrieb »Senator-Bölken-Hof« und beantragte 2007 die Insolvenz.
c) Werner Traue
Gastwirt, *20.9.1920, †28.6.1990 Bremen
Werner Traue war Anfang der 1950er Jahre aus der »Ostzone« in den Westen gekom-

U

U-Bahn
Bereits 1928 gab es einen ersten Plan einer »Unterrasenbahn« am Wall. 1951 wurde ein Gutachten für den Bau einer »Unterpflasterbahn« durch die Innenstadt in Auftrag gegeben. 1967 stellte Prof. Grabe (Hannover) ein Gutachten vor, das auch eine U-Bahn-Linie von der geplanten →Hollerstadt durch die Universität nach Huchting beinhaltete. 1971 wurde in einer neuen Planung eine S-Bahn-Linie Osterholz-Scharmbeck – Bremen Hauptbahnhof – Neue Vahr – Horn – Oberneuland – Rotenburg vorgestellt. Auch mit den Planungen der neuen Linie 4 und der Fortsetzung der Linie 6 in den Bereich →Uni-Ost lebten diese Vorstellungen bei den Stadtplanern wieder

Auf der gegenüberliegenden Seite
Ausgespült: Uni-See, um 1970
Menschenleer: Uni-See, 1973
Optimisten: Segeln am Uni-See

auf. Alle Realisierungen scheiterten an den Kosten und der Rentabilität.

Überschwemmungen →Deiche

Uhde-Villa
Hermann Gustav Uhde (1872–1934) wurde in Harburg bei Hamburg geboren, wo er seine kaufmännische Ausbildung begann und später in New York fortsetzte. Dort traf er seine Cousine Florence wieder und verliebte sich in sie. Aber die Heirat mit der Tochter eines wohlhabenden New Yorker Bankiers war für den mittellosen Uhde unmöglich. Doch dann erbte er von einem Nennonkel ein Riesenvermögen und Immobilien u.a. in Südtirol, und der Ehe stand nichts mehr im Wege. 1913 heirateten die Uhdes im Bremer Dom und zogen nach Oberneuland. Durch den Ersten Weltkrieg verlor Uhde den größten Teil seines Vermögens. Mit dem Geld seiner Frau konnte 1927–29 aber das Haus in der Marcusallee 37–39 von den Architekten Wellermann und Frölich gebaut werden. Ein englischer Innenarchitekt wurde mit der Einrichtung in typisch englisch-amerikanischem Stil beauftragt. Die repräsentativen Räume waren mit paneelierten Wänden oder besonders angefertigten Tapeten ausgestattet und verfügten über offene Kamine.

Das 24.000 m² große Grundstück mit Stauden- und französischem Rosengarten, einem kleinen See und einem gemauerten Brunnen verlief bis an die Wiesen des →Clubs zur Vahr.

Während des Zweiten Weltkrieges wurde ein Teil des Gebäudes beschlagnahmt und die Angestelltenmansarde als »Krankenrevier« der Wehrmacht für leichtere Verletzungen genutzt, wenn z.B. nach Luftangriffen Splitter aus Armen und Beinen der Flakhelfer entfernt werden mussten. Gegen Ende des Krieges lagerte das Focke-Museum in der unteren Etage wertvolle Objekte ein.

1945 mussten die Bewohner das unbeschädigte Haus verlassen, und ein amerikanischer Admiral zog ein. Später wurde es als Gästehaus für »Very Important People« genutzt, unter anderem von Lucius D. Clay, dem Gouverneur der amerikanischen Besatzungsbehörde.

Durch die amerikanische Herkunft Florence Uhdes und gute Kontakte der Familie konnten die Uhdes 1946 wieder einen Teil des Hauses nutzen. Auch die Einrichtungsgegenstände, einschließlich eines Steinway-Flügels, der in dem gegenüberliegenden »Stork Club« gelandet war, waren wieder ihr Eigentum. Nach der vollständigen Freigabe 1950 kaufte der Bremer Staat den Besitz, der heute von der →Bremer Heimstiftung genutzt wird.

Ein Sohn von Florence und Hermann Gustav Uhde war der Bass-Bariton Hermann Uhde.

Schwimmwettkampf in der Uni-Schwimmhalle, 1978

Uni-Bad

Zur →Universität gehörendes Hallenbad mit zehn wettkampftauglichen 50-m-Bahnen, Sauna und Solarium. Das Uni-Bad wurde am 1.4.1978 eröffnet und wird nach Schließung des Fachbereichs Sportwissenschaften im Jahre 2009 überwiegend von Bremer Schwimmvereinen und Schulen besucht. Die Universität versäumte es, die notwendigen Sanierungen durchzuführen. 2012 wurde das Uni-Bad in den Verantwortungsbereich des Sportamtes übergeleitet.

Uni-See/Stadtwaldsee

Der Stadtwaldsee ist ein künstlicher See nördlich des Stadtwaldes, der durch Sandentnahme für den Bau der →Universität um 1970 entstanden ist. Wegen seiner Entstehungsgeschichte und seiner Nähe zur Universität wird er allgemein als Uni-See bezeichnet. Der Uni-See hat eine Fläche von 28 ha und eine Tiefe von bis zu 15 m. Mit dem Sandstrand, dem FKK-Gelände, der großen Liegewiese und den angrenzenden Gebieten des Stadtwaldes, der →Uniwildnis, dem →Naturschutzgebiet »Am Stadtwaldsee« sowie dem neuen und alten →Campingplatz bietet er ein geschlossenes Naherholungsgebiet. In den Anfangsjahren war er ein beliebtes Surf-Revier, das mit dem sich um den Uni-See entwickelnden Baumbewuchs an Attraktivität verlor. Heute wird er von Schwimmern, Tauchern, Anglern, Surf- und Segelanfängern genutzt.

Auf wiederholte Kritik stießen die Bestrebungen, den See und die angrenzenden Gebiete für kommerzielle Zwecke zu nutzen. 1981 scheiterte der Plan für ein Freizeitzentrum mit Spielbad, 1986 erhielt ein Bauantrag für eine »Urlaubsinsel« mit Glasdach, Palmen und anderen Pflanzen die Zustimmung des Senats, wurde aber nicht gebaut, 2005 erhielt ein Investor nach Protesten der Uni-See-Nutzer keine Zustimmung zum Bau einer Wasserskianlage, 2007 stieß auch der Plan der »Hansestrand GmbH & Co. KG«, ein abgegrenztes Strandbad im Bereich des FKK-Strandes zu bauen, auf Ablehnung, und auch die Realisierung des →Cityresorts kam nicht zustande.

Ökologische Vielfalt: Biotop Uni-Ost

Protest I: auf der Siemens-Hauptversammlung in München und darunter das Flugticket von Dieter Mazur

Protest II: Brachial-Zeltdorf im unbebauten Gelände Uni-Ost

Uni-Ost

Baugebiet von zwölf Hektar zwischen Autobahnzubringer Universität; Achterstraße und Jan-Reiners-Wanderweg/Helmer. Die landwirtschaftlich genutzten Flächen wurden 1964 von der Stadtgemeinde für den Bau der Universität angekauft, um dort ein eigenständiges Wohngebiet mit enger Anbindung an die Universität entstehen zu lassen. 1975 schrieb das Universitätsbauamt einen städtebaulichen Ideenwettbewerb »Uni-Ost Bremen« aus. Aufgrund der ungeklärten Linienführung der Linie 6 (→Horner Spange) und divergierender Vorstellungen über die verkehrliche Anbindung verzögerte sich der Baubeginn immer wieder.

Im Herbst 1982 wurden trotz schwebender Gerichtsverfahren über finanzielle Nachforderungen ehemaliger Grundstücksbesitzer an die Stadt Bebauungspläne erstellt. Im Frühjahr 1983 wurden die Anfang des Jahres begonnenen Kanal- und Straßenbauarbeiten wegen Streits um die Nachforderungen gestoppt.

Die rasante Entwicklung des Technologieparks Ende der 1980er Jahre und die große Nachfrage nach Gewebeflächen führten zum Umdenken; statt Wohnungsbau sollten technologieorientierte Betriebe in der Uni-Ost angesiedelt werden. Die geplante Ansiedlung des Siemens-Konzerns, der das Hochhaus am Herdentor aufgeben und die über die Stadt verteilten Filialen zusammenführen wollte, rief die Umweltschützer um Gerold →Janssen auf den Plan. Mit ungewöhnlichen Mitteln versuchten sie, das Feuchtgebiet vor der drohenden Bebauung zu bewahren. Die Aktionen reichten von einem Auftritt auf der Siemens-Hauptversammlung über das Aufstellen von Holzkreuzen auf dem Baugelände bis zum Anbringen diverser Parolen auf dem Autobahnzubringer, vor dem Siemens-Hochhaus und anderen Stellen in der Stadt.

Beim Malen am Autobahnzubringer wurde Gerold Jansssen von der Polizei festgenommen und in einer Gerichtsverhandlung wegen Sachbeschädigung zu Bußgeld und Schadensersatz verurteilt. Die fällige Summe sammelte er pressewirksam auf dem Marktplatz von Passanten zusammen.

Durchgesetzt: Siemens-Zentrale in der Uni-Ost, 1999

Protest III: Malereien vor dem Siemens-Hochhaus

Planung: Uni-Ost, »Weser-Kurier« 6.9.1979

Eine weitere Initiative zum Erhalt des Biotops Uni-Ost mit dem Namen »Brachial« errichtete auf dem Baugelände ein Zelt- und Hüttendorf. Die Mitglieder kritisierten die Partei der Grünen und den Grünen-Bausenator Ralf Fücks scharf, weil sie im September 1993 im Rahmen der Ampelkoalition durch die Änderung des Flächennutzungsplans und der Bebauungspläne Siemens den Weg in das Baugebiet geebnet hatten.

Im Februar 1994 beschloss die Baudeputation über den Bebauungsplan Technologiepark Uni-Ost. Gegen den Bebauungsplan wurden über 700 Einsprüche eingelegt, gegen die Beseitigung der Gewässer gingen 1200 Einwendungen ein, die auf einem Erörterungstermin im Kongresszentrum auf der Bürgerweide behandelt wurden. Im Juli wurde endgültig über eine veränderte Bebauung entschieden. Die Firma Siemens reduzierte die Baufläche von 5,5 auf 4,5 ha, und im Baugebiet war ein 1,3 ha großes Grün-Areal auszuweisen. Die Eingriffe in die Natur sollten mit weiteren Ausgleichsflächen im Blockland entschädigt werden. Der Umweltsenator Ralf Fücks bekräftigte auf einer Grünen-Mitgliederversammlung die Notwendigkeit eines Opfers, um eine Ausweitung des Technologieparks in das Hollerland zu verhindern.

Die Besetzer des Baugeländes zogen ab und hinterließen mit ihren Hütten einen »Abenteuerspielplatz«, der im August 1994 von den Bremer Entsorgungsbetrieben geräumt wurde.

Anfang 1996 wurde die Fläche von Bäumen, Sträuchern und Gräben befreit. Gerold Janssen gab aus Protest gegen die Siemens-Ansiedlung das ihm verliehene Bundesverdienstkreuz zurück.

Heute sind die Flächen nahezu gänzlich mit Gewerbeansiedlungen belegt; lediglich im Randbereich sind Wohnhäuser und Studentenwohnheime entstanden. Der letzte größere freie Baugrund gehört der Firma Zechbau (→Zech).

Die Straßen der Uni-Ost mit Wohnbebauung wurden nach österreichischen Städten benannt, die mit universitärer und technologie-orientierter Bebauung nach verdienten Wissenschaftlerinnen.

Universität Bremen

1963 entschied der Senat, dass die seit 1947 zu gründende Bremer Universität im Blockland entstehen solle, kaufte im Jahr darauf ein Areal von 1.000.000 m² hinter dem Stadtwald westlich vom →Kuhgraben an und rief ein Universitätsbauamt ins Leben. 1969 begannen die Erdarbeiten, obwohl sich der Gründungssenat gegen eine Campus-Universität »auf der grünen Wiese« und für eine Verflechtung mit der Stadt ausgesprochen hatte. Zugleich kam es zu erneuten städtebaulichen Kontroversen im Zusammenhang der Idee der →Hollerstadt.

Auf grüner Wiese: »Die Freie Hansestadt Bremen baut hier die Universität Bremen«

Hochgelegt: Bau des Universitäts-Boulevards, 1972

Die bundesweite Diskussion um die Demokratisierung von Forschung und Lehre bestimmte auch die Diskussion um die universitäre Selbstverwaltung und die inhaltliche Organisation des Studiums an der Universität Bremen. Mit dem Beschluss des Gründungssenats und der Planungskommission, das Projektstudium zur Regelform des Lehr-und Lernbetriebes zu machen, und dem Bekenntnis zum »Pluralismus« wurde der Ordinarienuniversität eine Absage erteilt und der Weg zur Drittelparität geebnet.

Die ersten Berufungsverfahren, bei denen nicht nur fachliche Erwägungen, sondern auch das Bekenntnis zum »Bremer Modell« eine entscheidende Rolle spielten, sowie die Berufung sozialistischer und angeblich linksradikaler Bewerber führten zur Bezeichnung der Universität als »Roter Kaderschmiede« und »Marx und Moritz [nach Bildungssenator Moriz Thape] Universität«.

Zur Vorbereitung des Baugeländes mussten mehr als 1,5 Millionen m³ »Störboden« ausgetauscht und fast 2,5 Millionen m³ Sand aufgespült werden. An der Entnahmestelle westlich des Kuhgrabens entstand ein neuer Baggersee (→Uni-See). Im Frühjahr 1971 wurden das GW I und im Winter das NW I in funktionaler Betonbauweise fertiggestellt.

Am 14.10.1971 wurde die Universität durch eine »öffentliche Arbeitssitzung« von Senat und Gründungssenat offiziell eröffnet. Für alle Gremien wurde eine Drittelparität von Hochschullehrern, Studenten und Dienstleistern festgelegt. Am 19.10.1971 begann für die ersten 400 Studenten der Hochschulbetrieb mit zwei einführenden Hochschulwochen.

Links orientierte Studentengruppen machten ihren Einfluss auf den Universitätsbetrieb geltend, staatliche Eingriffe wurden abgelehnt. Mit Demonstrationen, Protestversammlungen, einer Flut von Flugblättern und z.T. chaotischen Streiks wurde der Lehrbetrieb immer wieder behindert oder vollständig infrage gestellt.

Die Zahl der Studierenden stieg kontinuierlich an (1972: 1300, 1973: 2900, 1974: 3800, 1975: 4400). Am 28.3.1973 wurde die Pädagogische Hochschule mit der Ausbildung der Grund-, Haupt- und Realschullehrer in die Universität integriert. 1973 wurden das GW 2, 1974 die Staats- und Universitätsbibliothek und das NW 2 sowie im Januar 1975 das MZH und im September die Mensa in Betrieb genommen.

Seit Beginn der 1970er Jahre wuchs die Zahl der Institute, wobei der Anteil der Geisteswissenschaften zugunsten der Technik und Naturwissenschaften reduziert wurde. 2007 wurde der Studiengang Sozialpädagogik und 2009 die Studiengänge Sport und Behindertenpädagogik geschlossen. Heute ist die Universität in zwölf Fachbereiche (Fakultäten) gegliedert:
- Physik/Elektrotechnik
- Biologie/Chemie
- Mathematik/Informatik
- Produktionstechnik – Maschinenbau / Verfahrenstechnik, Geowissenschaften
- Rechtswissenschaft
- Wirtschaftswissenschaft
- Sozialwissenschaften
- Kulturwissenschaften
- Sprach- und Literaturwissenschaften
- Human- und Gesundheitswissenschaften
- Erziehungs- und Bildungswissenschaften

Die Universität hat mehr als 3000 Beschäftigte und rund 20.000 Studierende. Als bisherigen Höhepunkt ihrer Geschichte bezeichnete Rektor Wilfried Müller 2012 den Erfolg der Universität bei der dritten Runde der »Exzellenzinitiative« von Bund und Ländern und ihre damit verbundene Auszeichnung als eine von elf Elite-Universitäten der Bundesrepublik.

Aufgestiegen: Die Bremer Uni als Gewinnerin in der Exzellenzinitiative

»Up'm Horn«
»Up'm Horn«, Bezeichnung der erhöhten Landecke zwischen →Kleiner Wümme, →Vahrster Fleet und Großem Fleet, auf der die →Horner Kirche und die ersten Siedlungshäuser Horns errichtet wurden. Viele Jahre zierte der Schriftzug die Giebelwand des Café →Goedeken.

Universitätsallee
Die Universitätsallee wurde mit dem Bau der →Universität zunächst als Erschließungsstraße parallel zur Achterstraße angelegt. Die vormalige Kitzbühler Straße erhielt als Verlängerung der Universitätsallee auf Anregung der dort ansässigen Firma →OHB ebenfalls diesen Namen.

Universum Bremen
Das Universum Bremen ist ein Science-Center zur interaktiven Erforschung wissenschaftlicher Phänomene. Es wird betrieben von der Universum Management GmbH. Das Projekt, das aus einer von Professoren der Bremer Universität 1996 entwickelten Idee entstand, wurde durch die Stiftung Universum in enger Zusammenarbeit mit der Universität Bremen sowie den Firmen Petri & Tiemann und Zechbau realisiert. Das Universum wurde im September 2000 eröffnet und in den Kreis der Bremer Expo 2000 Projekte aufgenommen. Der Bremer Architekt Thomas Klumpp entwarf die außergewöhnliche Gestalt, die zu häufigen Bezeichnungen des Gebäudes als »Wal« oder »Muschel«

Spannende Holzkonstruktion: der Dachstuhl des Universums, 2000

Uniwildnis mit dem Naturschutzgebiet und dem Vereinsgelände der »Freunde der Uniwildnis«

führte. Die Außenhaut des 70 m langen und 27 m hohen Baus besteht aus 40.000 Edelstahlschindeln.

Im Inneren werden auf 4000 m² Grundfläche die Themenbereiche Expedition Mensch, Expedition Erde und Expedition Kosmos präsentiert. An interaktiven Stationen können wissenschaftliche Phänomene mit allen Sinnen spielerisch erforscht werden.

Die erwarteten Besucherzahlen wurden in den ersten Jahren übertroffen, Wartezeiten vor dem Eingang von Bremens neuer Touristenattraktion waren die Regel, und nach zwei Jahren wurde die millionste Besucherin begrüßt. Diese zum wirtschaftlichen Betrieb notwendigen Besucherzahlen waren nach Ansicht Petris langfristig nur durch eine Erweiterung des Universums zu halten. Nach seiner Ausstiegsdrohung 2005 wurden vom Land Bremen 14 Millionen Euro zur Erweiterung des Science Centers bewilligt und 2007 das »Visionarum« als würfelförmige SchauBox mit einer Fassade aus gelochtem rostroten Stahl eröffnet (Entwurf: Haslob Kruse + Partner). An die SchauBox (mit 700 m² Sonderausstellungsfläche) schließt sich der Außenbereich des EntdeckerParks an mit einer Promenade aus 60 Mitmachstationen (Wasserkaskaden, Wurzelpfad, Steinhügel und der »Mondspringer«, in dem die Besucher auf- und abschwingen können). Mit 27 m Höhe bietet der in sich gedrehte Turm der Lüfte weitere Experimentierstationen und gute Aussicht.

Trotz der Erweiterung des Universums konnte die Besucherfrequenz nicht gehalten werden. Ende 2011 standen 300.000 Euro Defizit zu Buche, und nur durch städtische Hilfe ist der Fortbestand des Science-Centers möglich.

Uniwildnis

Die Uniwildnis umfasst das Gebiet des →Naturschutzgebietes Uni-See und das Vereinsgelände der →Freunde des Uni-Sees. Das gesamte Gelände wurde geformt durch nicht nutzbaren Bodenaushub, der beim Bau der Universität angefallen war und dort abgelagert wurde. Ursprünglich war das Gelände für die Erweiterung der Universität um eine medizinische Fakultät vorgesehen und ist durch die 65. Änderung des Flächennutzungsplanes seit 2004 als »Erweiterungsfläche Technologiepark« ausgewiesen.

Uppe Angst

Richtstätte des Hollerlandes. Hier fanden bis in das 16. Jh. die Gerichtstage und die Zusammenkünfte der Landleute zur Wahl des →Gohgräfen statt, letztmalig 1574:»[...] den 24. April sind de Menner im Hollerland bi dem Richtestoel thosame gewesen undt enen nien Gohgrefen gekoren.« Statt des vom Rat vorgeschlagenen Bürgermeisters Carsten Steding entschieden sich die Landleute für Borchard Hemeling.

Am letzten Oktobertag 1646 fand am Richtstuhl »des Morgens umb 10 Uhr das peinlich Hals-Gericht über Geerke Renckelürs aus dem Hollerlande« statt. Dem Gohgrafen wurde berichtet: »Herr

Gohgrefe, hir steit düße arme Sünder mit namen Geerke Renckelürssen, de hefft sick gegen Gott und den Hochen Rath der Stadt Bremen schwerlick versündigt, derentwegen begehr ich een Ordeel wat Recht ist. Syne Mißhandlunge averst ist kartlick düsse, dat he nemlick in düssem Jahre an eenem Sonndage, was den 5. July des Morgens vor der Predige synen Steefsohn Heine Meyer mit eener Mest-Forkenstehl up den Kop und mundt geschlagen, darvan he des folgenden Dages twischen 3 und 4 Uhren den dodt genahmen hefft, und äffte he woll darup verflüchtig geworden, und sick eene Tytlang buthen dat Holler-Gerichte im Stifft Verden up geholden, so iß he doch nochmahls und twarden 15. Auguste in de Hofft gebracht.« Geerke wurde schuldig gesprochen, das Urteil bestimmte, dass er »mit dem Schweerde vom Lewende thom dode tho richten sy«. Der Vollstreckungsort ist nicht überliefert, aber noch heute erinnern die Namen »Uppe Angst«, »Devekamp« [= Diebeskamp] und »Richtpad« an die einstige Richtstätte des Hollerlandes.

Die Eichen, die einst die Richtstätte überschatteten, wurden später durch Robinien ersetzt. 1955 wurde vom Baudenkmalpfleger Gustav Ulrich ein Gedenkstein mit Inschrift errichtet:

»Hier Weer in ole Tieden de Richtstede van dat hollerlandsche Gogericht, dat vor de Karken to'n Hoorn un to Overneeland hangt woorn is: mannichen Bosewicht heit hier sienen Lohn kragen: dat Land in den aber schud harr den Namen ›Deeveskamp‹, un in'n Volksmun'n heet düt Plack eer noch van Dage ›Uppe Angst‹.«

Urkunde von 1106 (1113, BUB I/27)

Zu Beginn des 12. Jh. wurde zwischen dem Erzbischof →Friedrich und sechs holländischen Siedlern ein Vertrag geschlossen, der den Siedlern das Recht gab, ein Stück Ödland zu kultivieren. In dieser Urkunde wird das Gebiet nicht weiter bezeichnet, genaue Ortsangaben fehlen, doch sehr wahrscheinlich ist, dass es sich um das Gebiet nördlich der damaligen Stadt Bremen handelte, und zwar das heutige Hollerland, das Blockland und die Vahr bis nach Sebaldsbrück. Das Original der Urkunde ist verschollen, eine Abschrift im Zweiten Weltkrieg verbrannt. Auch die Datierung ist nicht eindeutig, nach heutigem Stand der Wissenschaft wird davon ausgegangen, dass es sich bei der Jahreszahl 1106 um einen Übertragungsfehler handelt und die Urkunde auf das Jahr 1113 zu datieren ist. Mit der Urkunde wurde den Siedlern gestattet, Kirchen zu errichten; über ihre »weltlichen« Rechtshändel durften sie selbst urteilen und richten.

Dafür verpflichteten sich die Siedler, dem Bischof für die Nutzung des Landes Zinsen und den Zehnten ihrer Erträge zu entrichten.

Richtstätte Uppe Angst in den 1960er Jahren

Wir wollen, daß der Vertrag, den gewisse diesseits des Rheines wohnende Holländer mit uns geschlossen haben, allen bekannt werde. Diese Leute haben uns beharrlich ersucht, ob wir ihnen ein in unserem Erzbistum liegendes Stück Land, das bisher unangebaut, sumpfig und den Einwohnern unnütz daliegt, zu Urbarmachung einräumen könnten. Wir haben nun ihrer Bitte mit Einwilligung unserer Getreuen nicht Ablehnung, sondern Zustimmung erfahren lassen, da wir erwogen, daß dies uns und unseren Nachfolgern von Nutzen sein werde. Der aus diesem Ansuchen sich ergebende Vertrag geht dahin, daß sie uns in jedem Jahr von jeder Hufe des erwähnten Landes einen Pfennig entrichten. Wir glauben aber, daß es notwendig ist, hier auch das Maß der Hufe festzulegen, damit nicht später im Volke Zwietracht darüber entstehe. Die Hufe soll in der Länge 720 und in der Breite 30 Königsruten betragen. Dazu überlassen wir ihnen außerdem in gleicher Weise die das Land durchfließenden Bäche. Und schließlich ist nach diesem Vertrag die gemeinschaftliche Verabredung getroffen, daß sie uns den Zehnten geben wollen, und zwar von den Früchten des Feldes das elfte Bund, den Zehnten von Lämmern, Schweinen, Ziegen und Gänsen und gleichfalls ein Zehntmaß von Honig und Flachs. Ein Füllen sollen sie sich bis zum Feste des heiligen Martin mit einem Pfennig erkaufen, ein Kälbchen mit einem halben Pfennig. Sie haben auch versprochen, uns in allen Stücken gehorchen zu wollen, gemäß der Synodalgerichtsbarkeit und Verfassung der Utrechter Kirche. Ihre weltlichen Rechtshändel sollen sie unter sich selbst entscheiden, damit sie von keinem fremden Richter beeinträchtigt würden. Von je hundert Hufen werden sie dafür ihrer Erklärung gemäß jährlich zwei Mark zahlen. Größere Rechtssachen sollen sie, wenn sie sie selbst unter sich nicht beilegen können, zu Gehör des Erzbischofs bringen. Sie sollten ihn dann zur Abhaltung des Gerichts holen und ihn da, wo er weilt, auf ihre eigenen Kosten unterhalten. Dagegen sollen sie von den zu verhängenden Strafen zwei Teile haben und dem Erzbischof nur das letzte Drittel überlassen. Wir haben gestattet, daß in dem erwähnten Landstrich da, wo es ihnen angebracht erscheint, Kirchen errichtet werden. Und diesen Kirchen haben wir deutlich und bestimmt, zu Nutzen des Priesters, der dort Gott dienen wird, den Zehnten von den Zehnten unserer Parochiekirchen gewährt. Nichtsdestoweniger erklären die Glieder der einzelnen kirchlichen Gemeinden, auch ihrerseits ihren Kirchen zum notwendigen Unterhalt des Priesters als Zugabe eine Hufe geben zu wollen. Die Namen der Männer, die uns wegen des Abschlusses und der Bestätigung dieses Vertrages angegangen haben, sind folgende: Der Priester Heinrich, dem wir die vorher erwähnten Kirchen für sein Leben zugestanden haben, und sonst noch die Laien Helikin, Arnold, Hiko, Fordolt und Referic. Und so übergeben wir das schon oft erwähnte Land nach Recht und Übereinkunft ihnen und ihren Erben. Die endgültige und verpflichtende Bestimmung zu diesem Vertrag geschah im Jahre der Fleischwerdung unseres Herrn 1106, unter der Regierung des Königs Heinrich IV, römischen Kaisers, allzeit Mehrer des Reiches.

Collage mit einer Abschrift der Urkunde von 1113

Urkunde von 1185 (BUB I/66)

Auf 1187 datierte Abschrift einer verschollenen Originalurkunde. Es ist zu vermuten, dass es sich bei der Datierung der Abschrift um einen Übertragungsfehler handelt und dass die Urkunde 1185 entstanden ist. Die erste urkundliche Erwähnung der Kirche in Horn wurde anlässlich der 800-Jahr-Feier als Gründung der Gemeinde angenommen.

Mit der Urkunde von 1185 übertrug der Erzbischof Hartwig II. (H. von Utlede, †1207, von 1184 bis zu seinem Tod Erzbischof von Hamburg-Bremen) das neu gegründete Ansgariikapitel an zwölf Stiftsherren. Zur Mehrung des Unterhalts (der Präbenden) übertrug er dem Kapitel die Kirche »zum Horne« (→Horner Kirche) nebst Zubehör und Rechten. Das Ansgariikapitel erhält den Zehnten der Erträge, die Vogtei und die Gerichtsbarkeit. Zur Mehrung des Unterhalts erhält das Kapitel weiterhin drei Holländerviertel, eins in Gehren (Gera), eines in Vahr (Vora) und ein drittes in Lehe (Leda), ebenfalls samt der Vogtei und dem Zehnten, ferner die Kirchen in Wasserhorst (Horst) und Stuhr (Sture). Da die Kirche zum Horn einem Mann namens Alwin unterstand und ihm die Einkünfte aus dem Kirchspiel zustanden, sollten die Kirche und die Einkünfte erst nach seinem Tode oder Alwins freiwilligem Verzicht in den Besitz des Ansgariikapitels übergehen.

V

Vahlsing's Café

Das Kaffeehaus mit Saalbetrieb an der Ecke Schwachhauser/Horner Heerstraße wurde für Bälle, Konzerte und Tanzveranstaltungen genutzt. Inhaber war die Familie Schnaars mit den nachfolgenden Generationen Vahlsing und ab 1930 Hapke. Während des Zweiten Weltkriegs wurde es für Parteizwecke beschlagnahmt, und 1945-49 nutzten es die Amerikaner als Mannschafts-Casino und für Box- und Musikveranstaltungen. 1949 richtete Fritz Hapke zunächst eine »Behelfsgaststätte« ein und eröffnete nach Sanierung im Juni 1953 neu. 1954 nahm die Deutsche Bundespost im Tanzsaal ein Wählamt mit 700 Anruf-Einheiten in Betrieb. In den 1980er Jahren wurde es als Bier- und Speiselokal unter dem Namen Galeria weitergeführt und trägt nach Besitzerwechseln und erneutem Umbau nunmehr den Namen Bestial.

Vahlsings Café, um 1920

Auf grüner Wiese in nur wenigen Jahren entstanden: die Großsiedlung Vahr

Vahr

Bezeichnung der östlichen Feldmark Bremens; erstmals erwähnt als Vora in der Gründungsurkunde des Ansgariikapitels von 1185 (UB I 66). Im →Stader Vergleich musste Bremen 1741 die Landeshoheit über den größten Teil der Vahr an Hannover abtreten, bis gemäß den zwischen Frankreich und Österreich ausgehandelten Entschädigungen im »Reichsdeputationshauptschluss« die Vahr 1803 wieder Teil Bremens wurde und auch die Dörfer Hastedt und Schwachhausen von Hannover an die Stadt übergingen.

Vor der Eingemeindung Horns verlief die Grenze zwischen der Vahr und Horn in der Mitte der Berckstraße und der →Horner Heerstraße, wodurch auch deren östlicher Teil (ungerade Hausnummern) zur Feldmark Vahr gehörte. Nach dem Bau der Großsiedlungen Gartenstadt Vahr und Neue Vahr wurde die Vahr am 1.4.1959 aus dem →Ortsamtsbereich →Horn-Lehe herausgelöst und selbstständiger Ortsteil.

Vahrster Brücke

Die Vahrster Brücke überquerte im Verlauf der Schwachhauser Chaussee das Vahrster Fleet in Höhe der heutigen Bürgermeister-Spitta-Allee. Hier endete einst die →Pferdebahn.

Vahrster Fleet

Das Vahrster Fleet diente der Entwässerung von Osterholz und der Vahr. Es verlief an der Vahrer Straße (Bürgermeister-Spitta-Allee), unterquerte an der →Vahrster Brücke die damalige Schwachhauser Chaussee, folgte der Horner Chaussee, bis es - heute noch sichtbar - gegenüber der Horner Grundschule nach Westen in Richtung Wümme abknickte.

Vassmer, Johannes

Tabakkaufmann, 1873-1942 Bremen, Horner Heerstraße 21

Johannes Vassmer war seit 1898 Teilhaber der von seinem Vater Heinrich Wilhelm Diedrich Vassmer 1862 gründeten Tabakmaklerfirma und verheiratet mit Marie

Besucht Vahlsings Bierkeller
Horner-Heerstraße

Sommerfrische: Johannes Vassmer mit Frau Marie und Kindern

Vassmer, geb →Bergfeld. Unter seiner Leitung wurden Beziehungen zu fast allen Anbauländern und zur Großindustrie aufgenommen. 1932 wurde der Enkel des Gründers, Hans Georg Vassmer, Teilhaber. Nach seinem Tode 1978 übernahm seine Ehefrau Ida Paula Vassmer die Leitung der Firma, die 2005 aufgelöst wurde. Johannes Vassmer hatte sich an der Horner Heerstraße 21 von den Architekten Runge & Scotland 1905 ein Landhaus im englischen Landhausstil mit Sprossenfenstern, Erkern, Giebeln und Walmdächern erbauen lassen, die Inneneinrichtung zeigte Jugendstil. 1964 wurde das Haus von der Stiftung →Alten Eichen gekauft, die es zunächst als Kinderheim nutzte, es dann aber 1972 abreißen ließ, um auf dem Grundstück ein modernes Heimgebäude zu errichten.

Verein der Freunde des Rhododendronparks

Der gemeinnützige Verein wurde 1977 zum Bau des Cafés im Rhododendronpark gegründet. Nach dem Verkauf des Rhododendronpark-Cafés an die Stadtgemeinde ist das heutige Vereinsziel, den Rhododendronpark allen Bevölkerungsschichten unter dem Gesichtspunkt der Gartenkunst, des Umwelt-, Natur-, und Landschaftsschutzes sowie der Rhododendronzüchtung nahezubringen. Vereinszweck ist es auch, die Instandhaltung und Verschönerung des Rhododendronparks zu unterstützen. Weil sich der Vorstand nicht über den Verkauf des →Rhododendronpark-Cafés einigen konnte, kam es 2002 im Verein zu Kontroversen. Nach dem Rücktritt des Vorstandes übernahm die Stadtgemeinde das Café. Aus den Verkaufserlösen unterstützte der Verein nach der Übernahme des Rhododendronparks durch die →Bremer Stiftung Rhododendronpark verschiedene Parkprojekte. Der Verein ist Mitglied in der Arbeitsgemeinschaft Bremer Parks und erhält turnusmäßig einen Anteil der Einnahmen der Bürgerparktombola, mit denen ein wesentlicher Beitrag zum Aufbau des Sortimentsgartens Ost geleistet werden konnte.

Verein Deutscher Studenten Bremen (VDSt)

Der 1993 gegründete VDSt zu Bremen entstand aus dem seit
1965 bestehenden Heimverein VDSt zu Bremen e.V.
1996 scheiterte der Ankauf des Hauses Luisental 17, daher erwarb der Verein im Jahr darauf das Grundstück Lilienthaler Heerstraße 5. 1998 begannen die Bauarbeiten, und im März 1999 erfolgte die Einweihung des nach dem ehemaligen Verbandsmitglied und ehemaligen Bundestagspräsidenten Hermann Ehlers (CDU, 1904–54) benannten Hauses mit vollmöblierten Einzimmerwohnungen für die studentischen Mitglieder.
Der Verein Deutscher Studenten Bremen ist eine Mitgliedsverbindung im Verband der Vereine Deutscher Studenten, in dem nicht schlagende, farbenführende Verbindungen organisiert sind. Die Mitgliedschaft kann nur von männlichen Studenten und Akademikern erworben werden, die sich »dem deutschen Sprach- und Kulturkreis verbunden fühlen«. Der Wahlspruch des Dachverbandes lautet: »Mit Gott für Volk und Vaterland!«

Mit großer Deutscher Fahne: Haus des VdSt an der Lilienthaler Heerstraße zur EM 2008

Verein zur Förderung der Artenvielfalt
Der Verein zur Förderung der Artenvielfalt in botanika, Botanischem Garten, Rhododendronpark (BBR) wurde 2008 im Zusammenhang mit der Diskussion um den Rückbau der →botanika aus der Bürgerinitiative »pro botanika« gegründet. Der Verein hat das Ziel, die drei Parkteile →Rhododendron-Park, →Botanischer Garten und →botanika zu Bildungszwecken zusammenzuführen sowie die Grüne Schule in der botanika als besonderen außerschulischen Lernort weiterzuentwickeln.

Vereine und Stiftungen
Neben zahlreichen →Sportvereinen gibt es in Horn-Lehe viele Vereine, die sich auf unterschiedlichen Gebieten engagieren.

\multicolumn{4}{c}{Vereine, Stiftung, Initiativen}			
Name	**Adresse**	**Internetadresse**	**Bemerkung**
→All Heil Schorf		www.rv-schorf-oberneuland.de	
→Apollon-Stiftung			insolvent
→BI Hollerland			
→Bridge-Club Bremer Schlüssel	Haferwende 10A	www.bridge-bremen.de	
Buch Horn (FÖRDERVEREIN BIBLIOTHEK HORN-LEHE e.V) →Büchereien	Vorkampsweg 97	www.buch-horn.de	
→Bürgerverein Hon-Lehe		www.bv-horn-lehe.de	
→Deutsche Rhododendron Gesellschaft e.V.	Marcusallee 60	www.rhodo.org	
→Förderverein »Unser Horner Bad«		www.horner-bad.de	aufgelöst
→Förderverein zur Erhaltung der Horner Mühle			aufgelöst
Freiwillige →Feuerwehr Lehesterdeich	Am Lehester Deich 139 B	www.ff-lehesterdeich.de	
Freunde und Dauercamper auf dem Naturcampingplatz Bremen e V →Campingplatz)	Am Stadtwaldsee 1	www.naturcampingplatz-web.de	
Gehörlosen-Sportverein Bremen e.V. →Vinnen Villa)	Schwachhauser Heerstraße 266	www.gsvbremen-fussball.de	
→Hanseatenclub Bremen e.V. →Theater am Deich)	Am Lehester Deich 92	www.theateramdeich.de	
→Hockey-Club Horn	Berckstr. 91 B	www.hc-horn.de	
Hospiz Horn e.V.	Riekestraße 2	www.hospiz-horn.de	
Kindergarten Murmel e.V. Aussenstelle	Horner Heerstraße 19	www.kindergarten-murmel.de	
Kindertagesstätte Technologiepark e.V.		www.kita-tp.de	
Kleingartenverein zur Grünen Insel			
Kleingärtnerverein Horner Gartenfreunde e. V. Kurt Courier			
Landesverband der Gartenfreunde Bremen e.V. (→FlorAtrium)	Johann-Friedrich-Walte-Str. 2	www.gartenfreundebremen.de	
Landesverband der Gehörlosen Bremen e.V. →Vinnen Villa	Schwachhauser Heerstraße 266	www.info.lvg-bremen.de	

Name	Adresse	Internetadresse	Bemerkung
Multiple Sklerose Gesellschaft Landesverband Bremen e.V.	Brucknerstraße 13	www.dmsg-bremen.de	
Reitclub St. Georg	Wetterungsweg 2	www.reitclub-st-georg.de	
Segelverein Wümme	Kuhgrabenweg 6	www.segelverein-wuemme.de	
SpielLandschaftStadt e.V.	Horner Heerstraße 19	www.spiellandschaft-bremen.de	
Stiftung →Alten Eichen von 1596	Horner Heerstraße 19	www.alten-eichen.de	
Stiftung botanika	Deliusweg 40	www.botanika-bremen.de/freunde-helfen-der-botanika.html	
→Stiftung Bremer Rhododendronpark	Deliusweg 40	www.rhododenronpark-bremen.de	
Störtebeker Bremer Paddelsport	Auf dem Wummenstück 2	www.stoertebeker-bremen.de	
→Technisches Hilfswerk Ortsverband Bremen-Mitte	Kleiner Ort 4	www.thw-bremen-mitte.de	
→Technologiepark Uni Bremen e.V.	Enrique-Schmidt-Straße 7	www.technologiepark-bremen.de/de/technologiepark-uni-bremen	
TV →Eiche Horn	Berckstraße 87	www.eiche-horn.de	
Verein der →Freunde der Uniwildnis		www.uniwildnis.de	
→Verein der Freunde des Rhododendronparks		www.verein-rhododendronpark-bremen.de	
→Verein Deutscher Studenten Bremen	Lilienthaler Heerstraße 5	www.vdst-bremen.de	
Verein für Hochschulsport (VfH) e. V.	Badgasteiner Straße	www.hospo.uni-bremen.de	
→Verein zur Förderung der Artenvielfalt in botanika, Botanischem Garten und Rhododendronpark		www.probotanika.de	

Verfolgung
Nach der Machtübernahme der Nationalsozialisten wurden Oppositionelle und Mitbürger jüdischer Herkunft verfolgt. Horn-Lehe bildete hierbei keine Ausnahme, wenn auch Nachweise für direkte Beteiligung der Horner Bevölkerung nicht vorliegen.
Politische Verfolgung
Heinrich →Gefken, sozialdemokratischer Bürgermeister der Landgemeinde Lehesterdeich, wurde 1933 abgesetzt, der Lehrer an der Schule Lehesterdeich Heinrich Früchtnicht (1898–1970) wurde 1933 entlassen, die Lehrerin Magdalene →Thimme wurde zwangspensioniert und Lehrerin Anna Elisabeth →Dittrich aus dem Staatsdienst entlassen, der Schauspieler Walter van →Perlstein, wohnhaft am Brahmkamp, wurde verhaftet und verurteilt, Klaus Bücking, Schwiegersohn von Pastor →Fraedrich, wurde entlassen, und auch seine frühere Frau, Maria →Krüger, musste ihre Berufstätigkeit aufgeben.
Der später in Horn wohnende SPD-Politiker und spätere Senator Emil →Theil zählte zu den ersten Verfolgten, die kurz nach der Machtübernahme im KZ Mißler inhaftiert wurden.
Verfolgung jüdischer Mitbürger
Horn-Leher Einwohner jüdischer Herkunft lebten angepasst und unauffällig im Stadtteil, in Einzelfällen sind Ausgrenzungen belegt. In der →Roten Siedlung wurde gegen einen Halbjuden ein Räumungsurteil erwirkt. Juden durften bei Luftangriffen die schützenden Bunker nicht nutzen, und sie unterlagen den allgemeinen in Deutschland Schritt für Schritt weiter verstärkten Repressalien. Noch am 13.2.1945 wurden mehrere Horn-Leher Juden nach Theresienstadt deportiert. Ne-

ben den in der Tabelle auf Seite 240/241 aufgeführten Namen hatten weitere jüdische Mitbürger in Horn-Lehe gelebt, die aber frühzeitig fortgezogen sind und deren Leidensgeschichten nicht mehr nachverfolgt werden konnten.

Verkehr
Die Erschließung Horns und Lehes erfolgte zunächst über die Riensberger Straße und ihre gradlinige Verlängerung über die Riensberger Brücke, den alten →Helmer. Im 18. Jh. verlagerte sich der Verkehr zwischen der Stadt und Horn-Lehe immer stärker auf die heutige Horner Heerstraße. Die um 1880 ohne Haltepunkt gebaute Eisenbahnstrecke Bremen-Hamburg trennte die Ortsteile, und der Bau der Reichsautobahn (→Autobahn) in den 1930er Jahren zerschnitt die Ortsteile erneut. Erst 1975 wurde die Anbindung Horn-Lehes durch den Bau des Autobahnzubringers für den Kfz-Verkehr erheblich verbessert.

Die Anbindung durch den öffentlichen Nahverkehr erfolgte erstmalig 1876 durch die Bremer →Pferdebahn und anschließend durch die →Straßenbahn von Horn zur ehemaligen Börse am Marktplatz. Die Endstation auf dem heutigen →Lestra-Parkplatz wurde zum Umsteigebahnhof in die Busse (→Busverbindungen) nach Oberneuland und Borgfeld/Lilienthal.

Die Schmalspurbahn Bremen-Tarmstedt (→Jan-Reiners-Kleinbahn) fuhr erstmalig im Jahre 1900. Sie hielt zunächst an der Achterstraße (→Zur Schönen Aussicht), später wurde der Haltepunkt an die →Vorstraße verlegt, ein weiterer lag am →Lehester Deich. Die Einrichtung des öffentlichen Nahverkehrs machte die Landgemeinde und die Vorstadt für alle Bevölkerungsschichten als Wohnort attraktiv. Auch bei den Standortentscheidungen für das Haus →Reddersen und das Mädchenwaisenhaus (→Alten Eichen) war die gute verkehrliche Erschließung berücksichtigt worden.

In den 1960er Jahren führte der weiter wachsende Individualverkehr zum vierspurigen Ausbau des Heerstraßenzuges; zugleich nahm die Bedeutung des öffentlichen Nahverkehrs weiter ab, was auch die Einstellungen der Jan-Reiners-Kleinbahn und der Straßenbahnlinie 4 zeigten.

Neue Anforderungen und das Umdenken in der Verkehrspolitik führten 1996 zum Bau der neuen Linie 4 und der Verlängerung der Linie 6 in den Universitätsbereich. Der Bau einer →Hollerlandtrasse als Umgehungs- und Schnellstraße zwischen Lilienthal und der Bundesautobahn wurde nicht realisiert.

Mit Beginn der 1980er Jahre wurden viele Wohngebiete nacheinander durch die Einführung von Tempo-30-Zonen, Baumaßnahmen und verkehrslenkende Maßnahmen verkehrsberuhigt. Erste Maßnahmen waren die Verkehrsberuhigung im Vorstraßengebiet und →Am Brahmkamp.

Vinnen, Carl
Maler, *28.8.1863 Bremen, †16.4.1922 München, Schwachhauser Heerstraße 266
Carl Vinnen war der Sohn des Bremer Kaufmanns und Reeders Johann Christopher Vinnen. Mehr als die 1880 begonnene Tätigkeit in der väterlichen Firma reizte ihn die Beschäftigung mit der Malerei. Er studierte an den Akademien in Düsseldorf und Karlsruhe und stand in Verbindung mit den Worpsweder Künstlern. Von 1904 an lebte er in Horn (→Vinnen-Villa) und zog 1908 nach Cuxhaven. 1905–10 war er Mitglied im Vorstand des Kunstvereins und wandte sich im Bremer Künstlerstreit gegen die angebliche Verfremdung der deutschen Kunst durch die französischen Impressionisten. Für das Bremer Rathaus schuf er das großformatige Gemälde »Bremen im 17. Jahrhundert«. Die letzten Lebensjahre verbrachte er in München.

Carl Vinnen

Vinnen-Villa
Die Vinnen-Villa an der Schwachhauser Heerstraße 266 steht auf dem Grundstück des ehemaligen Ausflugslokals »Siedenburgs

Vinnen-Villa mit Gehörlosen-Freizeitheim

In der NS-Zeit verfolgte Horn-Leher Bürgerinnen und Bürg

Politische Verfolgung

Name	Vorname	Geb.datum, Ort	Angehörige	Wohnort	Beruf	
→Goosmann	Paul			Riensberger Str. 102	Lehrer	
→Gefken	Heinrich	26.8.1872 Bremen		Lilienthaler Heerstraße 180	Gemeindevorsteher	
Früchtnicht	Heinrich	1898–1970			Lehrer, nach 1945 Leiter der Schule Lehester Deich	
→Dittrich	Elisabeth	6.8.1899 Barskamp		Riensberger Str. 58	Lehrerein	
→Thimme	Magdalena	3.11.1888 Lohr		Riensberger Str. 69	Lehrerin	
→Krüger, geb. Fraedrich	Maria	17.10.1907 Gotha	Bücking, Klaus (G)	Berckstraße 27	Sozialarbeiterin	
→Nolting Hauff	Wilhelm	22.4.1902 Naumburg		Marcusallee 26	Rechtsanwalt	
→Perlstein	Walter van	12.3.1901 Köln		Am Brahmkamp 26	Angestellter, Regisseur	
→Theil	Emil	23.17.1872 Leipzig		Auf der Wachsbleiche 2	SPD-Politiker	

Nichtpolitische Verfolgung

Name	Vorname	Geb.datum, Ort	Angehörige	Wohnort	Beruf	
→Britsch	Erika	11.11.1904 Norden	Walter (G), Heide (T)	Tietjenstraße 75		
Cornelius	Richard	1.6.1886 Bremen	Johanna (G), Elisabeth (T)	Leher Heerstraße 28	Kaufmann	
→Frensdorff	Willy	4.3.1881 Hamburg	Melitta (G), Lore (T)	Weyerbergstraße 3	Oberingenieur	
→Jacobi	Kurt, Dr. med. dent.	9.11.1882 Berlin	Hildegard (G)	Luisental 16 (VZ: Luisenthal 14) Nach 1945 Leher Heerstr. 15	Zahnarzt	
Rütter	Johanna	30.12.1905 Goch	Ilse (T), Hannelore (T)	Marcusallee 51		
Rütter	Paul	14.4.1899 Kleve	Ilse (T), Hannelore (T)	Marcusallee 51	Elektro-Monteur	
→Plonsker	Otto	29.5.1904 Köln	Martha (G), Hans (S), Edwin (S), Heinz (S), Ulrich (S), Ruth (T), Waltraut (T), Eva (T)	Schönauenstraße 12	Handlungsgehilfe	

Quelle: Günther Rohdenburg, Karl-Ludwig Sommer: Erinnerungsbuch für die als Juden verfolgten Einwohner Bremens
G=Ehegatte, S=Sohn, T=Tochter

e Berücksichtigung der nach 1933 aus Bremen Verzogenen)

Verfolgungsgrund	Verfolgung	Überleben/verstorben
Gesetz zur Wiederherstellung des Berufsbeamtemtums	Aus dem Staatsdienst entlassen	überlebt/1992
SPD-Mitglied, Gesetz zur Wiederherstellung des Berufsbeamtemtums	Aus dem Staatsdienst entlassen	überlebt/1955
Gesetz zur Wiederherstellung des Berufsbeamtemtums	Aus dem Staatsdienst entlassen	überlebt/1970
Unterstützung jüdischer Mitbürger	vorübergehend entlassen, Kürzung der Bezüge	überlebt/unbek. verst.
Unterstützung jüdischer Mitbürger	Zwangspensioniert, 500 RM Geldstrafe	überlebt/1951
Gesetz zur Wiederherstellung des Berufsbeamtemtums	Aus dem Staatsdienst entlassen	überlebt/1987
NürnbG: Mischling ersten Grades	Entlassung aus der Rechtsanwaltskammer/Arbeitslager	überlebt/1986
Widerstandtätigkeit	Zuchthaus, KZ Mauthausen	erschossen 6.12.1941
SPD-Mitgliedschaft	Konzentrationslager Mißler, Sachsenhausen und Dachau	überlebt/1968

Verfolgungsgrund	Verfolgung	Überleben
jüdische Abstammung	Theresienstadt, 13.2.1945	überlebt/unbek. verst.
jüdische Abstammung	inhaftiert (AL) 1944/45 KZ/Lager	überlebt/1972
jüdische Abstammung	Deportation während der Pogromnacht, inhaftiert (KZ) 1938	emigriert 1939 nach Shanghai, überlebt/1947
jüdische Abstammung	Theresienstadt, 13.2.1945	überlebt/1960
jüdische Abstammung	Theresienstadt, 13.2.1945	überlebt/1994
jüdische Abstammung	inhaftiert (AL) 1944/45	überlebt/unbek. verst.
jüdische Abstammung	verhaftet 15.2.1938–April 1938; Theresienstadt, 13.2.1945	überlebt/unbek. verst.

Staatsarchiv Bremen [=Kleine Schriften des Staatsarchivs Bremen, Heft 37], Bremen 2006

Caffee«. 1890 hatte Konsul Julius Brabant das Grundstück samt Holzhaus darauf als Sommerwohnung von Gustav Siedenburg und Wilhelm Witte gekauft. 1903 verkaufte Brabant einen Grundstücksteil an den Maler Carl Vinnen, der dort 1904 die heutige Villa errichten ließ. Bereits im Jahre 1907 verkaufte er den Bau an den Kaufmann Johannes Nolte, und 1920 erwarb der Spediteur und Consul Wilhelm Niehaus das Haus von der Witwe Nolte für 400.000 Mark. Nach dem Zweiten Weltkrieg wurde die Vinnen-Villa von den Amerikanern beschlagnahmt und anschließend von 1950–78 als Hilfsschule für Lernbehinderte genutzt. Danach waren im Haus bis 1986 die Hörbehinderten-Schule an der Marcusallee und anschließend das »Gehörlosenfreizeitheim Bremen e.V.« als Treffpunkt für Gehörlose eingerichtet.

Vorkampsweg

1957 benannt nach der Horner Flurbezeichnung »Vorkämpe« (Kamp = Feld). 1959 wurde mit den Planungen zur Umnutzung des dortigen Bauernlandes als Wohngebiete begonnen. Ein erster Entwurf mit einem Hochhaus wurde vom Beirat abgelehnt und nicht umgesetzt. Zu Beginn der 1960er Jahre wurde das Gebiet durch die Bremer Bauträger-Gesellschaft überwiegend mit Einfamilienhäusern nach den Entwürfen des in der Tietjenstraße wohnenden Architekten Hans-Albert Schlemm bebaut. Im Mai 1962 fand ein Richtfest für 40 Reihenhäuser an der Vorstraße und am Vorkampsweg statt. Am Vorkampsweg wohnten auch der Oberschulrat →Mews und der Bürgerschaftsabgeordnete der Grünen →Willers.

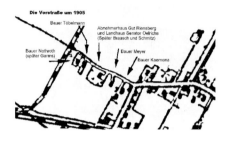

Vorstraße

Die Vorstraße gehört zu den ältesten Straßen Horn-Lehes, ursprünglich verlief sie wie die →Achterstraße als Feldweg bis zum Kuhgraben. Die Vor- und die Achterstraße laufen parallel in Ost-West-Richtung. Die Vorstraße erhielt ihren Namen, weil sie »vor« den fünf Bauernhöfen an der Südseite der Straße lag. Am Anfang der Vorstraße folgten auf den Hof von →Kaemena, der Hof →Meyer, das Abnehmerhaus →Wachsbleiche und die Höfe von →Töbelmann und →Nothroth (Garms). Die Nordseite der Straße wurde ab 1904 vorwiegend mit Einfamilienhäusern bebaut. Am Ende der Nordseite befand sich der erst später errichtete Hof des Nebenerwerbsbauern →Erasmi. Nach der Eingemeindung Horns gehörte die Südseite zum Stadtgebiet, die Nordseite zum Landgebiet, was sich z.B. auch in unterschiedlicher Besteuerung der »Stadthunde« und der »Landhunde« auswirkte. In der Vorstraße wohnten der vormalige Senator →Oelrichs, der Kaufmann →Schmitz und der Schulrat →Dehning, von dem ein kleines schriftliches Denkmal über die Vorstraße und die Achterstraße erhalten ist:

Vor- un Achterstraat

Disse afsonnerlichen Namens fallt jeden op, de dörch Horn spazeern geiht oder na Horn vertrecken deit. Wo »vor« un wo »achter«? ward denn fraagt. Beide Straten fangt in Horn an un loopt över 1 km lang na'n Kohgraben to, dörch dat flache Wischland hendörch, jümmer blangen enanner her, »parallel« heet dat in de Geometrie. Op de Kämpe dartwischen graast

Blick aus der Vorstraße in das Neubaugebiet Vorkampsweg, 1961

Blick in die Leher Heerstraße stadteinwärts, rechts zweigt die Vorstraße ab, 1957

de Köh, aber de kiekt bold mit den Kopp, bold mit den Steert na de een oder de anner Straat; na jem hebbt de Straten ären Namen säker nich krägen.

Aber wi wollt mal de Vorstraten lang gahn, denn kriegt wi dat sachs klar, wo dat Geheemnis stäken deit.

Vun de Vorstraten hört de ene Siet, de na't Noorn to, an de Landgemeende Leesterdiek, de Südsiet aber na Horn, also an de Stadt Bremen. Vor 50 Jahrn weer de Vorstraten noch en reinen Landweg, de in de Wischen gung un denn to Enn' weer, wat se jo ook hüte noch deit. Heel eensam weer dat an disse öle Landstraat, denn dar stunnen nich mehr äs veer Hüser; dat weern de Buernhüser vun Kaemena (dar is Sine Wessels in baren un tagen), vun Meier (dat 1929 afbrennt is), vun Notrodt (hüte Garms) un dat grote ole Afnehmerhuus vun Good Riensbarg, wat tolest »Wachsbleiche« heten hett, dat ollste vun alle Hüser in Horn, nu leider afbraken. Up de ganze Nordersiet weern nix as Veehweiden, all indeelt in Kämpe, de bit ganz na'n Leester Diek recken dän.

Das Ende der Vorstraße im Jahr 1971

Luftaufnahme des Vorstraßengebietes mit den Neubauten am Vorkampsweg, um 1965

Landgut Wachsbleiche an der Vorstraße

Wachsbleiche

Die Namensgeberin der Straße »Auf der Wachsbleiche« war das alte Landgut Wachsbleiche an der →Vorstraße, im Bereich der heutigen Nößlerstraße. Es gehörte ehemals zum Gut →Riensberg und wurde 1666 von der Familie Schöne erbaut. Auf der Wachsbleiche wurde Bienenwachs für das Gut Riensberg hergestellt und gebleicht.

Laut Adressbuch gehörte das Gut 1813 dem »Geld u. Wechselnegocianten Nicolaus Wolff«, der seinen Wohnsitz am Markt 3 hatte und mit Wachslichten handelte. 1829 wurde das Gut an Engelbert Walte verkauft, der in der Wachtstraße 10 mit Drogerie- und Farbwaren handelte. Nach weiteren Besitzerwechseln kaufte 1890 Senator Dr. Jasper →Oelrichs das Gut. Er errichtete auf dem Gelände ein Landhaus, das später Villa →Schmitz genannt wurde. Das Hofgebäude wurde 1925 von dem Mechaniker Braasch übernommen, der dort eine Milchhandlung und einen Flaschenbierverkauf betrieb. 1950 ging das Haus in den Besitz des Textilfabrikanten Paul Ernst Herold über. Er ließ das Landgut abreißen und errichtete dort die 1989 abgerissene »Villa Herold«. Heute steht dort einer der Blocks an der Nößlerstraße. Auch die Villa →Schmitz auf der anderen Seite der Nößlerstraße musste einem Wohnblock weichen.

Se harrn den Namen Vorkämpe (darna hett de Vorkampsweg sinen Namen, de domals aber noch nich dar weer). Nich een Hus stunn domals dar up disse Nordersiet vun'r Vorstraten. De vier Buernhüser legen mit äre Infahrt na de Vorstraten to. Wenn de Ackerwagens un annere Spannwarken ut de Grootdör un ober den Hoffplatz utfahren dän, denn legen de Kämpe »vor« jem. Un darum heet de Landweg »Vorstraat«. Na achtern rut leeg nich väl Land, dar weern de Gaarns un dat Grasland för de Pär. Dit Land »achter« de Hüser reck bit na enen Feldweg, den se eenfach as »Achterstraat« betekent harrn. Un dissen Namen hett he vandage noch. Un dormit hebbt wi dat Namensradels löst!

Eer de Hamborger Bahn in de 70er Jahrn boot word, weren Vor- un Achterstraat mitenanner dörch den »Helmer« verbunnen, de in de Riensbarger Straat rin-lopen da; Helmer bedüd't sovääl as Nebenweg. De Helmer leep dar, wo hüte de südliche Deel vun de Weyerbargstraat lopen deit, is aber nu al lang uphaben un vergäten worden, wiel de Hamborger Bahn em merden dörchsniden dä. Egens harr de Weyerbargstraat darum den Namen »Up den Helmer« krigen mußt; dat Katasteramt harr aber Angst, dat konn to licht mit den Halmerweg in Gröpeln verwesselt weern, un is darum nich up dissen Vörslagg ingahn.

»Unser Horn«, Zeitschrift des Bürgervereins Horn-Lehe«, Nr. 2, 1. Jahrgang, 23.7.1955.

Walte, Johann Georg
*Maler und Zeichner, *12.4.1811 Bremen, †9.9.1890 ebd.*

Johann Georg Walte stammte aus einem wohlhabenden Bremer Elternhaus. Er studierte zunächst Rechtswissenschaften, ließ sich dann aber zum Maler ausbilden. Anschließend hielt er sich in Italien auf, bevor er 1843 zurück nach Bremen kam. Die Sommermonate verbrachte Walte meist im Bremer Blockland und in Oberneuland. Hier erstellte er zahlreiche Landschaftszeichnungen. Einige seiner Werke entstanden auch in Horn, darunter die Eisberge im Lehester Feld, die Richtstätte →Uppe Angst und die →Riensberger Straße.

Wappen
Das Horn-Leher Wappen wurde anlässlich der 800-Jahr-Feier entworfen. Es zeigt die →Horner Kirche, die →Mühle und ein Horn auf grünem Grund.

Warft/Wurt
Zum Schutz der Häuser und Siedlungen gegen Hochwasser errichteten die ersten Siedler Erdhügel, auf denen ihre Gebäude entstanden. Trotz der Eindeichung behielten sie weiterhin ihre Bedeutung und sind ständig erhöht worden, weil die →Deiche bei Sturmfluten keinen ausreichenden Schutz boten und die winterliche Überschwemmung der Ackerflächen wegen der düngenden Wirkung sogar erwünscht war. Die Wurten stehen unter Denkmalschutz und dürfen nicht beseitigt werden. Alte Wurten sind noch zu erkennen an der Leher Heerstraße neben der Mühle (ehemaliges Müllerhaus) und im Luisental (Studentenwohnheim und Gemeinde).

Warneke, Martin
Pastor, *27.7.1954 Stadthagen
Martin Warnecke studierte 1973–79 in Göttingen evangelische Theologie. Nach seinem ersten theologischen Examen wurde er Vikar in der evangelisch reformierten Kirche und war in Emden und in den Gemeinden Pilsum und Manslagt tätig. Nach dem zweiten theologischen Examen wurde er dort 1983 als Pastor gewählt und ordiniert. Im Februar 1990 wählte ihn die evangelische Andreas-Gemeinde in Bremen zu ihrem Pastor. 1993 war er Mitorganisator der Stadtteilsymphonie, und 1999 berief ihn der Kirchenausschuss der Bremischen Evangelischen Kirche zum landeskirchlichen Friedensbeauftragten.

Warnken, Diedrich
Sportler, Gründer und erster Vorsitzender des HC Horn, *23.3.1898, †26.9.1980 Bremen, Klattendiek 9
Der Allroundsportler Diedrich Warnken stellte als Mitglied im TV →Eiche Horn zahlreiche Vereinsrekorde auf, 1921 erzielte er im Schleuderballweitwurf mit einer Weite von 59,9 Metern die zweitbeste Leistung in Deutschland. 1920 gründete er mit anderen Sportlern den →Hockey Clubs Horn, musste aber Mitte der 1920er Jahre aufgrund einer Kriegsverletzung den aktiven Sport aufgeben.

Diedrich Warnken

Wassersportheim Bremermann
Das Wassersportheim mit Verleih von Wassersportbooten und Bootsbauhallen wurde 1924 von Friedrich Bremermann, der zuvor am Torfhafen in Findorff Sportboote gebaut hatte, am Kuhgraben eröffnet. Bei Bremermann entstanden Einer- und Mannschaftskajaks mit einer Länge von bis zu zehn Metern und 1,2 Metern Breite. Ausgestattet mit dem 1,25 PS König-Außenbordmotor baute er den »Bremermann Kanadier«. Das Sportlerheim mit dem Café Hoyer (→Bremermann) war Treffpunkt und Rastplatz für die zahlreichen Paddler, Segler und Motorbootfahrer, die von der Kleinen Wümme und dem Torfkanal über den Kuhgraben zur großen Wümme fuhren. In den Bootshallen befanden sich zeitweise bis zu 600 Boote. 1975 zog die Firma nach Hemelingen, weil die Stadt das Gelände für die Erwei-

Martin Warneke

Wassersportheim Bremermann, um 1930

terung der Universität aufkaufte. 1989 plante die Stadt hier einen →japanischen Garten. Heute befindet sich an der Stelle eine Grünanlage mit einer Einstiegsstelle für die wieder auf dem Kuhgraben verkehrenden Ausflugs-Torfkähne.

Wätjen, Heinrich Eduard
Kaufmann und Bankier, *27.3.1848 Bremen, †27.10.1928 Bremen, Horner Heerstraße 16

Ältester Sohn von Dietrich Hermann Wätjen, der nach dem Tod des Vaters als 20-Jähriger dessen Bremer Handelsfirma weiterführte. 1873/74 erbaute er anstelle des alten Sommerhauses der Familie eine große Villa im Stil der englischen Gotik (→Wätjens Schloss) und erweiterte den ursprünglichen Garten durch Zukauf verschiedener Ländereien. Nach dem frühen Tod seiner Frau Helene führte seine Cousine Emma Wittig so lange den Haushalt, bis Wätjen 1888 deren Freundin Amalie Klugkist heiratete.

Wätjens Schloss

Das von Eduard →Wätjen an der Horner Heerstraße 16 erbaute Herrenhaus im Stil der englischen Gotik wurde wegen seiner Größe und seines verspielten Äußeren allgemein »Wätjens Schloss« genannt (ist aber nicht zu verwechseln mit dem heute noch als Ruine erhaltenen »Wätjens Schloss« in Blumenthal). Vom Turm des imposanten Gebäudes hatte der Besitzer einen Blick bis nach Worpswede. Wätjens Sohn Johann Theodor schreibt über den Garten und das Leben auf dem Landgut: »Der Garten, den mein Vater dort schuf, war etwas ganz Eigenartiges und Besonderes, dem man die Liebe und Sorgfalt, die darauf verwandt wurde, sichtbar anmerkte. Wunderschöne alte Eichen, nach denen der Platz später ›Alteneichen‹ genannt wurde. Blutbuchen, eine besonders schone Sumpfcypresse gaben dem Garten etwas Ehrwürdiges. Schöne Baumgruppen und Gebüsche rahmten die peinlichst von jedem Unkraut reingehaltenen englischen Rasenflächen ein, die immer kurz gehalten und in trocknen Zeiten gesprengt wurden. Blumenrabatten und Blumenbeete, Rhododendron und Azaleengebüsche brachten zu jeder Jahreszeit freundliche, bunte Farben in das schöne Gesamtbild Jeder Baum war ein ausgesuchtes Exemplar und stand am richtigen Platz. Gefällig angelegte und sauber gehaltene Wege, die immer wieder geharkt wurden, durchzogen den Garten. Alles war mit äußerster

Heinrich Eduard Wätjen mit seiner Ehefrau Helene

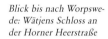

Blick bis nach Worpswede: Wätjens Schloss an der Horner Heerstraße

Perfektion gehalten. Jeden Nachmittag, wenn mein Vater nach seiner Comptoirarbeit nach Horn mit seinem schönen Fuchsgespann, das ebenso wie alles andere in bester Vollendung gehalten war, zurückkam, ging er mit dem alten Hofmeier Lindemann alles genau inspizierend durch den Garten, sah zu, ob auch jeder Winkel in richtiger Ordnung war und traf seine Anordnungen. Auch im Winter fuhr mein Vater zweimal in der Woche nach Horn um nach dem Rechten zu sehen. So war Horn mit seinem Garten ein wesentlicher Bestandteil meines Vaters geworden, in der seine Liebe zum Lande und zur Natur ihren Ausdruck fand. Nach dem unglücklichen Ausgang des ersten Weltkrieges, den dadurch völlig veränderten Zeiten, die eine furchtbare Inflation mit großen Kapitalverlusten zur Folge hatte, erkannte mein Vater rechtzeitig, daß solch ein reiner Luxusbesitz, wie ihn Horn darstellte, nicht mehr aufrecht zu erhalten war und auch keiner seiner Sohne je in der Lage sein wurde, ihn zu übernehmen. So faßte er im Jahre 1923 den Entschluß, diesen schönen Besitz, an dem sein Herz hing und den er durch viel Mühe und liebevoller Sorgfalt zu solcher Vollendung gebracht hatte zu verkaufen. [...] Eine Terraingesellschaft erwarb das Grundstück. Das schöne Haus wurde niedergerissen und Villen entstanden. Straßen durchzogen den Park und damit war die einstige Herrlichkeit verschwunden. Nur die alten Bäume stehen noch, und wenn mich in meinen späteren Jahren mein Weg nach Bremen fühlte, versäumte ich nie die alte, jetzt so veränderte Stätte aufzusuchen, und etwas wehmutigen Herzens hielt ich dann Zwiesprache mit den alten, mir so vertrauten Bäumen, und der Glanz des alten Horn und meine dort verlebten Jugendzeiten wurden mir dabei voll gegenwärtig.«

1923 wurde das Grundstück verkauft, nach Abriss von Herren- und Hofmeierhaus 1926 parzelliert und darauf die Straße →Alten Eichen angelegt. So bewahrt ihr Name weiter die Erinnerung an den alten Baumbestand, und in manchen Gärten stoßen die Bewohner noch heute auf Steine und die Grundmauern von Wätjens Schloss.

Wedepohl, Gerhard
*Maler und Zeichner, *25.11.1893 Schönebeck (bei Bremen), †21.3.1930 Bremen*
Fertigte 1929 zahlreiche Federzeichnungen mit Motiven aus Horn-Lehe an. Darunter die Horner Mühle mit Müllerhaus, Landhaus Möller in der Leh (→Louisenthal), Hof von Behrens in der Leh, die →Horner Kirche mit →Linde, Gasthaus →Goedeken, →Brusesteg und →Barenburgs Strohdachhaus.

Weihusen
Bremer Familie, die 1909 nach Horn zog und wesentlichen Einfluss auf das gesellschaftliche Vereinsleben im Stadtteil hatte.
a) Diedrich Weihusen
*Vorsitzender des TV Eiche Horn, *4.3.1878 Bremen, †18.11.1929 Bremen, verh. mit Anna-Luise, geb. Hilken, Berckstraße 70*
Der Sohn von Hinrich Weihusen-Vahr und Anna Catharina Döhle-Oberneuland war von Beruf Verwaltungsangestellter. 1906 erbaute er mit seiner Frau das Haus an der Berckstraße 70. Er war Gründungsmitglied des TV →Eiche Horn und 1914–29 Vorsitzender.
Er hatte 4 Kinder: →Heinrich, Grete (*30.9.1906, †17.7.1995, verh. Rosebrock), Otto, →Frido

Diedrich Weihusen

b) Frido Weihusen
*Küchenmeister und Fachlehrer, *17.6.1914 Bremen, †18.11.1992 ebd., Berckstraße 70, verh. mit Helene Karoline Frieda »Friedel« Krempel*
Frido Weihusen gehörte wie sein Bruder Heinrich zu den Urgesteinen des Horn-Leher politischen und Vereinslebens, auch wenn er nicht immer so im Lichte der Öffentlichkeit stand. Er war Küchenmeister und Fachlehrer und bildete Köche aus. Weihusen gehörte zu den Gründungsmitgliedern des »Koch Klubs Bremia« (heute Koch-Club Bremen e.V) und war erster Vorsitzender.
Er organisierte mehrere Fotoausstellungen über den Stadtteil.

Frido Weihusen

c) Heinrich (»Heinz«) Weihusen
*Lokalpolitiker, Vorsitzender des TV Eiche Horn und des Bürgervereins, Leiter der Horner Grundschule, *27.2.1905, Bremen, †1.3.1990 ebd., Weyerbergstraße 4*

Heinz Weihusen

1925 trat Weihusen als Hilfslehrer in den bremischen Schuldienst ein. 1928 legte er die zweite Staatsprüfung als Lehrer ab und ließ sich 1930/31 an der preußischen Hochschule für Leibesübungen in Spandau ausbilden. Bis zur Einberufung zum Wehrdienst war er Sportlehrer am Gymnasium Hamburger Straße.

Nach dem Zweiten Weltkrieg absolvierte er zunächst eine Umschulung in einer Horner Tischlerei. 1949 wurde er Werklehrer an der Schule an der Horner Heerstraße und 1959-70 deren Leiter. Während seiner beruflichen Tätigkeit als Schulleiter leitete er die alljährlichen Turn- und Sportfeste der bremischen Schulen im Weser-Stadion. Heinz Weihusen war seit seinem siebten Lebensjahr Mitglied des TV →Eiche Horn. 1932-76 schrieb er regelmäßig in der von ihm ins Leben gerufenen Vereinszeitung. 1937-41 und 1973-81 war er Vorsitzender des Turnvereins. Weihusen gehörte 1947-71 dem Vorstand des Bremer Turnverbandes als Männerturnwart und seit 1960 als Landespressewart an. Weihusen schrieb zahlreiche Artikel für die »Wümme-Zeitung«. Von 1956-85 war er Vorsitzender des Bürgervereins.

d) Martin Weihusen

Martin Weihusen war der Bruder von Diedrich Weihusen und 1929-33 Vorsitzender des TV →Eiche Horn. Er trat 1933 als Vorsitzender zurück, weil er den Ausschluss von Bürgern jüdischer Herkunft aus der Vereinsarbeit nicht mittragen wollte.

Martin Weihusen

Wedermann, Bauernhof

Der Hof Wedermann An der Leher Heerstraße 97 (früher In der Leh 38) ist bereits in der Kurhannoverschen Landesaufnahme von 1776 verzeichnet. Ein im Hofgebäude eingelassener Ofenstein datiert aus dem Jahr 1684. Das Grundstück des Bauernhofs erstreckte sich bis zur Berckstraße, wo sich noch heute drei ehemalige Gesindehäuser aus dem Jahr 1795 (im Volksmund →Roggen-Born) im Eigentum der Familie Wedermann befinden. Hinzu kamen noch umfangreiche landwirtschaftliche Flächen im Bereich des heutigen Hollerlandes einschließlich der Gaststätte →Kuhsiel.

Der Hof Wedermann gehörte im frühen 19. Jh. der Familie Rogge. Das jetzige Hofgebäude wurde im Jahr 1801 von Hinrich Rogge als Dwarshaus (Querhaus) erbaut. Im Jahr 1888 heiratete die spätere Hoferbin Gesine Rogge Gätje Schnakenberg. Ihre Tochter Margarethe heiratete im Jahr 1914 Adolf Wedermann (1884-1937). Wedermann stammte aus Schwachhausen, wo sein Vater Hermann Wedermann (1851-1915) den zwischen dem Schwachhauser Ring und der Emmastraße gelegenen Vogtshof der Familie bewirtschaftete. Adolf Wedermanns 1927 geborener Sohn Hans übernahm den Hof mit Erreichen der Volljährigkeit 1948. Seine landwirtschaftliche Ausbildung hatte Hans Wedermann unter anderem auf dem Bölkenhof in Horn absolviert. Hans Wedermann heiratete 1960 Gisela Krüger aus Arsten.

Zeugnis Bäuerlicher Vergangenheit: der Wedermann-Hof mit seinem Besitzer Hans Wedermann, 1973

Wedermann war der letzte noch praktizierende Landwirt in Horn. Nach Beendigung von Ackerbau und Milchwirtschaft betrieb er noch mehrere Jahre eine Zucht von Oldenburger Pferden, die mehrfach prämiert wurden. Die bäuerliche Tradition der Wedermanns wird heute durch den Sohn Jörn auf einem Hof nahe Jever fortgesetzt. Das Hofgebäude der Wedermanns an der Leher Heerstraße ist letzter Zeuge einer vergangenen landwirtschaftlichen Ära. In den vergangenen Jahrzehnten wurden die zum Hof gehörenden Flächen im Bereich der Reddersenstraße und die Flächen neben und hinter der Horner Mühle bebaut.

Weinkauf
Kam es auf einem unter →Meierrecht stehenden Hof durch Vererbung oder Verkauf zum Besitzerwechsel, hatte der Grundbesitzer Anrecht auf eine Gebühr, den Weinkauf. Der Begriff ist abgeleitet von Winkoop (Gewinnkauf) und nicht, wie eine andere Deutung vermutete, vom Wein als Getränk, mit dessen Genuss der Kauf besiegelt worden sei.

Weiss, Peter
Schriftsteller, Maler, Grafiker, Experimentalfilmer, *8.11.1916 bei Potsdam, †10.5.1982 Stockholm, Marcusallee 45
Der deutsche Nachkriegsliterat und Verfasser autobiografischer Prosa wurde auch als politisch engagierter Dramatiker bekannt. In den 1960er Jahren wurde er auch international erfolgreich und für sein Stück *Marat/Sade* mit dem US-Theater- und Musicalpreis »Tony Award« ausgezeichnet. In Deutschland erhielt er u.a. den Literaturpreis der Stadt Köln (Heinrich-Böll-Preis, 1981), für »Die Ästhetik des Widerstands« 1982 den Literaturpreis der Stadt Bremen und im selben Jahr posthum den Georg-Büchner-Preis für sein weitgespanntes Gesamtwerk. Weiss wohnte 1923–27 mit seinen Eltern in der Marcusallee und wurde in der alten Horner Grundschule an der Berckstraße eingeschult. In seiner 1961 erschienenen Erzählung »Abschied von den Eltern« beschreibt er seine Kindheitserinnerungen in Horn:

Ich ging die Allee hinab, und meine schwarzen Schnürstiefel färbten sich weiß im Staub der Allee, und Friederle ging neben mir, und die weißen Schwäne schwammen im Teich, und in einem Garten tänzelte ein Pfau und öffnete seinen schillernden Federfächer, und es war der erste Schultag.[...]
Hier an diesem Platz, an dem die Straße zur Schule abbog, begann eine in sich geschlossene, verhexte Welt, dicht ineinandergeschoben lag das Gemäuer festungsähnlicher Gebäude, mit Einblicken in Höfe und Ställe, ein aus groben Steinen erbauter Kirchturm stieg aus den Schindeldächern empor, in einem Rad auf der Spitze des Kirchturms hatten Störche ihr Nest errichtet und schlugen mit ihren langen spitzen Schnäbeln aufeinander ein. [...]
Auf dem Schulhof erhob sich ein kleines steinernes Gebäude mit gewölbtem, abgeschabtem Tor, und wenn man die Augen nah an die Fensterscheibe preßte und sie seitlich mit den Händen beschirmte, konnte man drinnen im Halbdunkel den Wagen mit den hohen, gedrechselten Pfosten und dem schwarzen Baldachin sehen, und manchmal ereignete es sich, daß der Kutscher kam, in einem langen Gehrock, mit seinem großen, schwarzen Pferd, bedächtig öffnete er das Tor, spannte das Pferd in die Deichseln und lenkte den knarrenden Wagen hinaus.
Peter Weiss: Abschied von den Eltern, Suhrkamp TB 352003

Weltkriege
Am Ersten Weltkrieg (1914–18) nahmen zahlreiche Männer aus Horn und Lehesterdeich als Soldaten teil. In einer Rede zum Advent beschwor der national eingestellte Pastor König gegen die »Schwarz- und Dunkelseher« den »Helden- und Siegesgang der deutschen Soldaten«. An die umgekommenen Mitglieder des TV Eiche Horn erinnert ein →Gedenkstein auf der →Fritzewiese und in der Eingangshalle der →Horner Kirche 15 gebrannte Tontafeln an die Namen der 167 Gefallenen der damaligen Kirchengemeinde Horn. Darunter auch Pastor Königs Sohn.
Im Zweiten Weltkrieg (1939–45) wurden wieder viele aus Horn und Lehesterdeich

Peter Weiss

Stark beschädigt: Die Horner Kirche 1942

Zerstört: Gaststätte Schindler 1942

stammende Soldaten getötet, und durch den Bombenkrieg kam es auch zu Zerstörungen von Gebäuden. Der schwerste Schaden entstand durch eine Luftmine am 9.11.1942, die drei Häuser an der Riensberger Straße vollkommen zerstörte, darunter die Gaststätte →Schindler, und die Kirche sowie das »Parteihaus« schwer beschädigte. Zum Schutz der Bevölkerung waren an mehreren Stellen →Bunker gebaut worden; →Flak-Stellungen sollten den Stadtteil und die Eisenbahnlinie vor Fliegerangriffen schützen. Am 26.4.1945 standen die Engländer in Oberneuland, und viele Bewohner Horns suchten zum Schutz vor den Granatfeuern die Bunker auf. Noch am selben Tag erreichte das 4. Bataillon der 43. Wessex Division über Rockwinkel die Autobahnbrücke über die Leher Heerstraße. Widerstand gab es keinen, der Einmarsch verlief friedlich. Im ganzen Stadtteil fanden Durchsuchungen nach Waffen und versteckten Soldaten statt, und in vielen Häusern wurden Soldaten einquartiert. Ein Horner Zeitzeuge hielt das Geschehen in seinem Tagebuch fest:

»Um ein Uhr begann ein Artillerieschießen von Oberneuland her, dessen Einschläge in nicht zu großer Ferne lagen. Wir suchten unser Erdloch auf. Während wir dort hockten, sausten feindliche Granaten über uns hinweg oder schlugen vorn in die Vorstraße und in den Deichkamp ein. Wir haben den Eindruck, dass der Feind schon hinten im Langen Jammer steht. Viele Leute sitzen bei diesem Dauer-Alarm Tag und Nacht im Bunker. [...] Nun ist das große Geschehen vollzogen. Wir erfuhren auf der Straße von den aus dem Bunker strömenden Menschen, daß der Tommy durch Horn hindurch sei. Beim Milchholen traf ich Studienrat B. Wir betrachteten die lange Reihe der vorüberrollenden englischen Späh- und Kraftwagen und stellten fest, das Herz krampfe sich einem zusammen vor Scham und Wut. Sie haben an Material alles im Überfluß. Aber wenn wir die Gesichter ansahen, überkam es uns wie eine Beruhigung: Es ist doch die gleiche Rasse und Art. So hatte ich keine Hemmung, einen jungen Tommy anzusprechen. Er sagte, die Russen hätten Berlin eingeschlossen und sich mit den Amerikanern schon getroffen.« Am 8.5. wurde Bremen amerikanische Enklave, und die Briten verließen die besetzten Häuser. Viele Häuser in der Ronzelenstraße, der Elsa-Brändström-Straße und der Marcusallee wurden in der Folge von der amerikanischen Militärregierung besetzt (→Amerikanische Besatzungszeit).

Wessels, Sine geb. Kaemena
*Niederdeutsche Schriftstellerin, Schauspielerin, *15.2.1877 Bremen, †17.3.1943 ebd., Vorstraße 10*
Sine Kaemena wurde auf dem Bauernhof →Kaemena an der →Vorstraße geboren. Die Schwester von Gerhard Kaemena wuchs mit der plattdeutschen Sprache auf, Hochdeutsch wurde auf den Bauernhöfen nicht gesprochen. Im elterlichen Apfelgarten saß sie gern auf einem Baum und las, laut in den Garten sprechend, Gedichte und Geschichten. Nach der Schulzeit trug sie zunächst in kleinen Kreisen vor und kam dann allmählich zur plattdeutschen Schauspielerei. Ihre Vortragskunst setzte in Bremen einen neuen Maßstab für plattdeutsche Literatur. Durch die Heirat mit dem Arstener Bauern Wessels begann ein neuer Lebensabschnitt. Trotz harter Hofarbeit fand Sine Wessels immer noch Zeit, sich der plattdeutschen Kultur zu widmen, Vorträge zu halten und in niederdeutschen Theaterstücken mitzuwirken. Während des Ersten Weltkriegs trat sie häufig vor verwundeten Soldaten in Lazaretten auf. Im Bremer Schauspielhaus wirkte sie in den 1920er Jahren an vielen plattdeutschen Aufführungen mit. In Stücken wie »Wrack«, »Stratenmusik«, »Fährkrog«, »Bahnmeester Dood« spielte Sine Wessels die Hauptrollen. Als im Jahre 1927 die Niederdeutsche Bühne gegründet wurde, wurde sie auch hier engagiert. Viele Jahre war sie mit großem Erfolg tätig. Sine Wessels lebte im Alter wieder in der Vorstraße, längere Zeit auch auf dem Hofgrundstück im Haus Vorstraße 10, das sich noch heute im Besitz der Familie befindet. Bestattet wurde sie auf dem Arster Friedhof, in Horn-Lehe erinnert heute eine kleine Straße an die Schauspielerin.

Wetterungsweg
Weg an der Südseite des →Uni-Sees, benannt nach der Ortschaft oder Feldmark Wetringe, die 1239 erstmalig erwähnt wurde. (BUB 214). Die Wetterung war eine Feldmark im Goh Hollerland, die von Horn über die Achterstraße erschlossen wurde. Zur Wetterung gehörte unter anderem der Hof Kapelle. Der Wetterungsweg war vor der Umbenennung im Jahre 1958 ein Teil der Achterstraße.

Weyerbergstraße
Erhielt ihren Namen nach dem Worpsweder Weyerberg, dessen Sand zum Unterbau der Straße verwandt wurde. An der Weyerbergstraße wohnten Heinz →Weihusen und sein Schwager Johann →Rosebrock.

Wilhelm-Kaisen-Gewächshaus im Rhododendronpark
Das Wilhelm-Kaisen-Gewächshaus wurde im April 1972 von seinem Namensgeber feierlich eröffnet. Der rund 430.000 D-Mark teure und in Regie der deutschen Rhododendron-Gesellschaft geplante und

Ehrentafel für die im Ersten Weltkrieg Gefallenen Soldaten der Gemeinde Lehester Deich

Sine Wessels

Errichtung des Wilhelm-Kaisen-Gewächshauses

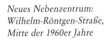

Neues Nebenzentrum: Wilhelm-Röntgen-Straße, Mitte der 1960er Jahre

errichtete Bau wurde der Stadt Bremen von der Sparkasse Bremen geschenkt. Bürgermeister Wilhelm Kaisen (1887–1979) war viele Jahre Vorsitzender des Verwaltungsrats der Sparkasse Bremen.

Die Anlage besteht aus dem Zentralhaus, dem Westhaus und dem Südhaus, in denen für verschiedene Rhododendrenarten unterschiedliche klimatische Bedingungen herrschen. Mit einer Firsthöhe von zwölf Metern und einer Grundfläche von 960 m² war der Bau das erste große Gewächshaus auf dem Gelände des Rhododendronparks. Bis zum Bau der →botanika beherbergte es viele nicht winterharte Rhododendronarten. Nach dem Bau der botanika beherbergt es heute einen japanischen Garten.

Wilhelm-Röntgen-Straße

An der nach dem Physiker und Entdecker der Röntgenstrahlen, Wilhelm Röntgen (1845–1923), benannten Straße befindet sich das Einkaufszentrum des Leher Feldes-Süd. Am Eingang in den Grünzug Leher Feld steht die Plastik »Mutter und Kind« von Seff (Josef) Weidl. Von Anfang an dabei waren Egon →Kaselow, der hier 1963 sein Geschäft eröffnete, und Edith Brandt mit der Markus-Apotheke in einer der kleinen Ladenzeilen, wo sich auch die Geschäfte Elektro Lode, Salon Eva, Bünting Tabak befanden. Eine Filiale der Sparkasse Bremen ergänzte später das Angebot. 1968 eröffnete die Konsumgenossenschaft Vorwärts im ehemaligen »Leher Landhaus« auf 550 m² Verkaufsfläche den ersten Supermarkt. Er wurde später durch den Extra- und heutigen Rewe-Markt abgelöst (zuvor Tankstelle).

Vorübergehend befanden sich in der Wilhelm-Röntgen-Straße die Tanzlokale »Tenne«, »Penthouse« und »Lovers Place«. 1986 wurde auf Initiative des Beirates am nördlichen Ende ein →Wochenmarkt eröffnet, 2000 erfolgte die Umgestaltung des Straßenbereichs.

Willers, Peter

Umweltaktivist und Politiker, *20.4.1935 Bremen, Vorkampsweg und Vorstraße

Peter Willers besuchte die Oberschule an der Dechanatstraße und arbeitete nach der Lehre als Außenhandelskaufmann bei der Firma →Menke & Kulenkampff. 1972 wechselte er als Angestellter in die neu gegründete Universität Bremen. Willers war beteiligt am Aufbau des Kooperationsbereichs Universität/Arbeiterkammer. 1979 wurde er aufgrund seines Parlamentsmandats beurlaubt. Anfang 1986 trat er als Geschäftsführer im Institut Technik und Bildung (ITB) erneut in den Dienst der Universität. 1987 wurde er in den Akademischen Senat der Universität gewählt und lehrte ab 1988 nebenamtlich im Studiengang Politik. 1993 wurde er für eine Vollzeitbeschäftigung bei der Aktionskonferenz Nordsee bis 1996 beurlaubt. Willers war 1970–78 Mitglied der SPD und stellvertretender Ortsvereinsvorsitzender in Horn-Achterdiek. Anfang der 1970er Jahre war er Mitglied im Kirchenvorstand der evangelischen Kirchengemeinde Horn II und organisierte dort verschiedene Initiativen für die Dritte Welt. Er gründete eine der ersten Bremer Eltern-Spielplatz-Initiativen am Vorkampsweg in Horn und war Schulelternsprecher der Grundschule Horner Heerstraße. Im Februar 1979 gründete er zusammen mit anderen die Bremer Grüne Liste und kandidierte zur Bremischen Bürgerschaft. Peter Willers bildete zusammen mit Olaf Dinné, Axel Adamietz und Delphine Brox die bundesweit erste grüne Landtagsfraktion. Im Februar 1982 schied er aus der BGL aus. Er war zunächst Einzelabgeordneter und später politisch-parlamentarisch für die Bundespartei Bündnis 90/Die Grünen tätig. Im Herbst 1983 zog er als Spitzenkandidat der GRÜNEN zur Bürgerschaftswahl wieder in das Parlament. 1985 schied er durch Rotation aus der Bremischen Bürgerschaft aus. Die Vorbereitung der Bremer Ampel-Koalition bewog ihn zum Austritt aus der Partei der Grünen. 2003 unterstützte er die Aktionen zur Rettung des Horner Bades und wurde 2004 zum Vorsitzenden des Fördervereins »Unser Horner Bad« e.V. gewählt.

Peter Willer mit grün-alternativer Bürgerschaftsfraktion Bremen 1985; von links: C. Bodammer, H.-W. Wierk, P. Willers, C. Bernbacher, D. Mützelburg

Winter von Gregory, Witha →Garten der Menschenrechte

Winterdeich

Im Gegensatz zum →Sommerdeich zurückliegender Deich zum Schutz gegen die im Winter höher auflaufende Tide

Wochenmarkt

1970 eröffnete ein Wochenmarkt auf dem Gelände des heutigen →Lestra-Parkplatzes neben dem →St.-Pauli-Restaurant, wurde aber nicht wie erwartet angenommen und

Peter Willers

1970: Ortsamtsleiter Adolf Könsen eröffnet den ersten Horner Wochenmarkt (im Hintergrund das St.-Pauli)

wieder eingestellt. Mitte der 1980er Jahre startete eine neue Wochenmarktinitiative zur Versorgung der Horn-Leher Bevölkerung mit Lebensmitteln aus dem bäuerlichen Umland und war erfolgreicher: Der Markt an der Robert-Bunsen-Straße besteht seit dem 31.5.1986, ein weiterer Wochenmarkt wurde 2004 im Universitäts-Zentralbereich von Bürgerschaftspäsident Christian Weber eröffnet.

Wisent
»Wisent« heißt eine große Freiplastik des Horner Bildhauers Ernst →Gorsemann, aufgestellt im →Rhododendronpark. Die von Gorsemann geschaffene Bronzeskulptur wurde 1935 erstmals im Berliner Künstlerhaus ausgestellt und stand während der Pariser Weltausstellung 1937 auf dem Dach des Deutschen Pavillons. Dort wurde die Plastik mit der goldenen Medaille ausgezeichnet. Anschließend stand der »Wisentstier« 1938 an exponierter Stelle im Eingangsbereich der Ausstellung »Bremen – Schlüssel zur Welt« und anschließend in Gorsemanns Horner Garten. Nach dem Ankauf durch die Stadt wurde die Plastik am 13.8.1940 im Eingangsbereich des →Rhododendronparks aufgestellt.

Wohnanlage des Amerikanischen Generalkonsulats
Die Wohnanlage wurde 1953/54 im Auftrag des US-State Departments von den Architekten Skidmore, Owings und Merrill erbaut. Die auf zwei Gebäude verteilten Wohnungen dienten als Wohnraum für die Konsulatsangehörigen. Nach der Rückkehr der Beschäftigten in die USA wurde das Gebäude vom Universitätsbauamt genutzt. Anschließend erhielt die Arbeiterwohlfahrt die beiden Gebäude in Erbbaurecht und nutzte sie unter anderem als Frauenhaus. 2009 kaufte die Senator Senioreneinrichtungen GmbH die Gebäude und eröffnete nach umfangreichen Sanierungen und einem Anbau im Jahr darauf das »Pflegezentrum Marcusallee«. Seit 2009 steht die moderne Stahlskelettbau-Anlage unter Denkmalschutz.

Wümme
Die Wümme, in den ältesten Urkunden als »Wimene« oder »Wemene« (BUB I 30; 229) bezeichnet, entspringt am Wilseder Berg und spaltet sich zwischen Fischerhude und Borgfeld in viele Arme (Streeken) auf. Ab der Borgfelder Brücke bildet sie die Grenze zwischen Bremen und Niedersachsen, bis sie bei Wasserhorst in die Lesum mündet. Zum Schutz des tief liegenden →Hollerlandes ist sie eingedeicht. Ein Nebenarm ist die bei Dammsiel einmündende →Kleine Wümme.

Wurt →Warft

Im Rhododendronpark: Wisent von E. Gorsemann

Z

Zech, Kurt
Bauunternehmer, *1957 Bremen, Horn-Lehe

Kurt Zech, geschäftsführender Gesellschafter der Zech Group GmbH, entwickelte sein weltweit agierendes Unternehmen aus dem 1909 von seinem Großvater Gustav Zech in Breslau gegründeten Baugeschäft. Nach dem Zweiten Weltkrieg fing die Familie in Bremen als Handwerksbetrieb neu an. Gustav Zech wirkte mit seinem Sohn Kurt Zech sen. am Wiederaufbau Bremens mit. Aus dem Baugeschäft entstand die strategische Management-Holding Zech Group GmbH, die die sechs Sparten Bau (mit der Zechbau GmbH und der Kamü Bau GmbH), Immobilien, Hotelentwicklung (mit den Atlantic Hotels), Umwelttechnologie, Industriebeteiligung und International koordiniert. Allein die Sparte Bau (Zech Bau Holding) beschäftigt rund 700 Mitarbeiter und erbrachte im Jahre 2009 Bauleistungen von rund 330 Millionen Euro. Zechbau war u.a. am Bau der Westkurve des Weser-Stadions, am Flughafen Bremen, im Schnoor, an der Universität Bremen, am Universum Bremen, an den Messehallen, am Umbau des Theaters am Goetheplatz und des Polizeipräsidiums in der Vahr beteiligt.

Die Zech-Gruppe geriet wiederholt ins Visier der kritischen Öffentlichkeit, so gab es schwere Vorwürfe wegen irregulärer Subventionen beim Bau des Atlantic Grand Hotels Bremen und bei Auftragsvergaben für den Stadionumbau.

In Horn-Lehe gehört das Atlantic-Hotel Universum an der Universitätsallee zur Zech Group, der prägnante, von Kurt Zech im Gebiet →Uni-Ost geplante zweitürmige Zech Tower ist bislang nicht realisiert.

Haus mit Vergangenheit: Zehnlinden im Luisental

Kurt Zech

Zehnlinden
1906 auf der →Warft eines ehemaligen Bauernhofes am Ende des Luisentals von L. Hennemann errichtetes Sommerhaus, später in Folge bewohnt von Max Ültzen, F. J. Lahusens Ehefrau und Hans →Biebow. Heute dient es der →Horner Kirche als Gemeindehaus und Pastorenwohnung.

Zeitungen
In Horn-Lehe wurden unter anderem die folgenden lokalen Zeitungen publiziert:
»Horner Wochenbote«, 1952;
»Unser Horn« (Zeitung des Bürgervereins-Horn-Lehe), 1955–63;
»Ihr Nachbar« (SPD-Abgeordneten-Zeitung, hg. von Stefan →Seifriz), 1979–89;
»Horner Dorfblatt (hg. von Werner Ellerbrock), 1981–87;
»Der Leher Bote« (Werbegemeinschaft Horn, hg. von T. Martens), 1981;
»Horner Magazin« (hg. von Lars-Hendrik Vogel), seit 2010.

Zentrum für Kognitionswissenschaften (ZKW)
Das ZKW ist ein 1993 gegründetes interdisziplinäres Forschungsinstitut an der Universität Bremen, in dem Wissenschaftler verschiedener Disziplinen kognitive

Noch nicht realisiert: Zech-Tower-Modell im Bereich Uni-Ost

Funktionen wie Wahrnehmung, Gedächtnis und Verhalten untersuchen.
1997 wurde der Biologe Andreas Kreiter auf den Lehrstuhl für Kognitionsforschung berufen. Die von ihm im Rahmen seiner Forschung durchgeführten Tierversuche an Rhesusaffen führten gleichermaßen zu wertvollen wissenschaftlichen Erkenntnissen wie zu einer öffentlichen Diskussion um die ethische Rechtfertigung seiner Experimente an Lebewesen. 2008 wurde vom Gesundheitsressort die Genehmigung für die Affenversuche aus ethischen Gründen nicht mehr verlängert. Vor dem Oberverwaltungsgericht erstritt die Universität jedoch die Verlängerung der Experimente vorerst bis November 2012.

Zollgebiet
1853 trat das Königreich Hannover dem deutschen →Zollverein bei. Damit wurde auch das hannoversche Schwachhausen Teil des Zollgebiets. Der Anschluss der Bremer Gebiete erfolgte schrittweise. Um der in den Bremer Landgebieten wohnenden Bevölkerung den zollfreien Austausch zu ermöglichen wurden am 1.1.1857 die Holleränder und Borgfelder Außendeichsländereien jenseits der Wümme angeschlossen, die Stadt Bremen und der Rest des Landkreises folgten am 15.10.1888.

Zollhaus
An der Kreuzung Lilienthaler Heerstraße/Lehester Deich befand sich auf der östlichen Straßenseite ein Wegegeldeinnehmerhaus zur Erhebung eines Brückenzolls über die Wümme. Das Doppelhaus hatte eine große Eingangstür und einen Vorbau mit Säulen.
Im Bremer Adressbuch von 1884 wird das Zollhaus unter Lehesterdeich 1 mit Franz Dullweber als Einnehmer und Lehesterdeich 2 mit Johann Huthoff als Aufseher verzeichnet. 1901 wurde das Zollhaus vom Maurer Johann Hanneska bewohnt. 1930 eröffnete Elise Hanneska »Lisa von Lehesterdiek« 18-jährig im Wohnzimmer ihrer Eltern einen Frisörladen und fuhr auch mit dem Fahrrad zur Kundschaft. In der anderen Haushälfte betrieb Familie Holsten ein Grünwarengeschäft. 1939 wurde das Gebäude abgerissen. Die Nachkommen der Familie Hanneska betreiben auf der gegenüberliegenden Seite der Lilienthaler Heerstraße noch heute einen Frisörsalon.

Zollverein
Der Deutsche Zollverein wurde 1833/34 gegründet, um im gemeinsamen Zollgebiet die Zoll- und Verbrauchssteuergesetzgebung, die Münzen, Maße und Gewichte zu vereinheitlichen. Die Bremer Überseekaufleute wehrten sich gegen den Beitritt Bremens und die dadurch auf ihre Waren fälligen Einfuhrzölle. Nach dem Beitritt Hannovers zum Zollverein und noch stärker nach der Reichsgründung 1871 stieg der politische Druck auf Bremen und fanden die Befürworter, vor allem die Industriekaufleute, immer mehr Anhänger, sodass 1885 der Bremer »Zollanschluss« mit Vollzug am 15.10.1888 beschlossen wurde.

Zum alten Krug
1683 am Lehester Deich 81(13)/Ecke Lilienthaler Heerstraße erbautes Fachwerkhaus, in dem eine Gaststätte eröffnet wurde, die viel von Gemüse- und Torfbauern als Zwischenstopp genutzt wurde. Als Wirte sind in den Adressbüchern verzeichnet: 1884 Hinrich Bremermann, seit 1919 H. Wischhusen, 1922 Hinrich Jürgens. Seit den 1930er Jahren unter dem Namen »Zum alten Krug« unter Georg »Schorse« Lange. Ab 1971 wurde die Gaststätte unter verschiedenen Besitzern als Restaurant ge-

Zollgrenzen: Zollgebiet vor dem Zollanschluss 1888

Georg »Schorse« Lange

Später besser bekannt als Schildkröte: Gaststätte Bremermann und Zum alten Krug, um 1900

führt. Zunächst als Steakhouse unter dem Namen »Zur Schildkröte«, dann bis 2007 mit syrischen Spezialitäten als »Palmyra«, ab 2008 als italienisches Restaurant unter dem Namen »Diavoletto«. 2012 wurde das alte Bauernhaus im Rahmen einer »Komplettsanierung« abgerissen.

Zum Horn, Landgut
Am Anfang des 19. Jh. waren umfangreiche Ländereien im Horner Zentrum im Besitz von »Fr. Doctor Löning«. Die Bürgermeistertochter Metta Meier (1735-1810) hatte 1768 Dr. jur. Georg Löning (1726-1789) geheiratet. Sie war bekannt dafür, ihr Vermögen auch durch energisches Vertreten ihrer Rechte zu mehren. Als Eignerin von Schiffsanteilen erbat sie 1798 vom Senat Hilfe gegen das Piratenunwesen im Mittelmeer und beschwerte sich 1808 massiv über das Verhalten der in Horn einquartierten französischen Truppen. Ihr Landhaus mit einem großen, im französischen Stil angelegten Garten befand sich »Auf dem Horn« direkt neben der Kirche. Nach ihrem Tode ersteigerte der Koch und Gastwirt Albrecht (»Albert«) Knoche den Besitz. Der von ihm geführte Restaurationsbetrieb genoss hohes Ansehen, auch frisch gewählte Senatoren ließen ihre Feiern bei Knoche ausrichten. 1829 ging das Anwesen mit Fachwerkhaus, großen Gartenanlagen, Traubenhaus, Pavillon, Eiskeller und Kegelbahn in den Besitz des »Oeconomen« Andreas →Schürmann, den Betreiber der Gaststätte Rosenthal, über. Nach seinem Tode in den 1840er Jahren führte seine Witwe die Lokalität weiter. Die Bremer →Eiswette tagte 1829-50 bei Schürmann - ein weiteres Zeugnis der Bedeutung, Qualität und Beliebtheit der Gaststätte. Im ausgehenden 19. Jh. sind in den Adressbüchern als Eigentümer

Auch NSV-Schule: Landgut Zum Horn (auch Landgut Bünemann)

Edwin →Oelrichs und der Zigarrenfabrikant Ad. Hagens (»Hagensburg« auf dem Teerhof) verzeichnet. 1916 wurde sie von dem Kaufmann Heinrich August Bünemann übernommen. Nach seinem Tode zog 1938 die nationalsozialistische »NSV-Schule für soziale Hilfe« in das Gebäude. Nach dem Zweiten Weltkrieg wurde hier die Fachschule für Frauenberufe mit Seminaren für Kindergärtnerinnen und Jugendleiterinnen eröffnet. Auf den zum Grundstück gehörenden Ländereien auf der anderen Seite der →Leher Heerstraße wurde 1935/36 die →Ronzelenstraße bebaut. 1965/66 erwarb die Kirchengemeinde Horn (→Kirche Horn) das Grundstück, sie ließ die alten Gebäude abreißen und errichtete ein neues Gemeindehaus.

Zum Horner Bad

Gaststätte an der Vorstraße 79, vom ehemaligen Polizeibeamten Wilhelm Hägermann Anfang der 1930er Jahre als Bahnhofsgaststätte der →Jan-Reiners-Bahn eröffnet. 1935 ersteigerte Friedrich →Grobbrügge die Gaststätte mitsamt dem angrenzenden →Horner Bad. Später erhielt die Gaststätte den Namen »Zum Horner Bad«. Sie war lange gesellschaftlicher Mittelpunkt des Vorstraßengebietes, hier fanden z.B. Faschingsveranstaltungen, Parteiversammlungen und Beiratssitzungen statt. 1998 wurde die Gaststätte verkauft. Der neue Besitzer eröffnete ein Restaurant unter dem Namen »Journal«, 1999 wurde erneut umgebaut, und das Lokal erhielt den Namen »Matisse«.

Zur scharfen Ecke

Ehemaliges Restaurant und Gastwirtschaft

Die von Clemens →Laube sen. betriebene Gastwirtschaft befand sich in einem umgebauten Bauernhaus gegenüber der Einmündung der Lilienthaler in die Leher Heerstraße. Clemens Laube war passionierter Jäger. Er besaß eine Jagd, in der er mit anderen Horner Jägern – darunter der Bauunternehmer →Nordmann – auf die Pirsch ging. Am Ende der Jagd wurde die Beute – Kaninchen, Hasen, Fasanen, Rebhühner und Füchse – im langen Flur der Gaststätte ausgelegt und die »Strecke« in der Gaststube reichlich begossen. Während der NS-Zeit traf sich die SA im Hinterstübchen.

Stammkunden waren die Einwohner der umliegenden Straßen, vor allem die Bauern der umliegenden Höfe. Als einem der Bauern endlich der ersehnte Hoferbe geboren wurde, soll in der Gaststätte gleich mehrere Tage hindurch ausgiebig gefeiert worden sein. Auch die Torfbauern kehrten auf ihrem Rückweg von der Stadt ins Teufelsmoor gerne ein. Clemens Laube sen. betrieb die Kneipe bis ca. 1950; anschließend wurde sie verpachtet.

1966 wurde das Haus abgerissen, im Neubau eröffnete 1968 das Pelzhaus Laube.

Heute Matisse: Alte Gaststätte zum Horner Bad

Zur schönen Aussicht

Auch »Zur guten Aussicht«, Bahnhofsgaststätte der alten →Jan-Reiners-Kleinbahn an der Kreuzung Herzogenkamp/Achterstraße. Die Gaststätte wurde um 1900 von Fritz Oldekopp, der vorher die →St.-Pauli-Restauration betrieben hatte, errichtet. Oldekopp ließ die Gaststätte durch den Horner Bauunternehmer →Nordmann errichten. Der Gastwirt verkaufte in der Gaststätte und auf der Terrasse Getränke und Speisen, die seine Frau in der Küche zubereitet hatte. Die Speisekarte war einfach, meist gab es Schweinebraten mit Kartoffeln und Gemüse nebst Vorsuppe und Nachtisch.

Kaffee und Kuchen konnten die Gäste in den ersten Jahrzehnten selbst mitbringen, bezahlen mussten sie nur das heiße Wasser, das aus großen Kupferkannen ausgeschenkt wurde. Das war bei Oldekopp etwas teurer, da der Wirt eher die feine Gesellschaft bewirten wollte. Nach Aussage seiner Enkelin antwortete er Gästen, die sich über den hohen Preis beschwerten: »Das Wasser ist umsonst, das Geld ist für die Tischdecke, den Tisch und die Stühle.« Bis zur Verlegung des Haltepunktes an die Vorstraße im Jahre 1927 verkaufte

An der Einmündung der Lilienthaler Heerstraße: Gaststätte »Zur scharfen Ecke«

der Bahnhofswirt außerdem die Fahrkarten. Die Gaststätte wurde von Oldekopps Schwiegersohn Wilhelm Schulz weitergeführt. Nach einem brutalen Überfall auf den fast 80-jährigen Wilhelm Schulz und seine Frau im Jahre 1958 entschlossen sie sich zum Verkauf der Gaststätte. 1963 eröffnete der Jugoslawe Milorad Pejcinowic das Restaurant »Balkan-Grill«, in dem bei Zigeunermusik und Kerzenschein Balkan-Spezialitäten serviert wurden. Seit 1978 bewirtet in dem ehemaligen Bahnhofsgebäude die »Pizzeria Roma« ihre Gäste.

Idylle am Herzogenkamp: Kleinbahnhof und Restaurant »Zur schönen Aussicht«, heute »Pizzeria Roma«

K
Des
H
Aufgenommen

Schester

Feld

Die
Das Johannis Kloster
Frerich Hermen 2 Stüke Guthsherr Die
Meier Kremena 1 Stük ehemalige
Heinr. Kremena Gerbel. Guthherr Herr Doct. Töning Straße
1 halbes Stük mundl. Pacht Guthherr Hr Doct. selig Archiv Post
Meier Frenge 1 Stük Guthherr Hr Doct. Post 1 halbes Stük
Cord Sanders 3 Stüke Guthherr Das Remberti Hospital

Schwaghauser

Feld

Große Kamp
Beide Stüke
DE
Große Kamp
RIENSBERG
Hr Doct. und
Große Kamp
Pherde Kamp
Die
Heinrich Ochsen Kamp Gerh.
Heitchers Stük Kamp

Schwaghauser
Feld

... TE
... rfes
... RN
... C. A. Heincken.

e   h   e

Achter Strasse

Horner Pastorat Land

Pastorat Wohnung | 2 Stüke | Doctor Löning | Joh. Sander und Heine Elises Guthsh. Fr. Dr. Löning | Harm Meier Guthsh. Fr. Dr. Löning | Claus Pöhler Guthsherr Fr. Dr. Löning | Harm Guthsh. Fr. Dr. Löning | Meier Löning

4 Stüke | Heinrich | Blanke Guthsherrn | Frau Doctor Löning / Die Kirche zu St. Ansgarü

3 Stüke Hr. Bürgermeister Klugkist | Hieronymus Guthsherr Hr. Bürgermeister Klug | Keisers Kist

Herr Bernüs | 4 Stüke Hr. Bernüs | Engelb. Hilken | Guthsherr Herr Bernüs

3 Stüke Heiner Lange | in der Vahr | Erbland

Lange
Petrus
Pieter Meier
Sanders
Grietje Hamena

v   a   h   r

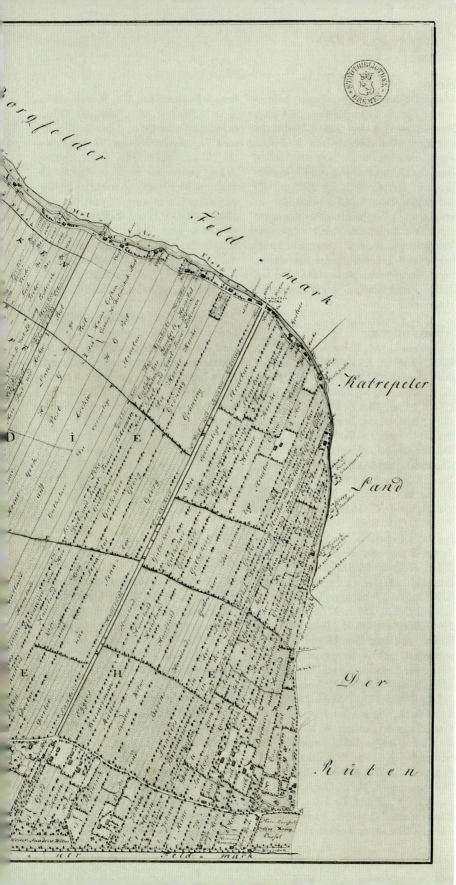

Vorhergehende Doppelseite: »Karte des Dorfes Horn«
Links: »Karte des Dorfes Lehe«. Beide Karten entstanden nach der Aufnahme von Christian Abraham Heineken und wurden 1806 gedruckt